Gitta-Maria Günther WEIMAR

Gitta-Maria Günther

WEIMAR

Eine Chronik

Gustav Kiepenheuer Verlag

Mit 68 zum Teil farbigen Abbildungen

ISBN 3-378-01009-6

1. Auflage 1996

Gestaltung: Atelier für grafische Gestaltung, Leipzig
Gesetzt aus »Bodoni«
Lithographie: PPP PrePrint Professional GmbH, Leipzig
Druck und Binden: Graphischer Großbetrieb Pößneck GmbH
Ein Mohndruck-Betrieb
Printed in Germany

Sich als Autor mit Weimar und seiner Geschichte zu befassen, bedeutet in jedem Falle, sich eine hohe Verpflichtung aufzuerlegen. Nicht alle Veröffentlichungen vergangener Jahre können als besonders gelungen bezeichnet werden. Der Anspruch an Faktentreue und wissenschaftliche Wertung steigt, wenn es wie hier um die Handhabung des Instrumentariums eines Chronisten geht.

Die Autorin des Buches »Weimar. Eine Chronik« ist sich ihrer Verantwortung bewußt. Ihre fast 37jährige Tätigkeit als Leiterin des Stadtarchivs hat sie für diese Aufgabe sensibilisiert.

Der archivarische Umgang mit den Geschichtsquellen aus acht Jahrhunderten hat ein individuelles Bild dieser widersprüchlichen Stadt geformt, welches sowohl dem interessierten Weimar-Besucher als auch dem kundigen Weimar-Kenner vermittelt werden soll.

Die bewährte Zusammenarbeit mit dem 1909 in Weimar gegründeten Gustav Kiepenheuer Verlag beförderte das Entstehen dieser Chronik, die mit Gewinn Daten und Bezüge historischer Ereignisse entdecken hilft. Ich wünsche ihr – dessen bin ich sicher, daß es so sein wird – viele angeregte Nutzer.

Das höchste informative Nachschlagewerk erscheint deutlich vor der Auszeichnung Weimars mit dem Titel »Kulturstadt Europas 1999«; möge es eine Bereicherung der Weimar-Literatur auf dem Wege zu diesem für die Stadt bedeutsamen Ereignis sein.

Weimar, Januar 1996

Dr. Volkhardt Germer
Oberbürgermeister

Zu dieser Ausgabe

Frühe Meilensteine zur Geschichtsforschung sind überlieferte Chroniken. Dazu zähle ich die erste Zusammenstellung des Weimarers *Johannis Wolfii, eines alten Schul-Rectoris zu Weimar, Anno 1569. verzeichnete Annales, mit etlichen Anmerckungen.* Fast ein Jahrhundert später, 1737, wurden *Historische Nachrichten Von der berühmten Residenz-Stadt Weimar ...* des Pastors Gottfried Albin de Wette (1697 bis 1768) gedruckt. Auf Stadtbüchern des 16. Jahrhunderts als Geschichtsquelle basierend, ist diese erste Stadtgeschichte bis heute unverzichtbar. Handschriftlich ist eine Chronik des Schneidermeisters Johann Christian Becher (1728 bis 1781) überliefert: *Wahrhaftige Nachricht derer Begebenheiten so sich in den Herzogthum Weimar bey den gewaltigen Kriege Friedrichs II. Königs von Preusen mit der Königin von Ungarn Marien, Theresien sammt ihren Bundesgenossen zugetragen ...* Sie beschreibt auf 321 Seiten die wenig erforschte Zeit des Siebenjährigen Kriegs von 1756 bis 1763 in und um Weimar, lückenhaft, aber illustriert. Ebenfalls Chronist seiner Zeit ist der als Gerichtsdiener tätige Bürger und Handarbeiter Franz David Gesky (1769 bis 1839). Er berichtet in einer unvollständig überlieferten, zum Teil als Criminal-Chronik hingerichteter Verbrecher bereits 1825 veröffentlichten Handschrift tagebuchartig über die Jahre 1806 bis 1835. Die Ehre, auch als Hofbediener tätig sein zu dürfen, dankt er mit loyaler Untertänigkeit und Darstellung seiner internen Kenntnisse des höfischen Lebens.

Oberlehrer Hugo Arndt (1876 bis 1956) bezeichnet es als kostbaren Zeitvertreib, herumzublättern in den Niederschriften der Chronisten, die uns Kunde geben von den Geschehnissen der Zeit – und hinterläßt uns auf 32 Seiten die 1929 gedruckte Chronik der Stadt Weimar von 1257 bis 1929. Er beschränkt sich überwiegend auf Jahreszahlen, waren doch zum damaligen Zeitpunkt nähere Angaben wenig erforscht. Die von 1984 bis 1990 erschienenen fünf Hefte der von der Urgesellschaft bis 1981 geführten *Weimar-Chronik. Stadtgeschichte in Daten* auf 464 Seiten mit 390 Abbildungen, ließen zunächst eine zeitliche Lücke ab 1981 entstehen. 1993 wurde das *Tagebuch der Stadt Weimar. Von der Wende bis heute* (Oktober 1989 bis Dezember 1992) mit Gesprächen, thematischen Beiträgen und Daten veröffentlicht. Seit 1993 erscheinen umfangreiche, überwiegend die Tagespresse auswertende Jahresbände des Ortschronisten Hubert Amft.

Mehr als ein Jahrtausend Geschichte erfassend, basiert die vorliegende Chronik auf Akten und Sammlungsgut des Stadtarchivs und versteht sich als anregendes Hilfsmittel bei der Erforschung der Geschichte Weimars. Trotz hohen Informationswerts sind der Chronik Grenzen gesetzt, da sie keine analytischen Zusammenhänge aufzeigen und Entwicklungsprozesse beschreiben kann. So stehen Wichtiges und Nichtiges, Lokales und Internationales nebeneinander und werden auch Forschungsdefizite transparent. Die etwa 4000 als Daten erfaßten Ereignisse und Gegebenheiten sind wie stets in einer Chronik in und aus der Zeit heraus verständlich; ein Register dient ihrer Erschließung.

Zu danken habe ich Herrn Oberbürgermeister Dr. Volkhardt Germer und meinen Mitarbeitern im Stadtarchiv für die bei der Arbeit erfahrene Unterstützung.

Weimar, Januar 1996
Gitta-Maria Günther

Urgeschichte und frühe Besiedlung

Das Gebiet der heutigen Stadt Weimar und ihre Umgebung wurden wegen der günstigen landschaftlichen Lage in der sogenannten Weimarer Mulde, die vom 478 Meter hohen Ettersberg im Norden, von Höhenzügen im Süden und vom Ilmtal- oder Weimargraben mit seinen Wasserläufen von Nordwesten nach Südosten begrenzt wird, schon in der Frühzeit der Menschheitsentwicklung als Siedlungsraum mit reichem Pflanzenwuchs und Wildbestand bevorzugt.

150 000 v. Chr. Der Homo sapiens präsapiens tritt zum ersten Mal im heutigen Ehringsdorf auf.

8000 bis 4000 v. Chr. Die Menschen leben in Horden als Jäger, Sammler und Fischer. Kleine Schaber, trapezförmige Klingen, darunter ein querschneidiges kurzes Messer, sind Feuersteingeräte, die unter anderen im Gelände der heutigen Gedenkstätte Buchenwald gefunden wurden.

4000 bis 3300 v. Chr. In Ehringsdorf und am Südhang des Ettersberges befinden sich größere Ansiedlungen frühester Feldbauern.

Anfang des 2. Jahrtausends v. Chr. Die Schnurkeramiker begraben ihre Toten in der Weimarer Mulde gruppenweise in Flachgräbern.
Glockenbecherleute siedeln im Bereich des heutigen Weimar-Nord.

1800 bis 700 v. Chr. Die hier ansässigen Menschen leben in befestigten und unbefestigten (Belvedere) Siedlungen.

700 bis 500 v. Chr. Keramik- und Bronzegegenstände finden sich in Bestattungen von Ehringsdorf. Die Menschen verwenden Eisen zur Herstellung von Werkzeugen und verehren Fruchtbarkeits-, Erd- und Sonnengötter.

5. bis 1. Jahrhundert v. Chr. Der Zerfall der Urgesellschaft setzt sich durch.
In unserem Raum kommt es zur Berührung von Kelten und Germanen.
Die Mehrzahl des Volkes besteht aus Freien; aus dem Adel wird ein König gewählt.
Es werden Gottheiten in Tiergestalt verehrt.
Brandgräber von Menschen, die unter keltischem Einfluß leben, werden auf der von der Ilm umflossenen Hochfläche bei Tiefurt gefunden.

3. Jahrhundert Germanische Siedlungsfunde weisen offenbar elbgermanische Einwanderer in Thüringen nach, die neue Siedlungen anlegen.
Eine germanische Kultstätte ist im heutigen Stadtzentrum zu vermuten, die das namensgebende »wihmari« (heiliger See oder Sumpf) erklärt.

4. Jahrhundert Funde weisen eine Besiedlung in der Umgebung des heutigen Schlosses nach; auf den weiten Auen der Weimarer Mulde wird wahrscheinlich Viehzucht betrieben.

5. Jahrhundert Der Großstamm der Thüringer, der aus den Hermunduren hervorgegangen ist, gründet ein weit über Thüringen hinausreichendes Königreich; Bestattungsfelder und Einzelgräber geben Aufschluß über gesellschaftliche Verhältnisse in Weimar als einem seiner kulturellen Mittelpunkte.

531 Die Franken nehmen das Königreich der Thüringer ein, als dessen Mittelpunkt das heutige Weimar zu vermuten ist, und besiedeln es mit östlich der Saale lebenden Menschen.
Ostgotische Gewandspangen und anderer Edelmetallschmuck aus hiesigen Bestattungsplätzen zeugen von der Besiedlung des Weimarer Raumes: eine wichtige Siedlung ist im

Bereich des Jakobsviertels nachgewiesen; vom Rollplatz bis zum Westufer der Ilm dehnen sich Gehöfte aus, die Adlige und freie Bauern bewirtschaften; Grabungen auf dem Rollplatz und am Brühl erschließen die Grundrisse von zwei eingetieften Web- und Spinnhütten und von einem auf sechs Pfählen über dem Erdboden stehenden Speicher.
Die Toten werden auf einem großen Gräberfeld im Bereich Meyerstraße / Friesstraße bestattet.

FRÜHES 7. JAHRHUNDERT Der Friedhof im heutigen Weimar-Nord wird nicht mehr belegt.

7. BIS 8. JAHRHUNDERT Funde zeugen von der Besiedlung unseres Raumes durch Franken; Scherben im Bereich der Jakobsvorstadt deuten auf das Fortbestehen der völkerwanderungszeitlichen Siedlung am Brühl und entlang der Ilm.
In der Gegend der heutigen Altenburg befindet sich eine Fluchtburg.

640 BIS 717 Die Thüringer machen sich unter Herzog Radulf vom Frankenreich unabhängig.

9. BIS 10. JAHRHUNDERT Eine slawisch-deutsche Siedlung mit Grubenhäusern existiert im Westteil der Stadt (Rabenwäldchen).
In Wallendorf siedeln Slawen.
Auf dem Gelände des heutigen Schlosses besteht ein Adelshof, der zur Befestigung und später zur Wasserburg Hornstein ausgebaut wird; als älteste frühchristliche Kirche auf der Burg ist die Martinskirche anzusehen.

899 Der in einer Urkunde Kaiser Arnulfs genannte Ort Vvigmara bezieht sich mit an Sicherheit grenzender Wahrscheinlichkeit auf das heutige Weimar (urkundliche Ersterwähnung).

949 Die Burg ist Sitz des Adelsgeschlechtes, deren Angehörige wiederholt den Vornamen Wilhelm tragen.

984 In kriegerischen Auseinandersetzungen wird die Burg, erstmals in einer Quelle genannt, erfolglos belagert.

10. BIS 11. JAHRHUNDERT Außer frühdeutscher Keramik werden am Brühl, bei der Wallendorfer Mühle und auf dem Ettersberg slawische Scherben gefunden.
Die bäuerlichen Höfe an der Ilm, vor allem am Brühl und an der Windischenstraße, gehören zum Wirtschaftsverband eines Grafenhofes.

1002 Die Belagerung der Burg wird erneut erfolglos abgebrochen, als sich der Graf von Weimar, der als der damals mächtigste der Thüringer bezeichnet wird, gegen Otto III. stellt.

1060 Auf Grund weiteren Besitzerwerbs nennen sich die Grafen von Weimar nach dem an der Saale gelegenen Orlamünde auch Grafen von Orlamünde.

12. JAHRHUNDERT Für den Jakobshügel setzt mit einem Herrengeschlecht, das sich von Weimar nennt und das Patronat (Rechte und Pflichten des Schutzherrn) über die Jakobskirche besitzt, die schriftliche Überlieferung ein.

1112 Mit Ulrich II. erlischt das erste Geschlecht der Grafen von Weimar und Orlamünde.

1140 Die Grafschaft von Weimar und Orlamünde fällt an Albrecht den Bären, Markgraf von Brandenburg.

1156 Hermann I., Sohn Albrechts des Bären, nimmt die Grafschaft Weimar und Orlamünde in Besitz.

1168 Die Siedlung auf dem Jakobshügel erhält eine eigene Kirche, die von ihren Stiftern, den Herren von Gleißberg und Vargula, geweiht wird und 1295 urkundlich als Pfarrkirche erscheint.

SEIT 1170 Ministeriale, die sich nach Weimar nennen, werden urkundlich erwähnt.

1173 UND 1174 Landgraf Ludwig III. zerstört im Kampf gegen den Grafen Hermann I. von Weimar und Orlamünde den Ort.

1214 Die durch Palisaden befestigte Wasserburg Hornstein wird erneut durch den Landgrafen von Thüringen belagert.

1244 Nach einer chronikalischen Überlieferung erfolgt »in villa Wimaria« (in der Ortschaft Weimar), was auf Oberweimar zu beziehen ist, die Exkommunikation des deutschen Kaisers Friedrich II. durch den Mainzer Erzbischof Siegfried III. von Eppenstein.
3. AUGUST: Das Kloster des Ordens der Zisterzienserinnen in Oberweimar, gegründet vom Mainzer Erzbischof, wird urkundlich erwähnt.

1245 BIS 1249 Die Haupt- und spätere Stadtkirche St. Peter, seit 1424 den Aposteln Peter und Paul geweiht, wird erbaut.

1249 Weimar wird erstmals schriftlich in einer Urkunde für das Kloster Oberweimar, in der »Cunradus plebanus de Wimar« (Konrad, Pfarrer von Weimar) als Zeuge auftritt, genannt.

Das Leben im feudalen Weimar

UM 1250 Die drei bestehenden Siedlungen, der Burgbezirk, der Jakobshügel und die Siedlung Oberweimar, bilden den Ausgangspunkt für die planmäßige Stadtgründung durch den Grafen von Weimar und Orlamünde in der Nähe der Burg; die älteste Stadtanlage wird im Osten durch Marstallstraße, Vorwerk und Burg, im Süden durch Schloßgasse und Marktstraße, im Westen durch Geleitstraße und Scherfgasse und im Norden durch den Graben begrenzt.
Das Wappen der Grafen von Weimar und Orlamünde, der Stadtherren, wird das künftige Wappen der Stadt: ein steigender schwarzer Löwe auf einem mit roten Herzen übersäten Feld.

1252 Ein Siegel mit der Umschrift »SIGILLUM S(AN)C(T)IMONIALIU(M) EC(C)L(ES)IE S(ANCTI) PE(TR)I OBERWINMAR« (das Siegel der Nonnen des Klosters St. Peter in Oberweimar), das an einer von Propst, Äbtissin und Konvent des Klosters Oberweimar ausgestellten Urkunde hängt, ist erhalten.

1253 4. APRIL: Unter den Zeugen einer Urkunde für das Kloster Oberweimar wird Dietrich Schade als »burgensis in Wimar« (Bürger in Weimar) genannt, was als erste nachweisbare Erwähnung eines Bürgers der Stadt angesehen wird.

1254 9. JULI: Hermann III., Graf von Weimar und Orlamünde, stellt eine Schenkungsurkunde für das Kloster Oberweimar »in civitate nostra Wimare« (in unserer Stadt Weimar) aus mit der Erwähnung von Divorde (Tiefurt) und Iruncgestorf (Ehringsdorf) an der Ilmenahe (Ilm gelegen).

1257 In einer Urkunde für das Kloster Oberweimar erscheint ein Pfarrer Konrad als

»plebanus ville forensis Wimar« (Pfarrer des Marktortes Oberweimar).

1262 Der Graf von Weimar und Orlamünde als Stadtherr siegelt eine Urkunde mit »sigillum civium nostrorum in Wimar« (Siegel unserer Bürger in Weimar), der ersten Bezeugung eines vorhandenen Siegels.

1272 Das Paulspatrozinium für die St. Peter geweihte Kirche in Oberweimar ist erstmals urkundlich bezeugt.

1274 Die Münze des Grafen von Weimar und Orlamünde gilt in der Stadt und im Land.

1278 Die Bezeichnung Altstadt tritt urkundlich in Form von »in veteri civitate apud Wimariam« (in der alten Stadt bei Weimar) auf.

1279 Wallendorf wird in einer Schenkungsurkunde von Otto III., Graf von Weimar und Orlamünde, für das Kloster Oberweimar erwähnt.

1280 Ein Rittergeschlecht von Ehringsdorf wird genannt.

1281 11. AUGUST: Die Klosterkirche in Oberweimar wird geweiht.

1284 16. SEPTEMBER: Den Brüdern des Deutschordens (Orden der Dienstleute von St. Marien vom Deutschen Haus, auch Deutschritterorden) wird durch Otto III. das Patronat über die Stadtkirche und reicher Grundbesitz an Häusern und Liegenschaften im Umkreis der Kirche verliehen.

VOR 1286 Die Jakobskirche wird zur Pfarrkirche erhoben.

1286 Die Gebrüder von Gleißberg treten ihren Anteil an dem Patronatsrecht über die Jakobskirche ab.

SEIT 1289 Ein stadtherrlicher Schultheiß, mit richterlichen Vollmachten und Rechten auf dem Gebiet der Verwaltung ausgestattet, wird urkundlich erstmals bezeugt und 1370 zum letzten Mal genannt.

1292 Erstmals wird ein Erzpriester von Oberweimar genannt, jedoch heißt es in der Siegelumschrift noch »Sigillum archipresbyterorum sedis in Wimar« (Siegel des Erzpriestersitzes in Weimar).
Große Teile der Stadt werden durch Brand vernichtet.

1293 Ritter Walter von Vargula, der mutmaßliche Besitzer der Jakobskirche, belehnt das Nonnenkloster zu Oberweimar mit dem Patronatsrecht seiner Kirche.

1299 31. DEZEMBER: Die Burg und mit ihr fast die gesamte Stadt fallen einer möglichen Brandstiftung zum Opfer.

14. JAHRHUNDERT Das Erfurter Tor, das zunächst als Neutor bezeichnet wird, entsteht.

1304 In einer Urkunde des Klosters Oberweimar werden erstmals zwei namentlich genannte Schwestern als »beginae« (Beginen, Vereinigung alleinstehender Frauen ohne Ordensregel, die sich der Kranken- und Armenpflege widmen) bezeichnet, die einen Hof mit Land zu Lehen haben.

1307 Eine vom Deutschorden eingerichtete Schule wird im Zusammenhang mit einem neben ihr liegenden Hof genannt.
19. NOVEMBER: Mit der Vererbung von Land in Wallendorf durch Hermann von Oberweimar, Burgmann zu Weimar, an einen hiesigen Bürger setzt die schriftliche Überlieferung im Stadtarchiv Weimar ein.

1309 Die Stadt wird durch Landgraf Friedrich I. belagert.

Kasseturm;
Eckturm der Stadtbefestigung
aus dem 15. Jahrhundert

1311 Hermann V., Graf von Weimar und Orlamünde, wird besiegt und verliert die Stadt an den Landgrafen von Thüringen.

1313 Eine Gerichtsverhandlung von dem landesherrlichen Marschall und den gräflichen Schöffen wird unter der Linde oberhalb des Friedhofs vor der Stadtkirche (auf dem Eisfeld) durchgeführt.

NACH 1319 Beginen, die die Tertiarierregeln des Franziskanerordens angenommen haben, lassen sich in der heutigen Rittergasse nieder.

1323 4. DEZEMBER: Erstmals wird eine »curia leprosorum« (Hof, der Aussätzige beherbergt) in der Nähe der heutigen Falkenburg erwähnt.

1326 Ein Stadtschreiber ist bezeugt.
1. APRIL: Die Mönche des Erfurter Augustiner-Eremitenordens kaufen ein Haus, heute Ecke Friedensstraße/Karl-Liebknecht-Straße, als Terminierhaus (Mittelpunkt eines Bettelbezirkes und Aufenthalt der Bettelmönche).

1330 Eine beim Kloster gelegene Marienkapelle wird geweiht und als Pfarrkirche der Klosterkirche in Oberweimar angegliedert.

1336 »Extra muros oppidi Wymar« (außerhalb der Mauern der Stadt Weimar) gelegen, wird eine Marienkapelle genannt, von der sich die Bezeichnung Frauenplan ableitet.

1342 In den kriegerischen Auseinandersetzungen der Grafen Friedrich I. und Hermann VII. mit dem wettinischen Landgrafen Friedrich III. wird die Stadt erneut belagert und bezwungen; das Dorf Tiefurt wird durch Feuer vernichtet.

1345 Zum ersten Mal wird ein dem Deutschorden zugehöriger Schulmeister urkundlich erwähnt.

1346 Nach dem Frieden von Weißenfels müssen die Grafen von Weimar und Orlamünde ihre territoriale Selbständigkeit aufgeben und ihren Besitz, darunter auch Weimar, von den ihre Macht in Thüringen ausbreitenden Herzögen aus dem Hause Wettin zu Lehen nehmen.

1347 17. APRIL: Dytmar von Ruschenberg wird als Schulmeister und Kapellan genannt.

1348 Im Stadtbuch werden erstmals als Stadtregierung ein Rat, bestehend aus vier Ratsmeistern und acht Ratsmannen, die sich jährlich, später im dreijährigen Turnus als regierender bzw. sitzender Rat in der Führung der Amtsgeschafte abwechseln, genannt.
Die Stadtstatuten werden aufgezeichnet.

1357 Heinrich von Gleißberg übereignet dem Kloster Oberweimar einen Hof, »in veteri civitate Wymar« (in der alten Stadt Weimar) gelegen.

1358 Kenslegel, »schulemeister zu Wymar«, wird namentlich genannt.

1360 Johannes von Suzeborn (Süßenborn), »eyn schulemeister«, wird namentlich erwähnt.

1361 Die Kirche von Oberweimar wird erneuert.

1365 24. Juli: Friedrich I., Graf von Weimar und Orlamünde, stirbt und wird in der Kirche von Oberweimar beigesetzt.

1367 Ein gräflicher Hauptmann wird bezeugt.

1368 Claus von Sulzdorf wird namentlich als gräflicher Richter genannt.

1370 Der Stadtherr verleiht der Stadt den Marktzoll gegen eine feste jährliche Abgabe.
Der Rat besteht aus dem Ratsmeister Ditterich Frolich und drei Ratsleuten.
Die Stadt erhält das Privileg zur eigenstädtischen Finanzwirtschaft.

seit 1370 Als Gemeindevertretung werden Zwölf von der Gemeinde bezeugt.

1371 Hermann VIII., Graf von Weimar und Orlamünde, erläßt dem Rat der Stadt die jährliche Abgabe und den Schlägeschatz (Prägegebühr für Münzen) und verpflichtet sie zur Errichtung von Festungs- und Verwahrungsbauten.

1372 Mit dem Aussterben des Geschlechts der Grafen von Weimar und Orlamünde fällt die Stadt den Markgrafen von Meißen und Landgrafen von Thüringen zu, die aus dem Hause Wettin stammen.
Für die Handwerksmeister und Handwerker wird das Bürgerrecht festgesetzt.

1373 17. November: Die Ratsmeister und Geschworenen erscheinen urkundlich als Stadtregierung.

1378 Von insgesamt vier Backöfen, von denen drei innerhalb der Stadtmauer und einer in der Jakobsvorstadt liegen, bezieht der Landesherr Abgaben.
Als Webit und Wepet wird das Webicht urkundlich erwähnt.
Schöndorf wird als Wüstung genannt.
Die Bornmühle, unterhalb der heutigen Kaufstraße gelegen, wird durch das Wasser der Lotte betrieben.

1380 Der sitzende Rat wird auf zwei Ratsmeister und vier Ratsmannen, die Vertreter der Stadtbevölkerung sind, erweitert.

1381 Im Stadtbuch werden folgende städtischen Ämter genannt: Geschoßeinnehmer, Brau- und Weinmeister, die dem Rat angehören, sowie Gerichtsschöffen, Aufseher über Bäcker und über die Fleischer sowie Zolleinnehmer; letzterer vereinnahmt den Marktzoll, nimmt die Geschäfte des Marktmeisters wahr.
Der Rat der Stadt leistet einen Eid auf den Landesherrn und auf die Gemeinde.

1382 Bei der Landesteilung der Wettiner in Chemnitz kommt die Stadt zum thüringischen Teil des wettinischen Besitzes und erreicht in der Folgezeit eine wachsende Bedeutung.
Claus von Sulzdorf wird als Ratsmeister genannt.
1. Juni: 16 Bürger entrichten Geld- und Naturalabgaben von ihren Häusern und Höfen an den im Dienst des Landesherrn stehenden Ritter Gernod von Oberweimar.

1383 Das dem Beschützer der Armen und Kranken geweihte St. Laurentius-Hospital oder Siechhaus vor dem Kegeltor und die dazu gehörende, den kirchlichen Charakter der städtischen Einrichtung wahrende Lorenzkapelle werden errichtet.

Die Windischengasse (heute Windischenstraße) wird zum ersten Mal erwähnt.

1384 Das am Fuße des Kirschberges gelegene und dem Schutzpatron der Reisenden und Kaufleute geweihte Hospital St. Nikolaus wird zum ersten Mal urkundlich genannt.

1385 Das Ratshandelbuch von 1380 bis 1418 verzeichnet als älteste Innungsordnung die der Schneider.
Der Rat der Stadt beschränkt die Spenden für die Kirche auf bestimmte Opfertage und setzt auch ihre Höhe fest.
Den Bürgern ist es verboten, zum Ausschank von Wein und Bier nach Oberweimar zu gehen.

bereits 1386 Es wird von den Bürgern, die Bier brauen und ausschenken, verlangt, daß sie »ein panczer unde isenhud unde hantschu habin«.

1386 Das Handwerk der Wollweber wird erstmals bezeugt.

1387 Die Stadt wird in vier, nach den Toren bezeichnete Stadtviertel, für die je ein Hauptmann genannt ist, eingeteilt: »zcu unser frowen virtheil (Frauentorviertel im Süden), in dem virtheil dez nuwen thors (Neutorviertel im Westen), in deme virtheil zu sante Jacofe (Jakobsviertel im Norden) und in dem virtheil des kegeltors« (Kegeltorviertel im Osten).
Die Gemeindevertretung wird auf acht Personen gegenüber zwölf im Jahr 1381 reduziert.
Der Rat der Stadt verbietet, daß die viehhaltenden Einwohner Mist auf die Straßen werfen; wo sich das nicht vermeiden läßt, muß der Unrat innerhalb von acht Tagen weggeräumt werden.

1389 bis 1418 Neben der Verleihung des Bürgerrechts an hiesige Bürgersöhne werden über 500 neue Bürger, sogenannte Neubürger, aufgenommen, darunter vier Schneider, drei Schuhmacher, drei Zimmerleute, zwei Fleischer, zwei Bäcker, zwei Goldschmiede, je ein Gerber, Leineweber, Böttcher, Ziegeldecker, Töpfer, Büchsenmacher, Bader, Wagner und Schwertfeger.

1391 Als erster Arzt ist Magister Nicolaus, »medicus de Ilmene« (Arzt aus Stadtilm), nachweisbar; er erhält sein Bürgerrecht gratis, wofür er die Ratsherren und Ratsbediensteten kostenlos behandeln soll.

1392 Die Innungsordnung für die Leineweber wird erlassen.
Weingärten und Weinberge werden am Südabhang des Ettersberges, zu Wallendorf und am Weg nach Tiefurt urkundlich genannt.

1393 Juden sind in der Stadt urkundlich bezeugt.
Das Rote Buch von Weimar erwähnt Schützenmeister Dyther.

1394 Zum ersten Mal wird die Gerbergasse urkundlich erwähnt.
Das Frauentor soll von einem Ziegeldecker eingedeckt werden.

1396 Im Zusammenhang mit dem am Markt neu errichteten Rathaus wird die Bezeichnung Oberstadt gegenüber dem tiefer gelegenen alten Stadtkern um die Stadtkirche einmalig gebraucht.

1398 Im Stadtbuch wird Meister Dietrich Prüser als Schützenmeister, der die Ausbildung der waffenfähigen Bürger leitet und die Armbrüste in Ordnung zu halten hat, genannt und vom Stadtherrn als Diener angenommen.
13. September: Im Münzbrief von Landgraf Balthasar wird ein Münzmeister zu Weimar erwähnt.

Ende des 14. Jahrhunderts Die Stadtbegrenzung markieren Ilm – Graben – Goetheplatz – Wielandstraße – Theaterplatz – Schillerstraße – Puschkinstraße.

Der Durchschnittsertrag des erhobenen Waidgeldes läßt auf 45 Acker Waid in der Stadtflur schließen.
Das Stadtsiegel zeigt einen Löwen in einem mit Herzen übersäten Feld und die Umschrift »Sigillum Civitatis In Wimar« (Siegel der Bürgerschaft in Weimar).
Im Jakobsviertel bestehen mehrere Töpfereien.

15. Jahrhundert Die Stadtbefestigung wird ausgebaut.
Anfänge eines städtischen Berufsbeamtentums bilden sich heraus.
Zum Stadtgesinde zählen Stadtknechte, Torwärter, Wächter und Stadthirten.
Der Ritter von Kromsdorf besitzt außer seinem Siedelhof vor dem Kirchhof an der Stadtkirche noch sieben Zinshöfe vor dem Kegeltor.
Ritter Ludwig von Legefeld, Burgmann zu Weimar, besitzt neben seinem freien Siedelhof hinter der Stadtkirche mehrere andere Höfe, die ihm Zins zahlen.

1401 Die an einer Quelle gelegene Badestube, in der Krankheiten bekämpft und auch die Geselligkeit gepflegt werden, wird erstmals bezeugt.

1402 Ein städtischer Kämmerer wird zum ersten Mal genannt.

1404 In Oberweimar wird ein Hospital als Heimstätte für sieche Menschen erwähnt.
7. Juni: Das Siechhaus vor dem Jakobstor am Asbach wird wiederholt urkundlich genannt.

1407 Mit Androhung einer Strafe verpflichtet der Rat der Stadt die Neubürger zu einem dreijährigen Aufenthalt.
19. September: Landgraf Friedrich befreit die Bürger vom Frondienst, wogegen sie zu Heerfahrten und anderen Geschäften Folge und Dienst zu leisten haben.

1408 Ehringsdorf wird durch Landgraf Friedrich dem Kloster Oberweimar geschenkt.

1410 Als städtische direkte Grund- und Vermögenssteuer wird zu Pfingsten und zu Weihnachten Geschoß erhoben.
29. September: Landgraf Friedrich gibt der Stadt das Stadtrecht, »wie es die Stadt Weißensee besitzt«, und bezieht sie damit in die Rechtsfamilie der landgräflich-thüringischen Städte ein.

1421 2. März: Der Landesherr verpflichtet den Rat der Stadt, nur das in inländischen Städten gebraute Bier auszuschenken.

seit 1424 Die Stadt führt keinen Marktzoll mehr ab.

1424 3. Mai: Ein gewaltiges Feuer vernichtet die halbe Stadt mit dem Schloß, der Stadtkirche sowie dem Rathaus; der größte Teil der Einwohner verliert Haus und Besitz.

1427 1. Mai: Zur Förderung des Wiederaufbaus der Stadt befreit der Landesherr die Bürger, deren Häuser abbrannten, für zehn Jahre von der Zahlung des Geschosses und des Erbzinses von ihren Höfen und ihrer fahrenden Habe.

1428 Der Ort Lützendorf wird erwähnt.

1429 Der sich im Besitz des Deutschordens befindliche Sächsische Hof wird im Zusammenhang mit seiner Verschreibung an die Landgräfin Anna aus dem Hause Schwarzburg zum ersten Mal erwähnt.
In der Marienkapelle wird ein Kruzifix geweiht.

um 1430 Als eine der ältesten Gesellschaften Mitteldeutschlands gründen wehrhafte Bürger die Stahlarmbrust-Schützengesellschaft; sie ist eine städtische Einrichtung und gibt sich etwa 1650 den Sinnspruch »Eingedenk der alten Zeit«.

1430 Die bereits 1372 erwähnte landgräfliche Burgmühle an der Ilm geht in Privatbesitz über.

1431 Das Stadt- und Landgericht werden getrennt; der Landesherr, dem weiterhin die Gerichtsbarkeit über Hals, Hand und »echtige« Wunden verbleibt, verleiht der Stadt die niedere Gerichtsbarkeit in und vor der Stadt.
Landgraf Friedrich befreit die Stadt, nachdem sie ein neues Rathaus mit einem darunter liegenden Weinkeller an Stelle der Fleischbänke erbaut hat, von den Abgaben der Fleischbänke und gibt ihr das Recht, in und unter dem Haus die niedere Gerichtsbarkeit auszuüben.
Die Befestigungsanlagen der Stadt werden weiter ausgebaut.
Mit der Errichtung größerer Anwesen des begüterten Bürgertums wird begonnen.
Der Stadt wird befohlen, ein oder zwei Hirten anzustellen, damit der Austrieb von Kühen, Schafen und Schweinen in geregelte Bahnen gelenkt wird.
16. Juli: Alle Einwohner und Hintersiedler in und vor der Stadt sind steuerpflichtig mit Ausnahme derer, die in freien Höfen oder Gütern sitzen.

1432 Ein Hospital wird genannt, das vor dem Neutor liegt.
Die Töpfergasse wird erwähnt.
1. Juni: Landgraf Friedrich erteilt der Stadt das Recht, am Markt ein Kaufhaus mit Brot-, Fleisch-, Schuh- und Lederbänken, mit Krämerstätten und mit einem Weinkeller zu errichten.
5. Dezember: Die Knochenhauer und Fleischer schließen sich zu einer Innung zusammen.

1433 Im Stadtbuch, das die mittelalterliche Rechts- und Verfassungsgeschichte der Stadt darstellt, sind die Stadtgesetze von 1348 in überarbeiteter und erweiterter Form aufgezeichnet; sie legen für den Rat polizeiliche Befugnisse fest und erheben ihn zum Organ städtischer Selbstverwaltung.
Die Innungsartikel der Tuchmacher und Gewandschneider sind im Stadtbuch überliefert.
Der Rat der Stadt erhält das Mitspracherecht bei der Besetzung kirchlicher Ämter und regelt mit dem Pfarrer gemeinsam die Zahlung von Schulgeld und die Beteiligung der Schüler an kirchlichen Amtshandlungen.
Die Stadtgesetze verbieten unter anderem die Abhaltung eines Marktes an Sonn- und Feiertagen vor dem »kerchoffe« (Friedhof).
4. Juni: Landgräfliche geistliche und weltliche Hofbeamte stiften die St. Georgsbrüderschaft an der Stadtkirche.
17. Dezember: Der Pfarrer der Stadtkirche erhält das Recht, eine ihm als Schulmeister geeignet erscheinende Person dem Rat der Stadt zur Einstellung vorzuschlagen.

1435 27. Juni: Weil die Stadt große Schulden hat, wird ihr die Zahlung der Jahresrente erlassen.

1438 Eine Handelsordnung regelt den Handel mit Waid, einem Blaufärbemittel.

1439 Mit Vollendung des Schloßbaues wird erneut die Schloßkirche genannt, die seit 1286 keine Pfarrkirche mehr ist.

1440 Sieben Höfe, die hinter der Badestube liegen, werden genannt.

1442 Die Stadt hat mit 40 Personen die gleiche Anzahl Bewaffneter wie Eisenach.

1443 Ratsleute stellen einen namentlich genannten Baumeister, einen Kämmerer, Stadtvogt, Zöllner, Markt-, Brau-, Wein-, Wacht-, Lotten- und Waagemeister sowie einen Aufseher über die Fleischer und Bäcker.
26. Mai: Als Landesherren bestätigen Kurfürst Friedrich II. und Herzog Wilhelm III. dem Rat der Stadt die alten Privilegien.

1444 Die Breitengasse (heute Marktstraße) wird erwähnt.

1445 Die Stadt wird bevorzugte Residenz von Herzog Wilhelm III.

1449 Die dem Rat als »vierer von der Gemeinde der stat Wymar« beigegebenen Gemeindevertreter werden erneut genannt, als der Herzog städtische Einkünfte an Erfurt verkauft.
In kriegerischen Auseinandersetzungen brennt mit Ausnahme der St. Gangloffkirche ganz Lützendorf nieder.

UM 1450 Der Ort Wallendorf geht ein; seine St. Nikolaus geweihte Wallfahrtskirche wird später wegen Baufälligkeit geschlossen.

MITTE DES 15. JAHRHUNDERTS In der Schule sind zwei Schulmeister, ein Ober- und ein Untermeister, tätig.

1450 Die noch immer mangelhafte Stadtbefestigung wird durch eine doppelte Stadtmauer mit zehn Türmen und drei Toren bedeutend verstärkt; aus dieser Zeit stammen der noch erhaltene heutige Kasse- und der Bibliotheksturm.
Der Rat der Stadt kauft das Burgholz bei Ehringsdorf.

1453 Die Gemeindevertretung wird auf vier Mitglieder reduziert.
Auf herzoglichen Beschluß soll die Kapelle im Ostflügel des Schlosses, als deren Schutzpatron seit 1317 St. Martin aktenkundig ist, in eine Stiftskirche umgewandelt und dazu die beiden Augustiner-Chorherrenstifte Bibra und Sulza mit allen Insassen, Pfründen und Einkünften nach hier verlegt werden.
Die Stadt erhält nochmals für zwölf Jahre eine Befreiung vom Zoll, es droht jedoch Widerruf, wenn die Bebauung der Stadt stagniert.

1453 BIS 1457 Angeregt durch die Bußpredigten des Franziskaners Johannes von Capistrano, läßt Herzog Wilhelm III. ein Kloster für die Franziskanermönche erbauen.

1454 UND 1455 Schießhöfe, die Vorläufer der späteren Schützenfeste, finden statt.

1456 25. JUNI: Herzog Wilhelm III. gewährt dem Rat der Stadt die gewünschte Verlegung der beiden Jahrmärkte, an denen Kauf und Verkauf von Waren abgabefrei sind; drei Tage zuvor soll Viehmarkt abgehalten werden.
30. JUNI: Der Landesherr verzichtet auf den Waidzoll, nachdem ihn die Städte Erfurt, Mühlhausen und Nordhausen abgeschafft haben.

1457 15. MAI: Die Marienkapelle in der Vorstadt vor dem Frauentor, die bisher den Brüdern des Deutschordens gehört, wird dem Franziskanerorden zugeeignet.

1461 7. APRIL: Herzog Wilhelm III. bricht zur Pilgerfahrt nach Jerusalem auf und kehrt von dort noch im selben Jahr nach Weimar zurück.

1464 17. JULI: Papst Paul II. bestätigt die Einrichtung der Schloßkapelle zur Stiftskirche, die vergrößert und 1468 als solche mit sechs Altären geweiht wird; er genehmigt Maria als zweite Schutzheilige und stattet die Kirche mit großen Ablaßgerechtigkeiten aus.

1465 15. NOVEMBER: Zum ersten Mal treten die Vier von der Gemeinde, die nicht ratsfähig sind, als Gehilfen und Vertrauensleute des Rates auf.

1468 Eine Waidmühle mit Ober- und Untersteinen, die hinter der Jakobskirche liegt, wird bezeugt.

1471 17. DEZEMBER: Eine neue Kapelle, die beim Siechhaus in den Niederungen des Asbachs hinter der Jakobskirche liegt und die deren Pfarrer betreut, wird urkundlich erwähnt.

1478 Weimarer Schützen sind beim Schützenhof in Gotha anwesend.

1482 21. OKTOBER: Kurfürst Ernst und Herzog Albert als Landesherren bestätigen nach dem Tod von Wilhelm III. die Privilegien der Stadt.

1484 9. JULI: Erneut wird durch den päpstlichen Legaten die Schloßkapelle mit Wort und Schrift zur Stiftskirche erhoben, und die beiden Chorherrenstifte werden festgelegt.

1485 26. AUGUST: Bei der Teilung des Besitzes zwischen den Brüdern Ernst und Albert aus dem Hause Wettin in Leipzig fällt Weimar an den Teil, den Ernst mit dem Kurland und der Kurwürde erhält; in diesem Ernestinischen Sachsen wird Weimar eine Nebenresidenz.

1486 Nach erfolgter Huldigung durch den Rat der Stadt bekennt Kurfürst Friedrich der Weise, daß er als Landesherr die Freiheiten und Gewohnheiten Weimars aufrechterhalten werde.

1487 Die Stadtkirche wird wieder als baufällig bezeichnet.
20. DEZEMBER: Der Rat der Stadt erhält auf Ersuchen abschriftlich die Privilegien der Stadt Weißensee.

1488 Das 1461 gestiftete und an der Straße zwischen Weimar und Oberweimar gelegene Hospital wird geweiht; es erhält 1495 eine neue Kapelle mit einem Friedhof.

1489 23. NOVEMBER: Ein Baumgarten (heute Weimarhallenpark) mit zwei Teichen, Weiden und Hopfengärten sowie die Federwischmühle werden beurkundet.

1490 Die Schuhmacher erhalten eine neue Innungsordnung, weil die frühere beim Brand von 1424 verlorengegangen ist.

1491 Die Weimarer Schützen nehmen am Schützenfest in Saalfeld teil.

1492 Das Gasthaus Schwarzburger Hof, seit 1870 Sächsischer Hof, wird urkundlich erwähnt.

1495 Ein Steuerregister, in dem etwa 1550 Einwohner steuerrechtlich erfaßt sind, wird angelegt und gibt einen Einblick in die wirtschaftlichen und sozialen Verhältnisse der Stadt.
Die Zahl der Häuser im Windischen-, im Markt-, im Neutor- und im Jakobsviertel beträgt 179, in den drei Vorstadtsiedlungen vor dem Frauen-, dem Jakobs- und vor dem Kegeltor stehen 47 Gebäude.

1498 Die Stadtkirche wird als dreischiffige Hallenkirche im spätgotischen Stil neuerrichtet.

16. JAHRHUNDERT Auf dem späteren Marktplatz werden Waffen- und Reiterspiele abgehalten.

UM 1500 In der abseits der Fernverkehrsstraßen liegenden Ackerbürgerstadt bewohnen 1800 Einwohner etwa 300 Häuser; sie ernähren sich vom Ackerbau und vom Handwerk und betreiben den Nahmarkt.
Eine Seyer(Uhr)glocke, die sich an der Stadtkirche befindet, wird erwähnt.

1500 Vier Steinbüchsen, eine drei Zentner schwere Schlange, zwei Halbschlangen, acht alte Hakenbüchsen, aus denen drei neue gegossen werden sollen, eine halbe Tonne Pulver und eine »ziemliche Notdurft« an Steinkugeln bilden den Waffenbesitz der Stadt.

1502 26. JULI: Die vom Erzbischof Bertold von Mainz eingesetzten Generalrichter in Thüringen, Sachsen und Hessen fordern von der Stadt eine finanzielle Unterstützung für die Stadtkirche.

1503 Im Lehnsbrief wird das Freihaus in der Windischengasse, an der Stelle des heutigen

Schillermuseums, erstmals als Münzstätte bezeichnet.

1506 Oberweimar wird als Sitz eines Erzpriesters und Mittelpunkt seines kirchlichen Besitzes bezeugt.

1507 Der im Steuerregister gebrauchte Begriff »curia« (Hof) deutet an, daß zu vielen Häusern, bedingt durch die landwirtschaftliche Betätigung ihrer Bewohner, noch Hintergebäude, Stallungen und Scheunen gehören.
Infolge eines Wolkenbruchs tritt die Ilm über die Ufer.

1511 Die Beginen beziehen ein neues Haus Ecke Rittergasse/Windischengasse im Tausch gegen ihr früheres in der Rittergasse.
3. APRIL: Herzog Johann belehnt die Stadt mit der Badestube.

1512 In der Stadt gibt es 196 Bewaffnete, davon 132 mit einem ganzen Harnisch und 64 mit Vorderteil und Hauben, mit 115 langen Spießen, 57 Hellebarden und 24 Handbüchsen.

1513 Schuhmacher aus Neustadt an der Orla, Pößneck, Kahla, Orlamünde, Blankenhain und Berka beschicken den Wochenmarkt.

1514 24. SEPTEMBER: Das Hospital an der Falkenburg wird als das der »sundirsichen« (Aussätzigen) bezeichnet.

1518 29. SEPTEMBER: Martin Luther – der am 31. Oktober 1517 mit seinen 95 Thesen die Reformation auslöste – liest bei den Mönchen im Franziskanerkloster, wo er auf seiner Reise nach Augsburg auch übernachtet, eine Frühmesse und predigt in der Schloßkirche.

1520 Die Schloßkirche wird erweitert und St. Martin als ihr einziger Schutzpatron geehrt.

1521 Lucas Cranach der Ältere malt die Orgel in der Schloßkirche aus.
5. APRIL: Unter Obhut des Reichsherolds, der ihm das kaiserliche Geleit sichert, macht der von der Kirche gebannte Martin Luther auf seinem Weg zum Reichstag nach Worms in Weimar Station.

1522 Im Asbachhospital werden Räume für Pestkranke eingerichtet.
20. JANUAR: Zwischen dem Leipziger Franziskaner Augustin von Alfeld und dem Erfurter Augustiner und Reformator Johannes Lang, in dessen Begleitung sich der Humanist Eobanus Hessus befindet, findet in der Marienkapelle eine Disputation über das Ordensleben und den Wert des Mönchsgelübdes statt.
18. BIS 21., 23. BIS 30. OKTOBER: Martin Luther, der während seines mehrtägigen Aufenthalts bei dem herzoglichen Kammerschreiber Sebastian Schade wohnt, predigt in der Stadt- und in der Schloßkirche.

1522 BIS 1523 Der im Schloß lebende Balthasar Stanberger verfaßt Flugschriften, die in Erfurt gedruckt werden.

1523 17. MAI: Von Wittenberg wird Magister Johann Grau aus Kronach als erster evangelischer Geistlicher nach Weimar gerufen.

1524 MAI: Johann Grau wird in der Stadtkirche in sein Amt eingeführt.
1. AUGUST: Thomas Müntzer, Prediger zu Allstedt und Gegner der feudalen Obrigkeit, wird im Schloß verhört.

NACH 1524 Für die zwei Ratsmitglieder als Stadtoberhäupter bürgert sich die Amtsbezeichnung »Bürgermeister« ein; seit 1532 steht nur noch ein Bürgermeister an der Spitze des regierenden Rates.

1524 BIS 1526 In vielen Teilen Deutschlands und besonders auch in Thüringen erheben sich die Bauern. Es kommt jedoch weder in der Stadt noch in ihrer Umgebung zu Kämpfen.

1525 April: Der katholische Pfarrer an der Stadtkirche, Johannes Plack, legt sein Amt nieder und verläßt die Stadt.
4. Mai: Herzog Johann der Beständige sammelt im Lager in Oberweimar seine Truppen und bricht am 20. Mai zur Unterwerfung der Aufständischen von Mühlhausen auf.
17. August: Die Geistlichkeit der Stadt und des Amtes Weimar sowie der weiteren Umgebung wird zur Entgegennahme des fürstlichen Befehls »Das man das lauter rain Evangelion on menschliche zusatzunge predigen sol«, versammelt; den Franziskanern wird öffentliches Predigen künftig untersagt und die Aufhebung des Klosters Oberweimar angekündigt.
24. August: Kurfürst Johann der Beständige unterstellt das Kirchengut der städtischen Verwaltung mit der Verpflichtung zur Besoldung und Einstellung eines Pfarrers mit 80, eines Predigers mit 50, eines Kapellans mit 30 und eines Schulmeisters ebenfalls mit 30 Gulden für sich und zwei Gesellen.

1526 Das Rathaus wird gebaut.

1526 bis 1547 An der Ostseite des Marktes wird das Stadthaus mit einem Schankkeller als Handelshof errichtet und erhält eine Uhr mit Schlagwerk.

1528 bis 1552 Nach der ersten Kirchen- und Schulvisitation am 26. September 1528 wird Magister Georgius Walter Vorsteher der Stadtschule.

1530 Eine Stadtordnung wird erlassen, die die Ratswahl regelt: Das Ratskollegium setzt sich künftig aus 24 Mitgliedern und der regierende Rat aus dem Bürgermeister und sieben Ratsherren zusammen; die vier von der Gemeinde gehen endgültig im Rat auf.
Die Wallfahrtskirche St. Gangloff im ehemaligen Ort Lützendorf wird eingezogen.
Eine Apotheke wird urkundlich erwähnt.
Vermutlich bestehen folgende Zünfte: Fleischhauer, Bäcker, Schuster, Schneider, Zimmerleute, Böttcher, Sattler, Riemer, Steinmetzen, Maurer, Leineweber, Seiler, Wagen-, Rad- und Stellmacher.
26. Juli: Auf Beschluß des Rates der Stadt soll der Friedhof wegen der Seuchengefahr vor das Jakobstor verlegt werden; die an der Jakobskirche beginnenden Bestattungen enden 1818.

1530 bis 1553 Wegen der Pestgefahr wird der Wochenmarkt vor den Stadttoren abgehalten.

1531 Durch die kurfürstliche Hofordnung wird Weimar neben Torgau und Coburg zur Hauptresidenz erhoben.
Mit dem Tod des Predigers der Jakobskirche wird die Pfarre zur Stadtpfarre geschlagen.

1532 Als Haus und Hof eines reichen Ratsherrn wird das spätere Kirms-Krackow-Haus, benannt nach Landrat Franz Kirms und Karoline, geborene Krackow, erwähnt.

1533 Die Anordnung, alle Scheunen – um die Stadt vor Bränden zu schützen – vor die Stadt zu verlegen, läßt ein Scheunenviertel am heutigen Goetheplatz entstehen.
21. März: Die Beginen verlassen die Stadt und gehen nach Langensalza.
4. September: Kurfürst Johann Friedrich der Großmütige bestätigt nach erfolgter Erbhuldigung die Privilegien der Stadt.
20. November: Auf Grund eines kurfürstlichen Ausweisungsbefehls verlassen die Franziskanermönche nach feierlichem Abschied von ihrer Kirche die Stadt durch das Erfurter Tor; das ehemalige Kloster wird künftig als Kornhaus genutzt.

1535 bis 1579 Die Jakobskirche verödet und dient als Kornhaus.

1538 Ein Mühlgraben gegenüber der Kirche in Oberweimar muß von den Einwohnern der Klosterdörfer Oberweimar, Ehringsdorf und Umpferstedt durch Fronarbeit instand gehalten werden.

1540 An der Südseite des Marktes wird das Gasthaus Zum Schwarzen Bären erbaut und erhält den landesherrlichen Wahlspruch »Verbum Domini manet in aeternum« (Das Wort des Herrn bleibt in Ewigkeit); ihm folgen an der Nordseite die Gasthäuser Goldenes Kreuz und Zum goldenen Ring.
30. Dezember: Der Rat der Stadt beschließt die Anlage eines neuen Steinbruchs an der Altenburg und den Bau der Stadtmauer vom Jakobstor zum Vorwerk.
31. Dezember: Der Rat der Stadt verleiht dem Bürger Hans Weyhmann aus Saalfeld einen Freibrief für eine bei der Ziegelhütte vor dem Jakobstor erbaute Glätterolle, wonach kein anderer in der Stadt eine solche anlegen soll, ausgenommen die Schwarzfärber mit ihren Rumpelsteinen; der Name Rollplatz leitet sich von diesem Gewerbe ab.

1540 bis 1647 Die Anzahl der Fleischer ist von 26 auf 15, die der Bäcker von 19 auf 14 und die der Tuchmacher, die im Rähmen am Stadtgraben (heute Schillerstraße) ihr Tuch spannen, von 13 auf acht zurückgegangen.

1541 Die Stadt will ein eigenes Zeughaus zwischen dem ehemaligen Mönchs- und dem Nonnenkloster einrichten, weil sich der Bestand an Waffen vergrößert hat.
14. März: Die Schuhmacher erhalten eine Handwerksordnung.

1541 bis 1609 Die Anzahl der Torwächter, die wie die Turm- und Stadtwächter die Brände melden, erhöht sich von sechs auf acht.

1542 Mit schätzungsweise 2523 Einwohnern hat Weimar den Bevölkerungsstand einer mittleren Kleinstadt; die Zahl der Steuerzahler mit Hausbesitz beträgt 406, die der Bediensteten 195 und die der Handwerksgesellen zehn.
Der Besitz der Einwohner wird auf 101487 Gulden geschätzt und setzt sich aus Hausbesitz, Ackerland und Wiesen, Weingärten, Handel und Gewerbe, aus zinstragendem Barvermögen sowie aus Besitz der Stadtkämmerei zusammen.

1542 bis 1557 Den Großhandel betreiben fünf Tuch-, Waid- und Wollhändler, deren Zahl auf elf steigt; die Zahl der im Jakobs- und Neutorviertel am stärksten vertretenen Kleinhändler des mittleren Bürgertums erhöht sich von 42 auf 55.

1542 bis 1620 17. November bis 17. November: Das erste, von Stadtschreiber Christoff Loeber angelegte Bürgerbuch mit 2878 Neubürgeraufnahmen ist im Stadtarchiv überliefert.

1544 13. April: Der Rat der Stadt beschließt in Übereinstimmung mit den Brauern, daß jeder Bürger jährlich dreimal brauen und das Bier im eigenen Haus ausschenken darf; wer mehr brauen will, muß einen eigenen Keller haben und vier Pferde halten.

1545 Das Renaissanceportal am ältesten Teil des Schlosses, dem Torbau, der seit dem 19. Jahrhundert Bastille genannt wird, wird von Baumeister Nikol Gromann aus Torgau geschaffen.
13. Januar: In der Stadt darf kein neuer Bau errichtet werden, bevor er nicht im Projekt den drei Richtern vorgelegt wird.

1546 18. Dezember: Die Stadt wird im Schmalkaldischen Krieg (1546 bis 1547) durch Hans Georg Graf von Mansfeld und von den Truppen des Herzogs von Sachsen besetzt.

1547 Das Stadthaus wird unter Leitung von Nikol Gromann als einer der schönsten Renaissancebauten fertiggestellt.

2. April: Während des Schmalkaldischen Krieges wird der protestantische Kurfürst Johann Friedrich von Sachsen in der Schlacht bei Mühlberg vom katholischen deutschen Kaiser Karl V. gefangengenommen und verliert das Kurland und die Kurwürde sowie weitere Ländereien an die Albertiner; Weimar wird dauernde Residenz des den Ernestinern verbleibenden Besitzes, wodurch im Laufe der Zeit politische Bedeutung und Wirtschaftskraft der Stadt wachsen.
6. August: Der Rat der Stadt ordnet an, daß die Fleischhauer an den beiden Wochenmärkten ihr Fleisch nicht mehr im Rathaus, sondern wegen des Geruchs in Prosses Haus (heute Cranachhaus) anbieten sollen.
17. August: Auf Anordnung des Rates der Stadt müssen Schweine und Gänse im Sommer auf dem Feld gehütet oder in den Ställen gehalten werden.
9. Oktober: Die Erfurter Elle wird auf dem hiesigen Markt verboten, weil sie gegen die weimarische Elle um einen Messerrücken zu kurz befunden wird.

1548 Eine Schulordnung wird erlassen.
18. Juni: Zur Minderung von leichtbrennbaren Schindeldächern und zur Förderung der Bautätigkeit gibt der Rat der Stadt jedem Bürger, der seine Dachziegel aus der Ratsziegelhütte bezieht, ein Viertel des Bedarfs umsonst ab.

1548 bis 1557 Die Matrikel der Akademie zu Jena verzeichnen 37 Studenten aus Weimar.
An der Ostseite des Marktes entsteht durch Nikol Gromann ein Doppelhaus im Renaissancestil, dessen Eigentümer der ernestinische Kanzler Christian Brück aus Wittenberg und der Sekretär Antonius Pestel sind; später richtet sich im Haus von Kanzler Brück Lucas Cranach der Ältere eine Werkstatt ein.
5. Februar: Mit Bewilligung von Bürgermeister Hans Spindler erhält Nikol Gromann von den sächsischen Herzögen das Beichthaus am früheren Kloster an Stelle des späteren Landgerichtsgebäudes zum Geschenk.

Mitte des 16. Jahrhunderts
Die Schicht der Besitz- und Vermögenslosen in der Stadt setzt sich aus Handwerksgesellen, Lehrlingen, Mägden, Knechten, Hirten und weiterem Gesinde bei Bürgern sowie aus armen, zur Miete wohnenden Hausgenossen zusammen.
Von den Armbrustschützen zweigen sich die Büchsenschützen ab, die ebenfalls ihre Aufgabe in der Bewachung und Verteidigung der Stadt sehen, und bilden eine eigene Gesellschaft.

um 1550 Mit künstlerischen Darbietungen von Schülern und Studenten beginnt die Weimarer Theatergeschichte.

2. Hälfte des 16. Jahrhunderts
Ständige finanzielle Anleihen durch den Landesherrn führen zu schweren Belastungen, die der Rat der Stadt jedoch durch Besitzerweiterungen mindern kann, die auf wirtschaftlichen Vorteil ausgerichtet sind.
Die Töpfer, Fischer, Loh- und Weißgerber, Schlosser, Sporer und Büchsenmacher, die Messer-, Waffen- und Hufschmiede, die Glaser, Kürschner, Kannen- und Rotgießer sowie die Tüncher und die Bortenwirker organisieren sich in Zünften.

1551 27. Februar: Der Rat der Stadt kauft die bereits 1375 erwähnte Lottenmühle mit allen Gerechtsamen für 800 Gulden.

1551 bis 1563 5. Oktober: Der Tuchmacher und Handelsmann Hans Heintze der Ältere, einer der vermögendsten Kaufleute der Stadt mit einem Waidstapelplatz in Görlitz, übt nach 25jähriger Zugehörigkeit zum Rat im turnusmäßigen Wechsel das Amt des Bürgermeisters aus.

1552 Zur Betreuung der Kranken dient neben dem Hospital St. Nikolaus am Asbach vor dem Jakobstor das St.-Lorenz-Hospital am Kegeltor, wo Stuben für Pestkranke eingerich-

tet werden, in die auch die pestgefährdeten Almosenempfänger eingewiesen werden.
Der Rat der Stadt erwirbt neue Gehölze bei Troistedt und am Ettersberg; weitere Ankäufe erfolgen 1570, 1578 und 1590.
29. SEPTEMBER: Kurfürst Johann Friedrich der Großmütige zieht, aus der Gefangenschaft kommend, mit Lucas Cranach dem Älteren in seine Residenz ein.

1552 BIS 1554 In der Amtszeit von Emericus Sylvius als Schulmeister wird 1553 Wolfgang Wonne als vierter Lehrer eingestellt.

1553 Der Deutschorden kauft das ehemalige Terminierhaus als Backhaus, das unter dem Namen Rollbackhaus über Jahrhunderte besteht.
16. OKTOBER: Lucas Cranach der Ältere stirbt hier und wird in der von Nikol Gromann erbauten Malergruft an der Jakobskirche beigesetzt; das von ihm begonnene Altargemälde in der Stadtkirche, das die Erlösung des Menschengeschlechts darstellende Triptychon, wird von seinem Sohn 1555 vollendet.

1554 Der Rat der Stadt ordnet die Annahme eines Ziegeldeckers und eines Ziegelbrenners an.
Der Marktplatz wird gepflastert.
In der städtischen Lateinschule unterrichten fünf Lehrer und ein Hilfslehrer.
3. MÄRZ: Herzog Johann Friedrich der Großmütige stirbt und wird in der Stadtkirche beigesetzt.
21. DEZEMBER: Nachdem der Rat der Stadt die Erbhuldigung geleistet hat, bestätigen die Herzöge von Sachsen, Johann Friedrich der Mittlere, Johann Wilhelm und Johann Friedrich der Jüngere, die städtischen Privilegien.

1555 21. JANUAR: Die Einwohner werden von der Teilnahme an den herzoglichen Wolfsjagden befreit.

1555 BIS 1573 Magister Johannes Wolf ist Rektor der Stadtschule; am 26. Februar 1574 nimmt er ein Rektorat in Regensburg an.

1556 Schätzungsweise leben 3287 Einwohner in der Stadt.
Von 608 Häusern stehen 169 in der Jakobsvorstadt, in der die ärmere Bevölkerung lebt.
501 Steuerzahler mit Hausbesitz einschließlich in Tiefurt und 151 Hausgenossen ohne Grundbesitz, 77 Gesellen und etwa 256 Bedienstete leben in der Stadt; der Anteil des reichen Bürgertums am Gesamtvermögen der Einwohner beträgt 56 Prozent, davon verfügen 24 Ratsherren über 18 Prozent, Handwerker und Händler über neun und das mittlere Bürgertum über 35 Prozent des Gesamtvermögens.
Kammerschreiber Sebastian Schade erhält einen herzoglichen Lehnsbrief über die alte Münze, ab 1826 Gasthaus Goldener Anker Ecke Neugasse/Windischengasse.
13. FEBRUAR: Die Herzöge von Sachsen verfügen, daß neue Häuser ausschließlich mit Ziegeln zu bedachen sind und nur alte Gebäude wegen ihrer geringen Tragfähigkeit mit hölzernen Schindeln zu decken sind.

1557 Der Besitz des Rates der Stadt beträgt 19856 Gulden an Mietshäusern, dem Brau- und Malzhaus, der Garküche und Badestube, dem Ratskeller, an Wiesen, Gärten, Teichen, Äckern sowie an Ratsgehölzen.

1558 Der Rat der Stadt und Stadtpfarrer Johann Grau, seit 1529 Superintendent, bitten den Landesherrn vergeblich um Brot für arme Schüler.
24. MÄRZ: Beim Hausbau sind Brandmauern zwischen die Gebäude zu setzen.
13. JUNI: Ein Unwetter richtet große Schäden an: Menschen ertrinken in der Ilm, und ein Teil der Stadtmauer am Frauentor wird vom Wasser niedergerissen.

1560 BIS 1583 Das Rathaus wird umgebaut.

Ansicht der Stadt Weimar von Osten, 1572
Kupferstich von Georg Braun und Franz Hogenberg, Städtebuch Band 1

1561 Die Fleischer verweigern dem Sohn eines Schafknechts die Erlernung des Fleischerhandwerks.
An Stelle des 1424 niedergebrannten Pfarrhauses wird ein neues Schulgebäude errichtet, in dem jeder der fünf Lehrer in einem Klassenraum unterrichtet.
Acht Töpfer betreiben ihre Hütten in der Stadt.
Das Gasthaus Elephant wird zum ersten Mal urkundlich erwähnt.

1562 14. JANUAR: Rektor Johannes Wolf stellt einen neuen lateinischen Unterrichtsplan auf, wonach die Schule in sechs Klassen geteilt wird; es werden neue Schulgesetze »de cura gubernandi mores puerilis« (über die Pflege des zu erziehenden Kindes) angefertigt.
Eine Apotheke wird im Schloß errichtet und von Jakob Neubauer ausschließlich für den fürstlichen Bedarf betrieben.
7. BIS 12. MAI: An einem ritterlichen Schießen beteiligen sich 91 Städte.

1562 BIS 1565 Unter Mitwirkung von Nikol Gromann wird das Grüne oder Französische Schloß als Gartenschloß errichtet.

1564 Der Rat der Stadt nimmt für drei Jahre Dr. Jobe als Stadtphysikus mit einer jährlichen Bezahlung von 100 Gulden an; neben ihm sind auch Hebammen tätig.
An der Nordseite des Marktplatzes wird für Jakob Schröter ein Wohnhaus, die spätere Hof-Apotheke, erbaut.
Der Friedhof an der Jakobskirche wird erweitert.

1565 Der Waidhändler und Bürgermeister Hans Heintze der Ältere stirbt und hinterläßt eine Barschaft von 13721 Gulden.
14. MÄRZ: Lehrer und Schüler führen in der Stadtkirche vor Ratsherren und Bürgerschaft das biblische Spiel »Susanna« auf.
29. JULI: Ein Erdbeben ohne nennenswerten Schaden wird registriert.

1566 Die Pest fordert etwa 1000 Opfer.
Die zentrale Verwaltung des Deutschordens, die 1424 abgebrannt war und danach wieder aufgebaut wurde, wird von einem Privatmann umgebaut und erhält ihre jetzige Hausfassade (heute Herderplatz 9).
Der Rat der Stadt bezahlt 700 Gulden für den Guß der großen Glocke in der Stadtkirche, die 1587 zerspringt.
Aus Reinlichkeitsgründen wird der Schweinemarkt vom gepflasterten Marktplatz vor das Neutor verlegt.

1567 10. JUNI: Herzog Johann Wilhelm belehnt seinen Getreuen Dietrich von Lichtenberg mit einem »Hoff bei Sanct Jakobs Thor in der Ecken uff der Mauer« (heute Marstallstraße/Luthergasse).
1. SEPTEMBER: Der Apotheker Lorenz Kreich aus Torgau erhält das Privileg, eine Apotheke zu betreiben.

1568 17. MÄRZ: Die baufällige Garküche am Frauentor wird erweitert.

1569 Von 440 bestehenden Häusern ist nur die Hälfte mit einem Obergeschoß versehen. Schuldirektor Johannes Wolf entwirft den ersten Stadtplan.
29. SEPTEMBER: Zur Verhütung weiterer Streitigkeiten erwirbt der Rat der Stadt vom Herzog für 2000 Gulden die Erbgerichtsbarkeit in und vor der Stadt.

1569 BIS 1570 Der Brunnen auf dem Marktplatz, dessen Vorläufer bereits 1540 erwähnt wird, wird für 300 Gulden erbaut.

1569 BIS 1602 Der Tuch-, Woll- und Waidhändler Jakob Schröter, Sohn von Bürgermeister Peter Schröter dem Älteren und 1563 in den Rat gewählt, wird im turnusmäßigen Wechsel regierender Bürgermeister; er erwirbt sich Verdienste als Förderer der Bautätigkeit.

1570 Der Schöppenstuhl zu Halle urteilt, daß der Rat der Stadt kein Todesurteil vollstrecken, keine Hand abhauen und nicht Acht und Festung verhängen darf.
Die nach Johannes Wolfs Aufmessung von Hofmaler Veit Thiem gezeichnete Ansicht der Stadt von Westen aus der Vogelschau, die den Ort als des sehr fruchtbaren Thüringen vortreffliche Stadt darstellt, wird als Holzschnitt veröffentlicht.
Die Innung der Brauer erläßt Vorschriften für das Betreiben ihres Gewerbes.
22. MAI: Herzog Johann von Sachsen-Weimar wird hier geboren.

1571 1. OKTOBER: Die Burgmühle wird durch Feuer vernichtet.

1572 Eine Ansicht der Stadt von Osten erscheint im Städtebuch »Civitates orbis terrarum« von G. Braun und F. Hogenberg.
Durch erneute Landesteilung wird Weimar, dem gehobenen Ansehen und der wirtschaftlichen Erstarkung Rechnung tragend, alleinige Residenz im Herzogtum Sachsen-Weimar, das um das fränkische und Eisenacher Gebiet verkleinert wird.

1573 Bei religiösen Lehrstreitigkeiten werden infolge einer Kirchen- und Schulvisitation fünf Pfarrer und auch Rektor Johannes Wolf sowie Konrektor David Schilling »wider des Rathes willen« ihrer Ämter enthoben.

1574 Als Wohn- und Lagerhaus eines Waidhändlers wird das Geleithaus, das von 1764 bis 1817 dem Geleitwesen dient, erbaut.

1574 BIS 1576 Das Rote Schloß wird an der Stelle angekaufter und niedergerissener Gebäude als Sitz der Herzoginwitwe Dorothea Susanna errichtet.

1574 BIS 1578 Magister Bartholomäus Hübner übt das Amt des Rektors der Stadtschule aus; sein Nachfolger bis 1586 wird Magister Georgius Milo.

1575 12. JANUAR: In Ausübung der herzoglichen Vormundschaftsregierung belehnt Kurfürst August von Sachsen den Rat der Stadt mit der Badestube.
5. MÄRZ: Kurfürst August von Sachsen erneuert die Privilegien der Stadt nach erfolgter Erbhuldigung.

1576 13. JANUAR: Nach einem Landkauf erschließt der Rat der Stadt eine Sandgrube und einen Steinbruch vor dem Frauentor hinter der Schießmauer.

1577 1. MAI: Der Rat der Stadt kauft die bereits 1382 erwähnte Niedermühle an der Ilm, später Karlsmühle, mit allen »Nutzungen und Gerechtsamen« für 3478 Gulden.

1578 17. FEBRUAR: Der Rat der Stadt kauft die noch erhaltene Wallendorfer Mühle an der Lotte mit allem Zubehör für 1600 Gulden.

28. September: Die Stadtkirchgemeinde registriert den ersten Sterbefall durch Kirchenbucheintragung.

1580 Die Stadt kauft das Osterholz bei Nohra.
Der Sächsische Hof wird im Renaissancestil umgebaut.

1581 Herbst: Wegen der Pest wird die Landesregierung für ein Jahr nach Jena verlegt.

1582 11. Juni: Zum Schutz des Gerichtes werden dem Landrichter zur Durchführung des peinlichen Halsgerichtes gegen Jakob Jordan 40 Bewaffnete gestellt.

1583 Der Bau des Rathauses ist vollendet.

1584 Seit 1581 wurden neun Menschen hingerichtet.

1585 Die Armbrustschützen, deren Schießhaus sich in den Rähmen befindet, und die Büchsenschützen, deren Schießhaus hinter dem jetzigen Tempelherrenhaus mit der künstlichen Ruine als Kugelfang liegt, führen getrennte Schießen durch.

1586 Der seit 1540 als Ratsschreiber tätige Christoff Loeber wird zum regierenden Bürgermeister gewählt und übt dieses Amt 1592 letztmalig aus.
25. Januar: Der Maler Lucas Cranach der Jüngere stirbt (vermutlich) hier und wird in Wittenberg bestattet.
5. Dezember: Herzog Friedrich Wilhelm I. bestätigt dem Rat der Stadt seine Freiheiten und Gewohnheiten.

1586 bis 1595 15. Oktober: Johannes Wolf wird von Regensburg nach Weimar berufen, um hier zum zweiten Mal das Amt des Rektors der Stadtschule zu übernehmen.

1588 18. September: Der herzogliche Sekretär Wolf Lauenstein stiftet für zwei arme Studenten ein Stipendium von je 40 Talern; seine Stiftung besteht über Jahrhunderte fort.

1590 3. August: Neue Stadtstatuten werden erlassen und beinhalten: »Wie mann denn Rath kiesen soll ... Von verkündigünge des neüen Raths und Huldigunge der Bürgere ... Wider die Gotteslesterer ... Vonn Auffnehmunge der Bürgere ... Vonn gehorsamb der Bürgere ... Von Handtieren, Händeln und Kauffmanschafften ... Vom Geschosse ... Vom Marcktrecht ... Vom Brotkauff ... Vom Fleisch- und Fischkauff ... Vom Brauen, Meltzen und Schencken ... Vonn Hochzeiten ... Vonn Kindt Teufftenn ... Vonn Feuersnöthen ... Vonn Harnisch und Waffen die ein ietzlicher Bürger in seinem Hause zu haben verpflichtet ... Vonn Goltschmieden und Kannengiessern ... Vonn Bächenn, Röhrkästen und Brunnen ... Vonn den Schweinen ... Vonn Gastgebenn ... Vonn Thorschliessenn ... Was dem Rathe gebüret wann auswerttige alhier Erbe fordernn ... Vonn Vormundtschaftenn ... Vonn denn Processen«.

1591 22. Februar: Die Huren und die, die in verbotener Ehe leben, haben trotz geleisteter Kirchenbuße die Stadt innerhalb eines Monats zu verlassen.

1593 Bürgermeister Peter Schröter der Ältere stirbt hier.
15. Februar: Der Rat der Stadt läßt einen Turmknopf, der Urkunden enthält, auf den Turm der Stadtkirche setzen.

1594 Die vom Rat der Stadt verwaltete Ziegelhütte in der Vorstadt vor dem Jakobstor wird verpachtet, da sie keinen Gewinn bringt.

1595 7. Oktober: Johannes Wolf wird zum regierenden Bürgermeister gewählt und übt dieses Amt turnusmäßig bis 1598 aus; er stirbt am 3. November 1602.

1596 Das Ratskollegium setzt sich aus Bürgermeister Jakob Schröter, Baumeister und Stadtrichter Sebald Wölner, Kämmerer Matthes Hanselmann, Wachtmeister Christian Pirnstil und Weinmeister Hans Koch sowie Samuel Apell, Heinrich Schneidewein und Jeremias Gottwaldt zusammen.
9. September: Der herzogliche Befehl über die Ausweisung der Huren wird erneuert.

Ende des 16. Jahrhunderts Viele Einwohner sterben durch die Pest; ihre Bestattung nimmt seit 1597 ein Pestprediger vor.

um 1600 Der Rat der Stadt leistet für die Verstärkung der Stadtbefestigung einen großen finanziellen Aufwand.
3500 Einwohner leben in der Stadt.

1601 Der Rat der Stadt kauft die Burgmühle an der Kegelbrücke.
6. Oktober: Der Stadtphysikus Dr. Heinrich Ludwig wird zum regierenden Bürgermeister gewählt; er übt dieses Amt turnusmäßig bis 1610 aus.

1601 bis 1615 Unter dem Rektorat von Georg Salzhuber werden die Besoldungen der Lehrer aufgebessert und vorhandene Mängel im Schulwesen beseitigt.

1602 24. Februar: Den armen Leuten in den drei Hospitälern am Kegeltor, am Asbach und in Oberweimar wird aus Dank für die erloschene Pest der Zinsertrag des Gotteskastens (Kirchenvermögen) zugewiesen.

1603 Die Bauarbeiten am Schloß finden ihren Abschluß.

1605 31. Oktober: Herzog Johann stirbt hier und wird in der Stadtkirche beigesetzt.

1607 Zum dritten Mal bricht die Pest aus und fordert viele Opfer; alle öffentlichen Festlichkeiten und großen Versammlungen sind verboten, und jeder Krankheitsfall ist meldepflichtig.
Arno Bachstroh kauft das Stiedenvorwerk in der Nähe der späteren Ackerwand von Wilhelm Moser.
10. August: Die langjährigen Irrungen zwischen dem Amt und der Stadt wegen der Gerichte vor den Stadttoren werden entschieden.

1608 Der Historiker Dr. Friedrich Hortleder kommt als herzoglicher Prinzenerzieher in die Stadt.

1609 Zur Brandbekämpfung wird eine Feuerordnung erlassen.

1612 1. Mai: Der Großhändler Jakob Schröter, der 50 Jahre im Ratsstand war, stirbt und hinterläßt ein Vermögen von 108 000 Gulden.

1612 bis 1613 Der Pädagoge Wolfgang Ratke, genannt Ratichius, lebt in der Stadt.

1613 Der herzogliche Beamte Melchior Francke wird durch Ratswahl Bürgermeister und übt das Amt 1622 letztmalig aus.
29. Mai: Ein Unwetter mit wolkenbruchartigen Wasserfluten und Hagelschauern, die Thüringer Sintflut, bricht herein: Die Ilm steigt um acht Meter, bringt Brücken zum Einsturz und reißt 44 Wohnhäuser sowie Mühlen mit sich fort. 65 Menschen und 200 Stück Vieh ertrinken im Wasser.

1614 Die Büchsenschützen erhalten eine Innungsordnung.

1615 Der Rat der Stadt kauft die Bornmühle an der Lotte und erhöht durch seinen Mühlenbesitz die Einnahmen und den wirtschaftlichen Einfluß auf die landwirtschaftlich tätige Bevölkerung.

1615 bis 1633 Samuel Schwanengel ist Rektor der Stadtschule; in seiner Amtszeit wird die Besoldung der Lehrer verbessert.

1616 Der Rat der Stadt verkauft die Badestube, um seine angewachsenen Schulden in Höhe von 20 845 Gulden zu verringern.

1617 24. AUGUST: Die Fruchtbringende Gesellschaft zur Förderung und Pflege der deutschen Sprache und Literatur, auch Palmorden zur Erhaltung teutscher Treue und Verbesserung der vaterländischen Sprache genannt, wird im Schloß gegründet; diese erste und bis 1680 wichtigste deutsche Sprachgesellschaft ist seit 1651 in Weimar ansässig.

1618 Zur städtischen Musikpflege gründen Vertreter des Bürgertums eine Stadtpfeiferei.
Der Waidhandel kommt zum Erliegen.
Der Jenaer Drucker Johann Weidner verlegt einen Teil seiner Offizin nach hier und druckt bis 1620 neben Leichenpredigten auch Schulbücher; bereits 1602 ist Weimar als Druckort erwähnt.
2. AUGUST: Ein durch die Unachtsamkeit eines Goldmachers verursachter Großbrand vernichtet das Schloß, das bis 1662 unter Johann Moritz Richter wieder aufgebaut wird und den Namen »Wilhelmsburg« erhält; vorübergehend dient das Rote Schloß als herzogliche Residenz.
OKTOBER: Martin Lamprecht übernimmt im Wechsel mit Georg Mumber, der von 1592 bis 1632 dem Ratskollegium angehört, das Amt des regierenden Bürgermeisters und übt es bis 1625 aus.
DEZEMBER: Zur Beseitigung des Brandschuttes vom Schloß sind Frondienst leistende Bauern aus der Umgebung eingesetzt.

Wappenschild der Fruchtbringenden Gesellschaft, um 1620

1618 BIS 1648 23. MAI BIS 24. OKTOBER: In Prag nehmen kriegerische Auseinandersetzungen ihren Ausgang, die mehrere Länder Europas in Mitleidenschaft ziehen und die nach 30 Jahren mit dem Abschluß des Westfälischen Friedens enden; die in dieser Zeit regierenden Herzöge von Sachsen-Weimar, insbesondere Herzog Bernhard als Feldherr, sind aktiv am Krieg beteiligt, dessen Lasten auch Weimar zu tragen hat.

1619 Zur Verbesserung der Erziehung und des Unterrichts legt Hofprediger Johannes Kromayer eine neue Schulordnung »Bericht vom newen Methodo« nach Grundsätzen von Wolfgang Ratke vor.
Eine Brauordnung wird erlassen, die 1620 und 1645 erneut bestätigt wird.

1621 Der Preis für Getreide steigt ständig.
An der Stadtschule sind folgende Lehrer tätig: Samuel Schwanengel als Rektor, Georg Rost als Konrektor, Johann Wolffius, Martin Weiland, Heinrich Kopp und Bartholomäus Fuchs.

1621 BIS 1691 23. JANUAR BIS 17. DEZEMBER: Das zweite Bürgerbuch der Stadt enthält 1740 Bürgeraufnahmen; von den Neubürgern sind mehr als die Hälfte Handwerker.

1624 Zur Betreibung einer herzoglichen Druckerei vermietet Ludwig Thangel seine nahe am Schloß gelegene Behausung; es kommt zur Gründung der weimarischen Hofbuchdruckerei, die von Johannes Weischner geführt wird.

1625 427 Personen gehören dem Kleinbürgertum, 213 dem mittleren und 53 dem reichen Bürgertum an; die Zahl der Besitz- und Vermögenslosen ist nicht bekannt.
Handwerk und Handel sind am Gesamtvermögen der Einwohner mit 15 Prozent beteiligt.
307 Menschen sterben an der Pest.
4. November: Erneut wird ein herzoglicher Beamter, der Kastner Michael Wolf, der vordem die Ratsämter des Baumeisters, des Beisitzers und des Stadtrichters bekleidet hat, zum regierenden Bürgermeister gewählt.

1626 Der Rat der Stadt kauft das alte Hebammenhaus am Kegeltor.

1628 Die Pest fordert 365 Menschenleben.
17. Oktober: Herzog Johann Friedrich VI., der der Magie nachging, stirbt nach strenger Haft und ständigen Verhören im Kornhaus, dem ehemaligen Franziskanerkloster.

1629 Erstmals wird eine regelmäßige, wenn auch geringe Besoldung für den Bürgermeister und die einzelnen Ratsmitglieder gezahlt.

1630 25. Juni: Die nach dem Brand neuerrichtete Schloßkirche wird geweiht.
18. November: Das Ratskollegium weigert sich, Georg Mumber wegen Eigenmächtigkeiten im Ratsgeschäft wieder zum regierenden Bürgermeister zu wählen.

um 1630 Der Rat der Stadt verkauft die Niedermühle in Privathand.

1631 Erneut sterben 239 Einwohner an der Pest.
Herzog Wilhelm IV. erhöht das Kirchenvermögen um 1000 Gulden.

1633 bis 1660 Unter dem Rektorat von Joachim Knape werden Klagen über Disziplinlosigkeit und Unfähigkeit der Lehrer geführt.

1634 Die Pest fordert 232 Opfer.
Das Armenwesen der Stadt wird durch eine Almosenordnung reglementiert.

1635 Die Pest fordert mit 1066 Toten die bisher höchste Anzahl an Opfern.

1636 Der Rat der Stadt wird durch den Landesherrn zur Wahl des herzoglichen Kammersekretärs Christoph Hilgund zum regierenden Bürgermeister gezwungen, der 1655 dieses Amt zum letzten Mal bekleidet.
Die Stadt erwirkt einen Schutzbrief, der sie von kriegsbedingter Einquartierung und Kontribution freihalten soll.

1636 bis 1640 Die große Weimarische Bibel wird bearbeitet.

1637 An der Pest sterben 521 Menschen.

1639 622 Pestopfer sind erneut zu beklagen.
14. Februar bis 24. Oktober: In Oberweimar und Ehringsdorf herrscht eine Seuche, die von 450 bis 500 Einwohnern 63 dahinrafft.

1640 Die Geleitstafel des Amtes und der Stadt Weimar wird erneuert.
9. April: Erneute Landesteilung zwischen den herzoglichen Brüdern des Hauses Sachsen-Weimar, bei der Herzog Wilhelm das Fürstentum Weimar, Herzog Albrecht das Fürstentum Eisenach und Herzog Ernst das Fürstentum Gotha erhalten.
20. April: Bei einer Volkszählung werden 2863 Einwohner registriert, davon sind 1174 Männer und Frauen, 929 Kinder, 590 Dienstboten und 170 Freihausbewohner; 4103 Fremde suchen in der Stadt Zuflucht vor plündernden und brennenden Söldnern.
Von den insgesamt 6966 Menschen leben 4234 in der Stadt und 2732 in den Vorstädten.

1640 bis 1683 Peter Schröter der Jüngere, der ab 1665 bis 1682 achtmal das Amt des regierenden Bürgermeisters ausübt, ist bis zu seinem Tod im Ratsstand.

1641 Zur Eindämmung der Bettelei wird eine Bettelordnung erlassen.

1642 13. Juli: Der Theologe und Schulmann Johannes Kromayer stirbt hier; wenig später werden wieder die den Fortschritt hemmenden alten Lehrmethoden angewandt.

1645 24. Dezember: Schüler führen einen Christumzug durch.

1647 Der Komponist Heinrich Schütz hält sich in der Stadt auf, die er im folgenden Jahr erneut besucht.

1649 3. April: Auf dem Friedhof wird das gedruckte »Ehe Buechlein« des Theologen D. Caspar Melissander unversehrt ausgegraben und durch Bürgermeister Bartholomäus Fuhrmann der Stadtkirchgemeinde zur Aufbewahrung übergeben.

Mitte des 17. Jahrhunderts Das mittlere Bürgertum erhöht seinen Anteil am Gesamtvermögen der Bevölkerung von 48 auf 83 Prozent.

1650 Ein Aussichtsturm mit spiralförmig aufwärtsführenden Gängen, die Schnecke, entsteht zur Verschönerung des Welschen Gartens hinter der Ackerwand.
Als ständige Einrichtung zur musikalischen Unterhaltung des Hofes besteht eine Hofkapelle, die 1662 wieder aufgelöst wird.
19. August: Nach Beendigung des Dreißigjährigen Krieges und dem Abzug schwedischer Truppen aus dem Land begehen die Einwohner das Allgemeine Friedens- und Dankfest.

1651 Eine Gesindeordnung legt den Lohn der Bediensteten fest und schränkt ihre Freizügigkeit ein.
Die Schloßbrücke, heute Sternbrücke, die noch nach beiden Ufern mit einer Zugbrücke versehen ist, wird im Mittelteil aus Stein erbaut.
Die Fruchtbringende Gesellschaft übersiedelt von Köthen für dauernd nach Weimar.
Die Ilm tritt über die Ufer und richtet große Verwüstungen an.

1653 4. Oktober: Gemäß einer herzoglichen Verordnung finden der Zwiebel- und Viehmarkt am Freitag, Sonnabend und Montag und der Jahrmarkt am Dienstag, Mittwoch und Donnerstag statt; am Sonntag darf nicht verkauft werden.

1654 In der Stadt und in ihrer Umgebung fällt ungewöhnlich viel Schnee.

1655 6. Januar: Die drei Pfarrer und sechs Lehrer richten an den Herzog bittere Klagen über die »unverantwortliche Ausbleibung des wohlverdienten Salarii« (Bezahlung).

1657 In der Stadt hat sich der Viehbestand auf 1500 Schafe, 270 Rinder und 200 Schweine vergrößert.
6. Dezember: Zum ersten Mal findet das sogenannte Niklasgehen der Kinder statt, das sich fortan jährlich wiederholt.

1658 28. Mai: Zur Einweihung der Schloßkirche, genannt Himmelsburg, stiftet Herzog Wilhelm IV. 100 Gulden und Getreide für Geistliche, Kirchen- und Schuldiener sowie für Schüler; die Zuwendungen sollen alljährlich am sogenannten kleinen Wilhelmstag erfolgen.

1659 23. Juli: Eine Münzordnung, die auch den Münzbetrieb beschreibt, wird erlassen.

1661 In einer neuen Feuerordnung wird die Abschaffung der Stroh- und Schindeldächer gefordert.

Friedens- und Dankfest der Einwohner, 1650

1664 Herzog Johann Ernst II., seit 1662 an der Regierung, erläßt eine Kirchenordnung, die in der Folgezeit als Grundlage kirchenrechtlicher Bestimmungen dient.

1667 Die Artikel der Buchbinderinnung werden bestätigt.
Eine von Rektor Friedrich Müller in seiner Amtszeit von 1660 bis 1670 verfaßte lateinische Schulgrammatik wird gedruckt.
Der Maler und Kupferstecher Christian Richter (I), der seit 1612 in Weimar lebt, stirbt hier.
23. Dezember: Unter Bürgermeister Johann Binder erläßt der Rat der Stadt eine Verordnung zum Schutz der Schüler, die beim Christumzug belästigt werden.

1669 Dem Aberglauben fällt eine sogenannte Hexe zum Opfer; sieben Jahre später muß eine andere Frau ihr Leben lassen.

1670 Eine der ersten Schulordnungen in deutscher Sprache, die den Schulbesuch ab siebentem Lebensjahr vorsieht, wird eingeführt.
Aus finanziellen Gründen verkauft der Rat der Stadt die Bornmühle in Privathand.
13. Juni: Nach erfolgter Erbhuldigung bestätigt Herzog Johann Ernst II. die Privilegien der Stadt.

1671 13. Juli: Die vom Burgknecht Arnold aus Weida geschnitzte Eichentreppe ist nach einem Jahr fertiggestellt.
14. August: Eine Verordnung regelt die Abhaltung des Hegemals (Gerichtshandlung) in der Stadt und in den Fluren Wallendorf, Lützendorf und Kleinroda.

1672 Die wirtschaftliche Stagnation als Kriegsfolge, die finanzielle Belastung der Stadt durch die aufwendige Hofhaltung und mangelndes Interesse des Landesherrn schränken fortan besonders das städtische Kulturleben ein.
25. Juli: Bei einer erneuten Landesteilung erhält Herzog Johann Ernst II. neben Ämtern und Vorwerken die Städte Weimar, Buttstädt und Rastenberg, was flächenmäßig kaum die heutige Kreisgrenze übersteigt.

1673 19. November: Eine Medizinal- und Apothekenordnung wird erlassen.

1673 bis 1676 Unter dem Rektorat von Christophorus Cellarius werden die Lehrmethoden an den Schulen verbessert und Geschichte und Geographie als selbständige Unterrichtsfächer eingeführt.

1674 3375 Einwohner leben in der Stadt; die Zahl der Häuser beträgt 727, davon befinden sich 367 außerhalb der Stadtmauer.
7. Dezember: Der Strumpfwirker Eberhard Walther wird vom Rat der Stadt als erster Türmer der Stadtkirche verpflichtet.

1676 Eine Feuersbrunst vernichtet in Oberweimar 33 Wohnhäuser sowie Scheunen und Vorräte.
15. Februar: Eine Verfügung legt fest, daß außer den beiden bestehenden Winkelschulen von Johann Heinrich Ott und Elias Harttmann keine neuen errichtet werden dürfen.

1679 28. März: Eine herzogliche Münze mit neuen Schmelzöfen und einem Wasserwerk wird am Schloßgraben der Wilhelmsburg errichtet.

1680 8. Juni: Durch die Statuten der Armbrustschützen, den Schützenbrief, wird die Schützenordnung des Rates der Stadt vom 23. Juni 1673 ergänzt.

1681 Der Hofprediger und Prinzenerzieher Konrad von der Lage aus Friesland stellt das erste Weimarische Gesangbuch mit 220 Liedern zusammen.
8. Juli: Der seit 1652 in der Stadt lebende Dichter, Bibliothekar, Registrator und Sekretär des Palmordens, Georg Neumark, genannt der Sprossende, stirbt hier.

1683 Der dreijährige Ratsturnus wird von einem zweijährigen Wechsel der Ratsämter abgelöst; die Funktion des Bürgermeisters wird mit dem ehemaligen landesherrlichen Kammerherrn Johann Tietz besetzt, der bis 1713, turnusmäßig wechselnd mit Dr. Tobias Bornmann und ab 1694 mit Johann Caspar Eichelmann, sechzehnmal der Stadtregierung vorsteht.
Erneut entsteht eine Hofkapelle, die 1707 insgesamt 21 Mitglieder zählt.

1683 bis 1728 Herzog Wilhelm Ernst übt despotisch die Regierungsgewalt im Herzogtum Sachsen-Weimar bis zu seinem Tod aus und unterdrückt die eigenstädtische Entwicklung Weimars.

1684 Zur Verbesserung des Brauwesens wird eine neue Brauordnung erlassen.

1685 5. Juni: Ein Trau- und Taufregister wird als erstes Kirchenbuch der Schloß- und Hofkirche angelegt.

1686 23. Juni: Der Rat der Stadt legt anläßlich der Ausbesserung des Turmes der Stadtkirche Nachrichten im Turmknopf nieder.
August: Johann Matthias Biler und seinen Erben wird das gesamte Postwesen im Herzog-

tum Sachsen-Weimar als freies Erblehen übertragen; Poststation ist das Gasthaus Zum goldenen Ring am Markt.

1687 BIS 1711 Unter dem Rektorat von Philipp Großgebauer werden 576 Schüler in die Stadtschule aufgenommen, darunter Gerlach Adolph von Münchhausen, der 1737 die Universität in Göttingen gründet.

1688 APRIL: Der wandernde Landarzt Johann Andreas Eisenbart aus Magdeburg kommt in die Stadt, um hier seinem Gewerbe nachzugehen.

1689 Ein Hochwasser der Ilm spült erneut die Kegelbrücke fort.
25. JANUAR: Nach der das Ankommen und Abfahren der Post verzeichnenden Weimarer Posttafel kommt beispielsweise die fahrende Post aus Jena am Sonntagabend hier an.

UM 1690 In der Stadt werden keine Münzen mehr geprägt.

1690 Der Händler und Strumpfwirker Johann Georg Dorn aus Leipzig führt zur Hebung der Wirtschaft die Strumpfmanufaktur ein.
Im Grünen Schloß besteht eine geordnete Büchersammlung, die 1723 mehr als 11 000 Bände umfaßt.
Ein Ratsarchiv wird bezeugt.

1692 BIS 1725 4. JANUAR BIS 9. NOVEMBER: Das dritte Bürgerbuch wird vom Stadtschreiber Johann Christoph Gebhardt angelegt und enthält 1328 Bürgeraufnahmen; von den Neubürgern üben mehr als zwei Drittel handwerkliche Berufe aus, die durch den Hof gefördert werden und dessen sowie die Bedürfnisse der Stadtbevölkerung befriedigen.

1693 Heuschrecken verheeren die Weimarer Gegend.
22. APRIL: Zur Aufbewahrung des Schriftgutes der herzoglichen Kanzlei wird in der Schloßkirche ein Archivgewölbe, das aus zwei Räumen besteht, eingerichtet, in denen sich die »gesamte geheime Rath-Stube und Cantzley« befindet.

1694 Mit der Niederlassung einer brabantischen Samtmanufaktur soll ein neuer Wirtschaftszweig in der Stadt gegründet werden.
21. SEPTEMBER: Als Eingriff in die städtische Selbstverwaltung wird auf Verlangen des Herzogs der ehemalige Kammerdiener und Stadtphysikus Johann Caspar Eichelmann zum regierenden Bürgermeister gewählt, der bis 1726 dem Ratskollegium angehört.
5. DEZEMBER: Generalsuperintendent Konrad von der Lage stirbt hier.

1695 Das persönliche Leben der Bürger wird immer mehr eingeschränkt, so wird den Stadtmusikanten verboten, an Sonn- und Feiertagen zum Tanz aufzuspielen.
3. APRIL: Den zwölf besten Schülern der ersten Klasse und einem Lehrer werden täglich Mittag- und Abendessen aus der Stiftung des Wilhelm-Ernestinischen Freitisches im Gasthaus Elephant gewährt.
19. OKTOBER: Im Schloß wird eine Opernbühne mit dem Spiel »Von der denen lasterhaften Begierden entgegengesetzten tugendlichen Liebe« bespielt, das von einheimischen Sängern in der musikalischen Begleitung der Hofkapelle unter Leitung von Kapellmeister Johann Samuel Drese getragen wird.

1696 17. FEBRUAR: Christian Andreas Barittig, Gastwirt vom Schwarzen Bären, erhält die Gastgerechtigkeit für sein neuerworbenes Gasthaus Elephant.

1697 Die Opernbühne im Schloß wird baulich erweitert.
Die Besoldung des Stadtschreibers beträgt 63 Gulden und 3 Groschen im Jahr, davon werden 13 Gulden und 3 Groschen für die Beschaffung von Papier berechnet.

1

2

1 *Südportal der Kirche von Oberweimar. Im Bogenfeld eine Relieftafel mit der Darstellung des Jüngsten Gerichts, 1360*

2 *Franziskanerkloster. Im Hauptgebäude des ehemaligen Klosters befindet sich heute die Hochschule für Musik »Franz Liszt«*

3 *Renaissance-Portal des Roten Schlosses*

3

4 *Grabplatte Lucas Cranach d. Ä. an der Jakobskirche, 1553*

5 *Stadtansicht 16. Jahrhundert*

6 *Portal im Rathaus mit Stadtwappen und Inschrift: »Hat Imant ein Ambt, das wartte er mit Vleis«, 1583*

5

VOL BRACHT WORDEN ANNO 1583 IST DISER BAVV
HAT IMANT EIN AMBT · DAS WARTTE ER MIT VLEIS
·RO·12·

7

8

7 *Christoff Loeber der Älter. »Abcontrafeit Anno 1593 / seines Alters 82 Jhar, wardt alhier Statschreiber an / genommen Anno 1540. / Zum Bürgermeister pübliciret Anno 1586« Ölgemälde eines unbekannten Meisters*

8 *Statuten der Stadt Weimar vom 3. August 1590*

1698 Mit einer Vorrede von Generalsuperintendent Johann Georg Lairitz erscheint das dritte Weimarische Gesangbuch.
5. Juni: Die Ilm verursacht große Überschwemmungen, die die Bewohner des Kegeltorviertels zum Verlassen der Häuser zwingen.

1699 Die Zahl der Einwohner hat sich auf 4659 erhöht.
Von den Bewohnern sind 45,5 Prozent Handwerksgesellen, Tagelöhner, männliche und weibliche Bedienstete, 30,5 Prozent Handwerksmeister, 2,5 Prozent Kaufleute, Fuhrleute und Händler und 21,5 Prozent Beamte, Hofbedienstete und Militärpersonen; elf Prozent haben ein höheres, 33 Prozent ein mittleres und 56 Prozent ein geringes Einkommen.

um 1700 Der Rat der Stadt besteht aus sechs Personen, seine Wahlen und Ämterbesetzung werden vom Landesherrn willkürlich beeinflußt.

1700 Der Gregorianische Kalender wird eingeführt.
Mit dem Wiederaufbau der Wüstung Schöndorf wird begonnen.

1702 Die Stadtstatuten von 1590 werden in unveränderter Form gedruckt und neu verkündet; sie besitzen bis 1810 Gültigkeit.

1702 bis 1704 Das Gelbe Schloß wird als Witwensitz für die Herzogin Charlotte Dorothea Sophie unter der Leitung des Eisenacher Baumeisters Johann Mützel erbaut.

1703 8. April: Der Musiker Johann Sebastian Bach kommt als Violinist für einige Monate an die herzogliche Privatkapelle.

1704 Die Burgmühle an der Ilm, deren Einnahmen zurückgehen, wird in Privathand verkauft.
31. Juli: Ein Brand vor dem Jakobstor vernichtet die ganze Gerbergasse.

1705 bis 1716 Unter dem Baumeister Christian Richter (II) wird ein neues Schulgebäude am heutigen Herderplatz errichtet; die Kosten für Baustoffe und Arbeitslohn werden mit 2366 Talern und sechs Groschen berechnet.

1706 Unter der Leitung von Johann Mützel wird mit der Erbauung des herzoglichen Jagdschlosses Ettersburg begonnen.
Die Einwohner erleben Durchmärsche und Einquartierung von schwedischen Truppen.

1707 Durch Heirat übernimmt der Verleger Johann Leonhard Mumbach die Hofbuchdrukkerei.
28. Juli: Der Komponist Johann Gottfried Walther aus Erfurt wirkt bis zu seinem Tod am 23. März 1748 als Organist an der Stadtkirche.

1708 Juli: Johann Sebastian Bach übersiedelt von Mühlhausen nach Weimar und lebt in einem Haus gegenüber dem Roten Schloß als Hoforganist und Konzertmeister mit einer Jahresbesoldung von 150 Gulden.

1709 Das spätere Goethehaus am Frauenplan wird vermutlich unter der Leitung von Johann Mützel für den Strumpfwirker Georg Caspar Helmershausen erbaut.

1710 4809 Einwohner leben in der Stadt.
22. November: Der älteste Sohn von Johann Sebastian Bach, Wilhelm Friedemann, wird hier geboren.

1711 Eine Innung der Strumpfwirker, der die Kaufleute Johann Georg Dorn, Georg Caspar Helmershausen und der Hugenotte Pierre la Baumme angehören, wird gegründet.

1712 Zum Erwerb des Bürgerrechts müssen zehn Gulden gegenüber sieben im Jahr 1706 gezahlt werden.
Jonas Surber aus Erfurt gießt hinter dem Welschen Garten die Glocken für den Schloßturm und für die Jakobskirche.

Heinrich Nikolaus Trebs aus Frankenhausen, der seit 1709 in der Stadt lebt, erhält das Privileg als Hoforgelmacher.
9. JANUAR: Die Stadtschule wird durch Herzog Wilhelm Ernst, dessen Namen sie trägt, zum Gymnasium erhoben; an ihr wirken im Laufe der Zeit als Lehrer der Philologe Johann Matthias Gesner, der Philosoph und Theologe Johann Gottfried Herder, der Schriftsteller Johann Karl August Musäus und der Dichter und Übersetzer Johann Heinrich Voß der Jüngere, Dr. Hermann Sauppe sowie Dr. Ludwig Weniger.
21. JANUAR: Johann Christoph Kiesewetter aus Arnstadt wird in sein Amt als Rektor des Wilhelm-Ernst-Gymnasiums eingeführt, das er bis 1773 ausübt.
30. OKTOBER: Der Maler Christian Wilhelm Ernst Dietrich, genannt Dietricy, wird hier geboren.

1713 In der Geleitstraße wird ein Waisenhaus gegründet, in dem 1715 zwölf Kinder betreut werden.
19. AUGUST: Der Künstler und Metallurge Johann Hector von Klettenberg, genannt Freiherr von Wildeck, will ein metallhaltiges Kunstwasser zur Edelmetallgewinnung in den auf dem Kammergut Oberweimar errichteten Schmelzöfen herstellen; beim offiziellen Versuch mißlingt der Betrug.
20. SEPTEMBER: Ein Reglement soll die ländlichen Strumpfwirker veranlassen, in der Stadt zu arbeiten, in der gegenwärtig 76 Strumpfwirker tätig sind.
6. NOVEMBER: Die 1712 abgebrochene Jakobskirche, die unter Leitung der Baumeister Johann Mützel und Christian Richter (II) wieder aufgebaut wurde, wird geweiht.

1714 2. MÄRZ: Johann Sebastian Bach wird zum Konzertmeister ernannt und verpflichtet, neue Stücke für die Hofkapelle zu komponieren.
8. MÄRZ: Johann Sebastian Bachs Sohn Carl Philipp Emanuel wird hier geboren.
11. DEZEMBER: Die Jakobskirche wird zur ordentlichen Pfarrkirche erhoben.

1715 Eine Ordnung schreibt den Bürgern das Tragen einer bestimmten Kleidung vor.
5. FEBRUAR: In der Jakobskirche, seit 1714 auch Kirche der Landmiliz, wird zum ersten Mal eine Taufe durchgeführt und damit gleichzeitig das erste Kirchenbuch angelegt.
11. MAI: Johann Sebastian Bachs Sohn Johann Gottfried Bernhard wird hier geboren.

1715 BIS 1717 Hugenotten, denen freie Religionsausübung und Steuerfreiheit für fünfzehn Jahre versprochen wird, versuchen, eine Seidenweberei und eine Strumpfwirkerei einzurichten.

1715 BIS 1718 Nach Entwürfen von Christian Richter (II) wird im Park an der Ilm ein großer Barockbau als Reithaus errichtet.

1715 BIS 1729 Johann Matthias Gesner lebt hier als Konrektor des Wilhelm-Ernst-Gymnasiums.

1715 BIS 1758 Johann Friedrich Eichelmann, ehemaliger landesherrlicher Kammerdiener, übt im turnusmäßigen Wechsel das Amt des regierenden Bürgermeisters bis 1726 mit seinem Vater Johann Caspar und ab 1730 mit Gottlieb Dehne aus.

1716 Unter dem Sinnspruch »SOLI DEO GLORIA« (Gott allein die Ehre) wird das neue Schulhaus, an der Stelle des Deutschen Hauses, für das Gymnasium eingeweiht; in sechs Klassen werden 350 Schüler unterrichtet.

1717 Unter Leitung von Christian Richter (II) wird mit dem Bau der heutigen Marienstraße als Wohnung für Forstmeister, Jäger und Falkeniere sowie zur Aufbewahrung von Jagdgerät begonnen.
23. AUGUST: Mit der Absetzung von Jaques Coste als Direktor der Hugenottenkolonie hat-

te diese mit etwa 15 Manufakturisten und 100 Beschäftigten insgesamt nur kurzen Bestand.
30. Oktober: Herzog Wilhelm Ernst stiftet ein Kapital von 5000 Gulden, dessen Zinsen in Höhe von 250 Gulden alljährlich am Stiftungstag unter Lehrern und Schülern des Gymnasiums, unter Kirchendienern und unter den Armen der Stadt verteilt werden sollen; dieser Tag wird künftig über fast zwei Jahrhunderte als sogenannter großer Wilhelmstag begangen.
6. November bis 2. Dezember: Johann Sebastian Bach kündigt seinen Dienst und überwirft sich mit dem Herzog; er wird für vier Wochen arretiert, aus dem Hofdienst entlassen und verläßt die Stadt.

1718 16. Mai: Zur Förderung des Bauens vor dem äußeren Frauentor werden Einheimischen und Fremden ohne Ansehen der Religion neben freiem Grund und Boden erhebliche Bauerleichterungen versprochen; zehn Jahre später erhalten sie für 30 Jahre Steuerfreiheit.

1720 Die Kirche von Ehringsdorf wird verschönt und der Kirchstuhl der Gutsherrschaft erbaut.
18. Mai: Der Herzog schenkt seiner Frau Eleonore Wilhelmine den Baumgarten (heute Weimarhallenpark) mit einem Teich von 160 Metern Länge, 40 Metern Breite und fünf Metern Tiefe.

1721 11. Dezember: Die Jakobskirche erhält die von Heinrich Nikolaus Trebs erbaute Orgel als herzogliche Schenkung.

1722 Die Ilmbrücke in Oberweimar, die nach ihrer Zerstörung 1613 aus Holz wieder aufgebaut wurde, wird durch Christian Richter (II) in Stein errichtet.

1723 Die Zahl der Bewohner des Asbachhospitals beträgt 15.

1724 171 Fabrikanten arbeiten mit 285 Webstühlen für elf Verleger.
26. Juni: Zum Bau des Schlosses Belvedere nach Entwürfen der Baumeister Johann Adolph Richter und Gottfried Krohne wird der Grundstein gelegt; das Schloß, das 250 000 Taler kostet, wird bis 1732, und die vier Kavaliershäuser werden bis 1750 fertiggestellt.

1725 14. Juni: Der Kirchenlieddichter Salomo Franck, der 1659 in Weimar geboren wurde und in der Geleitschenke wohnte, wird hier beerdigt; als Verwalter der herzoglichen Bibliothek und der Münzsammlung verfaßte er 1723 ein Werk über Numismatik.

1726 Eine herzogliche Anordnung schreibt Löhne und Arbeitszeit für Maurer, Zimmerleute und Tagelöhner mit zwölf Stunden im Sommer und neun Stunden im Winter vor.
Das Amt des Stadtschreibers übt Wilhelm Theodor Hafferberg bis 1741 aus.
In Oberweimar wird eine Papiermühle erbaut.
4. Januar: 2214 Bürgeraufnahmen sind bis zum 6. November 1775 im vierten Bürgerbuch der Stadtverwaltung aktenkundig.
30. September: »Seminar« genannte Einführungskurse für die Tätigkeit als Landschullehrer oder Schreiber werden eingerichtet; sie werden von je 13 Personen aus Handwerksberufen oder entlassenen Soldaten besucht.

1727 Die Anzahl der im Waisenhaus untergebrachten Kinder beträgt 19 und erhöht sich 1774 auf 30.
Der wiederaufgebaute Ort Schöndorf besteht neben dem Gutshof aus 17 Häusern.

1728 Der Turm des ältesten Teils des Schlosses erhält durch Gottfried Krohne eine barocke Haube.
Das Haus zur Palme in der Schloßgasse wird als Bürgerhaus errichtet.
7. November: Die Innung der Drechsler wird gegründet.

1728 bis 1738 Schloß Ettersburg wird unter Leitung von Gottfried Heinrich Krohne umgebaut.

1728 bis 1748 Der Neffe des am 26. August verstorbenen Herzogs Wilhelm Ernst, Herzog Ernst August I., führt die Landesregierung.

1729 Die Innung der Perückenmacher wird gegründet.
10. März: Das bisherige Landregiment wird im Einklang mit den übrigen militärischen Neuerungen in ein Stadtregiment zu acht Kompanien umgewandelt.
9. Juni: Die Stadt erhält die Erlaubnis zur Abhaltung eines dritten Jahrmarktes am Montag nach Margarethae (13. Juli) in Verbindung mit einem Roß- und Viehmarkt.

1730 8. Februar: Auf herzoglichen Befehl wird der Kammerdiener und Leibchirurg Gottlieb Dehne am 13. Oktober als Bürgermeister eingesetzt; er übt dieses Amt bis 1739 aus.

1731 26. Februar: Den Gymnasiasten wird erlaubt, »dann und wann erbauliche Comoedien aufführen zu dürfen«.

1732 Der Buchhändler Siegmund Heinrich Hoffmann erwirbt eine Buchhandlung, die 1710 im heutigen Cranachhaus eingerichtet wurde.
Das Laterneninstitut wird gegründet, um die Anbringung der Straßenbeleuchtung vorzubereiten.
Das Grüne Schloß wird als Zeughaus genutzt.
11. Juli: 336 Männer, 342 Frauen und 370 Kinder, vertriebene »Bekenner der wahren Lutherischen Religion«, lassen sich in der Stadt nieder.
2. August: Im Interesse und zur Repräsentation des Feudaladels wird der Orden der Wachsamkeit oder Vom weißen Falken mit dem Wahlspruch »Vigilando ascendimus« (durch Wachsamkeit steigen wir empor) gestiftet; die Ordensfeste werden in der Falkenburg, die an Stelle des niedergerissenen Hospitals als Schanze erbaut wird, abgehalten.

1733 In der Nähe von Schloß Belvedere werden ein Gärtnerhaus und Gewächshäuser angelegt.
Eine neue Gymnasial- und Schulordnung wird eingeführt; je ein Mathematik-, Musik-, Tanz- und ein Fechtlehrer nehmen zusätzlich den Unterricht auf.
8. März: Die Stadt- und Schützenkompanie erhält Land und Holz zum Bau eines neuen Schießhauses am heutigen Liszthaus.
11. September: Das erste Vogelschießen findet im neuen prachtvollen Schießhaus statt, das der Rat der Stadt samt Nebengebäuden und einem Park mit erlesenem Baumbestand für 3000 Taler bauen und anlegen ließ.

1734 7. Januar: Die erste Nummer des periodischen Blattes »Weimarische Nachrichten und Anfragen von Policey-Commercien- und andern dem Publico dienlichen Sachen« erscheint.
Januar bis 12. August: 1247 Personen besuchen und 525 passieren die Stadt, davon 382 durch das Erfurter, 413 durch das Kegel-, 137 durch das Jakobs- und 315 durch das Frauentor. 21 Gäste übernachten im Gasthof Adler, 437 im Elephant, 99 im Goldenen Ring, 17 im Weißen Schwan, fünf im Goldenen Löwen, 19 in der Goldenen Sonne und acht im Schwarzen Bären.

1735 Die Errichtung einer Tabakmanufaktur soll der durch die Verschuldung des Hofes niederliegenden Wirtschaft neue Impulse geben.
In und an der Stadtkirche beginnt der Umbau im Barockstil.

1736 Zum letzten Mal werden alle Fragen der Stadtverfassung durch den Herzog bestätigt.
Die Hofkapelle wird erneut aufgelöst.
3. Februar: Das Ratskollegium setzt sich aus dem regierenden Bürgermeister Johann Friedrich Eichelmann, dem Stadtrichter Johann Christoph Schlüßler, den Haushaltungskämmerern Johann Wilhelm Langheld und Basi-

lius Fleuter, den Baukämmerern Johann Andreas Ußwald, Georg Andreas Dreßler beziehungsweise Johann Peter Zeumer sowie dem Wachtmeister Johann Adam Krahmer zusammen.
12. JULI: Das Reglement der Büchsenschützen wird bestätigt.

1737 In dem im Cranachhaus ansässigen Verlag von Siegmund Heinrich Hoffmann erscheint die erste umfassende Geschichte der Stadt unter dem Titel »Historische Nachrichten von der berühmten Residenzstadt Weimar« von dem Historiker Gottfried Albin Wette.
Johann Christoph Kiesewetter erhält das neugeschaffene Amt eines Gymnasialinspektors und Professors.
1. OKTOBER: Der Meißner Gulden wird als Rechnungseinheit außer Kraft gesetzt.

1737 BIS 1768 In der mehr als dreißigjährigen Amtszeit von Jacob Carpov als Rektor des Gymnasiums wird 1747 verfügt, daß alle Abiturienten vor ihrer Zulassung zur Universität das 20. Lebensjahr erreicht haben müssen.

1738 JANUAR BIS FEBRUAR: Hiesige Hofkomödianten gastieren unter Leitung ihres Prinzipals Johann Friedrich Lorenz in Hamburg.

1741 26. JULI: Mit dem Aussterben des Eisenacher Herzoghauses geht dessen Land in den Besitz des Herzogs von Sachsen-Weimar über, und Weimar wird Hauptstadt des Herzogtums Sachsen-Weimar-Eisenach.

1741 BIS 1763 Der Organist Johann Caspar Vogler übt im turnusmäßigen Wechsel das Amt des regierenden Bürgermeisters bis zu seinem Tod am 3. Juni aus.

1745 17. JUNI: Die Innungsartikel der Bader und Chirurgen werden bestätigt.

1746 5. SEPTEMBER: Christian Jakob Koch eröffnet am Markt ein Juweliergeschäft, das sich seit 1937 in der heutigen Karl-Liebknecht-Straße befindet.

1747 30. SEPTEMBER: Der spätere Schriftsteller und Verleger Friedrich Justin Bertuch wird hier geboren.

1748 18. JANUAR: Herzog Ernst August I. stirbt in Eisenach; sein minderjähriger Sohn Ernst August II. Constantin tritt 1755 die Regierung an.

1749 Die bereits 1430 erwähnte Kegelbrücke wird aus Stein erbaut.
30. MAI: Dem Gasthof Zum Erbprinz wird die offene Gastgerechtigkeit verliehen.

Das Jahrhundert Goethes

1750 Die Stadt hat etwa 6000 Einwohner.
257 mit Fischtran betriebene Wandlaternen beleuchten die Straßen und Plätze; 1788 gibt es bereits 361 Brennstellen.

1751 19. Februar: Der Rat der Stadt setzt sich aus dem regierenden Bürgermeister Johann Caspar Vogler, dem Stadtrichter Carl Ernst Casimir Lauhe, dem Haushaltungskämmerer Johann Friedrich Bertram, den Vizekämmerern Johann Christian Herzog und Johann Gottfried Schmidt sowie den Wachtmeistern Johann Ernst Huschke und Johann Conrad Maul zusammen.

1756 Eine staatliche Kommission zur Regulierung des Ratswesens wird eingesetzt, die dem Rat der Stadt über Jahrzehnte die Verfügungsgewalt über die Finanzen nimmt.
Das Fort Falkenburg wird abgerissen.
Die Lottenmühle an der Stelle des heutigen Hauses Paul-Schneider-Straße 3 wird neu aufgebaut.
24. März: Die mit Herzog Ernst August II. Constantin jungverheiratete Herzogin Anna Amalia zieht in die Stadt ein; sie fördert besonders die kulturelle Entwicklung, die Weimars späteres Ansehen in der Welt begründet.
8. Oktober: Ein ständiges Hoftheater wird eingerichtet, auf dessen Bühne die Hofkomödiantengesellschaft unter Leitung von Carl Theophil Doebbelin aus Erfurt spielt.

1757 Der Kartoffelanbau beginnt zögernd im Weimarer Gebiet Fuß zu fassen.
In der Stadt stehen 724 Häuser.
Charlotte von Stein kommt als Hofdame aus Eisenach an den Weimarer Hof.
3. September: Carl August, Erbprinz von Sachsen-Weimar-Eisenach, wird hier geboren.

1758 Das innere Frauentor wird niedergelegt, und die Steine werden zur Straßenpflasterung verwendet.
28. Mai: Herzogin Anna Amalia übernimmt nach dem Tod ihres Mannes die Regentschaft für ihren unmündigen Sohn Carl August.

1759 30. September: Der Buchdrucker Johann Leonhard Mumbach, seit 1758 Verleger der Zeitung »Wöchentliche Weimarische Anzeigen«, stirbt hier.
4. Oktober: Vier Regimenter Franzosen passieren die Stadt, deren Bewohner im Siebenjährigen Krieg Not litten.

1760 Das Grüne Schloß wird zum Bibliotheksgebäude umgestaltet und nimmt 1766 die herzogliche Bibliothek auf, die bis heute dort ihren Platz hat.

1761 3. Mai: Der spätere Dichter August Friedrich Ferdinand von Kotzebue wird im Gelben Schloß geboren; seine spätere Wohnung befindet sich in der Schloßgasse.

1762 Die Zahl der Einwohner steigt auf 6323 und die der Häuser auf 729 an.
28. Mai: Im Backhaus in Oberweimar bricht ein Großbrand aus.
3. Dezember: Der preußische König Friedrich II. weilt für kurze Zeit im Schloß bei seiner Nichte, Herzogin Anna Amalia.

1763 Als ältester Verein in der Stadt wird die Leichenkasse-Kommune zur Regelung der Begräbnisse gegründet.
Als Pagenerzieher kommt der Pädagoge und Schriftsteller Johann Karl August Musäus in die Stadt.
30. Mai: Für Lebensmittel, Holz, Licht, Seife und Schuhe werden Preise und für Dienstleistungen werden Löhne festgelegt.

1764 Dr. Johann Friedrich Hufeland wird als herzoglicher Leibarzt nach Weimar berufen und bezieht ein Haus in der Deinhardtsgasse,

heute Brauhausgasse; später wohnt er am Markt.
Eine Sperrordnung für die Stadttore wird erlassen.
24. Oktober: Die Freimaurervereinigung »Anna Amalia zu den drei Rosen« wird gegründet; ihr gehören 1780 Johann Wolfgang Goethe, Johann Gottfried Herder, Christoph Martin Wieland, Friedrich Justin Bertuch und andere an.

1765 Als Wohnhaus für den Pächter des herzoglichen Kammergutes wird das spätere Schloß Tiefurt erbaut.
Der Italiener Stefan Andreas Ortelli eröffnet am Bornberg 1 eine Weinstube.
1. Juni: Christiane Vulpius wird in der Luthergasse geboren.
28. November: Der Armbrustschützen-Gesellschaft wird ein neues Vereinshaus in der nach dem Baumeister Nikol Teiner benannten Teinersgasse, heute Schützengasse, übergeben.

1766 Nach den Entwürfen von Landbaumeister Johann Gottfried Schlegel wird an der Stelle einer Färberei, der Schönfarbe, ein Haus für Minister Jakob Friedrich von Fritsch erbaut, der es 1774 an Anna Amalia für 20 000 Taler als deren Witwensitz verkauft.

1767 Alle durch die Stadt fließenden, bisher offenen Kanäle werden überwölbt.

1767 bis 1768 Unter Leitung von Carl Christian Starck gastiert eine Schauspielergesellschaft und führt zum ersten Mal »Minna von Barnhelm« von Gotthold Ephraim Lessing auf.

1768 25. Oktober: Die aus Leipzig kommende Theatergruppe unter Leitung von Heinrich Gottfried Koch gibt im Schloß ihre Eröffnungsvorstellung mit dem Trauerspiel »Hermann« von Johann Elias Schlegel; die Schauspieler siedeln 1771 nach Berlin über.

1769 bis 1787 Der Pagenhofmeister Johann Karl August Musäus wirkt als Pädagoge am Gymnasium.

1770 Eine neue Schulordnung für das Gymnasium, die sich an die Schulgesetze von 1712 und 1733 anlehnt und den Geschichts-, Erdkunde- und Sprachunterricht stärker als bisher berücksichtigt, erscheint.
Das Siechhaus vor dem Erfurter Tor, das auch als Armenhaus dienen soll, wird gebaut.
Der jüdische Händler Jacob Elkan nimmt seinen Wohnsitz in der Stadt und beliefert insbesondere Anna Amalia mit Stoffen.

1770 bis 1772 Infolge der nassen Witterung herrscht Nahrungsmangel, der eine große Teuerung, Hungersnot und Krankheit mit sich bringt.

1770 bis 1774 Als Landschaftsgebäude wird unter Leitung von Baumeister Anton Georg Hauptmann das Fürstenhaus erbaut, in dem Carl August bis 1803 wohnt.

1771 Eine katastrophale Mißernte führt zu hohem Preisanstieg.
7. Oktober: Die Schauspielergesellschaft unter Leitung von Abel Seyler mit Konrad Ekhof und Ester Charlotte Brandes gibt ihre erste Vorstellung im Schloßtheater; sie zieht 1774 weiter nach Gotha.

1772 6. März: Der Maler Johann Friedrich Loeber stirbt und wird in der Malergruft an der Jakobskirche beigesetzt.
20. September: Der Schriftsteller und Philosoph Christoph Martin Wieland kommt als Prinzenerzieher von Erfurt nach Weimar.

1773 Januar: Christoph Martin Wieland übernimmt die Redaktion der Zeitschrift »Der Deutsche Merkur«, später »Der Teutsche Merkur«, die hier erscheint.
28. Mai: Die erste deutsche Oper »Alceste« mit dem Text von Christoph Martin Wieland, der

Musik von Anton Schweitzer und der Dekorationsmalerei von Georg Melchior Kraus wird uraufgeführt.

1774 Der Marktbrunnen erhält statt eines Löwen die vom Bildhauer Martin Klauer geschaffene Neptunfigur.
Der Hauptsaal im Jägerhaus, das nach 1748 durch einen Anbau vergrößert wurde, wird als katholische Kapelle umgestaltet.
1. JANUAR: Das Trauerspiel »Emilia Galotti« von Gotthold Ephraim Lessing wird durch die Theatertruppe von Abel Seyler aufgeführt.
5. UND 6. MAI: Die Wilhelmsburg und mit ihr das Schloßtheater und die Schloßkapelle sowie Gemälde, Kupferstiche und andere Kunstschätze brennen durch Blitzschlag nieder.
30. AUGUST: Jacob Elkan beantragt einen Begräbnisplatz, der, oberhalb der Schloßbrücke liegend, am 14. Oktober genehmigt und fortan als jüdischer Friedhof genutzt wird.

1774 BIS 1798 Der Dichter Karl Ludwig von Knebel lebt hier.

1775 23. FEBRUAR: Friedrich Christoph Schmidt, seit 1763 im Ratsstand, tritt im turnusmäßigen Wechsel erneut das Amt des Bürgermeisters an; im selben Jahr wird Traugott Lebrecht Schwabe als Stadtrichter Mitglied des Rates.
3. SEPTEMBER: Carl August übernimmt die Regierung des Herzogtums Sachsen-Weimar-Eisenach und übt sie bis zu seinem Tod aus.
NOVEMBER: In Weimar leben etwa 6000 Einwohner.
7. NOVEMBER: Der 26jährige, soeben durch seinen Briefroman »Die Leiden des jungen Werthers« in Deutschland bekannt gewordene Dichter Johann Wolfgang Goethe aus Frankfurt am Main trifft auf Einladung des 18jährigen Herzogs Carl August von Sachsen-Weimar-Eisenach in Weimar, dem kleinen Ackerbürgerstädtchen an der Ilm, ein und wohnt beim Kammerpräsidenten Karl Alexander von Kalb im Schwarzburger (später Sächsischen) Hof am Töpfenmarkt (heute Eisfeld 12); im darauffolgenden Jahr entschließt sich Goethe, für immer in dieser Stadt zu bleiben, die künftig das weltweite Interesse besonders der Literaten findet.
17. NOVEMBER: Das von dem Hofjäger und Bauunternehmer Anton Georg Hauptmann an der Esplanade (heute Schillerstraße) errichtete Redoutenhaus, in dem nunmehr auch Theater gespielt werden kann, wird mit einem Maskenball eröffnet; zu einem Liebhabertheater haben sich Mitglieder der Hofgesellschaft und Hofbedienstete vereint.

1776 Die Schülerlisten der Freien Zeichenschule, deren Direktor der seit 1775 in der Stadt lebende Maler Georg Melchior Kraus ist, weisen Lehrlinge, Handwerksmeister, Bürgerfrauen, Beamte, Schauspieler und Angehörige des Adels auf.
12. FEBRUAR: Am Hang des Ettersberges entsteht die Dichtung »Der du von dem Himmel bist« von Johann Wolfgang Goethe.
29. FEBRUAR: Der 1775 als Stadtrichter in das Ratskollegium aufgenommene Jurist Traugott Lebrecht Schwabe löst im jährlichen Ratswechsel Bürgermeister Friedrich Christoph Schmidt ab und übt zum ersten Mal das Amt des regierenden Bürgermeisters aus; der Rat setzt sich aus dem Bürgermeister, dem Stadtrichter, dem Haushaltskämmerer, zwei Baukämmerern und vier Wachtmeistern zusammen.
18. MÄRZ: Goethe bezieht eine Mietwohnung am Burgplatz.
26. MÄRZ: Der Kaufmann und Verleger Friedrich Johann Justin Bertuch, Sohn eines hiesigen Arztes, kauft ein Haus nebst Garten nahe dem fürstlichen Baumgarten (heute Weimarhallenpark) und erwirbt das Bürgerrecht der Stadt.
3. APRIL: Der Dramatiker Jakob Michael Reinhold Lenz hält sich bis zum 1. Dezember in der Stadt auf, ohne in ihr Fuß fassen zu können.
22. APRIL: Auf Vermittlung Bertuchs kauft Herzog Carl August am »Stern« einen Garten mit einem Häuschen und schenkt beides Goe-

Wielandhaus,
Stich von Eduard Lobe

the, mit dem ihn eine Freundschaft auf Lebenszeit verbindet; Goethe wohnt hier von Mai 1776 bis Juni 1782.
26. APRIL: Goethe erhält das Bürgerrecht der Stadt.
24. MAI: In einem für das Herzogtum Sachsen-Weimar-Eisenach erlassenen Bettelmandat wird zum ersten Mal erwähnt, daß soziale Hilfe vor allem für Handwerksgesellen durch Beschaffung von Arbeit zu gewährleisten ist.
11. JUNI: Goethe wird Geheimer Legationsrat und Mitglied des Geheimen Consiliums, der obersten Behörde des Herzogtums; in den folgenden Jahren bekleidet er weitere öffentliche Ämter und wird am 12. Dezember 1815 zum Staatsminister ernannt.
24. JUNI: Der Dramatiker Friedrich Maximilian Klinger, dessen Stück »Sturm und Drang« der literarischen Zeitströmung den Namen gibt, besucht seinen Jugendfreund Goethe und weilt bis Ende September in der Stadt.
16. NOVEMBER: Die Leipziger Sängerin und Schauspielerin Corona Schröter beginnt ihre Karriere am hiesigen Liebhabertheater.
1. DEZEMBER: Johann Gottfried Herder übersiedelt auf Vermittlung von Goethe von Bückeburg nach Weimar und wohnt mit seiner Familie hinter der Stadtkirche; im Laufe der kommenden Jahre wirkt er reformierend auf schulischem und kirchlichem Gebiet.

1777 Christoph Martin Wieland, der seit 1772 im Söllnerschen Freihaus (Marstallstraße/Luthergasse) wohnt, mietet für 15 Jahre eine Wohnung am heutigen Wielandplatz 1, wo er in seiner schaffensreichen Zeit das Versmärchen »Oberon« schreibt und die literarische Zeitschrift »Der Teutsche Merkur« bearbeitet.
25. JANUAR: Die spätere Sängerin und Schauspielerin Karoline Friederike Jagemann wird hier als Tochter eines Privatbibliothekars geboren; als Geliebte des Herzogs wird sie von diesem am 27. Januar 1809 zur Frau von Heygendorf geadelt.
8. MÄRZ: Bertuch stellt den Antrag, den fürstlichen Baumgarten gegen 200 Taler Erbpacht zu nutzen.
1. APRIL: Der auch als Postmeister tätige Hauptmann besorgt die Fürstliche Fahrende Post in einem in der Kleinen Windischengasse zwischen Esplanade, Wittumspalais und Windischengasse (heute Windischenstraße) gelegenen Haus.
12. JULI: Der aus einer Buchhändlerfamilie stammende spätere sogenannte Buchhändler

des klassischen Weimar, Johann Wilhelm Hoffmann, wird hier geboren; er erhält am 1. Dezember 1806 das Bürgerrecht und errichtet im Dezember 1815 oder 1816 zum ersten Mal für arme Kinder einen Weihnachtsbaum auf dem Marktplatz.

9. OKTOBER: Der in Bürgel geborene spätere Arzt, Wilhelm Ernst Christian Huschke, wird in das Gymnasium aufgenommen, das er bis März 1781 besucht.

14. NOVEMBER: Die Hofdame Charlotte Ernestina Bernardina Freifrau von Stein bezieht mit ihrer Familie das an der Ackerwand gelegene ehemalige herzogliche Stiedenvorwerk.

25. DEZEMBER: Das Abhalten der Christmesse am ersten Weihnachtstag, das 1715 für die Stadt angeordnet und am 15. Dezember 1769 wieder aufgehoben wurde, wird erneut versuchsweise eingeführt.

1778 3. FEBRUAR: Der Bibliothekar Johann Christian Bartholomäi, der sich um eine zielbewußte Amtsführung verdient gemacht hat, stirbt im Alter von 69 Jahren.

9. JULI: Das Luisenkloster, eine strohgedeckte Mooshütte an der Stelle des späteren Borkenhäuschens, wird unter Goethes Leitung in drei Tagen errichtet und zur Feier des 21. Geburtstages von Herzogin Luise eingeweiht.

20. OKTOBER: Das Schauspiel »Das Jahrmarktsfest von Plundersweilern« von Johann Wolfgang Goethe wird auf der Schloßbühne in Ettersburg uraufgeführt.

1779 7. FEBRUAR: Ein Brand in Ehringsdorf vernichtet fünf Wohnhäuser und neun Scheunen.

2. APRIL: Goethe mietet eine Wohnung im Haus Seifengasse 16, die er bis zum 2. Juni 1781 bewohnt.

6. APRIL: Auf der Liebhaberbühne im Redoutenhaus wird das Schauspiel »Iphigenie auf Tauris« von Johann Wolfgang Goethe mit Corona Schröter in der Titelrolle und dem Dichter als Orest zum ersten Mal aufgeführt.

8. MAI: Unter Leitung von Hauptmann wird mit dem Bau des dreigeschossigen Komödienhauses an der Stelle des heutigen Deutschen Nationaltheaters begonnen, das am 7. Januar 1780 mit einer Redoute eröffnet wird.

1. AUGUST: Der erste größere Bäckereibetrieb wird von Johann August Höhn, Eigentümer des Backhauses und Beisitzer der Bäckerzunft, im Haus Jakobstraße 17 eröffnet.

28. AUGUST: Zu Goethes 30. Geburtstag verleiht Herzog Carl August ihm den Titel »Geheimer Rat«.

NOVEMBER: Von den 6041 Einwohnern der Stadt sind 35 Prozent Bedienstete und Tagelöhner, 26 Prozent Beamte, Geistliche, Lehrer und Ärzte, 22 Prozent Handwerker und Kaufleute und 17 Prozent Handwerksgesellen; etwa 270 Personen bilden den Weimarischen Hofstaat, darunter 170 Hofbedienstete und 40 hier ansässige Adelsfamilien.

1780 15. AUGUST: Die bis 1784 in Tiefurt erscheinende, handschriftlich hergestellte Zeitschrift »Tiefurter Journal« mit Beiträgen zu Wissenschaft, Kunst und Literatur sowie Rätseln, Charaden und Anekdoten wird ins Leben gerufen; das Schlößchen bildet bis 1807 neben den Schlössern Ettersburg und Belvedere einen der Sommersitze der Herzoginwitwe Anna Amalia.

29. NOVEMBER: Der spätere Dichter Wilhelm Christoph Leonhard Gerhardt wird hier als Sohn eines Galanteriewarenhändlers geboren.

1781 25. APRIL: Von jedem neuaufgenommenen und vor der Trauung stehenden Bürger wird ein Baumanpflanzungsgeld erhoben, was ab dem 12. April 1831 armen Brautleuten, die auch von der kirchlichen Trauungsgebühr befreit sind, erlassen wird.

28. AUGUST: Mit dem pantomimisch-allegorischen Schattenspiel »Programma, Minervens Geburth, Leben und Thaten« von Karl Friedrich von Seckendorff wird am Geburtstag Goethes das neuerbaute Hof- und Waldtheater in Tiefurt eröffnet.

12. November: Herzog Carl August erläßt zur Belebung des Brauwesens eine neue Brau- und Schenkordnung; die 120 vorhandenen Brauhäuser befinden sich unter anderen am Erfurter Tor und in der Rittergasse sowie ein Malzhaus in der Windischengasse. Die Beteiligung des Stadtrates an der städtischen Brauerei ist aufgehoben.

1782 An der Freien Zeichenschule werden 170 Schüler unterrichtet, davon 29 Adlige; 1783 beträgt die Zahl der Schüler 157, erhöht sich 1784 auf 178 und steigt 1796 auf 197 an.
27. Januar: Der Tischler und Theatermeister Johann Martin Mieding stirbt im Alter von 57 Jahren infolge einer Grippeepidemie, die viele Einwohner heimsucht.
10. April: Goethe wird in den Adelsstand erhoben; am 11. Juni erhält er das Amt eines herzoglichen Kammerpräsidenten.
13. April: Die Fürstliche Fahrende Post wird in das Hauptmannsche Haus am Eisfeld verlegt; 1793 werden Postamt und Poststall in der Esplanade zusammengelegt und am 12. Mai 1801 in dem neuerbauten Haus Hauptmanns in der Neuen Straße vor dem inneren Erfurter Tor (heute Goetheplatz) untergebracht.
Ende April: Goethe widmet den Parknymphen das Epigramm »Einsamkeit«, das in Stein gehauen, den Felsen am Südende der »Kalten Küche« schmückt.
2. Juni: Goethe bezieht eine Wohnung im Haus des Garnisonsarztes Dr. Paul Johann Friedrich Helmershausen am Frauenplan.
22. Juli: Im Park zu Tiefurt wird zum ersten Mal das Singspiel »Die Fischerin« von Johann Wolfgang Goethe mit Corona Schröter in der Rolle des Dortchen aufgeführt.
15. November: Im Rahmen der seit 1784 planmäßigen Umgestaltung des Welschen Gartens wird ein aus dem Steinbruch an der heutigen Belvederer Allee stammender Felsblock am Ilmhang zu Ehren von Leopold III. Friedrich Franz, Fürst von Anhalt-Dessau, dem Schöpfer des im englischen Stil gehaltenen Parkes zu Wörlitz, aufgestellt.

1783 3. Februar: Als Sohn des herzoglichen Paares Carl August und Luise wird Erbherzog Carl Friedrich geboren.
21. März: Die Liebhaberbühne stellt ihren Spielbetrieb mit der Aufführung des Trauerspiels »Zobeis« von Carlo Gozzi ein.

1784 In dem 1781 dem Wittumspalais gegenüber errichteten Haus eröffnet der Mundkoch Carl Geibel einen Gasthof; 1788 sind folgende Gaststätten bekannt: Goldner Adler, Gelber Löwe, Zum Weißen Schwan, Goldne Sonne, Zum Erbprinzen, Elephant, Schwarzer Bär und Grüne Tanne.
1. Januar: Der Theaterleiter Joseph Bellomo wird verpflichtet und spielt mit seiner Schauspielergesellschaft zum ersten Mal im Redoutenhaus, bis sich die Truppe am 5. April 1791 verabschiedet; es werden an jedem Dienstag, Donnerstag und am Sonnabend Vorstellungen gegeben.
13. Februar: Für den 1783 aus dem Rat ausgeschiedenen Traugott Lebrecht Schwabe wird der in Weimar geborene Sohn eines Steuerrevisors, Johann Christian Häublein, zum Bürgermeister gewählt; er stirbt hier am 2. April 1798.
27. März: Goethe entdeckt den menschlichen Zwischenkieferknochen und erbringt damit den Beweis der anatomischen Zugehörigkeit des Menschen zur Gattung der Wirbeltiere.
30. November: Das Trauerspiel »Die Räuber« von Friedrich Schiller wird hier erstaufgeführt; zu späteren Vorstellungen veranstalten Studenten aus Jena sogenannte Räuberfahrten.

1785 Nach französischem Vorbild gründet Bertuch die erste deutsche Modezeitung »Journal der Moden« mit kolorierten Kupfern von Georg Melchior Kraus; später nennt sich die Zeitung »Journal des Luxus und der Moden« und ab 1813 »Journal für Luxus, Mode und Gegenstände der Kunst«.
Eine Nähschule für Kinder und junge Mädchen wird am Entenfang (heute Hummelstraße) begründet und von der ehemaligen Schau-

spielerin und Bankierswitwe aus Hamburg, Caroline Kummerfeld, geleitet; nach ihrem Tod wird ein nach ihr benanntes kosmetisches Waschwasser in der Hof-Apotheke hergestellt.
Der Seifensiedermeister Ernst Wilhelm Marlier erbt das Barockhaus Windischengasse 33, dessen Schätzwert 1500 Taler und damit etwa das Dreifache der sonstigen Bürgerhäuser beträgt; 1827 übernimmt Ferdinand Branco das Seifen- und Kerzengeschäft.
3. Januar: Die erste Nummer der von Bertuch gemeinsam mit dem Jenaer Philologen Professor Christian Gottfried Schütz begründeten »Allgemeinen deutschen Literatur-Zeitung« erscheint; 1795 erreicht die täglich veröffentlichte und weit über Weimar hinaus verbreitete Zeitung 2400 Abonnenten und wird ab 1804 in Halle herausgegeben.
3. Februar: Das Trauerspiel »Clavigo« von Johann Wolfgang Goethe wird hier erstaufgeführt.
5. April: Die Oper »Die Entführung aus dem Serail« von Wolfgang Amadeus Mozart wird auf der Weimarer Bühne erstaufgeführt und bildet den Anfang der künftigen Pflege von Mozarts Werken.
30. April: Die Erstaufführung des Trauerspiels »Hamlet, Prinz von Dänemark« von William Shakespeare begründet für die folgenden Jahrhunderte die umfangreiche Pflege Shakespearescher Werke.
12. und 13. September: Für zwei Tage weilt der Schriftsteller und Naturforscher Georg Forster in der Stadt.

1786 Frühjahr: Die von dem Bildhauer Martin Gottlieb Klauer nach einem Entwurf von Georg Melchior Kraus geschaffene Plastik einer ägyptischen Sphinx wird in einer Grotte nahe der Sternbrücke an der Läuter aufgestellt.
3. September: Goethe befindet sich bis zum 18. Juni 1788 auf seiner ersten Reise nach Italien.
10. November: Als Sohn des Stadtkapellmeisters wird der spätere Musiker und Komponist Franz Carl Eberwein hier geboren, wo er am 2. März 1868 stirbt.
30. November: Zum ersten Mal wird das Trauerspiel »Die Verschwörung des Fiesco zu Genua« von Friedrich Schiller in Weimar gespielt.

1787 Herzog Carl August weiht den von Martin Gottlieb Klauer geschaffenen und in der »Kalten Küche« aufgestellten Schlangenstein mit der Inschrift »Genio Huius Loci« (Dem Geist dieses Ortes) zu Ehren des in Italien weilenden Goethe.
Der große Felsen am Ilmhang erhält eine Erinnerungstafel mit der Inschrift »Francisco Dessaviae Principi« (Dem Fürsten Franz von Dessau).
Ein von Herder erarbeiteter neuer Lehrplan wird am Gymnasium eingeführt.
21. Juli: Der Dichter und Historiker Friedrich Schiller weilt zum ersten Mal in Weimar, wo er sich mit Herder und Wieland im Gasthof Zum Erbprinzen (später Parkhotel) trifft; er bleibt in der Stadt und wohnt bis zu seiner Übersiedlung nach Jena neben dem Gasthof Zum Weißen Schwan (Frauentorstraße 21).
September: An Stelle eines abgerissenen Gewächshauses ist im Welschen Garten ein Sommerhaus, der »Salon«, nach Plänen von Johann Friedrich Rudolf Steiner fertiggestellt, der als herzoglicher Speiseraum dient; die vier Ecken des Daches sind mit hölzernen, mit Ölfarbe bemalten, lebensgroßen Tempelherrenstatuen geschmückt, die Martin Gottlieb Klauer schuf.
1. Oktober: Unter Ausschluß des Adels wird die bürgerliche Mittwochsgesellschaft gegründet, die im späteren Gasthof Zum Goldenen Anker in der Windischengasse ihre Sitzungen abhält und bis ins 20. Jahrhundert besteht.
28. Oktober: Der Märchendichter und Lehrer Johann Carl August Musäus, der mit der Sammlung »Volksmärchen der Deutschen« seinen wertvollsten Beitrag zur deutschen Literatur leistete, stirbt mit 52 Jahren im Haus Kegelplatz 4.

1788 1. Januar: In Oberweimar werden sieben Häuser durch Feuer vernichtet.
5. März: Herzog Carl August weist die Gestaltung eines Landschaftsparkes englischer Prägung im Ilmtal zwischen Weimar und Oberweimar an; im selben Jahr entsteht auf Goethes Veranlassung die Felsentreppe mit dem Nadelöhr. Die Leitung der Parkverwaltung übt bis 1796 Bertuch aus.
31. März: Auf Veranlassung und unter dem Direktorat von Herder wird ein Seminar für Landschullehrer in der Scherfgasse begründet, das seit 1825 in der Carl-August-Schule (heute Musikschule »Ottmar Gerster«, Karl-Liebknecht-Straße) und seit 1877 in der heutigen Christoph-Martin-Wieland-Schule untergebracht ist.
12. Juli: Im Park findet die erste Begegnung zwischen Goethe und Johanna Christiana Sophia Vulpius, genannt Christiane, statt, die dem Dichter eine Bittschrift ihres Bruders Christian August überreicht; Goethe nimmt das bis dahin in der Fabrik für künstliche Blumen arbeitende Mädchen als Lebensgefährtin in sein Haus und widmet ihm das Gedicht »Gefunden«, das am 26. August 1813 entsteht.
7. September: Schiller trifft in Rudolstadt zum ersten Mal mit Goethe zusammen.

1789 In der heutigen Karl-Liebknecht-Straße errichtet Christoph Erhard Sutor eine Spielkartenfabrik, die das Spielkartenmonopol im Herzogtum Sachsen-Weimar-Eisenach besitzt.
13. Februar: Für den im April 1788 verstorbenen Bürgermeister Friedrich Christoph Schmidt wird der 1739 in Weimar geborene August Carl Bernhard Temler zum Bürgermeister gewählt.
März: Eine Schloßbaukommission wird gebildet und mit dem Wiederaufbau des durch Brand zerstörten Schlosses begonnen.
27. April: Der Müller Johann Gottfried Vent aus Ehringsdorf erwirbt die an der Straße nach Taubach gelegene Walkmühle, die ein bevorzugter Sägewerksbetrieb ist und auch als Öl- und Graupenmühle arbeitet.
Juli: Der Geschichtsforscher Nikolai Michailowitsch Karamsin ist der erste russische Gelehrte, der Weimar und Herder besucht.
14. Juli: Die französische bürgerliche Revolution (1789 bis 1794) wird besonders von Schiller, Herder und Wieland begrüßt, die den Zusammenbruch des Feudalsystems auch in anderen Ländern Europas erwarten.
26. August: Die in Paris erklärten Menschenrechte Freiheit, Gleichheit und Brüderlichkeit wecken im Weimarer Bürgertum die Hoffnung, daß seine Rechtlosigkeit aufgehoben wird.
November: Goethe bewohnt bis August 1792 das Jägerhaus (heute Marienstraße 5/7).
25. Dezember: Julius August Walther Goethe, der Sohn von Johann Wolfgang Goethe und Christiane Vulpius, wird geboren; er stirbt am 27. Oktober 1830 in Rom und wird dort beigesetzt.
31. Dezember: Zum ersten Mal wird das Schauspiel »Menschenhaß und Reue« von August von Kotzebue aufgeführt.

1790 10. März bis 20. Juni: Goethe befindet sich auf seiner zweiten Reise in Italien.
23. April: Durch Fahrlässigkeit brennt das ehemals für Pestkranke errichtete Hospital am Asbach nieder; es wird im folgenden Jahr wieder aufgebaut.
Mitte Juni: Der Mediziner Wilhelm Ernst Christian Huschke beginnt seine Tätigkeit als Leibarzt der Herzoginwitwe Anna Amalia.

1791 17. Januar: Goethe übernimmt die Oberdirektion des neugegründeten Hoftheaters, das sich in der Folgezeit zu einer der führenden Bühnen Deutschlands entwickelt, und übt das Amt bis zum 13. April 1817 aus; sein Stellvertreter in allen Theaterangelegenheiten wird Franz Kirms, bis dieser am 2. März 1824 in den Ruhestand tritt.
31. März: Das Trauerspiel »Egmont« von Johann Wolfgang Goethe wird hier uraufgeführt.

19. April: Zur Belebung der Wirtschaft, insbesondere des darniederliegenden Handwerks, erhält Bertuch das herzogliche Privileg, ein öffentliches kaufmännisches Commissions-Comptoir, das Landes-Industrie-Comptoir, einzurichten, das sich zu einem bedeutenden frühkapitalistischen Unternehmen entwickelt; hierin sind die seit 1782 bestehende Fabrik für künstliche Blumen und Früchte, die Herstellung von optischen und physikalischen Instrumenten, von Öfen und Fliesen, der Handel mit Spielwaren und ein umfangreiches Verlagswesen mit etwa 500 Beschäftigten zusammengefaßt.

7. Mai: Mit einem Prolog von Goethe und dem Erfolgsstück »Die Jäger« von August Wilhelm Iffland, das am 3. Oktober 1786 erstaufgeführt wurde, wird das Hoftheater eröffnet, in dem 500 Besucher Platz finden.

5. Juli: Die Satzungen der von Goethe gegründeten Freitagsgesellschaft werden erlassen.

9. September: Auf Anregung der Herzoginwitwe Anna Amalia treffen sich zum ersten Mal und künftig an jedem ersten Freitag im Monat die Mitglieder der neugegründeten Freitagsgesellschaft, der zu Vorträgen verpflichtete Gelehrte wie Johann Gottfried Herder, Johann Joachim Bode, der Arzt Christoph Wilhelm Hufeland und andere Persönlichkeiten angehören, im Wittumspalais; als Weimarer Gelehrtenverein besteht die Gesellschaft bis 1797.

25. September: Im Hoftheater wird das Trauerspiel »Dom Karlos, Infant von Spanien« von Friedrich Schiller erstaufgeführt.

3. Oktober: Herder führt Carl August Böttiger mit dem Titel »Konsistorialrat« in das Amt des Rektors des Gymnasiums ein, das er bis zu seiner Übersiedlung nach Dresden 1804 ausübt.

November: Der Maler und Kunstschriftsteller Johann Heinrich Meyer folgt einer Einladung Goethes, nach Weimar überzusiedeln; ab 1795 unterrichtet Meyer an der Freien Zeichenschule.

Teestunde bei Herzogin Anna Amalia im Wittumspalais, 1783
Historiengemälde von Hans W. Schmidt, 1930

1792 Um eine Töpferei mit einem Brennofen zur Herstellung von keramischen Haushaltsgegenständen und Ofenkacheln zu betreiben, erwirbt der Töpfer Johann Friedrich Nindel in der Gerbergasse Haus und Grundstück; 1832 wird der Betrieb mit dem Eintritt von Johann Friedrich Schmidt zu einer Ofenfabrik erweitert.

Johann Friedrich Siegmund Rentsch wird Ratsarchivar und erhält am 26. November 1810 das Bürgerrecht gratis.

5. Januar: Im Hoftheater kommt die komische Oper »Die Fischerin« von dem hier seit 1760 lebenden Schriftsteller und herzoglichen Kammerherrn Friedrich Hildebrand Freiherr von Einsiedel zur Erstaufführung.

1. März: Die »Ordnung und Gesetze der uralten löblichen Stahl und Armbrust Schützen Gesellschaft wie solche aufs neue verbessert und eingerichtet« werden neu herausgegeben; die Aufnahmegebühr für die Mitglieder beträgt vier Taler.

28. März: Am Steilhang des linken Ilmufers wird zum Bau des Römischen Hauses als eines herzoglichen Land- und Parkhauses nach einem Entwurf des hier seit Juni 1789 lebenden Hamburger Architekten Johann August Arens der Grundstein gelegt.

20. Juli: Wieland wohnt bis zum 20. Dezember im Haus Wielandplatz 1 und danach bis 1797 am Markt 18.

August: Nach Beendigung von Umbauarbeiten bezieht Goethe das Haus am Frauenplan, das fortan zum Anziehungspunkt für Besucher vieler Länder wird. 1794 erhält er Haus und Anwesen vom Herzog zum Geschenk.

26. August: Die Nationalversammlung in Paris verleiht an Friedrich Schiller den Titel eines Bürgers der Französischen Republik.

1793 Neben der bestehenden Stadtbrauerei auf dem Gelände Schützengasse 9 bzw. seit 1802 an der Stelle des heutigen Hauses Steubenstraße 32 und der Schloßbrauerei wird eine dritte Brauerei in Oberweimar errichtet.

Bis 1794 entstehen »Die Briefe zu Beförderung der Humanität« von Johann Gottfried Herder.

22. Februar: Johann Heinrich Siegmund Rentsch wird in das Amt des Bürgermeisters gewählt, das er bis zum 26. September 1797 bekleidet.

21. März: Hufeland regte den Bau an, um die Beerdigung von Scheintoten zu verhindern. Das erste Leichenhaus auf dem Jakobsfriedhof wird vollendet; hierin wohnt ab 1795 auch der Totengräber Johann Heinrich Bielke.

13. Dezember: Der Schriftsteller und Übersetzer Johann Joachim Bode, seit 1778 in Weimar, stirbt hier.

1794 Juni: Der Dichter Johann Heinrich Voß liest hier aus seiner Homer-Übersetzung »Odyssee«.

Dezember: Der Dichter Johann Christian Friedrich Hölderlin ist für einige Tage zu Gast bei Goethe.

1795 Der einstige Präsident der Französischen Nationalversammlung, Jean Josèphe Mounier, tritt mit dem Weimarer Dichterkreis in Verbindung und gründet in der ehemaligen Münze in der Windischengasse eine Akademie zur Ausbildung künftiger Staatsmänner, die vorwiegend von jungen Engländern besucht und im August 1797 nach Belvedere verlegt wird; die Erziehungsanstalt geht 1801 ein, als Mounier nach Frankreich zurückkehrt.

Der Schwanseeteich und andere Gewässer im Stadtgebiet werden trockengelegt. 1797 werden die Wassergräben am Schweinsmarkt und am Graben zugeschüttet.

7. Juli: Der Hoflakai François Leveillé – ein in Moçambique geborener »Mohr«, der den Herzog 1792 auf dem Frankreichfeldzug begleitete – wird in der Hofkirche getraut.

27. Oktober: Den Emigranten aus Frankreich wird nunmehr der Aufenthalt in der Stadt und im Land gemäß einer Anordnung vom 17. November 1792 gestattet; ein ausgewanderter katholischer Geistlicher erhält die Erlaubnis, für seine Landsleute die Messe zu lesen.

1796 Der Spiegelbrunnen mit der Ildefonsogruppe wird beim Steinschen Haus am Parkeingang aufgestellt.

29. JANUAR: Der herzogliche Kammerregistrator und Zeichner des Grundrisses der Stadt, Johann Friedrich Lossius, stirbt hier.

MÄRZ: Der Schauspieler August Wilhelm Iffland gastiert am Hoftheater; später übersiedelt er aus Mannheim und wirkt fortan mit Erfolg am Hoftheater in Rollen klassischer Dichtungen sowie als Bühnenautor.

10. JUNI BIS 2. JULI: Erstmals weilt der Dichter Jean Paul, berühmt durch seinen Roman »Hesperus«, in der Stadt und wohnt im Gasthof Zum Erbprinzen.

15. JULI: Als Hofgärtner wird Johann Conrad Sckell aus Eisenach nach Belvedere berufen; die vielfältigen Pflanzen in diesem botanischen Garten führt künftig bekannte Botaniker und Naturforscher hierher.

1797 Wilhelm Ernst Christian Huschke, der als Hausarzt die Familien Goethe, Herder und Wieland betreut, wird zum Hofmedikus ernannt und lebt bis zu seinem Tod am 2. September 1828 in der Stadt.

18. FEBRUAR: Karoline Jagemann spielt auf der Hofbühne in der Oper »Oberon, König der Elfen« von Paul Wranitzky die Titelrolle und wird mit glänzendem Erfolg der gefeierte Bühnenstar des Publikums.

24. FEBRUAR: Zur Förderung des Bauwesens fordert Goethe die Anwendung einer moderneren Bauweise.

15. JULI: Als Sohn des von 1791 bis 1817 in der Stadt lebenden Schauspielers und Regisseurs Anton Genast wird der spätere Schauspieler und Sänger Eduard Genast geboren; 1828 an das hiesige Theater engagiert und erfolgreich mit den Lebenserinnerungen »Aus dem Tagebuch eines Schauspielers«, übt er vom 3. März 1833 bis 1852 das Amt des Opernregisseurs aus.

31. AUGUST: Durch Blitzschlag werden 39 mit Getreide gefüllte Scheunen am Schweinsmarkt vernichtet; an ihrer Stelle entstehen neue Häuser, und die Scheunen werden außerhalb der Stadt (heute Coudraystraße) erneut aufgebaut.

22. SEPTEMBER: Die 19jährige Christiane Becker, die seit 1764 in der Stadt lebt und hier als Kind bereits auf der Bühne stand, stirbt an einem Lungenleiden und wird auf dem Jakobsfriedhof beigesetzt; auf Anregung ihres Förderers Goethe wird das nach einem Entwurf von Johann Heinrich Meyer durch den Bildhauer Döll in Gotha geschaffene Euphrosyne-Denkmal gefertigt und Ende 1799 auf der Anhöhe des rechten Ilmufers aufgestellt.

NOVEMBER: Auf Anraten von Wieland zieht der Schriftsteller und Pädagoge Johann Daniel Falk von Halle nach Weimar; er verfaßt hier unter anderen das Weihnachtslied »O Du fröhliche«.

DEZEMBER: Goethe erhält gemeinsam mit Christian Gottlob Voigt die Oberaufsicht über die herzogliche Bibliothek, zu deren Beständen auch das Münzkabinett und eine Gemäldesammlung gehören; die Bibliothek vergrößert ihren Buchbestand von 68 000 Bänden im Jahr 1803 auf 140 000 im Jahr 1832.

1798 Bis 1805 entsteht unter dem Park ein Stollensystem, aus dem Material für den Straßenbau gewonnen wird.

Als Hofmechaniker wird der in Echterdingen geborene Jakob Auch, der wegen seiner kunstfertigen Uhren bekannt ist, nach Weimar gerufen, wo er u.a. die Stadtuhr am Rathaus repariert und bis zu seinem Tod am 20. März 1842 lebt.

Johann Christoph Liebold gründet eine Kürschnerei, die 1830 in die Windischengasse verlegt wird.

1. MAI: Die Neuorganisation des Ratswesens durch den Staat erfolgt mit der Wahl von zwei neuen Bürgermeistern bis 1811: Der 40jährige, aus Weimar stammende Hofadvokat Carl Adolph Schultze wird vom Stadtrat zum Ersten und der 39jährige Kaufmann und Gutsbesitzer Bergrat Johann Gottfried Friedrich Kirsten zum Zweiten Bürgermeister gewählt; damit sollen der jährliche Ratswechsel beendet

und eine größere Gleichmäßigkeit in der Arbeit der Weimarer Stadtverwaltung erreicht werden.

12. Oktober: Mit dem Schauspiel »Wallensteins Lager« von Friedrich Schiller wird das von dem Baumeister Nicolaus Friedrich Thouret in drei Monaten umgebaute Hoftheater wiedereröffnet,dessenZuschauerraum nur noch 200 Personen faßt.

27. Oktober bis 23. Mai 1800: Jean Paul hält sich zum zweiten Mal in der Stadt auf, wo er sich hauptsächlich Herder anschließt und im Eckhaus Windischengasse / Markt wohnt; 1825 kommt der Dichter noch einmal nach Weimar.

25. November: Als Sohn des Malers und Zeichenlehrers Conrad Horny, der die Arabesken im Römischen Haus gemalt hat, wird der spätere Maler Franz Theobald Horny hier getauft.

29. November: Zum Schutz der öffentlichen Sicherheit bildet der Rat der Stadt eine aus neun Männern und einem Viertelsmeister bestehende Bürgerwacht-Patrouille, die nachts Diebstähle verhindern soll.

1799 Als hölzerne Bogenbrücke wird die Naturbrücke über der Ilm errichtet.

Der 1798 begonnene Bau des Gärtnerpavillons, später Wohnhaus von Franz Liszt, ist vollendet.

Im Park zu Tiefurt wird das erste Mozart-Denkmal auf deutschem Boden errichtet, das von Johann Heinrich Meyer entworfen und von Martin Gottlieb Klauer mit der Inschrift »Mozart und den Musen« geschaffen wurde.

16. Januar: Carl August Hoffmann kauft die Hof-Apotheke und erhält am 21. Oktober das Privileg.

25. Januar: Andreas Christian August Tietzmann aus Neumark erhält das herzogliche Privileg zur Eröffnung einer zweiten Apotheke und zur Errichtung eines Hauses am Schweinsmarkt.

30. Januar: Das Schauspiel »Die Piccolomini« von Friedrich Schiller wird am Hoftheater uraufgeführt.

20. April: Das Schauspiel »Wallensteins Tod« von Friedrich Schiller wird uraufgeführt; die Wallenstein-Trilogie bildet den Anfang einer bedeutenden Periode klassischer Theaterkunst am Hoftheater.

Sommer: Der Dichter Novalis besucht mehrmals Goethe.

17. Juli: Mit 60 Talern Jahresgehalt wird Alexander von der Mässen als Hofzahnarzt verpflichtet und übt das Amt bis zum 29. Juli 1802 aus; für die Behandlung der Bevölkerung bereisen fremde Zahnärzte die Stadt.

16. Oktober: Unter dem Namen »Ressource«, seit 1817 »Erholung«, wird eine aus gebildeten Männern bestehende Gesellschaft gegründet, deren Vereinslokal der spätere Gasthof Zum Goldenen Anker und ab 1803 das Hintergebäude des Gasthauses Alexanderhof ist; die Statuten der Gesellschaft werden am 3. September 1837 erneuert.

3. Dezember: Schiller, den seit 1794 eine Freundschaft mit Goethe verbindet, übersiedelt von Jena nach Weimar; er bezieht die zweite Etage sowie die Mansarde im Haus Windischengasse 8, wo er bis Ende April 1802 wohnt und die Dramen »Maria Stuart« und »Die Jungfrau von Orléans« vollendet sowie zahlreiche Gedichte verfaßt.

1800 773 überwiegend einstöckige schindelgedeckte Häuser befinden sich im Stadtgebiet.

Das Stadthaus am Markt wird auf Anweisung des Herzogs für 11 800 Taler, die die Stadt aufbringen muß, umgebaut und ein Saal für öffentliche Redouten, Bälle, Konzerte, Vorträge und Schaustellungen eingerichtet.

Das der Stadt durch sogenannte Röhrenfahrten über Zieh- und Pumpbrunnen zugeführte Trinkwasser ist äußerst knapp; 1830 befinden sich mehr als 70 – darunter 18 öffentliche – Ziehbrunnen in der Stadt.

14. Februar: Gegen 400 Taler gestattet der Rat der Stadt, daß Bertuch die Gebäude und Türme des inneren Jakobstores abtragen und den Platz planieren läßt, um mit den gewonnenen Steinen sein im klassizistischen Stil

errichtetes Wohn- und Fabrikgebäude (heute Stadtmuseum, Karl-Liebknecht-Straße) zu vervollständigen.

1. April: Eine Chausseegeld-Ordnung tritt in Kraft und legt die Gebühren für das Befahren der Straße nach Jena mit Pferde- und Ochsengespannen sowie Strafgelder fest.

14. Juni: Das Schauspiel »Maria Stuart« von Friedrich Schiller wird am Hoftheater uraufgeführt.

1801 Mit der Einführung der Kuhpockenschutzimpfung, um die sich der mit der Abhandlung »Die Kunst, das menschliche Leben zu verlängern« erfolgreiche Christoph Wilhelm Hufeland verdient gemacht hat, wird eine weitverbreitete Seuche bekämpft.

Der Schriftsteller Johann Gottfried Seume besucht zum ersten Mal die Stadt; in den Jahren 1802 und 1810 wiederholt er seinen Aufenthalt.

4. April: Martin Gottlieb Klauer, seit 1773 Hofbildhauer und Schöpfer bedeutender Porträtbüsten, stirbt im Alter von 59 Jahren und findet auf dem Jakobsfriedhof seine letzte Ruhestätte.

6. Juli: Die Apotheke Zum Löwen vor dem inneren Erfurter Tor (heute Goetheplatz 1) wird in dem 1799 fertiggestellten Gebäude eröffnet.

8. Oktober: Herder wird in den Adelsstand erhoben.

Mitte November: Zu Unterhaltung, Gesang und Klavierspiel trifft sich im Haus am Frauenplan am Mittwoch ein geselliges Kränzchen oder Cour d'amour (Liebeshof), in dem die seit 1778 als Hofdame der Herzoginwitwe Anna Amalia tätige Louise von Göchhausen eine bedeutende Rolle spielt.

24. November: Als unehelicher Sohn eines französischen Emigranten wird der spätere Märchendichter Louis Clairant Hubert Bechstein, genannt Ludwig, hier geboren.

1802 763 Privathäuser stehen in der Stadt.

Mit 16 Jahren wird Franz Carl Eberwein an der Hofkapelle angestellt und tritt in der Folgezeit mit eigenen Kompositionen hervor.

14. Februar: Eine Armenspeisung, die sogenannte Rumfordsche Suppe, die auf das soziale Wirken des anglo-amerikanischen Physikers Benjamin Thompson Rumford zurückgeht, wird täglich an etwa 50 Arme und Kranke verabreicht; für sechs Groschen pro Person und Woche besteht das Essen überwiegend aus Wasser, geschälten oder geriebenen Kartoffeln sowie aus Graupen oder Erbsen und geringen Mengen Schweinefleisch, Salz, Bieressig und Brot.

29. April: Schiller bezieht das von dem Kaufmann Charles Mellish of Blyth, der »Maria Stuart« ins Englische übersetzt hatte, für 4200 Taler erworbene, 1777 für den Kaufmann Johann Christoph Schmidt erbaute Haus an der Esplanade.

1803 Das vom Gerber- und vom Jakobsteich umgebene innere Frauentor, auch »Trödeltor« genannt, wird abgerissen.

Die französische Schriftstellerin Anne-Louise-Germaine de Staël-Holstein, die in Begleitung ihres Landsmannes, des Schriftstellers und Politikers Henri-Benjamin Constant, von Dezember 1803 bis 1804 in Weimar lebt, schöpft hier die Grundlagen für ihr 1810 in Frankreich erscheinendes Buch »De l'Allemagne«, das die Stadt an der Ilm im Ausland bekannt macht.

Der Formschneider Johann Gebhardt Justus Erich Walbaum aus Steinach verlegt seine Schriftgießerei von Goslar nach Weimar und arbeitet hier für das Landes-Industrie-Comptoir.

19. März: Das Trauerspiel »Die Braut von Messina« von Friedrich Schiller wird am Hoftheater uraufgeführt.

2. April: Das Trauerspiel »Die natürliche Tochter« von Johann Wolfgang Goethe wird uraufgeführt.

4. April: Johann Heinrich Voß der Jüngere wirkt bis 1806 als Professor für griechische Sprache am Gymnasium.

Schillerhaus an der Esplanade, Stich von Eduard Lobe (1840)

23. APRIL: Das Trauerspiel »Die Jungfrau von Orléans« von Friedrich Schiller, am 11. September 1801 in Leipzig uraufgeführt, wird am Hoftheater erstaufgeführt.
1. AUGUST: Der Nordflügel und der Ostflügel des Schlosses, im klassizistischen Baustil für 690 000 Taler wiederaufgebaut, sind bezugsfertig; von 1789 bis 1791 wirken Johann August Arens, von 1798 bis 1800 Nicolaus Friedrich Thouret aus Stuttgart und von 1800 bis 1803 Heinrich von Gentz aus Berlin als Architekten am Bau, dessen Westflügel nach einem Entwurf von Clemens Wenzeslaus Coudray von 1822 bis 1834 vollendet wird.
21. OKTOBER: Anton Georg Hauptmann, der insgesamt etwa 20 größere Gebäude errichtet und sich für die Erhaltung des Kasseturmes eingesetzt hatte, stirbt.
7. NOVEMBER: Das Lustspiel »Die deutschen Kleinstädter«, Autor ist August von Kotzebue, geht in Erstaufführung über die Bühne und wird später wegen seiner Weimar-Bezüge von Goethe verboten; als weitere Erstaufführungen des Dichters, der als literarisch-wissenschaftlicher Korrespondent in russischen Diensten in Deutschland seinen Wohnsitz in seiner Geburtsstadt nimmt, folgen am 14. Januar 1804 »Hugo Grotius«, am 15. Februar »Die Hussiten in Naumburg«, am 24. Oktober »Johann von Montfaucon« und am 7. November die Posse »Pagenstreiche«.
18. DEZEMBER: Johann Gottfried Herder stirbt mit 59 Jahren und wird in der Stadtkirche beigesetzt, wo die Grabplatte seinen Wahlspruch »Licht-Liebe-Leben« trägt; Herders Nachfolge im Amt bis 1818 tritt Ludwig Gottfried Vogt an.

1804 Die Zahl der Häuser in der Stadt beträgt 800.
Die von Heinrich von Gentz geleitete bauliche Umgestaltung des Reithauses am Westufer der Ilm und der nach seinem Entwurf ausgeführte Bibliotheksanbau sind beendet.
Der Professor für Ästhetik und Kunstgeschichte zu Jena, Carl Ludwig Fernow, wird Bibliothekar der Herzoginwitwe Anna Amalia und

übt dieses Amt bis zu seinem Tod am 3. Dezember 1808 aus.
Als Geographisches Institut für die Herstellung von Globen, Landkarten und erdkundlichen Beschreibungen von überregionaler Bedeutung zweigt sich die kartographische Abteilung vom Landes-Industrie-Comptoir ab.
27. Januar: Dem bis zum 27. Dezember 1837 bestehenden herzoglichen bzw. großherzoglichen Konsistorium obliegen die Einrichtung und die Beaufsichtigung der Schulen, die Stellenbesetzung sowie das schulische Finanz- und Bauwesen.
17. März: Das Trauerspiel »Wilhelm Tell« von Friedrich Schiller wird am Hoftheater uraufgeführt.
31. März: Eine Leihhausordnung wird erlassen; das Leih- und Pfandhaus, das unter Aufsicht der herzoglichen Landschaftskassen-Direktion steht, wird am 1. Juli eröffnet.
1. Mai: Mit dem Bau eines weiteren Brauhauses vor dem Frauentor wird begonnen.
26. Mai: Am Hoftheater wird das Lustspiel »Die drei Gefangenen« von Pius Alexander Wolff, einem Schüler Goethes, erstaufgeführt.
22. September: Zum ersten Mal wird das Schauspiel »Götz von Berlichingen mit der eisernen Hand« von Johann Wolfgang Goethe hier aufgeführt.
9. November: Aus Petersburg kommend, zieht die Tochter des Zaren Paul I. von Rußland, Großfürstin Maria Paulowna, nach ihrer Heirat am 3. August mit dem Erbherzog Carl Friedrich in die Stadt ein.
15. Dezember: Das nach Plänen von Baumeister G. A. Hofmeister durch Hauptmann errichtete Gasthaus Alexanderhof wird am Schweinsmarkt eröffnet; 1849 führt es den Namen »Hotel zum Russischen Hof«.

1805 Im Park zu Tiefurt wird ein Teehaus errichtet.
Zwanzigjährig kommt der in Dresden geborene Karl August Schwerdgeburth in die Stadt und arbeitet für das Landes-Industrie-Comptoir; 1822 wird er zum Hofkupferstecher ernannt und erhält 1839 eine Anstellung als Lehrer an der Freien Zeichenschule.
16. Januar: Von 7 bis 21 Uhr können sich Arme und Kranke in einer öffentlichen Wärmestube, die sich im Hinterhaus des Gasthofes Alexanderhof befindet, aufhalten und billig eine Portion Suppe kaufen.
6. März: Das Lustspiel »Die Laune des Verliebten« von Johann Wolfgang Goethe wird im Hoftheater erstaufgeführt.
9. Mai: Der 45jährige Friedrich Schiller, am 7. September 1802 durch Kaiser Franz II. von Österreich geadelt, stirbt an einem Lungenleiden.
12. Mai: Die sterblichen Überreste Schillers werden von Freunden zu Grabe getragen und um ein Uhr in dem nach der herzoglichen Landschaftskasse benannten Kassegewölbe auf dem Jakobsfriedhof beigesetzt; die Trauerfeier mit der Gedenkrede von Generalsuperintendent Ludwig Gottfried Vogt findet um 15 Uhr in der Jakobskirche statt.
2. Juli: Herzog Carl August erläßt eine Apothekenordnung, die keine Neueröffnung einer weiteren Apotheke erlaubt.
14. Juli: Das neue Schießhaus der Gesellschaft der Büchsenschützen, die sich aus Handwerkern zusammensetzt, von Heinrich von Gentz entworfen und unter dem Baukondukteur Christian Heinrich Schlüter am Webicht fertiggestellt, wird feierlich eingeweiht; das erste Vogelschießen findet am 27. August statt.
20. Oktober: Die Bevölkerung wird zur Abgabe von Stroh und Heu aufgerufen, da ein preußisches Infanterie-Regiment in der Stadt Quartier nimmt.
6. November: Zar Alexander I. von Rußland besucht seine Schwester Maria Paulowna am herzoglichen Hof.

1806 15. Januar: Das Trauerspiel »Stella« von Goethe wird erstaufgeführt.
Mai: Die Romanschriftstellerin und Mutter des Philosophen Arthur Schopenhauer, Johanna Schopenhauer, eine reiche Kaufmannswitwe, übersiedelt mit ihrer Tochter von Hamburg

Goethehaus am Frauenplan, Stich von Ludwig Schütze, nach Otto Wagner, 1827

nach Weimar, Esplanade 1, wo sie bis März 1829 ihren späteren Salon in der Windischengasse zum Treffpunkt interessierter Literaten gestaltet.

7. Juni: Das Lustspiel »Der Geheimniskrämer oder Abenteuer im Bade« von Friedrich Hildebrand Freiherr von Einsiedel wird erstaufgeführt.

16. Juni: Das neue Brauhaus ist fertiggestellt.

3. Juli: Der Rat der Stadt tritt das alte Schießhaus, zwei Türme am inneren Jakobstor, den Turm am Kegeltor mit der dortigen Stadtmauer und die Ratsteiche, Stadtgräben sowie die Pachtnutzung des Stadthauses an die herzogliche Kammer ab.

21. Juli: Christian Ludwig Lenz wird in sein Amt als Rektor des Gymnasiums eingeführt, das er bis zum 11. Februar 1820 ausübt und in dem er sich Verdienste um die Errichtung der Gymnasialbibliothek erwirbt.

4. Oktober: Im Vertrag von Erfurt wird das 700 Mann starke weimarische Scharfschützenbataillon zur Teilnahme am Feldzug Preußens gegen Frankreich verpflichtet.

11. Oktober: Durch das Erfurter Tor rücken am Vormittag Truppen der preußischen Infanterie, Kavallerie und Artillerie ein, die zum Kampf gegen das französische Heer in Richtung Jena marschieren.

13. Oktober: Als Tochter eines Medailleurs und Steinschneiders wird die spätere Bildhauerin Angelika Bellonata Facius geboren.

14. Oktober: Der Bürgermeister erhält die Erlaubnis, zur Versammlung der Bürger und zum Löschen von Feuer die Sturmglocke läuten zu lassen.

14. Oktober: Nach der Entscheidungsschlacht von Jena schlagen die gegen Preußen siegreichen Franzosen zum Schrecken der Einwohner ein großes Feldlager zwischen Oberweimar und Belvedere auf, wo Marschall Pierre François Charles Augereau, der im Goethehaus am Frauenplan wohnt, bis zum 18. Oktober sein Hauptquartier hat; etwa 5000 Soldaten plündern Wohnungen und Kirchen und erbeuten 139 851 Taler Bargeld, 3242 Stück Vieh sowie Wein, Bier, Wäsche und Möbel im Wert von 69 405 Talern.

14. bis 31. Oktober: Schätzungsweise 60 000 Mann und 20 000 Pferde müssen einquartiert werden; Verwundete werden im Gasthaus Alexanderhof untergebracht.

15. Oktober: Napoleon I. Bonaparte, Kaiser der Franzosen, zieht nach der Schlacht bei Jena in die Stadt ein und nimmt im Schloß Quartier.

16. Oktober: Der aus Stadtilm stammende Schuhmachermeister Johann Heinrich Petri

bittet Kaiser Napoleon I. Bonaparte, das Plündern durch französische Soldaten einstellen zu lassen; ein kaiserlicher Befehl stellt am selben Tag das Marodieren unter Todesstrafe.

18. BIS 20. OKTOBER: Der Kupferstecher und Kunstgelehrte Dominique Vivant Denon, Generalinspekteur der Museen in Paris, weilt im Haus am Frauenplan.

19. OKTOBER: In der Sakristei der Jakobskirche werden Goethe und Christiane Vulpius durch Oberkonsistorialrat Wilhelm Christoph Günther getraut.

1. NOVEMBER: Es wird bekannt, daß das weimarische Truppenkontingent im preußischen Heer im Gefecht bei Auerstedt fast aufgerieben wurde.

5. NOVEMBER: Georg Melchior Kraus stirbt im Alter von 73 Jahren an den Folgen von Mißhandlungen durch französische Soldaten, die seine Wohnung plünderten; Johann Heinrich Meyer übernimmt die Leitung der Freien Zeichenschule, die seit 1781 im Roten Schloß untergebracht ist.

15. DEZEMBER: Nach dem Friedensvertrag von Posen, an dessen Zustandekommen Kanzler Friedrich von Müller als Bevollmächtigter des Herzogs beteiligt ist, wird dem ehemals mit Preußen gegen Frankreich verbündeten Herzogtum Sachsen-Weimar-Eisenach auferlegt, Soldaten für das napoleonische Heer zu stellen und Kontribution zu zahlen, die am 14. November 1807 in Höhe von 16 600 Talern als Zwangsanleihe erhoben wird.

1807 16. FEBRUAR: Das Schauspiel »Torquato Tasso« von Johann Wolfgang Goethe wird am Hoftheater uraufgeführt.

10. APRIL: Die Herzoginwitwe Anna Amalia stirbt im Alter von 68 Jahren im Wittumspalais und wird in der Stadtkirche beigesetzt.

9. JUNI: Die Postexpedition wird zum Vorwerk (Nordseite des heutigen Kegelplatzes) verlegt.

23. JULI: Kaiser Napoleon I. Bonaparte nimmt im Gasthof Zum Erbprinzen Quartier.

28. AUGUST: Carl Georg Hütter wird als Sohn eines Tünchers geboren; nach seiner Ausbildung als Stukkateur in Paris und London kommt er 1830 nach Weimar zurück und wird Hofstukkateur sowie Lehrer an der Freien Gewerkschule.

7. SEPTEMBER: Louise von Göchhausen stirbt mit 52 Jahren und wird im Kassegewölbe beigesetzt; durch sie ist der »Urfaust« von Johann Wolfgang Goethe in Abschrift überliefert.

13. SEPTEMBER: Im Verlauf der Besetzung Deutschlands durch französische Truppen rückt das 17. französische Linienregiment in die Stadt ein, wo die Soldaten verpflegt und die Offiziere im Alexanderhof untergebracht werden.

1808 Die Strumpfmanufaktur kommt zum Erliegen, da nur noch 25 Wirkstühle gegenüber 202 im Jahre 1776 und 180 im Jahre 1782 arbeiten.

Das von Bertuch bis 1822 herausgegebene und der Erziehung dienende »Bilderbuch für Kinder« erscheint in einer Auflagenhöhe von 3000 Exemplaren.

Der Aussichtsturm im Park, die »Schnecke«, und ein Flügel des Roten Schlosses werden abgebrochen.

Der am 9. Januar 1801 gegründete Club zu Weimar, dessen 40 bis 60 Mitglieder Künstler sowie Hof- und Staatsbeamte sind, die ihre Zusammenkünfte im Stadthaus abhalten und aus der Vereinskasse arme Knaben unterstützen, löst sich auf.

Die Witwe Johann Martin Miedings verkauft das Deutschritterhaus für 7700 Taler an Herzog Carl August, der es Karoline Jagemann schenkt; sie besitzt es bis zu ihrem Tod am 10. Juli 1848.

2. MÄRZ: Das Lustspiel »Der zerbrochene Krug« von Heinrich von Kleist wird unter der Regie von Goethe erstaufgeführt und erlebt einen Mißerfolg.

8. APRIL: Als Leiter des Theaters gibt Goethe neue Theatergesetze heraus.

17. JUNI: Der Forstsekretär Franz Ludwig Güssefeld, der 1782 einen Lageplan der Stadt fertigte, stirbt.

Juli: Die Freie Zeichenschule wird vom Roten Schloß in das Fürstenhaus (heute Hochschule für Musik »Franz Liszt«, Platz der Demokratie) verlegt, da sich die Zahl ihrer Schüler auf etwa 450 gegenüber 150 im Jahr 1806 erhöht hat.
1. bis 30. Juli: Erneut müssen 16564 Mann und 2482 Pferde in der Stadt untergebracht werden.
Sommer: Anne-Louise-Germaine de Staël-Holstein kehrt in Begleitung des französischen Sozialpolitikers Jean Simonde de Sismondi zu einem längerem Aufenthalt nach Weimar zurück.
8. Oktober: In Begleitung seines Ministers Charles-Maurice deTalleyrand-Perigord kommt Napoleon I. Bonaparte vom Erfurter Fürstenkongreß nach Weimar und empfängt den am 2. Oktober mit dem Orden der Ehrenlegion ausgezeichneten Goethe sowie Wieland zu Gesprächen über Politik und Kultur; am Abend führt das ihn begleitende Théâtre Français das in Frankreich verbotene Stück »La mort de César« von Voltaire auf.
8. Oktober: Auf dem Ettersberg findet in Anwesenheit des Zaren Alexander I. von Rußland und der Könige Friedrich I. August von Sachsen und Maximilian I. Joseph von Bayern eine große Hirschjagd statt, deren Kosten sich auf 15000 Taler belaufen.
24. Oktober: Die am 24. Oktober 1764 ins Leben gerufene Freimaurerloge »Anna Amalia zu den drei Rosen«, seit 1782 geschlossen, wird durch Carl August wieder eröffnet und Bertuch zum Meister vom Stuhl bestellt; zu ihren Mitgliedern, die bis 1848 im Wittumspalais tagen, gehören Herder, Goethe, Wieland und andere.
7. Dezember: Der Dresdner Maler Gerhard von Kügelgen, der Goethe porträtieren wird, trifft in Weimar ein.

1809 14. März: Nach einer erneuten Mobilmachung zur Niederschlagung des Freiheitskampfes der Bauern unter Führung von Andreas Hofer verläßt ein Weimarer Bataillon die Stadt und zieht nach Tirol; nur 26 Überlebende kehren am 14. Februar 1814 zurück.
6. Mai: Im »Weimarischen Wochenblatt« wird die Bevölkerung zur vorbeugenden Pockenschutzimpfung bis zum dritten Lebensjahr aufgerufen; am 22. Juli 1813 wird das Impfen durch eine Verordnung geregelt.
29. Juni: Seit dem 22. September 1806 wurden im Verlauf der Kriegshandlungen und der Besatzungszeit insgesamt 95914 Soldaten und 25418 Pferde in der Stadt beherbergt; die finanzielle Belastung ruft den Widerstand der Bevölkerung gegen die napoleonische Fremdherrschaft hervor.
20. Juli: Am Rathaus werden auf Tafeln Namen von Bürgern als Deserteure bekanntgegeben, die sich nicht für das napoleonische Heer rekrutieren ließen und trotz ihrer Begnadigung nicht nach Weimar zurückgekehrt sind; ihr Vermögen wird eingezogen.
3. September: Eine Ausstellung mit Werken der Malerei und Zeichenkunst wird im Fürstenhaus eröffnet und im Januar 1811 wieder aufgelöst.
15. September: Die seit 1773 mit Herder verheiratete Marie Caroline, die zu den bekanntesten Frauen im klassischen Weimar zählt, stirbt.
November: Eine Typhusepidemie tritt auf.
1. Dezember: Gemäß den bestätigten Statuten der Leichenkassen-Kommune, eines Begräbnisvereins, der der erste seiner Art in Deutschland ist, werden den Erben jedes Vereinsmitgliedes 50 Taler als Sterbegeld gewährt.

1810 Die erste Lehrschmiede Deutschlands wird hier errichtet.
Die Buchdruckerei Müller übersiedelt von Jena nach Weimar; 1812 firmiert sie als Straubing & Müller.
Der herzogliche Mundkoch François René Le Goullon, der 1777 aus Kassel kam und 1809 den Sächsischen Hof erwarb, eröffnet dieses Gasthaus als Hôtel de Saxe und führt die wegen ihrer Speisen bekannte Restauration bis 1832.

24. FEBRUAR: Als Sohn eines Gürtlers wird der spätere Bildhauer Adolph Straube geboren, der am 25. Februar 1839 in Weimar stirbt.
26. NOVEMBER: Der Rat der Stadt erteilt das Bürgerrecht gratis an Bürgermeister Carl Adolph Schultze und dessen Familie, an die Ehefrau und an die Kinder des Stadtschreibers Bernhard Friedrich Rudolph Kuhn sowie an die Familienmitglieder von Johann Gottfried Friedrich Kirsten.
27. NOVEMBER: In Auswirkung des von Napoleon I. Bonaparte gegen England 1806 verhängten Wirtschaftsboykotts, der Kontinentalsperre, werden die bei den Kaufleuten und Händlern vorhandenen englischen Waren registriert und unter Polizeiaufsicht in der Schanze bei Oberweimar verbrannt.
21. DEZEMBER: In Anlehnung an die preußische Städteordnung von Heinrich Friedrich Karl Freiherr vom Stein wird für die Haupt- und Residenzstadt Weimar eine Stadtordnung erlassen, die die mittelalterliche Ratsverfassung beseitigt und neue Rechtsverhältnisse schafft: Sie räumt den Bürgern Einfluß auf die Gemeindeverwaltung ein und sieht alle drei Jahre die Wahl des »Stadtrats« als eines leitenden Organes der Stadt durch die hausbesitzende Bürgerschaft vor. Der sich überwiegend aus Handwerksmeistern und Kaufleuten zusammensetzende Rat, dem die Vermögensverwaltung, die Handhabung der Innungsgesetze, die Bürgeraufnahmen und die Regelung des Marktwesens obliegt, gliedert sich in einen 15köpfigen Beratungsausschuß; die Funktion des Städteältesten bekleidet erstmals Bertuch. Gegen eine Entschädigung von 8800 Talern tritt die Stadt die Gerichtsbarkeit an den Landesherrn ab.

1811 Im Park wird der »Salon« abgerissen und nach Plänen von Baumeister Carl Friedrich Steiner bis 1820 ein Gewächshaus mit Aussichtsturm erbaut, das seinen Namen nach den ihn schmückenden Tempelherrenfiguren erhält.
2. JANUAR: Das »Weimarische Wochenblatt« entwickelt sich unter der Redaktion von Leopold Kruse zur offiziellen Zeitung für das Herzogtum Sachsen-Weimar-Eisenach einschließlich des Jenaischen Kreises; es erscheint mittwochs und sonnabends, veröffentlicht auch Gesetze, Verordnungen sowie Beschlüsse und muß in jeder Gemeinde gehalten und öffentlich verlesen werden.
9. JANUAR: Mit herzoglichem Reskript wird Daniel Wilhelm Brunnquell zum Bürgermeister ernannt; im September 1813 tritt er aus Altersgründen vom Amt zurück.
30. JANUAR: Die neue Stadtordnung wird in Kraft gesetzt und öffentlich vor den Einwohnern verlesen.
JUNI: Durch angeschlagene Bleche erhalten die Häuser Nummern nach den sechs Bezirken und die Straßen Namen wie Mostgasse, Scherfgasse, Kettenberg, Lindenberg, Brühl, Luthergasse u. a.
22. OKTOBER: An der 1808 ausgebauten Straße nach Jena wird am östlichen Ilmhang das Wohnhaus des Stallmeisters Friedrich von Seebach, die Altenburg, errichtet.
23. NOVEMBER: Zur Verbesserung der städtischen Finanzen überläßt der Rat der Stadt dem Tüncher Johann Christian Benjamin Lämmerhirt die städtische Ziegelhütte am Schweinsmarkt zur erbpachtlichen Nutzung; die Ziegelhütte geht 1862 ein.

1812 Nach der Entdeckung der Zuckergewinnung aus Stärke 1811 wird die erste deutsche privilegierte Stärkezuckerfabrik in Tiefurt unter Johann Wolfgang Döbereiner errichtet, die bald wieder eingeht.
Wegen der weit über die Landesgrenzen hinausreichenden Bedeutung Weimars wird auf Veranlassung von Napoleon I. Bonaparte eine französische Gesandtschaft in der Stadt eingerichtet, die bis 1870 besteht.
19. FEBRUAR: Ein Weimarer Bataillon von 400 Soldaten marschiert nach Hamburg.
8. SEPTEMBER: Der Schweinsmarkt erhält den Namen »Neue Straße«; sie wird 1818 in »Karlsplatz« umbenannt.

15. Dezember: Napoleon I. Bonaparte passiert auf der Flucht im Schlitten die Stadt.
20. Dezember: Als Bettelei verbietet der Herzog das Neujahrsblasen und das Neujahrssingen mit Ausnahme für solche Personen, denen dieses Geld als Teil ihrer Entlohnung angerechnet wird.

1813 20. Januar: Christoph Martin Wieland, der von 1803 bis 1805 in der Rittergasse 19 und danach in der heutigen Wielandstraße 1 wohnt, stirbt im Alter von 79 Jahren und wird im Park zu Oßmannstedt beigesetzt.
1. März: Das Hochgericht, das seit mehr als 30 Jahren kein Todesurteil gefällt hat, wird bestätigt.
13. März: Gegenüber dem Gasthof Zum Elephanten wird morgens 9 Uhr der 31jährige Johann Gottfried Werner aus Cottendorf wegen 50fachen Diebstahls hingerichtet.
28. April: Auf der Durchreise passiert Napoleon I. Bonaparte letztmalig die Stadt; in seinem Gefolge befinden sich 20 000 Soldaten, die in der Umgebung der Stadt biwakieren.
11. Mai: Johann Daniel Falk und der Stiftsprediger und Pädagoge Karl Friedrich Horn gründen im Haus Markt 18 gegen die durch Kriegsnöte eingetretene Verwahrlosung der Kinder die Gesellschaft der Freunde in der Not und eine Erziehungsanstalt mit Ausbildungsaufgaben für Waisen und verwahrloste Kinder.
31. August: Wegen Mordes wird an dem in Ehringsdorf geborenen Johann Andreas Sommer am Graben das Halsgericht vollzogen: »Sommer wird auf einer Kuhhaut geschleift, mit dem Schwerdt vom Leben zum Tode gebracht und sodann sein Körper auf das Rad geflochten«; erst am 2. Juni 1816 wird der Leichnam begraben.
September: Der Ilmenauer Amtskommissar Carl Christian Paulssen wird Bürgermeister und übt das Amt bis zu seinem frühen Tod am 23. November desselben Jahres aus.
Oktober bis Juli 1814: Zehntausende Soldaten und fast ebensoviele Pferde der geschlagenen französischen Armee sowie der verbündeten Armeen werden bei für die Bevölkerung unermeßlich hohen Verpflegungskosten und Schäden im Stadtgebiet einquartiert.
22. Oktober: Russische Kosaken, preußische und ungarische Husaren sowie österreichische Dragoner halten die nach der Völkerschlacht bei Leipzig (16. bis 19. Oktober) zurückflutenden napoleonischen Truppen vor den Stadttoren auf und vereiteln deren Plan, die Stadt niederzubrennen.
24. Oktober: Bei einem Gefecht auf dem Ettersberg zwischen Russen, Preußen und Österreichern einerseits und Franzosen andererseits werden letztere in die Flucht geschlagen.
25. und 26. Oktober: Nach ihrem Sieg über Frankreich weilen Zar Alexander I. von Rußland, Kaiser Franz II. von Österreich und König Friedrich Wilhelm II. von Preußen in der Stadt.
November: Arthur Schopenhauer, der 1807 bis 1809 in Weimar gelebt hat, besucht Goethes Haus am Frauenplan.
22. November: Dem herzoglichen Aufruf zur Bildung der Schar der weimarischen Freiwilligen Jäger folgen auch 13 Schüler des Gymnasiums, von denen nur einer nach fünfmonatigem Feldzug zurückkehrt; die Schar wird am 21. Mai 1814 wieder aufgelöst.
22. November: Zwecks Deckung der Kriegslasten wird die Stadt zur Aufnahme einer Anleihe von 100 000 Talern gezwungen.
24. Dezember: Während mehrerer Wochen halten an jedem Freitag russische Baschkiren mohammedanischen Glaubens im Festsaal des Gymnasiums unter Vorsitz ihres Mollah Gebete ab.
29. Dezember: Der spätere Maler und Zeichenlehrer Franz Leonhard Moritz Jäde (auch Gäde) wird als Sohn eines Schneiders im Haus Windischengasse 8 geboren.

1814 Goethe erhält einen aus Ton gebrannten Abguß des Entenmannes, den Pankraz Labenwolf modelliert hatte und der seit 1530 den Gänsemännchenbrunnen in Nürnberg ziert.

Großherzog Carl August von Sachsen-Weimar-Eisenach am Tempelherrenhaus, Stich von T. Kühner

Januar: Der 39jährige Hofadvokat und Gerichtssekretär Bernhard Friedrich Rudolph Kuhn übt bis 1820 das Amt des Bürgermeisters aus.
11. Januar: Eine Medizinalordnung, die die Aufgaben der Ärzte, Wundärzte, Barbiere, Bader, Hebammen und Krankenwärter sowie deren Bezahlung festlegt, wird erlassen; die Armen werden kostenlos behandelt.
11. März: Der spätere Historienmaler Professor Wilhelm Heinrich Friedrich Martersteig wird hier als Sohn eines Weißbäckers geboren; er beginnt seine künstlerische Ausbildung an der Freien Zeichenschule.
23. März: Herzog Carl August schenkt dem Rat der Stadt Land zur Anlegung eines neuen Friedhofs vor dem Frauentor; weitere Felder werden hinzugekauft.

1815 Die Jakobskirche, die von 1806 bis 1813 mehrmals als Lazarett diente, wird mit Geldspenden der Bevölkerung bis 1817 restauriert.
Auf dem Gelände hinter der späteren Fürstengruft wird eine Allgemeine Landesbaumschule begründet, die den Mangel an Obstbäumen in Thüringen beheben und auch Zierbäume züchten soll; 1820 werden unter Bertuchs Leitung Schüler unentgeltlich in Obstbaumzucht unterrichtet.
24. Juli: Der spätere Kinderbuchautor Carl Heinrich Jäde (auch Gäde) wird im Haus Windischengasse 8 geboren.
15. November: Im Ergebnis des Wiener Kongresses (18. September 1814 bis 8. Juni 1815), der Vollversammlung europäischer Staatsmänner und Landesherren nach ihrem Sieg über Napoleon I. Bonaparte, wird das Herzogtum Sachsen-Weimar-Eisenach zum Großherzogtum und Weimar zu dessen Residenz- und Landeshauptstadt erhoben.
1. Dezember: Mit der Übernahme der Oberaufsicht über die Schulen durch den Staat müssen zwei Lehrer 245 Freischüler, die kein Schulgeld zahlen, unterrichten, während für 200 Mädchen nur ein Lehrer angestellt ist; die materielle Lage der Schüler und Lehrer ist gleichermaßen schlecht.
Jahreswende: Der Maler und Kupferstecher Heinrich Reinhold versucht vergeblich, in der Stadt Fuß zu fassen.

1816 Johann Friedrich Gottlieb Roselt eröffnet in der Vorwerksgasse eine Bürstenmacherei.
Die Anfängerklassen der Freien Zeichenschule werden in das Jägerhaus verlegt.
1. Januar: Die Kursächsische Post wird mit der großherzoglichen Landespost vereinigt und am 23. Juli vom Vorwerk in den Alexanderhof verlegt.
Von 1804 bis zum 10. August 1914 besteht hier eine russische Gesandtschaft.
16. März: Die Hoftheaterkommission wird in eine Hoftheaterintendanz umgewandelt; ihre Mitglieder sind Johann Wolfgang Goethe, Albert Cajetan Graf von Edling, Franz Kirms und andere; am 13. April 1817 wird Goethe von der Leitung des Theaters entbunden.

22. März: Der spätere Schriftsteller und Dramatiker Alexander Rost wird hier als Sohn eines Hofbediensteten geboren.
16. April: Johann Friedrich Agthe wird vom großherzoglichen Hofmarschallamt als Stadtmusiker eingestellt und übt dieses Amt bis zu seinem Tod am 23. November 1840 aus.
20. April: Clemens Wenzeslaus Coudray wird als großherzoglicher Oberbaudirektor verpflichtet und gibt mit seiner Tätigkeit der Stadt das unverwechselbare klassizistische Aussehen; nach seinen Entwürfen entstehen unter anderen 1817 bis 1818 sein Wohnhaus in der heutigen Heinrich-Heine-Straße 12/14, 1820 der östliche Abschluß des Roten Schlosses, 1822 bis 1824 das Torhaus in der Erfurter Straße, 1834 bis 1838 die Hauptwache an der Ostseite des Gelben Schlosses, 1843 bis 1844 das Haus Marienstraße 1 sowie weitere Wohn- und Gesellschaftshäuser, Brunnen und Kanalbauten.
Mai: Johann Gottfried Friedrich Kirsten kauft das Haus Windischengasse 13 für 2900 Taler; seine Töchter sind unter dem Namen »Ratsmädel« in die Literatur eingegangen.
5. Mai: Die erste landständische Verfassung deutscher Fürsten, die Adel, das Bürgertum und Bauern als Landstände anerkennt, wird im Großherzogtum Sachsen-Weimar-Eisenach eingeführt; der Landtag erhält das Recht, bei der Gesetzgebung und bei der Steuerbewilligung mitzuwirken.
6. Juni: Christiane Goethe stirbt und wird auf dem Jakobsfriedhof beigesetzt.
18. Juli: Der durch seine »Galerie merkwürdiger und interessanter origineller und komischer Menschen der Großherzoglichen Residenzstatt Weimar, treu nach dem Leben gezeichnet und gestochen« bekannte Kupferstecher Theodor Goetze erwirbt das Bürgerrecht.
29. August: Der Rat der Stadt wird vom Großherzog mit der Burgmühle belehnt.
11. September: Als Sohn eines Drechslermeisters wird der spätere Mechaniker und Optiker Carl Friedrich Zeiss, Gründer einer Weltfirma für feinmechanische und optische Geräte in Jena, in der schönsten Straße der Stadt, der Breitengasse (heute Marktstraße 13), geboren.
8. Dezember: Das gesamte Postwesen des Großherzogtums Sachsen-Weimar-Eisenach wird als »Großh(erzoglich) Sachsen-Weimar-Eisenachsche, Fürstl(ich) Thurn und Taxische Lehnspost« unter Thurn- und Taxische Oberhoheit gestellt.
Ende des Jahres: Schlechte Ernteerträge und hohe Lebenshaltungskosten sind die Folgen eines sehr regenreichen Jahres; die Bürger werden ohne den gewünschten Erfolg zur Zahlung höherer Geldspenden für die Armenpflege aufgerufen.

1817 An der Ilm in Oberweimar erbaut der Mühlhäuser Textilkaufmann Eduard Hagenbruch eine Spinnmühle.
Ein Patriotisches Institut der Frauenvereine, das zur Bekämpfung der Not von 1813 ins Leben gerufen worden war und der Unterstützung alter und zur Arbeit unfähiger Personen dient, erhält die Rechte einer Stiftung.
1. Januar: Das bürgerlich-demokratische Weimarische »Oppositionsblatt« wird begründet und Ende 1820 auf Betreiben des österreichischen Staatsmannes Klemens Lothar Wenzel Fürst von Metternich wegen der »feindseligen Richtung gegen ... das ganze politische System« wieder verboten.
29. Januar: Der seit 1805 hier lebende Bassist Johann Heinrich Strohmeyer wird erster Opernregisseur am Hoftheater.
2. Februar: Die erste Landtagssitzung wird feierlich im Fürstenhaus eröffnet und das amtliche Regierungsblatt des Großherzogtums begründet.
29. April: Mit der Schulpflicht für vier Jahre besteht bis 1837 eine Sonntagsschule, die unter kirchlichem Einfluß steht; der Unterricht, an dem auch Erwachsene teilnehmen können, erfolgt durch einen Pfarrer oder in Anwesenheit eines solchen in der Kirche.

JUNI: Die neue Wagenremise (heute Bauhaus-Museum am Theaterplatz) wird nach Plänen von Coudray errichtet.
4. JUNI: Der Musiker und Organist Johann Gottlob Töpfer beginnt seine Tätigkeit am Lehrerseminar.
11. JUNI: Ein neuer Lehrplan tritt in Kraft, der unter anderem den obligatorischen Französischunterricht am Gymnasium einführt.
17. JUNI: Julius August Walther von Goethe und die 20jährige Ottilie Wilhelmine Ernestine von Pogwisch werden in der Jakobskirche getraut.
5. AUGUST: Nach dem bisher herrschenden Getreidemangel wird die Einbringung des ersten Wagens mit neuem Korn gefeiert; ein ertragreiches Jahr führt zu spürbaren Preissenkungen für landwirtschaftliche Produkte: Ein Scheffel Getreide kostet nur noch 17 Groschen gegenüber neun bis zehn Talern im Jahr 1770.
20. AUGUST: Der Rat der Stadt fertigt für den Staatsminister Johann Wolfgang Goethe einen Bürgerschein aus in der irrtümlichen Annahme, daß »derselbe ... bis itzt das Bürgerrecht noch nicht erlangt hat«.
5. SEPTEMBER: Das Pflastergeld, eine Steuer für den Wegebau, wird erhöht.
OKTOBER: Zur Wehrertüchtigung und körperlichen Ausbildung der Schüler wird die Beschaffung eines Turnplatzes angeregt.
31. OKTOBER: Die Einwohner begehen drei Tage lang den 300. Jahrestag der Einführung der Reformation.
19. NOVEMBER: Der Schriftsteller Karl August Varnhagen von Ense besucht die Stadt.

1818 In der Stadt leben 36 Juden, deren Kinder eine Schule in der Schloßgasse besuchen.
Eine private Leihbibliothek wird eingerichtet; sie umfaßt 1826 insgesamt 1916 Bände und befindet sich in der Rittergasse.
Bis 1820 wird in der großherzoglichen Bibliothek eine Militärbibliothek mit 4000 Bänden aufgebaut.
1. JANUAR: Mit 300 Talern jährlicher Besoldung nimmt der 19jährige Engländer Laster Hyrdess den Schuldienst auf, um die Methoden des Lancaster-Unterrichts einzuführen; nach einem erfolglosen Versuch wendet er sich nach Eisenach.
27. FEBRUAR: Das großherzogliche Oberkonsistorium legt fest, daß die Beerdigungen auf dem Jakobsfriedhof einzustellen sind.
20. MÄRZ: Der neue Friedhof vor dem Frauentor wird feierlich durch Mitglieder des Stadtrates und der Stadtgeistlichkeit übergeben.
9. APRIL: Walther Wolfgang von Goethe, der älteste Enkel des Dichters, wird geboren und am 21. April in der Jakobskirche getauft.
11. APRIL: Der am 9. April mit 49 Jahren verstorbene Schauspieler Johann Bernhard Eulenstein wird als erster auf dem neuangelegten Friedhof bestattet.
17. APRIL: Der Kammermusiker Ernst August Riemann wird Musikdirektor am Hoftheater und übt dieses Amt bis zu seinem Tod am 4. August 1826 aus.
MAI: Unter 280 Schülern der Freien Zeichenschule befinden sich neun Adlige; 1831 werden 321 Schüler, die sich aus Handwerkern, Lehrern, Bediensteten und einem Adligen zusammensetzen, unterrichtet.
24. JUNI: Erbgroßherzog Carl Alexander wird geboren.
15. AUGUST: Eine dem Apostel Johannes geweihte Kirche mit einem ständigen katholischen Pfarrer wird im Jägerhaus eingerichtet.

1819 Der Karlsplatz wird gepflastert; 1821 bis 1822 folgen die Esplanade und der Frauenplan und 1823 die Erfurter Straße.
Nach dem Wiederaufbau des durch Blitzschlag teilweise zerstörten Kirchturms in Ehringsdorf wird auch die Kirche erneuert.
Die Giebelseite des Römischen Hauses erhält eine Reliefplastik des seit 1817 hier lebenden Bildhauers Johann Peter Kaufmann: Der Genius des Friedens beschirmt Wissenschaft und Kunst sowie auch Acker- und Gartenbau.

1. Januar: Der berühmteste Klaviervirtuose seiner Zeit, der österreichische Komponist Johann Nepomuk Hummel, wird als Hofkapellmeister auf Lebenszeit nach Weimar berufen; sein Wirken gibt dem hiesigen Musikleben einen großen Aufschwung.
13. März: Die Innungsartikel für das Maurerhandwerk, die zur Hebung der Qualität im Baugewerbe beitragen sollen, treten in Kraft.
10. Mai: Zur Regelung der Geldgeschäfte wird eine Wechselordnung erlassen.
24. Juni: Das Karlstift, das 10 bis 15 arme, alte und hilflose Personen aufnehmen kann und auch als Rettungsanstalt für Verunglückte dient, wird gegründet.
4. August: Die Bürgerschaft zwingt den Stadtrat zum Rücktritt, da ihr die Kriegskosten von 1813 nicht wie versprochen erstattet werden.
29. November: Die ersten Probedrucke einer im Pavillon am Frauentor entstandenen Lithographischen Anstalt, deren Leiter Franz Heinrich Müller ist, werden hergestellt.

1820 In der Stadt sind 62 Schuhmacher, 43 Schneider, 23 Fleischer, 22 Tischler, 20 Bäker, 20 Leineweber, zwölf Schmiede, elf Schlosser, elf Böttcher, zehn Sattler und Vertreter anderer Gewerke tätig.
Bis 1822 wird das Zuchthaus ausgebaut, in dem die Schwerverbrecher einsitzen, während in Eisenach die zu einem bis drei Jahren Gefängnis Verurteilten inhaftiert werden.
D. Johann Friedrich Röhr wird als Generalsuperintendent nach Weimar berufen.
Der taubstumme Friedrich Werner aus Buttstädt wird durch den am 3. November 1799 als Sohn eines Tünchers und Ziegeldeckers in Weimar geborenen Johann Christian Friedrich Vollrath unterrichtet; als Lehrer an der Bürgerschule nimmt Vollrath ab 1825 weitere behinderte Schüler auf.
Bertuch übergibt seinem 1816 nach Weimar berufenen Schwiegersohn, Prof. Dr. med. Ludwig Friedrich von Froriep, mit dem Geographischen Institut die Leitung sämtlicher Geschäfte.
Dr. August Gotthilf Gernhard übt das Amt des Rektors des Gymnasiums, das völlig vom Lehrerseminar getrennt wird, bis zu seinem Tod am 4. März 1845 aus; das Lehrerkollegium besteht aus elf wissenschaftlichen und vier »außerordentlichen« Lehrern.
9. Januar: Der Maler Prof. Ferdinand Carl Christian Jagemann, der Georg Melchior Kraus als Direktor der Freien Zeichenschule nachfolgt und seit 1811 dort als Lehrer mit Atelier und Wohnung im Fürstenhaus tätig ist, stirbt im Alter von 40 Jahren; er wird als letzter in der Malergruft an der Jakobskirche beigesetzt.
7. März: Zum ersten Mal findet gemäß der Stadtordnung von 1810 die Wahl des Bürgermeisters statt, die für sechs Jahre auf den am 26. Oktober 1778 als Sohn des Bürgermeisters Traugott Lebrecht Schwabe in Weimar geborenen Gerichtssekretär Carl Lebrecht Schwabe fällt; die feierliche Amtseinführung findet am 11. April statt.
6. April: Bei der Hinrichtung mit dem Schwert des wegen Mordes an einer Dienstmagd verurteilten Johann Michael Hirschfeld aus Roda läutet 8 Uhr, 8.30 Uhr und 9 Uhr für je fünf Minuten das Marktglöckchen; am 21. Dezember 1821 wird unter den gleichen Umständen ein anderer Mörder hingerichtet.
6. September: Dem Theologen Prof. D. Franz Oberthür aus Würzburg, der sich wiederholt in der Stadt aufhielt, wird wegen seiner Verdienste um die hiesigen katholischen Mitbürger das Bürgerrecht gratis verliehen.
18. September: Maximilian Wolfgang von Goethe, der zweite Enkel des Dichters, wird geboren.
17. Oktober: Eduard Hagenbruch erhält die Konzession für den Großhandel mit Wollgarn und Leder.
November: Von 8673 Einwohnern sind 2715 steuerpflichtig; von diesen sind 272 Beamte, 307 Hofpersonal, 57 Angehörige akademischer Berufe, 92 Pensionsempfänger (728 Personen = 27 Prozent), 441 Handwerker, 73 Kaufleute und Gastwirte (514 Personen = 19 Prozent), 428 Handwerksgesellen, 867 Handarbeiter

und Bedienstete (1295 Personen = 48 Prozent), und für 178 Personen (= sechs Prozent) fehlen nähere Angaben.

1821 Auf dem Frauenplan wird ein von Coudray entworfener erster eiserner Laufbrunnen für 500 Taler errichtet.
Bis 1823 wird das Tempelherrenhaus zu einem Sommerhaus umgebaut.
16. FEBRUAR: Die Landessparkasse des Großherzogtums Sachsen-Weimar-Eisenach wird eröffnet und registriert am 31. März desselben Jahres 145 Spareinlagen mit 2279 Talern.
1. APRIL: Die Schul- und Wohnstätte für elternlose Kinder in der Esplanade wird gekündigt, und Johann Daniel Falk bezieht mit seiner Familie und den Zöglingen das baufällige Söllnersche Freihaus, das er 1822 käuflich erwirbt und mit seinen Schutzbefohlenen ausbaut. Mit Fertigstellung am 2. November 1824 erhält es den Namen »Lutherhof«.
15. MAI: Mit dem Gesetz über Schulferien, Schulversäumnisse und deren Ahndung wird die allgemeine Schulpflicht durchgesetzt.
29. OKTOBER: Der russische Dichter Wassili Andrejewitsch Shukowski, Übersetzer der Werke Goethes und Schillers, kommt zum ersten Mal nach Weimar. 1827, 1833, 1838 und 1840 ist er erneut in der Stadt.
NOVEMBER: Eine hölzerne Wendeltreppe der Osterburg zu Weida aus dem Jahre 1671, zu der Coudray das Geländer entwarf, wird in den 1823 mit der Bibliothek verbundenen ehemaligen Stadtturm eingebaut.
4. BIS 20. NOVEMBER: Der zwölfjährige Pianist Felix Mendelssohn Bartholdy weilt in der Stadt und spielt Goethe vor; im Oktober 1822, im März und im Mai 1825 sowie im Jahr 1830 kommt er erneut nach Weimar.
21. DEZEMBER: Der 29jährige Zimmermannsgeselle Johann Gottlieb Planer wird wegen Mordes an seiner Schwiegermutter mit dem Schwert hingerichtet.

1822 Im Frauentorviertel werden das Stadttor und ein Wohnhaus abgebrochen; nach einem Entwurf von Coudray wird ein neues Torhaus als Chaussee- und Stadtpflastergeldeinnahmestelle errichtet.
1. JANUAR BIS 31. DEZEMBER: Die Einwohner spenden 1648 Taler für Almosenempfänger, darunter der Staatsminister Johann Wolfgang Goethe 30, der Bibliothekar und Schriftsteller Christian August Vulpius sechs und der Sänger und Opernregisseur Johann Heinrich Stromeyer einen Taler.
14. FEBRUAR: In Oberweimar brennen zwölf Häuser mit den dazugehörenden Wirtschaftsgebäuden ab, darunter auch das Rittergut.
MÄRZ: Das Erfurter Torhaus wird abgebrochen.
3. APRIL: Friedrich Johann Justin Bertuch, als Schriftsteller, Buchhändler, Industrieunternehmer sowie in zahlreichen öffentlichen Ämtern tätig gewesen, stirbt im Alter von 74 Jahren und wird in einer Familiengrabstätte im Baumgarten beigesetzt.

1823 MÄRZ: Bürgermeister Carl Lebrecht Schwabe erhält die Genehmigung, die Gebeine Schillers aus dem Kassegewölbe zu bergen.
10. JUNI: Der Schriftsteller Johann Peter Eckermann kommt nach Weimar und wird der engste Mitarbeiter Goethes, dessen 60bändige Werkausgabe er herausgibt; Eckermann wohnt bis 1831 in der Brauhausgasse 13, danach in einem Haus an der Nordseite des Marktes und ab 1840 im Fachwerkhaus an der heutigen Ecke Kauf-/Marktstraße.
20. JUNI: Um die Rechte der Juden zu sichern und auf die Verbesserung ihrer Lebensbedingungen hinzuwirken, erläßt Großherzog Carl August die Judenordnung, doch erst durch die Revolution von 1848/1849 erfolgt die rechtliche Gleichstellung der jüdischen Mitbürger.
15. JULI: Der Landwirtschaftliche Verein »Belvedere« wird zur Erhöhung der Erträge im Garten- und Weinbau und zur Förderung von Vieh- und Bienenzucht sowie von Fischerei und Forstkultur gestiftet; die Vereinigung gibt seit 1833 einen Volkskalender zu Fragen der Landwirtschaft heraus.

1. September: Die Judenmatrikel enthalten unter anderen die Namen Lichtenstein, Ulmann und Elkan.
Herbst: Aus dem Bestand der großherzoglichen Bibliothek werden die Gemälde herausgelöst und zu einer Bildergalerie im Jägerhaus vereint.
Oktober: Der serbische Sprachwissenschaftler und Volksliedsammler Vuk Stefanović Karadžić besucht Goethe; am 15. Februar 1824 weilt er erneut in dessen Haus am Frauenplan.
4. November: Im Saal des Stadthauses konzertiert die polnische Pianistin Maria Szymanowska mit großem Erfolg.
1. Dezember: Die erste Straßenordnung wird erlassen; zur Reinhaltung der Straßen darf dort kein Tabak geraucht und kein Material gelagert werden.

Fürstengruft

1824 Die Zahl der Wohngebäude beträgt 848.
Das nach den Entwürfen von Carl Friedrich Steiner errichtete neue zweistöckige Leichenhaus wird in Betrieb genommen und erhält 1836 einen Anbau.
Dorflehrer gründen den Gesangverein Ehringsdorf.
497 Schüler besuchen das überfüllte Gymnasium.
Zur Verbesserung der Straßenbeleuchtung werden mit Öl betriebene Schwebelaternen versuchsweise eingeführt; es sind zwei in Gera nach einem Pariser Modell gefertigte Leuchten.
20. April: Das Hochgericht wird aufgelöst.
24. April: Mit der Ernennung Stromeyers zum Operndirektor, dem Karoline Jagemann in diesem Amt zur Seite steht, wird die Hoftheaterintendanz aufgelöst; Stromeyer übt das Amt bis zum 1. Dezember 1828 aus.
5. Juli: Der Komponist Carl Maria von Weber wohnt bei seinem Weimaraufenthalt im Gasthof Zum Erbprinzen.
13. und 14. Juli: In der Nacht werden die sterblichen Überreste der Mitglieder des großherzoglichen Hauses aus einem unterirdischen Gewölbe im Schloß in die nach Plänen von Coudray im römisch-dorischen Stil errichtete Fürstengruft überführt.
31. August: Immanuel Gottlieb Reimann, der bereits eine Dampfbadeanstalt betreibt, erhält die Erlaubnis, neben dem sich in der Niedermühle am Brühl befindenden Bad eine zweite Badeanstalt an der Ilm zu errichten.
2. Oktober: Der Dichter und Publizist Heinrich Heine ist Gast im Goethehaus.
11. November: Die Malerin Louise Caroline Seidler, deren Ausbildung von Goethe gefördert wird, übernimmt als Kustodin die Betreuung der großherzoglichen Gemäldegalerie mit einem Jahresgehalt von 100 Talern, mietfreier Wohnung und Atelier sowie kostenloser Heizung im Jägerhaus.

1825 Die neue Gemäldegalerie, die 282 Gemälde und Zeichnungen sowie 13 Skulpturen umfaßt, wird in sechs Räumen des Jägerhauses der Öffentlichkeit zugänglich gemacht.
Der Rat der Stadt stiftet für die Ausbildung von zwei Handwerksgesellen im Ausland jährlich 50 Taler.
Eine für Kinder im Alter von fünf bis sieben Jahren bestehende Kleinkinderschule, in der

die Betreuung wöchentlich einen Groschen und sechs Pfennige kostet, wird geschlossen.
21. bis 22. März: In der Nacht brennt das Komödienhaus mit Garderobe, Dekorationen und Archiv nieder.
1. Juni: Für den jährlich auf dem Fürstenplatz (heute Platz der Demokratie) stattfindenden sechstägigen Wollmarkt wird eine Wollmarktordnung eingeführt, damit der finanziell begünstigte Wollhandel künftig die Wirtschaft belebt.
4. Juli: Dr. Gasparo Spontini, Generalmusikdirektor zu Berlin, kommt erstmals nach Weimar; weitere Treffen mit Goethe finden am 16. Juni 1830 und am 31. März 1831 statt.
3. September: Das neue, nach Entwürfen von Carl Friedrich Steiner erbaute Hoftheater wird aus Anlaß des 50jährigen Regierungsjubiläums von Großherzog Carl August mit der in italienischer Sprache aufgeführten Oper »Semiramis« von Gioacchino Rossini mit Karoline Jagemann, Johann Heinrich Stromeyer und Henriette Eberwein in den Hauptrollen eröffnet.
3. September: Eine Schullehrerwitwen- und Waisenversorgungsanstalt wird gegründet, die die Hinterbliebenenfürsorge für Volksschullehrer mit zwölf Talern jährlich, ab 1845 mit 20 Talern, und das Begräbnisgeld regelt.
5. September: Die erste nach Plänen von Coudray erbaute städtische Schule, zu der am 17. November 1822 der Grundstein gelegt wurde, wird für 600 bis 700 Kinder mit vier Mädchen- und vier Knabenklassen als Carl-August-Schule eingeweiht und am 20. Oktober 1825 eröffnet.
20. September: Die Sparkasse erhält die Rechte einer milden Stiftung; ihre Überschüsse werden für gemeinnützige Zwecke verwendet.
7. November: Mit festlichen Veranstaltungen wird der 50. Jahrestag der Ankunft Goethes in der Stadt begangen; der Rat der Stadt verleiht dem Sohn des Dichters und seinen männlichen Nachkommen für alle Zeiten wegen »der großen Verdienste des Herrn Geh. Raths von Goethe um Kunst und Literatur und den Ruhm den er unserer Vaterstadt geschaffen hat« das Bürgerrecht.
1. Dezember: Zur Bekämpfung des Feuers wird eine Spritzenkompanie von 30 Mann organisiert, die in jeder Nacht von 20 bis 6 Uhr zehn Personen zur Bedienung der Wasserspritze bereithält.

1826 Von 9669 Einwohnern sind 115 Katholiken, deren Zahl sich bis 1836 auf 191 erhöht; seit 1823 besteht eine katholische Schule, die kostenlosen Unterricht erteilt.
14. Februar: Johann Daniel Falk stirbt im Alter von 58 Jahren.
16. März: Zum ersten Mal besucht Nicolai Alexander Iwanowitsch Turgenjew Goethe, der ihn 1829 erneut empfängt.
1. April: Ein Gemüse- und Garteninstitut, in dem täglich 16 bis 20 Schüler unterrichtet werden, wird gegründet.
4. April: Das Neujahrssingen der Schüler von Haus zu Haus, eine Tradition zur Verbesserung der finanziellen Verhältnisse von Lehrern und Schülern, wird mit geldlicher Entschädigung der Lehrer verboten.
6. Mai: Franz Kirms stirbt; seine Witwe adoptiert Charlotte Krackow, die das als Kirms-Krackow-Haus bekannte Bürgerhaus Jakobstraße 10 bewohnt.
17. September: Der Schädel Friedrich Schillers wird im Postament einer Büste des Dichters in der großherzoglichen Bibliothek beigesetzt.
29. September bis 3. Oktober: Der österreichische Dichter Franz Grillparzer besucht auf seiner Deutschlandreise Goethe.
24. Oktober: Kammermusiker Franz Carl Eberwein wird Musikdirektor am Hoftheater und übt dieses Amt bis zum 19. November 1851 aus.
11. bis 13. Dezember: Der Naturforscher Alexander von Humboldt besucht das Goethehaus am Frauenplan.
23. Dezember bis 1. Januar 1827: Anläßlich seines Besuchs bei Goethe wohnt der preußische Staatsminister Wilhelm von Humboldt im Gasthof Zum Erbprinzen.

1827 Die Verantwortung für das Pflastern von Straßen und Plätzen wird vom Staat auf die Stadt übertragen.
Am Verbindungsweg vom Kammergut nach Ehringsdorf werden Pappeln gepflanzt und der Weg als »Pappelallee« bezeichnet.
6. Januar: Charlotte von Stein, langjährige Freundin Goethes während seiner ersten Weimarer Jahre, stirbt mit 75 Jahren.
7. bis 10. Mai: Der ehemalige Minister Preußens, Heinrich Friedrich Karl vom Stein, weilt in der Stadt.
26. Juni: Christian August Vulpius, Autor des Räuberromans »Rinaldo Rinaldini« und Verfasser von geschichts- und kunstwissenschaftlichen Beiträgen, stirbt im Alter von 65 Jahren.
16. Oktober: Der Philosoph Georg Wilhelm Friedrich Hegel wird im Haus am Frauenplan von Goethe und von Großherzog Carl August empfangen.
29. Oktober: Als drittes und letztes Kind von Julius August Walther und Ottilie von Goethe wird Alma geboren, die 17jährig in Wien an einer Seuche stirbt und in Weimar beigesetzt wird.
16. Dezember: Die Gebeine Schillers werden auf Veranlassung von Großherzog Carl August in der Fürstengruft zur letzten Ruhe gebettet.

1828 In Ehringsdorf wird das alte Tor nach Weimar abgerissen. Die Gemeinde erhält die Erlaubnis, eine zweite Gastwirtschaft zuzulassen, welche »der Trunkenheit willkommen Vorschub tat und den Wohlstand vieler Familien zerrüttete«.
Der Versuch von Pfarrer Hunnius, in Oberweimar einen Weinberg anzulegen, scheitert.
1. Januar: Eine neue Begräbnisordnung, die die Form der Leichenbegängnisse und die Bestattungsgebühren regelt, tritt in Kraft, weil durch die Verlegung des Friedhofs das Begräbnis- und Trauermandat vom 1. Juni 1763 überholt ist; der Leichentransport in einem Korb durch Träger wird durch einen Leichenwagen ersetzt.
10. Februar: Der Verein zur Beaufsichtigung und Besserung der aus den Straf- und Korrektionsanstalten des Großherzogtums Sachsen-Weimar-Eisenach entlassenen Sträflinge erhält Statuten und zählt bald 654 Mitglieder.
11. Juni: Karoline Jagemann tritt in der Rolle der Lady Macbeth im gleichnamigen Schauspiel von William Shakespeare zum letzten Mal am Hoftheater auf.
14. Juni: Großherzog Carl August stirbt mit 70 Jahren auf der Heimreise von Berlin auf Schloß Graditz bei Torgau; seine sterblichen Überreste werden in der Fürstengruft beigesetzt.
12. August: Großherzog Carl Friedrich übernimmt die Regierung des Großherzogtums Sachsen-Weimar-Eisenach und übt sie bis zu seinem Tod 1853 aus; Großherzogin Maria Paulowna greift aktiv in die Regierungsgeschäfte ein.
28. August: Der Schauspieler und Bühnenschriftsteller Pius Alexander Wolff, der von 1804 bis 1816 als Darsteller klassischer Dramenrollen am Hoftheater tätig war, stirbt.
2. September: Dr. Wilhelm Ernst Christian Huschke stirbt hier.
14. Oktober: Im Stadthaus gastiert Mechanikus Weiß aus Paris mit seinem großen physikalischen Kunst-Theater.
November: Der Verein für Blumistik und Gartenbau, später Obst- und Gartenbauverein, wird gegründet; seine Mitglieder wollen Blumen und fremdländische Gewächse, Gemüse und Heilkräuter anbauen und deren Samen ziehen sowie Obst- und Weinanbau betreiben.
1. Dezember: Die Leitung des Hoftheaters, die dem großherzoglichen Hofmarschallamt unterstellt wird, übernimmt bis 1847 Karl Emil Freiherr von Spiegel.

1829 Von städtischen Mitteln unterstützt und unter Aufsicht des Patriotischen Instituts der Frauenvereine gestellt, wird eine Kleinkinder-Bewahranstalt ins Leben gerufen, wo Kinder von zwei bis sechs Jahren von Juli bis Oktober von 7 bis 19 Uhr betreut werden.

Bis 1832 wird mit einem Kostenaufwand von 9000 Talern nach einem Entwurf von Coudray unter Leitung von Heinrich Heß das Stadtkrankenhaus vor dem Jakobstor für die Aufnahme von 30 Patienten, die von einem Arzt, einem Wundarzt, einer Haushälterin und mehreren Pflegern versorgt werden, eingerichtet.
Der Rat der Stadt kauft auf dem Weg der Versteigerung die bei immer geringerer Wassermenge betriebene und schließlich stillgelegte Bornmühle an der Lotte für 5000 Taler.
In einem sehr kalten Winter werden in Ehringsdorf 30 bis 35 Grad Kälte gemessen.
Der Schriftsteller und Verleger Dr. Karl Panse wird in Oberweimar seßhaft.
31. MÄRZ BIS 5. APRIL: Die erste Blumenausstellung des Vereins für Blumistik und Gartenbau findet im Schießhaus statt und wird künftig zweimal im Jahr durchgeführt; vom 9. bis 12. November werden Gemüse und Obst ausgestellt.
1. APRIL: Das Falksche Institut, das 49 Kinder beherbergt, wird zur Staatsanstalt erhoben.
29. APRIL: Zur Behebung der Feuergefahr müssen die Strohdächer durch Metall, Schiefer oder Ziegel ersetzt werden.
2. AUGUST: Johann Peter Kaufmann, der die Statuen am Tempelherrenhaus aus Sandstein nachgebildet hat, stirbt hier.
19. AUGUST: Auf seiner Reise durch Deutschland besucht der polnische Dichter Adam Mickiewicz in Begleitung des Schriftstellers Anton Edward Odyniec das Haus am Frauenplan.
23. AUGUST BIS 9. SEPTEMBER: Der französische Bildhauer Pierre Jean David d'Angers weilt in Weimar und überbringt Goethe dessen Kolossalbüste als Huldigungsgeschenk.
29. AUGUST: Anläßlich des 80. Geburtstages des Dichters wird »Faust« von Johann Wolfgang Goethe mit Musik von Franz Carl Eberwein am Hoftheater aufgeführt; die Uraufführung fand am 19. Januar in Braunschweig statt.
18. OKTOBER: Die Freie Gewerkschule wird mit einer Aufnahmeprüfung eröffnet und beginnt mit 23 Schülern von 45 Bewerbern den unentgeltlichen Unterricht an Sonntagen zur Förderung und Vervollkommnung der Baugewerke zunächst an der Esplanade, nach einem Jahr im Jägerhaus und ab 1859 in der Böttchergasse; das Mindestalter der Schüler, die von Coudray, Heß und anderen unterrichtet werden, soll zwölf Jahre betragen.
30. OKTOBER: Zu einem sensationellen musikalischen Ereignis wird das Konzert des italienischen Geigenvirtuosen Niccolò Paganini im Hoftheater vor 1049 Musikfreunden bei doppelten Eintrittspreisen von einem Taler und acht Groschen auf Balkon und in Logen und von acht Groschen auf der Galerie.

1830 Die Schulden der Stadt, die gegenwärtig 13 000 gegenüber 73 000 Talern nach 1800 betragen, wachsen bis 1850 auf 225 527 Taler an.
12. FEBRUAR: Für die auf Anregung von Johann Nepomuk Hummel am 29. November 1829 gegründete Pensionskasse für Witwen und Waisen ehemaliger Mitglieder der Hofkapelle findet das erste Konzert statt.
14. FEBRUAR: Die Großherzoginwitwe Luise stirbt im Alter von 73 Jahren.
16. FEBRUAR: In der Bürgerschule wird wie in anderen Schulen Deutschlands eine Sonntagsschule mit zwei Klassen eröffnet, an der an Sonn- und Feiertagen nachmittags Handwerkslehrlinge unentgeltlich unterrichtet werden; die Einrichtung geht im selben Jahr wieder ein.
1. APRIL: Das Gebäude des Falkschen Instituts am Schwansee (heute Falkstraße 23) wird eingeweiht.
19. UND 22. APRIL: In der Oper »Die Schweizerfamilie« von Joseph Weigl tritt die Sängerin Wilhelmine Schröder-Devrient aus Dresden als Gast auf; am 11. Dezember singt sie die Partie der Leonore in der Oper »Fidelio« von Ludwig van Beethoven.
15. MAI: Der Kammacher Carl Heinrich Hertel begründet am heutigen Herderplatz eine Werkstatt, die sich zu einem Galanterie- und Spielwarenhaus entwickelt.

28. Mai: Der Bankier Ephraim Ulmann stirbt und wird auf dem jüdischen Begräbnisplatz oberhalb des Schlosses (heute Leibnizallee/ Musäusstraße) beigesetzt.
27. Juni: In Ehringsdorf richtet eine Wasserflut große Schäden an. Am 30. Juni überfluten Wassermassen die Gerbergasse; Schafe ertrinken in den Scheunen vor dem Erfurter Tor.
September: Preußisches Militär überführt Revolutionäre von der Leuchtenburg nach Erfurt und lagert bei Oberweimar.
20. September: Generalsuperintendent D. Johann Friedrich Röhr stimmt dem Vorschlag des Rates der Stadt zur Abschaffung des Beichtgeldes zu, was jedoch vom Großherzog um Jahre verzögert wird.
9. Oktober: Zur Bekämpfung revolutionärer Unruhen im Herzogtum Sachsen-Altenburg liegt weimarisches Militär »mit geladenen Gewehren« in Oberweimar und Ehringsdorf.
November: In Oberweimar leben 523, in Ehringsdorf 382 und in Tiefurt 223 Menschen.
20. November: Zur Rettung der Obstbäume wird die Vernichtung aller Raupen angeordnet.
20. Dezember: In der Rolle des Shylok aus »Der Kaufmann von Venedig« von William Shakespeare tritt der Schauspieler Ludwig Devrient als Gast aus Berlin auf.

1831 Durch Geldspenden der Gymnasiasten kann eine Turnanstalt gegründet werden; die sportlichen Übungen der Turner, deren Zahl bis 1840 auf 160 ansteigt, finden in einem der Schießhausgärten statt.
Der 19jährige englische Humorist William Makepeace Thackeray läßt sich für einige Monate in der Stadt nieder.
1. Januar: Ein Leseverein zur Kenntnisnahme politischer Zeitungen, wissenschaftlicher Zeitschriften und von Unterhaltungsblättern wird unter dem Namen »Museum« im Fürstenhaus gebildet; die Statuten werden am 17. Januar 1842 erlassen.
7. Januar: Ein ungewöhnlich großes Nordlicht ist am Himmel zu beobachten.
21. Februar: Der spätere Bildhauer Carl Friedrich August Robert Haertel wird hier als Sohn eines großherzoglichen Mundkochs geboren.
Juni: Wegen neuerbauter Häuser werden die Hausnummern geändert.
27. Dezember: Der nach einem Entwurf von Coudray gestaltete Dietrichsbrunnen vor dem Gymnasium (heute Herderbrunnen), der mit einem gleichartigen Brunnen für Jena in der Eisenhütte Obersteinach gegossen wurde, wird geliefert und spendet ab 20. Mai 1832 Wasser.

1832 Zur Unterstützung der Opposition im Landtag regt die Bürgerschaft eine Bittschrift an den Großherzog für Pressefreiheit und öffentliche Landtagssitzungen an, die Unterschriften von 2166 Einzelpersonen und aus 27 Gemeinden enthält.
Der Rat der Stadt übernimmt die Verwaltung des am 12. Februar 1732 gegründeten Laterneninstituts und damit die Verantwortung für die Stadtbeleuchtung.
Der liberale Buchbindermeister und Schriftsteller Adam Joseph Henß aus Mainz, der seit 1805 in Weimar lebt, am 16. Mai 1816 das Bürgerrecht erwarb und der Buchbinderei des Landes-Industrie-Comptoirs vorsteht, wird Mitglied des Stadtrates; 1837 erscheint von ihm das Buch »Die Stadt Weimar, ihr Communwesen und ihre städtischen Institute«.
16. März: Die Statuten des 1830 an der Stelle des Asbachhospitals neuerrichteten Luisenstifts, eines Gesamthospitals, das sich aus dem Lorenz-, dem Asbach- und dem Hospital in Oberweimar gebildet hat und 20 Frauen über 50 Jahren Unterkunft bietet, werden erlassen.
22. März: Gegen 11.30 Uhr stirbt der Dichter, Staatsmann und Naturwissenschaftler Johann Wolfgang Goethe in seinem Haus am Frauenplan im Alter von 82 Jahren an Altersschwäche; mit seinem Tod endet eine bedeutende Kulturperiode Weimars.
26. März: Um 17 Uhr werden die sterblichen Überreste Goethes unter Glockengeläut feierlich in der Fürstengruft neben dem Sarkophag Schillers beigesetzt, nachdem sie in Goethes

Wohnhaus von 8 bis 14 Uhr aufgebahrt waren; die Gedenkrede hält Generalsuperintendent D. Johann Friedrich Röhr.
1. April: Panse übernimmt die Redaktion des »Weimarischen Wochenblattes«, das ab 4. April unter dem Namen »Weimarische Zeitung« und mit einer Beilage erscheint.
7. Mai: In der Rolle des Hans Sachs gastiert im gleichnamigen dramatischen Gedicht von Johann Ludwig Deinhardstein der Schauspieler Emil Devrient aus Dresden am Hoftheater.
28. Mai: Die Gesellschaft englischer Pantomimen unter Leitung von J. L. Lewin gibt eine Gastvorstellung im Hoftheater mit »Der goldne Schlüssel oder Der bombardierte Arlequin«.
14. Oktober: Der »Kunstfreund« Goethes, Johann Heinrich Meyer, stirbt im Alter von 72 Jahren in Jena und erhält ein Ehrenbegräbnis der Stadt Weimar; sein Vermögen hinterläßt er den hiesigen Armen für deren unentgeltliche Krankenpflege aus der dafür nach seiner Frau benannten und 1826 ins Leben gerufenen Meyer-Amalien-Stiftung.
2. Dezember: Ein Gesangverein, die »Liedertafel«, wird gegründet.

1833 Die Allgemeine Landesbaumschule wird nach der Marienhöhe des Kleinen Ettersberges verlegt; 1835 befinden sich Obstplantagen am Schießhaus, Kirschberg, Goldbrunnen, Faulrasen, an den Mattstedter Weiden, an der Erfurter Straße, auf der Trift, auf der Gänsewiese und hinter der Federwischmühle (hinter der heutigen Johann-Peter-Eckermann-Schule).
Eine 14 Meter lange freitragende, von Carl Friedrich Steiner entworfene Hängebrücke wird über der Ilm bei der Spinnmühle an Stelle eines Holzsteges errichtet.
Bis 1843 werden zum Gedenken an Goethe, Schiller, Herder und Wieland im Westflügel des Schlosses vier Dichterzimmer von Friedrich Preller, Carl Hummel, Adolph Straube, Carl Georg Hütter und anderen Künstlern mit Darstellungen von Szenen aus Werken der Dichter ausgestaltet.
Der Kunsthistoriker Dr. Karl Ludwig Schorn aus München wird Direktor der Freien Zeichenschule sowie der Gemäldegalerie und fördert den in der Kunstschulstraße (heute Geschwister-Scholl-Straße) wohnenden Friedrich Martersteig; Schorn stirbt am 9. Juni 1842 in Weimar.
Weil Bier aus den Dörfern billig eingeführt wird, brauen zur Zeit nur noch 15 Brauberechtigte gegenüber 120 im Jahr 1781.
1. Januar: Die Büchsen-Schützen-Compagnie revidiert ihre Gesetze vom 12. Juli 1736; die Mitglieder erhalten Uniformen.
1. Januar: Die Vereinsgesellschaft, deren Mitglieder sich aus dem mittleren Bürgertum zusammensetzen und die der Erholung »von täglichen Berufsgeschäften« dient, erhält Verfassung und Gesetze.
2. Februar: Der Gewerbeverein Weimar wird von Vertretern des gewerblichen Kleinbürgertums und des Mittelstandes zur Belebung ihrer Gewerke gegründet; bereits 1834 findet die erste Gewerbeausstellung statt.
18. Februar: Die Tänzerinnen Fanny und Therese Elßler vom Hoftheater Wien treten hier auf.
September: Die Bornmühle wird abgerissen.
28. November: Mit der Enthauptung von Johann Heinrich Adam Escher aus Sulza findet auf dem Galgenberg die letzte öffentliche Hinrichtung statt.
9. Dezember: Johann Anton Tantz begründet neben der hier bestehenden Albrechtschen und der Gräbnerschen Druckerei eine dritte Buchdruckerei, die ab 1871 als Uschmann & Co firmiert.

1834 An der Stelle eines baufälligen Palmenhauses wird in Belvedere ein Neubau für Tropenpflanzen errichtet.
Von 845 Schulkindern, die in der Bürgerschule von zehn Lehrern in vier Mädchen- und vier Knabenklassen unterrichtet werden, zahlen 275 kein Schulgeld; 1808 gab es 230 Freischüler.

Bis zu seinem Tod am 8. Juni 1870 gibt Johann Gottlob Töpfer als Stadtorganist der Orgelmusik überregionale Bedeutung.
Sophie Charlotte Leidenfrost aus Stendal eröffnet eine Lehr- und Bildungsanstalt für Mädchen.
1. Januar: Der städtische Zoll, der besonders den kleinen Marktverkehr behindert und nicht den Bedingungen des neugebildeten Thüringischen Zoll- und Handelsvereins entspricht, wird aufgehoben, um die wirtschaftliche Entwicklung zu fördern.
1. Januar: Der Maler Friedrich Preller wird als Lehrer an die Freie Zeichenschule berufen; sein Atelier befindet sich hinter dem großen Jägerhaus.
16. Februar: Russische Solisten veranstalten ein Hörnerkonzert.
1. Juli: Die Thurn- und Taxische Post bezieht das Haus Karlsplatz 4; am Fenster des Postamtes wird der erste Postbriefkasten angebracht.
5. Juli: Friedrich August Bosse eröffnet am Obergraben eine selbständige Werkstatt für das Tapeziergewerbe, die 1835 in die Esplanade verlegt wird.
August: Der Verlagsbuchhändler Bernhard Friedrich Voigt aus Ilmenau läßt sich in der Marienstraße als Verleger nieder; 1898 übersiedelt die Firma nach Leipzig.
6. Oktober: Am Schloß brennen sieben Häuser ab, an deren Stelle neue Gebäude, darunter das Residenz-Café, treten.

1835 Zu den von städtischen Abgaben und Einquartierung sowie von sonstigen Immunitäten entbundenen Freihäusern gehören das Hôtel de Saxe, die Gasthöfe Zum Erbprinzen und Zum Goldnen Anker, das Falksche Haus, das Wittumspalais und andere.
Die Poststraße Weimar-Blankenhain-Rudolstadt wird ausgebaut.
13. Januar: Panse wird als Professor für deutsche Sprache und Geschichte an das Gymnasium berufen und übt dieses Amt bis zum 12. März 1841 aus.
4. Februar: Carl Theodor Brunnquell, ein Wohltäter der Stadt, stirbt im Alter von 44 Jahren.
16. Februar: Der spätere Bildhauer Adolf Donndorf wird als Sohn eines Tischlers in der Rittergasse 5 geboren.
1. April: Friedrich Preller bezieht die Mansarde im Jägerhaus und bewohnt sie mit seiner Familie 30 Jahre lang.
16. November: Die Tänzerfamilie Charlotte, Lidie und Louis Bernadelli vom Hoftheater Moskau gastiert hier mit einem komisch-pantomimischen Ballett.

1836 Die Gemäldegalerie zieht aus dem Jägerhaus in das Fürstenhaus um.
182 Laternen erhellen die Stadt, davon sind 66 Schwebelaternen, die meistens mit vier Lichtern brennen; sieben Laternen befinden sich auf dem Karlsplatz und werden nur gelegentlich angezündet.
Anfang des Jahres: An Stelle des bisher erhobenen Pflastergeldes wird künftig Chausseegeld für den Weg, den ein Fuhrwerk durch die Stadt nimmt, erhoben.
26. Mai: Der Gewerbeverein Weimar erhält die Rechte einer Stiftung »zur höchstmöglichen Ausbildung der technischen Kenntnisse seiner Mitglieder«.
Juni: Nicolai Alexander Iwanowitsch Turgenjew besucht erneut die Stadt.
24. September: Zur Regelung der öffentlichen Armenunterstützung mit Nahrung, Kleidung, Wohnung, Brennmaterial und mit Hilfe im Krankheitsfall wird die Armenordnung erlassen, die ab 1. Januar 1837 gültig ist; die Armenaufsicht üben der Bürgermeister, ein Stadtgeistlicher und ein Hof- und Staatsdiener aus. Jeder Stadtbezirk wählt für vier Jahre zwei Armenpfleger.

1837 In der Stadt stehen 960 Häuser, die einen Wert von 1 520 417 Talern besitzen.
Der Bauunternehmer Carl Ludwig Eduard Graf erbaut das Doppelhaus Schillerstraße 1/3; 1845 wird unter seiner Leitung das Doppel-

haus Ackerwand 15/17 errichtet, das 1847 vollendet ist.

Der Grundbesitz der Stadt besteht aus dem Ratsholz in Troistedt und im Ettersburger Forst, dem Burgholz bei Ehringsdorf, dem Holz beim Schießhaus, der Langen Wiese, dem Faulrasen, der Trift, dem Asbachberg, der Hart, Pflanzungen am Kettenbrunnen, am Krummen Weg, am Wilden Graben und am Schanzengraben, den Kleinen und Großen Mattstedter Weiden, der Gänsewiese und dem neuen Friedhof.

Der Frauenplan wird in »Goetheplatz« umbenannt; 1919 erhält er wieder seinen ursprünglichen Namen.

Wilhelm Fauser gründet am Markt eine Glaserei, die sich später auch mit Tischlerarbeiten befaßt; im selben Jahr wird die Bäckerei Reichenbach in der Windischengasse gegründet.

1. JANUAR: Die Statuten der Stadt vom 3. August 1590 werden außer Kraft gesetzt.

19. MÄRZ: Johann Nepomuk Hummel gibt sein letztes, wohltätigen Zwecken dienendes Konzert, auf dem sein Sohn Eduard als Solist auftritt.

18. JUNI: 24 Bienenwirte aus der Stadt und ihrer Umgebung gründen den Weimarischen Bienenverein.

1. OKTOBER: Als private Lehranstalt wird eine Realschule eröffnet, deren Schülerzahl 1841 insgesamt 75 zuzüglich 15 Lehrlinge beträgt.

17. OKTOBER: Johann Nepomuk Hummel stirbt im Alter von 59 Jahren in seinem Haus Marienstraße 8.

NOVEMBER: Von 11 149 Einwohnern sind 208 Katholiken.

30. NOVEMBER: Um 7.45 Uhr brennt das Rathaus mit seinen Nebengebäuden durch Selbstentzündung von gespaltenem Holz, »was auf dem hinteren Boden über dem Archiv lagert«, ab; der Brand fordert das Leben eines Zimmergesellen und vernichtet den Matz von Wymar, eine Kunstuhr von Bartel Schmid aus dem Jahr 1544, die im September 1812 vom Stadthaus auf das Rathaus versetzt worden war.

Die nachklassische Zeit

1838 Die Zahl der in der Stadt stehenden Häuser hat sich auf 994 erhöht.

Das nach Plänen von Heinrich Heß erbaute Meßhaus (heute Steubenstraße 1) ist erbaut.

In gedruckten Zensurenbüchern werden den Schülern künftig zweimal im Jahr Zeugnisse über ihre Leistungen in den verschiedenen Fächern ausgehändigt.

Die Stahlarmbrust-Schützengesellschaft, eine Organisation des wohlhabenden Bürgertums, baut ihr Vereinshaus in der Schützengasse (heute Haus Stadt Weimar).

Der Schriftsteller Karl Immermann besucht Friedrich von Müller in dessen Haus Windischengasse 12; ein Jahr später ist er erneut in Weimar.

Zar Nikolaus I. von Rußland besucht den großherzoglichen Hof.

25. JUNI BIS 3. NOVEMBER: In der Kleinkinder-Bewahranstalt im Karlstift werden 33 Kinder im Alter von zwei bis sechs Jahren betreut, deren Eltern beruflich tätig sind.

20. AUGUST: Das Stadtgebiet wird in einen Markt-, Schloß-, Ilm-, Jakobs-, Stadtkirch-, Bürgerschul-, Theater- und in einen Frauentorbezirk mit je einem Bezirksvorsteher für eine jeweils vierjährige Amtszeit eingeteilt. 1895 gibt es zehn und von 1910 bis 1921 elf Bezirke.

28. AUGUST: Eine neue Weimarische Stadt-Ordnung wird gegen den Willen der Mehrheit des Stadtrates von Herzog Carl Friedrich erlassen und besitzt bis zur Einführung der Gemeindeordnung am 1. August 1850 Gültigkeit. Sie nimmt dem Stadtrat das Recht, den Bürgermeister zu wählen, der mit der Amtsbezeichnung »Oberbürgermeister und Stadtdirektor« vom Staatsministerium in der Person des Juristen und Führers der liberalen Opposition im Stadtrat, Dr. jur. Carl Georg Hase, als Stadtoberhaupt bzw. Staatsdiener auf Lebenszeit eingesetzt wird, weil Carl Leb-

recht Schwabe aus Protest das Amt des Bürgermeisters niedergelegt hat. Adam Henß wird zum Stadtältesten gewählt und übernimmt die Führung der liberalen Opposition im Stadtrat.
1. September: Der spätere Maler Friedrich Preller der Jüngere wird im Jägerhaus geboren.
27. November: Eine Bauordnung wird erlassen, die Baugenehmigungen, Pflichten der Baugewerke, Fragen des Baulandes, Ausführung der Bauten und andere Belange regelt.

1839 Auf folgenden Straßen und Plätzen wird Markt gehalten: Auf dem Karlsplatz wird mit Holz und Vieh, auf dem Töpfermarkt mit Getreide, auf dem Untergraben mit Getreide und Schweinen, auf dem Marktplatz mit Lebensmitteln, in der Jakobsgasse mit Stroh und vor dem Reithaus mit Wolle gehandelt.
Das erste »Allgemeine Adreßbuch der Residenzstadt, ein Handbuch für Einheimische und Fremde«, das ein alphabetisches Verzeichnis aller selbständigen Einwohner und einen Nachweis über Behörden, Institute und Vereine enthält, wird vom Ratskopisten Carl Gottfried Kästner herausgegeben und 1843 erneut bearbeitet.
18 Ärzte, drei Zahnärzte, fünf Hebammen und zwei Tierärzte üben in der Stadt ihre medizinische Praxis aus.
In einem Arbeitshaus sind zwölf arbeitslose männliche und sechs weibliche Personen untergebracht; 1848 sind 19 Männer im Alter von 18 bis 85 und vier Frauen im Alter von 45 bis 76 Jahren im Arbeitshaus registriert.
Das Durchschnittseinkommen der Lehrer, das vergleichsweise höher ist als in anderen Teilen Deutschlands, beträgt jährlich 124 und das der Geistlichen 362 Taler; die Lehrer sind vom Militärdienst befreit.
Konditormeister August Ißleib eröffnet das am Schloß gelegene Residenz-Café; bereits 1830 gab es vier Konditoreien in Weimar.
2. Januar: Der Handarbeiter und Chronist Franz David Gesky, der 1825 durch eine Kriminal-Chronik bekannt wurde, stirbt im Alter von 69 Jahren.
7. Januar: Der ehemalige Stadtamtmann und Wohltäter der Stadt, Friedrich Gottlob Rießner, stirbt mit 77 Jahren.
11. März: Die Bierbannrechte der Stadt werden aufgehoben.
19. März: Der Schriftsteller und frühere Freund Goethes, Johann Heinrich Schütz, stirbt im Alter von 66 Jahren.
15. Mai: Bajaderen aus Indien, Priesterinnen der Pagode von Tindivina-Purum, gastieren im Hoftheater.
7. Juni: Statuten für einen Feuer-Rettungsverein werden erlassen und am 4. Juli bestätigt.
13. Juni: Die Liedertafel gibt mit der »Schöpfung« von Joseph Haydn ihr erstes öffentliches Konzert im Saal der Bürgerschule.
28. Juli: Der jüdische Bankier Julius Elkan stirbt; sein Nachfolger und Geschäftsführer wird Dr. jur. Hermann Moritz.
10. August: In Oberweimar stirbt François René Le Goullon.
18. September: Der junge Dramatiker Karl Gutzkow, dessen Trauerspiel »Richard Savage« im Hoftheater erstaufgeführt wird, weilt in der Stadt.

1840 Die Stadtflur wird bis 1841 vermessen und 1842 der erste Stadtbebauungsplan ausgearbeitet.
Eine Berggesellschaft wird gegründet, der überwiegend Handwerker beitreten, um »nach gethaner Arbeit unter guten Freunden und Bekannten eine frohe Unterhaltung zu finden«.
Mit nur 126 Schülern hat das Gymnasium einen Tiefstand erreicht.
Die Zahl der Handwerker, die in 54 Innungen organisiert sind, hat sich auf 599 gegenüber 525 im Jahr 1828 erhöht.
Der am 30. Mai 1797 hier in ärmlichen Verhältnissen geborene und mit elf Jahren als Flötensolist am Hoftheater erfolgreiche Johann Christian Lobe gründet ein Musiklehrinstitut, das bis 1846 besteht und dem Liedgesang neue Impulse gibt.
14. Juni: Der Rat der Stadt schließt mit dem

Kaufmann Louis Heuer aus Mühlhausen für 20 Jahre einen Vertrag über die Wartung der Straßenbeleuchtung, der am 1. Dezember 1847 realisiert wird.
24. JUNI: Anläßlich des 400. Jahrestages der Erfindung der Buchdruckerkunst, den die Buchdruckergehilfen feierlich begehen, findet in der großherzoglichen Bibliothek eine Inkunabelausstellung statt, und die wissenschaftliche Abhandlung »Weimar's Album zur vierten Säcularfeier der Buchdruckerkunst am 24. Juni 1840« erscheint.
24. JUNI: Die Kranken-, Pensions- und Witwenkasse der Buchdruckergehilfen zur Unterstützung ihrer Mitglieder im Krankheitsfall mit wöchentlich einem Taler und 15 Groschen wird ins Leben gerufen.
1. JULI: Der aus Paris stammende Komponist Hippolyte André Chelard, dessen Opern hier aufgeführt werden, wird zum Kapellmeister ernannt und übt das Amt bis zum 17. April 1851 aus.
NOVEMBER: Der Schriftsteller Ferdinand von Freiligrath besucht den seit 1801 hier lebenden Kanzler Friedrich von Müller.
17. DEZEMBER: Eine neue Straßenordnung wird erlassen, die Bestimmungen über Reinigung, freie und sichere Benutzung der Straßen sowie Ordnung auf den Straßen enthält und Strafen in Form von Geldbußen, Inhaftierung und Züchtigung festlegt.

1841 30. SEPTEMBER: Der Maler Johann Joseph Schmeller, der seit 1815 in der Stadt lebt und als Lehrer an der Freien Zeichenschule, ab 1824 als freischaffender Künstler arbeitete, stirbt hier.
21. NOVEMBER: Die Pianistin Clara Schumann, die bereits im September 1831 im Stadthaus konzertierte, spielt in Anwesenheit des Komponisten ein Klavierkonzert von Robert Schumann zugunsten der Pensionskasse für Witwen und Waisen der Hofkapelle.
26. NOVEMBER: Zum ersten Mal trifft der 30jährige Klaviervirtuose und Komponist Franz Liszt in Weimar ein.
29. NOVEMBER: Liszt gibt im Hoftheater ein öffentliches Konzert, dessen Erlös er dem hiesigen Patriotischen Institut der Frauenvereine für wohltätige Zwecke überreicht.
30. NOVEMBER: Das nach Plänen von Heinrich Heß und dem Architekten Carl Spittel im neugotischen Stil für 91556 Taler an der Stelle von vier Bürgerhäusern und der Stadtwaage wiederaufgebaute Rathaus wird bezogen; den Ratssaal schmückt ab 1844 das in Paris entstandene Gemälde »Die Einnahme von Breisach durch Herzog Bernhard« von Friedrich Martersteig.

1842 Die Freischüler müssen die Bürgerschule verlassen; für die Knaben wird hinter der Stadtkirche eine zweite Bürgerschule eingerichtet; die Mädchen werden im Ratskeller (heute Geleithaus, Scherfgasse) unterrichtet.
24. JUNI: Für die Opfer einer Brandkatastrophe vom 5. bis 8. Mai in Hamburg spenden die Einwohner 863 Taler und neun Groschen.
1. JULI: Der Verein zur Gründung und Erhaltung einer Hilfskasse für männliche Diener wird zur gegenseitigen Unterstützung im Krankheitsfall und Übernahme der Begräbniskosten gegründet.
1. OKTOBER: Der zwölfjährige Klaviervirtuose Anton Rubinstein gibt ein Konzert im Hoftheater.
29. OKTOBER: Zugunsten der Almosenkasse geben der italienische Tenor Giovanni Battista Rubini und Franz Liszt mit Mitgliedern der Hofkapelle ein Wohltätigkeitskonzert.
2. NOVEMBER: Liszt wird zum Hofkapellmeister in außerordentlichen Diensten ernannt; mit ihm nimmt das Musikleben einen bedeutenden Aufschwung und macht Weimar zu einem musikalischen Zentrum in Europa.

1843 In der Stadt hat sich die Zahl der Häuser auf 1008 erhöht.
Wegen des ständigen Wassermangels wird auf dem Gelmerodaer Berg eine Windmühle errichtet, die bis 1880 betrieben wird.
Täglich kommt ein Eilpostwagen mit Briefen

und Paketen durch die Stadt, während ein solcher zur Personenbeförderung nur jeden zweiten Tag abgeht; der Transport eines Briefes nach Stettin kostet sechs Groschen.
Die von auswärtigen Gesellen gegründete Bruderschaft der Sattler wird wegen politischer Betätigung aufgelöst.
Wegen des herrschenden Brotmangels sollen Getreidemagazine angelegt werden.
25. Januar: Der französische Komponist Hector Berlioz gibt im Hoftheater sein erstes großes Konzert und dirigiert seine »Symphonie fantastique«.
18. April: Als Sohn eines Kaufmanns wird Louis Döllstedt geboren, der sich Verdienste um die Gemeindeverwaltung der Stadt erwirbt.
20. Mai: Etwa 100 Studenten aus Jena wohnen einer Theateraufführung bei; daß ein Student während der Vorstellung »Kuckuck« ruft, wird von der Landesregierung als »revolutionärer Akt« bewertet.
7. Juni: Der in Blankenhain geborene spätere Kampfgefährte von Karl Marx in London, Friedrich Leßner, beendet seine 1839 in der Schloßgasse begonnene Lehre als Schneider.
23. Juli: Oberkonsistorialrat D. Johann Gottfried Zunkel stirbt hier.

1844 Zur Gestaltung des Landschaftsparkes in Tiefurt wird der Gärtner Eduard Petzold aus Muskau berufen, der 1852 wieder dorthin zurückgeht; zur selben Zeit führt der seit 1841 angestellte Hofgärtner Eduard Ludwig Sckell bis 1848 in Belvedere landschaftliche Erneuerungsarbeiten durch.
1. Januar: Die Statuten der Büchsen-Schützen-Compagnie werden erlassen; § 1: »Der Zweck der Büchsen-Schützen-Compagnie ist geselliger Verein im hiesigen, der Kommune zugehörigen Büchsen-Schießhause, insbesondere aber die Vereinigung hiesiger Bürger und anderer achtbarer Einwohner von Weimar, um Schießübungen mit der Büchse und ein solennes Vogel- und Scheibenschießen zu halten«.
18. Juni: Der Verlag F. T. A. Kühn wird gegründet; 1882 übernimmt Ludwig Thelemann den Verlag und begründet eine Buch- und Kunsthandlung.
24. Juni: Zum ersten Mal besucht der dänische Märchendichter Hans Christian Andersen die Stadt; 1846 weilt er erneut hier.
31. Juli: Erbgroßherzog Karl August (II.), Sohn des Großherzogpaares Carl Alexander und Sophie, wird hier geboren; aus diesem Anlaß wird eine Stiftung zur Heilung kranker und hilfloser Dienstboten ins Leben gerufen.

1845 Ausdruck der entstehenden antifeudalen Situation ist die Entwicklung politischen Denkens und Handelns unter dem Einfluß der Landtagsopposition, die sich unter anderem in bis Juli 1848 durchgeführten wöchentlichen Bürgerversammlungen ausdrückt.
In der Hagenbruchschen Kammgarnspinnerei arbeiten 80 Arbeiter an 3792 Spindeln.
Der Rat der Stadt weigert sich, dem jungen Mechanikermeister Carl Zeiss die Niederlassung zu gewähren und verhindert damit im Interesse der kleinen Gewerbetreibenden für lange Zeit die Ansiedlung von Industrie.
Mit dem Bau des Empfangsgebäudes des Bahnhofs wird begonnen.
Eine schlechte Getreideernte führt erneut zum Preisanstieg und zur Verschlechterung der Lebenslage der Bevölkerung.
18. März: Eine Zunftordnung für die Zinngießer wird erlassen, in der die Gebühren für die Aufnahme und das Einschreiben der Lehrlinge mit drei Talern und acht Groschen, die Lehrzeit mit vier Jahren und das Gesellenstück, aus einer Lampe oder einer Büchse mit schließendem Deckel sowie einem Teller aus Zinn bestehend, festgelegt werden.
10. April: Eine Jahrmarktsordnung wird erlassen.
7. August: Adam Henß, ab 1849 Landtagsabgeordneter, sagt sich mit drei anderen Katholiken von der Papstkirche los und schließt sich der deutsch-katholischen Gemeinde in Erfurt an.

23. AUGUST: Etwa 2000 Menschen besichtigen in Belvedere eine blühende Aloë als Seltenheit.
16. SEPTEMBER: Die Vereinsmühle am Kirschberg wird als Mahl- sowie Schneide- und Schleifmühle von einer überwiegend aus Bäkkern bestehenden Gesellschaft in Betrieb genommen.
8. OKTOBER: Oberbaudirektor und Ritter des Ordens vom Weißen Falken Clemens Wenzeslaus Coudray stirbt im Alter von 70 Jahren und wird in der Nähe der Fürstengruft beigesetzt; mit seinem Tod endet die klassizistische Bauperiode in der Stadt.
12. OKTOBER: Der Philologe Dr. Hermann Sauppe wird in das Amt des Rektors des Gymnasiums eingeführt, das er bis 1856 ausübt.
31. OKTOBER: Die Statuten des Vereins zur Unterhaltung unbemittelter Gewerbetreibender zu Weimar werden erlassen.
11. NOVEMBER: Johann Heinrich Stromeyer stirbt im Alter von 66 Jahren.
14. BIS 16. NOVEMBER: Johannes Ronge, Prediger der deutsch-katholischen Gemeinde und Gegner des Reliquienkultes, wird von seinen Anhängern als Reformator mit Hochrufen auf dem Marktplatz begrüßt.
19. DEZEMBER: Der Bibliothekar Friedrich Wilhelm Riemer, der zu den engsten Mitarbeitern Goethes zählte und von 1803 bis 1812 Sekretär und Hauslehrer von dessen Sohn Julius August Walther und danach Professor für alte Sprachen am Gymnasium war, stirbt mit 71 Jahren in seiner Wohnung Wielandplatz 2.

1846 Nach einer Volkszählung leben 1267 Dienstboten und 1507 Handwerksgesellen und Lehrlinge in der Stadt gegenüber 588 Dienstboten und 370 Handwerksgesellen im Jahr 1820.
Im Verlauf von acht Jahren steigt die Zahl der Häuser geringfügig auf insgesamt 1016 an.
24. JANUAR: Die als »schwedische Nachtigall« berühmte Sängerin Jenny Lind singt die Rolle der Norma aus der gleichnamigen Oper von Vincenzo Bellini mit beispiellosem Erfolg und gibt am 28. Januar ein Konzert.
25. MÄRZ: In einem Bericht des Rates der Stadt an die großherzogliche Landesdirektion zum Antrag der Maurer- und Tüncherinnung um Erhöhung der Löhne wird dieser mit der Begründung abgelehnt »... es ist besser, wenn der Reichtum sich nicht zu übermäßig häuft, damit auch die kommunistischen Ideen weniger Nahrung finden«.
18. APRIL: Zwölf Araber-Kabylen aus der Sahara geben im Hoftheater eine Vorstellung ihres artistischen Könnens.
26. APRIL: Die als Religionsgemeinschaft zusammengeschlossenen Weimarer Deutsch-Katholiken halten ihren ersten Gottesdienst ab; am 7. November 1852 löst sich die Gemeinde wieder auf.
5. BIS 7. OKTOBER: Die erste Vollversammlung deutscher Schriftstellerinnen wird in Weimar durchgeführt.
9. DEZEMBER: Das Postamt wird erweitert und wieder in den Alexanderhof zurückverlegt.
20. DEZEMBER: Mit einem fahrplanmäßigen Zugverkehr wird die Eisenbahnstrecke von Weißenfels nach Weimar eröffnet.

1847 Dem Patriotischen Institut der Frauenvereine unterstehen die Sparkasse, die Arbeitsschule mit 232 Kindern, eine Spinnanstalt mit 50 Spinnern, die Anstalt zum Unterricht im Kochen, Waschen und Zuschneiden mit 31 und die Arbeitsanstalt mit 30 Personen, die Rettungsanstalt für Verunglückte, die Anstalt zur Aufsicht über noch nicht schulpflichtige Kinder mit 80 Zöglingen, die Anstalt zum Unterricht in häuslichen und landwirtschaftlichen Arbeiten mit nur zwei Personen, der Verein zur Unterstützung von armen Wöchnerinnen und die Suppenanstalt, die im Jahr 47939 Portionen Essen ausgibt.
1. APRIL: Die Eisenbahnstrecke von Weimar nach Erfurt nimmt den Fahrbetrieb auf; bis Ende des Jahres werden im Personenverkehr von Halle 9563, von Merseburg 666, von Weißenfels 2046, von Naumburg 3057, von Kösen 3422, von Sulza 2846, von Apolda 17894, von Vieselbach 4224, von Erfurt

22773, von Dietendorf 329, von Gotha 729 und von Eisenach 3452 Reisende nach Weimar befördert.

7. April: Zwischen 19 und 20 Uhr werden Erderschütterungen registriert.

1. Juli: Bis zu seinem Tode 1855 übt Ferdinand Freiherr von Ziegesar die Funktion des Intendanten des Hoftheaters aus.

28. Juli: Der Arzt, Herausgeber, Redakteur und Übersetzer Prof. Dr. med. Ludwig Friedrich von Froriep stirbt; sein Sohn Robert, ebenfalls Arzt und seit 1846 in Weimar lebend, übernimmt die Leitung des finanziell belasteten Landes-Industrie-Comptoirs.

21. August: Die Stadt kauft auf dem Weg der Versteigerung für 5025 Taler das Schillerhaus, um es zum Museum auszubauen.

21. August: In einem Zirkular an die Mitglieder des Hoftheaters gibt der Intendant die Prinzipien seiner Leitungstätigkeit bekannt: Treue, Pünktlichkeit, Verbannung des Rollenprivilegs und Pflege der deutschen und fremden klassischen Werke.

7. Oktober: »Zu regelmäßigen, geselligwissenschaftlichen Vereinigungen« wird der Mittwoch-Verein, auch »Schlüssel« genannt, gegründet; die Mitglieder, zu denen Friedrich Preller, Dr. Hermann Sauppe, der seit 1842 hier lebende Kunstinstitutsdirektor Adolf Schöll und andere gehören, haben in den monatlichen Versammlungen am letzten Mittwoch jedes Monats einen Vortrag zu einem selbstgewählten Thema zu halten.

1848 Das nach Plänen von Heinrich Heß errichtete Gebäude Graben 4 wird von der Sparkasse bezogen.

1. Januar: Als Nachfolger von Coudray tritt der preußische Architekt Carl Heinrich Ferdinand Streichhan das Amt als Oberbaudirektor an.

Ende Februar bis Juli 1849: Die bürgerlich-demokratische Revolution ergreift in den Staaten des Deutschen Bundes die Volksmassen. Die Revolution, die eine Niederlage erleidet, löst auch in Weimar kämpferische Aktivitäten aus.

2. März: 221 Weimarer und Apoldaer Bürger fordern eine Volksvertretung beim Deutschen Bund.

3. März: Der Rat der Stadt verlangt die Einführung von Pressefreiheit, Volksbewaffnung und von Schwurgerichten durch die Landesregierung.

4. März: Das Trauerspiel »Uriel Acosta« von Karl Gutzkow mit Eduard Genast, Friedrich August Durand und Luise Hettstedt in den Hauptrollen wird am Hoftheater erstaufgeführt.

8. bis 11. März: Tausende Demonstranten aus der Stadt und vom Land, an ihrer Spitze der in Weimar geborene Schauspieler Carl Hettstedt mit der Fahne der Revolution, fordern auf dem Marktplatz und vor dem Schloßhof die Absetzung der Landesregierung. Die Forderungen werden mit der Entlassung des Staatsministers Dr. Christian Schweitzer, durch formelle Gleichstellung aller vor dem Gesetz, durch Gewährung von Pressefreiheit und politischer Amnestie für Vergehen seit dem 8. März teilweise durch den Großherzog erfüllt. Neuer Staatsminister wird der Advokat Oskar von Wydenbrugk aus Eisenach.

14. März: Das Abhalten von Versammlungen mit mehr als 15 Personen wird verboten.

20. März: Der Schauspieler Johann Jakob Graff, der seit dem 5. Juni 1793 in der Stadt gelebt und bedeutende Charakterrollen verkörpert hat, stirbt mit 79 Jahren im Haus hinter der Stadtkirche.

27. und 28. März: Über die bürgerlich-demokratische Revolution in Frankreich treffen hier Nachrichten ein.

1. April: Der Demokrat Heinrich Jäde und der Literat Robert Hase geben das »Flugblatt« heraus, aus dem am 26. April das »Weimarische Volksblatt« hervorgeht.

3. April: Eine Bürgerwehr »zur Aufrechterhaltung der öffentlichen Ruhe und gesetzlichen Ordnung, zum Schutz der verfassungsmäßigen Rechte und Freiheiten, zur Sicherung des Eigentums und der Personen« wird aus 708 Mann gebildet, die jedoch, unter Führung des

Die Altenburg

Erbgroßherzogs und unter liberalem Einfluß stehend, für die Erhaltung der Monarchie eintritt; ihre Bewaffnung muß den »Wehrmännern selbst überlassen bleiben«, und 1852 löst sie sich wieder auf.

14. April: Das Gesetz über die Ablösung der Feudallasten wird verabschiedet und am 18. Mai in Kraft gesetzt.

15. April: In einer Bürgerversammlung werden in 24 Bezirken 76 Wahlmänner, überwiegend Handwerker, für die Abgeordneten zur Deutschen Nationalversammlung gewählt.

17. April: Die Jenaer Demokraten veranlassen auf dem Marktplatz eine Protestversammlung, die die Liberalen zur Reformbewegung beeinflußt.

Juni: Carolyne Fürstin von Sayn-Wittgenstein übersiedelt mit ihrer Tochter nach Weimar und versammelt ab September gemeinsam mit Liszt auf der Altenburg einen Kreis bedeutender Musiker um sich.

1. Juni: Zum ersten Mal vereinigen sich Handwerksgesellen verschiedener Berufe und Arbeiter im Kampf um ihre Rechte und gründen zur Unterstützung im Krankheitsfall der Mitglieder einen Unterstützungs- und Hilfsverein für hiesige Handwerker.

13. Juni: In Schöndorf wird der Grundstein zum Bau eines Schulhauses gelegt, der aus Spenden der Gemeinde finanziert wird.

22. Juni: Der konstitutionelle Monarchist Adam Henß veröffentlicht den »Aufruf an meine Mitbürger« zur Gründung eines Staatsbürgervereins, der freie Wahlen der Volksvertreter auf der Grundlage der konstitutionellen Monarchie, eine freie allgemeine Gemeindeordnung, Presse-, Versammlungs- und Religionsfreiheit, Wegfall der Feudallasten, Volksbewaffnung und eine starke Zentralgewalt fordert.

14. Juli: Im Gasthaus Thüringer Hof wird von den Demokraten der die liberalen Bestrebungen angreifende Demokratische Verein gegründet, dessen Präsident Heinrich Jäde wird.

August: Der Musikdramatiker Richard Wagner besucht Liszt im Hotel Zum Erbprinzen, wo ihr Freundschaftsbund begründet wird.

13. August: Bei der Fahnenweihe der Bürgerwehr kommt es zu Auseinandersetzungen zwischen fortschrittlichen Demokraten und Liberalen, die zu Verhaftungen führen.

14. August: Heinrich Jäde wird wegen »hochverräterischer Reden« und »Anstiftung zum Aufruhr« verhaftet und im Kriminalgericht im Kornhaus festgehalten.

1. Oktober: Ein privater Bade- und Schwimmverein wird gegründet, der täglich unentgeltlich Schwimmunterricht erteilt; 1849 richtet er eine westlich des heutigen Schwanseebades gelegene Bade- und Schwimmanstalt ein.

8. Oktober: In der »Weimarischen Volkszeitung« erscheint der fordernde Aufruf Heinrich Jädes »An die Weimaraner und ihr Ministerium«.

8. Oktober: Die Statuten des Singvereins »Germania« für vierstimmigen Männerchor werden erlassen.

10. Oktober: Die Stadt wird von sächsischen Truppen besetzt und bleibt bis zum 11. März 1849 von Soldaten aus den Fürstentümern Altenburg und Reuß sowie dem Königreich Hannover belegt.

11. DEZEMBER: Zur Verteidigung der revolutionären März-Errungenschaften wird im Zusammenwirken von Liberalen und Demokraten ein Märzverein gegründet.
20. DEZEMBER: Im Thüringer Hof findet eine von den Demokraten einberufene Arbeiterversammlung statt, auf der ein Abgeordneter aus Leipzig spricht.
21. DEZEMBER: Die Deutsche Nationalversammlung in Frankfurt am Main beschließt die Grundrechte des deutschen Volkes, die in Weimar begrüßt werden.

1849 Zur Förderung des Turnens im Sinne des Begründers der patriotischen Körperertüchtigung, Friedrich Ludwig Jahn, entsteht die Turnerschaft Weimar.
3. JANUAR: Zum ersten Mal erscheint die linksliberale Tageszeitung »Die Revolution. Allgemeine politische Zeitung«, die Panse gründet; mit Nummer 82 führt sie ab 11. April desselben Jahres den Namen »Deutschland«.
19. JANUAR: Die Statuten der Bürgerwehr werden bestätigt.
5. FEBRUAR: Der 13jährige Violinspieler Heinrich Winiawsky gibt ein Konzert, das am 7. Februar wiederholt wird.
16. FEBRUAR: Durch die Bemühungen von Liszt wird die romantische Oper »Tannhäuser« von Richard Wagner im Hoftheater erstaufgeführt und damit dem Komponisten zur Anerkennung verholfen.
4. MÄRZ: Gegen Heinrich Jäde und andere Demokraten findet ein Prozeß statt, in dem Jäde wegen eines Aufrufs zur Steuerverweigerung zu zwei Monaten Gefängnis verurteilt wird.
27. UND 28. MÄRZ: Die Deutsche Nationalversammlung in Frankfurt am Main verabschiedet die von den Weimarer Liberalen begrüßte Reichsverfassung und wählt Friedrich Wilhelm IV., König von Preußen, zum deutschen Kaiser, was dieser am 3. April ablehnt.
9. UND 12. MAI: Auf Kundgebungen wird die Durchsetzung der Reichsverfassung gefordert.
13. BIS 24. MAI: Der wegen seiner Teilnahme an den Barrikadenkämpfen in Dresden steckbrieflich gesuchte Richard Wagner hält sich mit Hilfe von Franz Liszt in Weimar und Magdala verborgen.
31. MAI: 760 Spielleute, Soldaten und Offiziere des Preußischen 20. Infanterie-Regiments sind in der Stadt einquartiert.
3. JULI: Der Rat der Stadt beschließt die Wiedereinführung der Prügelstrafe im Arbeitshaus, das einer Zuchtanstalt gleicht.
10. JULI: Die Statuten der Sparkasse werden erneuert.
10. JULI: Henriette Amalie Rießner stirbt und hinterläßt eine Stiftung zugunsten armer Witwen; nach ihr wird im Norden der Stadt eine Straße benannt.
28. AUGUST: Die Einwohner begehen Goethes 100. Geburtstag: Im Hoftheater wird das Schauspiel »Torquato Tasso« aufgeführt, für das Franz Liszt die Ouvertüre und sinfonische Zwischenaktmusik komponiert hat und diese selbst dirigiert; mit einer vom Rat der Stadt angeordneten Festbeleuchtung klingt der Tag aus.
29. AUGUST: Liszt dirigiert die 9. Sinfonie von Ludwig van Beethoven, mit der er sich zum ersten Mal am 7. Januar 1844 in Weimar als Dirigent vorgestellt hatte; mit einem Festzug mit Szenen aus Werken von Goethe werden die Feiern beendet.
29. AUGUST: Der von Coudray geschaffene Nordanbau der Bibliothek wird eingeweiht.

18. OKTOBER: Im Ergebnis der Goethefeierlichkeiten bildet sich ein Lucas-Verein »zu ästhetischer Vergnügung«.
21. OKTOBER: Kanzler Friedrich von Müller, ein ehemaliger Vertrauter Goethes und dessen Testamentsvollstrecker, stirbt mit 71 Jahren.
9. DEZEMBER: Im Rathaussaal wird eine von Friedrich Martersteig und Friedrich Preller im Auftrag des Lucas-Vereins gestaltete Ausstellung eröffnet, zu der die Einwohner 150 Bilder zur Verfügung stellen.

1850 9. MÄRZ: Zur Verbesserung der Nachrichtenübermittlung wird auf dem Bahnhof

eine Königlich-Preußische Telegraphenstation der Berlin-Frankfurter Telegraphenlinie errichtet.
3. MAI: Einem dichten Schneefall folgt starker Frost, der in der Landwirtschaft große Schäden anrichtet.
1. AUGUST: Die am 22. Februar vom Staatsministerium erlassene Gemeindeordnung für das Großherzogtum Sachsen-Weimar-Eisenach tritt in Kraft und legt fest, daß die Wahl der Gemeindebehörden erstmalig unter Leitung der Gemeindevorstände von der Gemeindeversammlung erfolgt. An der Spitze der Gemeindeverwaltung einschließlich der Polizeiverwaltung und des Armenwesens steht der Gemeindevorstand, dessen Geschäfte der Erste Bürgermeister, auch Oberbürgermeister, der mit Stimmenmehrheit für sechs Jahre oder auf Lebenszeit gewählt wird, besorgt. Ihm zur Seite steht das aus 28 Personen bestehende Gemeinderatskollegium, das aus Wahlen der Bürgerschaft für drei Jahre hervorgeht und von welchem alle Jahre ein Drittel der Mitglieder ausscheidet, jedoch wieder wahlfähig und durch Neuwahlen ersetzt wird.
22. AUGUST: Die Hauptversammlung der Mitglieder beschließt die Satzungen des Goethe-Vereins zu Weimar, der dem Zweck dient, »selbständig das Gedächtnis Goethes in lebendiger Wirksamkeit zu halten«.
24. AUGUST: Zur Vorfeier anläßlich der Errichtung des Herder-Denkmals wird die Dichtung »Der entfesselte Prometheus« von Johann Gottfried Herder in der Vertonung von Franz Liszt uraufgeführt.
25. AUGUST: In Anwesenheit von Familienmitgliedern und Vertretern des öffentlichen Lebens wird mit einer Festrede des Stiftspredigers D. Karl Friedrich Horn das von dem Bildhauer Ludwig Schaller geschaffene und von dem Erzgießer Ferdinand von Miller gegossene Herder-Denkmal, zu dem Maurermeister Ludwig Graf aus einheimischem Marmor den Sockel schuf, vor der Stadtkirche St. Peter und Paul, einem lang diskutierten Standort, aufgestellt.
28. AUGUST: Anläßlich des Geburtstages von Johann Wolfgang Goethe wird unter der musikalischen Leitung von Liszt die Oper »Lohengrin« von Richard Wagner uraufgeführt.
17. SEPTEMBER: Der Erste Bürgermeister Dr. jur. Carl Georg Hase tritt wegen der »mit dieser Stelle verbundenen Beschwerden« vom Amt, das er seit 1838 ausübt, zurück.
19. OKTOBER: Der hier seit dem 13. Oktober als Konzertmeister tätige Geiger Joseph Joachim tritt mit einem Konzert für Violine von Ludwig van Beethoven zum ersten Mal in Weimar auf; bereits Ende 1852 verläßt er die Stadt wieder.
26. OKTOBER: Im Zuchthaus in der Böttchergasse bricht ein Großbrand aus.
4. DEZEMBER: Die erste Solotänzerin der Königlichen Oper in London, Lucile Grahn, gastiert mit drei Vorstellungen am Hoftheater.

1851 1. APRIL: Der Verein zur gegenseitigen Unterstützung in Krankheitsfällen wird gegründet und zählt am 1. April 1862 insgesamt 198 Mitglieder.
7. APRIL: Wegen Majestätsbeleidigung steht der Kinder- und Jugendbuchautor Carl Heinrich Jäde vor dem Schwurgericht und erreicht seinen Freispruch. Jäde stirbt am 16. Januar 1873 in Weimar.
11. JUNI: Als Schüler von Liszt siedelt der Musiker Hans von Bülow endgültig nach Weimar über, wo er bis 1852 in der von Liszt bewohnten Altenburg und später bei Karl August Schwerdgeburth am Karlsplatz 28 (heute Goetheplatz) wohnt.
31. DEZEMBER: Im Verlauf des Jahres wurden am Bahnhof 48 258 Reisende abgefertigt.

1852 1. JANUAR: Die nach den Staaten des Deutsch-Österreichischen Postvereins bestimmten Briefsendungen können durch Marken frankiert werden.
9. FEBRUAR: Weimars Ehrenbürger, der Stiftsprediger und Pädagoge D. Karl Friedrich Horn, nach dem die kirchliche Horn-Gemeinde ihren Namen hat, stirbt im Alter von 82 Jahren.

30. MÄRZ: Die Statuten des Weimarischen Bade- und Schwimmvereins werden erlassen; nach der Badeordnung vom 1. Juli 1855 darf sich niemand im Freien auskleiden oder ohne »Schwimmhose (resp. Badehemd) außerhalb der Ankleideräume zeigen, überhaupt wird allen ... Besuchenden die Beobachtung des Anstandes zur strengen Pflicht gemacht«.
16. MAI: Der Verein der Frauen und Jungfrauen zu gegenseitiger Unterstützung in Krankheitsfällen und zur Gewährung eines Begräbnisgeldes erhält Statuten; der Verein zählt bis 1856 bereits 400 Mitglieder.
JUNI: Als Volksbühne wird das Thespis-Theater durch Panse, Eigentümer der Zeitung »Deutschland« – Organ des liberalen Bürgertums – ins Leben gerufen; das Theater spielt während der Sommerferien des Hoftheaters im Garten des Gasthofes in der Geleitstraße 12.
15. SEPTEMBER: Der Schauspieler und Theaterdirektor Martin Heinrich Gabriel Marr aus Hamburg wird zum sogenannten artistischen Theaterdirektor ernannt; am 9. Februar 1856 wird er wegen »gröblicher Beleidigung« der Hoftheater-Intendanz entlassen, zu einer vierwöchigen Gefängnis- und danach zu 84 Talern Geldstrafe verurteilt.
20. NOVEMBER: Anläßlich der ersten Berlioz-Woche dirigiert der Komponist ein Konzert zugunsten von Witwen und Waisen vor etwa 700 Personen, das am 3. Februar 1853 wiederholt wird; weitere Konzertaufführungen seiner Werke leitet der französische Komponist hier zur zweiten Berlioz-Woche am 21. Februar 1855 und im Jahre 1856.
16. DEZEMBER: Ira Aldrige, ein farbiger Schauspieler vom Königlichen Theater in London, gastiert in der Rolle des Othello im gleichnamigen Schauspiel von William Shakespeare.

1853 Der Wagenmeister Heinrich Adolph Harzbecker gründet eine Sattlerei am Kegelplatz, die später in die Marktstraße verlegt wird; 1931 überführt sie Sattlermeister Otto Hillhof in die Kaufstraße, wo sie sich bis heute als Familienbetrieb erhalten hat.
Die Buchbinderei Müller in der Schloßgasse geht in den Besitz von Karl Traugott Adolph Oßwaldt über, der eine mehr als 100jährige handwerkliche Familientradition begründet.
Die Loge »Anna Amalia zu den drei Rosen« wird in einem von Baurat Heinrich Heß errichteten Haus in der Friedhofstraße (heute Amalienstraße) eröffnet.
16. FEBRUAR: Im Rahmen einer Richard-Wagner-Woche am Hoftheater wird die Oper »Der fliegende Holländer« erstaufgeführt; bis zum 15. März werden weitere Opern des Komponisten gespielt.
30. APRIL: Die erste Tänzerin am Königlichen Theater in Madrid, Pepita de Oliva, gastiert in Weimar.
16. JUNI: Eine Gartenarbeitsschule für acht- bis 14jährige Knaben wird zwecks Unterweisung in Gartenarbeit während der Freizeit am Oberweimarer Weg (heute Ilmstraße) eröffnet; später befindet sich die Schule zwischen Tiefurter Allee und Schießhaus und beschäftigt hier 1867 insgesamt 92 Kinder.
8. JULI: Großherzog Carl Friedrich stirbt in Belvedere; am 28. August tritt sein Sohn Carl Alexander die Regierung an.
1. AUGUST: Die Statuten des Kegelvereins werden erlassen.
4. SEPTEMBER: Der am 7. September 1826 als Sohn eines Juweliers in Halle geborene Verlagsbuchhändler Hermann Heinrich Eduard Böhlau, der am 9. Dezember das Bürgerrecht der Stadt Weimar erwirbt, kauft die seit 1624 bestehende Hofbuchdruckerei samt Zeitungsverlag, zu deren Redakteuren bis 1863 Dr. Karl Biedermann zählt. 1857 in die Teichgasse verlegt, ist der Verlag bis 1907 Eigentum Böhlaus.
17. SEPTEMBER: Die Weimarische Bank wird in der Marienstraße eröffnet.

1854 1. JANUAR: Die Weimarische Zeitung geht in den Besitz Böhlaus über und erscheint täglich.
13. JANUAR: Gemäß der revidierten Gemeindeordnung für das Großherzogtum Sachsen-

Weimar-Eisenach wird der Erste Bürgermeister wieder durch den Großherzog bestätigt; die Gemeinderatsmitglieder werden für vier Jahre gewählt, wobei die Hälfte nach zwei Jahren ausscheiden muß und durch Neuwahlen ersetzt wird.

8. Februar: Der 21jährige berühmte Zwerg Admiral Tom Pouce gastiert am Hoftheater.

10. April: Im Haus von Dr. med. Robert Froriep in der Bürgerschulstraße (heute Stadtmuseum, Karl-Liebknecht-Straße) wird eine unter der Leitung des Lehrers und Hofkantors Dr. Karl Heinrich Hergt stehende höhere zehnklassige Mädchenschule, das Sophienstift, eröffnet.

4. Mai: Mit dem Ausscheiden von Ferdinand Freiherr von Ziegesar als Hofintendant übernimmt Karl Olivier Freiherr von Beaulieu-Marconnay diese Funktion bis 1857.

14. Mai: Der Sprachforscher und Dichter August Heinrich Hoffmann von Fallersleben kommt nach Weimar und wohnt Wilhelmsallee B 134 (heute Leibnizallee 4); er gibt die Weimarische Zeitschrift für deutsche Sprache und Literatur heraus. Am 9. April 1860 verläßt er wieder die Stadt.

7. Juli: Durch ein Ortsstatut wird die Zahl der Gemeinderatsmitglieder auf 28 festgesetzt.

23. August: Die Statuten der am 26. Juni als Aktiengesellschaft gegründeten Gasbereitungs-Gesellschaft werden erlassen.

27. Oktober: Die Pianistin Clara Schumann gibt ein Hoftheaterkonzert mit Werken ihres Mannes Robert Schumann.

9. November: Liszt bringt die Oper »Die sibirischen Jäger« von Anton Rubinstein in der Übersetzung von Peter Cornelius, der von 1852 bis 1858 hier lebt, am Hoftheater zur Uraufführung.

3. Dezember: Der Schriftsteller und Bibliothekar Dr. Johann Peter Eckermann, Goethes ehemaliger Sekretär und Herausgeber seiner Werke, stirbt in der Brauhausstraße G 91 (heute Steubenstraße 18); 1913 wird eine Straße nach ihm benannt.

12. Dezember: Eine große Vorstellung in geheimer ägyptischer Zauberei gibt Professor Adolf Bils aus Athen.

31. Dezember: Unter dem Patronat von Liszt wird der literarisch-künstlerische Neu-Weimar-Verein, der sich vom Goethe-Kult und vom klassischen Weimar abgrenzt, gegründet; im Dezember 1867 löst sich der Verein wieder auf.

1855 14. März: Die spanische Tänzerin Dolores Monterito gibt eine Gastvorstellung.

19. Mai: Der spätere Kunstmaler Franz Hoffmann von Fallersleben, dessen Taufpaten Friedrich Preller und Liszt sind, wird hier als Sohn des Dichters Hoffmann von Fallersleben in der Wilhelmsallee geboren; er stirbt am 15. Mai 1927 in seiner Heimatstadt.

4. November: Der spätere Dichter Heinrich Schaeffer wird hier als Sohn eines Hofamtssekretärs geboren; er wird für die Postlaufbahn ausgebildet.

31. November: 12959 Einwohner leben in 2810 Haushalten.

5. Dezember: Der spätere Germanist und Mitbegründer der Goethe-Gesellschaft, Prof. Dr. phil. Otto Francke, wird hier als Sohn eines Bürgerschullehrers geboren; seit 1885 als Lehrer am Wilhelm-Ernst-Gymnasium tätig, verfaßt er schulgeschichtliche Beiträge. Francke stirbt am 29. April 1930 in seiner Heimatstadt.

1

2

1 *Goethe-Schiller-Denkmal vor dem Deutschen Nationaltheater*

2 *Wittumspalais am Theaterplatz, erbaut 1767 auf dem Gelände des ehemaligen Franziskanerklosters. Herzogin Anna Amalia bewohnte dieses Haus von 1774 bis zu ihrem Tod im Jahr 1807.*
Die Freimaurerloge »Anna Amalia zu den drei Rosen« (1764 gegründet, 1782 geschlossen) tagte hier wieder ab 1808. Zu den Mitgliedern, die sich bis 1868 regelmäßig im Wittumspalais trafen, gehörten Johann Gottfried Herder, Johann Wolfgang Goethe und Christoph Martin Wieland.

3

3 *Goethehaus am Frauenplan; Goethe bezog das Gebäude nach Beendigung der Umbauarbeiten im August 1792 und lebte hier bis zu seinem Tod im Jahr 1832.*
Seit 1885 der Öffentlichkeit zugänglich, wurde das 1945 durch Bomben zerstörte Haus zum 200. Geburtstag Goethes am 28. August 1949 wiedereröffnet. 1960 wurde das Goethe-Nationalmuseum mit zahlreichen Ausstellungsräumen eingerichtet.

4

4 *Russisch-orthodoxe Kapelle auf dem Historischen Friedhof*

5 *Schloß mit Bastille; als Dreiflügelbau 1789 bis 1803 errichtet. Es dient heute als Sitz der Kunstsammlung zu Weimar und der Stiftung Weimarer Klassik.*

5

7

6 *Herder-Denkmal von Ludwig Schaller, 1850 vor der Stadtkirche errichtet. Auf Empfehlung Goethes war Johann Gottfried Herder 1776 als Generalsuperintendent nach Weimar berufen worden und lebte hier bis zu seinem Tod 1803.*

7 *Ostseite des Marktes mit Neptun-Brunnen, Stadthaus und Cranachhaus. In diesem Gebäude aus dem 16. Jahrhundert lebte Lucas Cranach d. Ä. von 1552 bis 1553.*

8 *Goethes Gartenhaus im Park an der Ilm; der Dichter wohnte hier vom Mai 1776 bis Juni 1782.*

9 *Shakespeare-Denkmal von Otto Lessing; von 1950 bis 1963 hatte es seinen Standort vor der Bastille.*

8

9

10

10 *Liszt-Denkmal von Hermann Hahn*

11

11 *Schloßbrücke über der Ilm*

12

13

12 *Römisches Haus im Park; der Grundstein für das herzogliche Land- und Parkhaus (nach einem Entwurf des Hamburger Architekten Johann August Arens) wurde 1792 gelegt. Es diente Herzog Carl August als Sommersitz.*

13 *Haus der Frau von Stein; das herzogliche Stiedenvorwerk an der heutigen Ackerwand wurde 1776 als Wohnung für die Hofdame Charlotte Ernestina Bernardina Freifrau von Stein und deren Familie ausgebaut und im November 1777 bezogen.*

14 *Schloß Tiefurt wurde ab 1765 als Wohnhaus für den Pächter des herzoglichen Kammergutes erbaut. Herzogin Anna Amalia nutzte es von 1781 bis 1807 als Sommersitz.*

15

16

15 *Sonnenuhr an der Orangerie in Belvedere*

16 *Schloß Belvedere, gebaut nach Entwürfen von Johann Adolph Richter und Gottfried Krohne. Das Schloß wird bis 1732 fertiggestellt, die vier Kavalierhäuser werden bis 1750 vollendet.*

17 *Schloß Ettersburg, unter der Leitung von Johann Mützel wurde 1706 mit dem Bau des herzoglichen Jagdschlosses begonnen.*

18 *Donndorf-Brunnen, Symbol der Mutterliebe*

17

1856 Januar: Ein Gaswerk wird auf dem Gelände des heutigen Güterbahnhofs an der Ettersburger Straße in Betrieb genommen; die Gasbeleuchtung wird auf Straßen und Plätzen eingeführt.
28. Januar: Zu ihrer geselligen Unterhaltung gründen die Buchdrucker die Gesellschaft »Homilia«.
5. März: Die Wiener Ballett- und National-Tänzer-Gesellschaft unter Leitung von Joseph Schier gibt eine große Gastvorstellung.
7. April: Im Haus der Bürgerschule wird die städtische Realschule, eine höhere Bürgerschule für Knaben zur Förderung technischer Berufe, ins Leben gerufen, in der in zwei Klassen 59 Schüler unterrichtet werden.
24. Mai: Der Turnverein, der zum Zweck einer »möglichst vielseitigen sowohl körperlichen als geistigen Ausbildung seiner Mitglieder und der Weiterverbreitung des Turnwesens« gegründet wurde, erhält Satzungen und eine Turnordnung; aus ihm geht 1861 der Turn- und Bildungsverein hervor.
24. Juni: Am Hoftheater wird »Faust am Hofe des Kaisers« von Johann Wolfgang Goethe in der Bearbeitung von Eckermann und der Vertonung von Karl Eberwein mit Emil Kaibel als Gast in der Rolle des Mephistopheles aufgeführt.
8. Oktober: Die Weimarische Bank bezieht an der Westseite des Alexanderplatzes (heute Beethovenplatz) ein im Stil italienischer Renaissance errichtetes Gebäude; 1869 beträgt der Reingewinn des größten Geldinstituts 378 226 Taler.
10. Oktober: Dr. phil. Gustav Heiland wird in sein Amt als Gymnasialdirektor eingeführt, in dem er sich erfolglos für die Abschaffung der schulischen Abschlußprüfung einsetzt, und das er bis 1860 ausübt; sein Nachfolger bis 1881 wird Prof. Dr. phil. Hermann Rassow.

1857 2. Januar: Die Schauspielerin Marie Seebach tritt in der Rolle des Gretchens im »Faust« von Johann Wolfgang Goethe, als Julia in »Romeo und Julia« von William Shakespeare und als Maria Stuart im gleichnamigen Schauspiel von Friedrich Schiller sowie in einem Konzert von Hans Bronsart von Schellendorff auf.
6. Mai: Der Dramatiker Christian Friedrich Hebbel besucht die Stadt und wohnt im Gasthof Zum Erbprinzen am Markt.
4. September: Für das Carl-August-Denkmal wird auf dem Fürstenplatz (heute Platz der Demokratie) feierlich der Grundstein gelegt.
4. September: Vor dem Hoftheater wird das Goethe-Schiller-Denkmal Ernst Rietschels und auf dem Wielandplatz das Wieland-Denkmal Hanns Gassers enthüllt; am Abend findet im Hoftheater eine Festvorstellung mit Marie Seebach, Emil Devrient und anderen Künstlern statt, die Szenen aus »Egmont« und »Torquato Tasso« von Johann Wolfgang Goethe aufführen.
4. September: Der dänische Märchendichter Hans Christian Andersen weilt in Weimar.
18. September: Die Hoftheater-Intendanz wird unter dem Namen »Großherzogliche General-Intendanz des Hoftheaters und der Hofkapelle« eine selbständige Behörde.
1. Oktober: Das Postlokal ohne Posthalterei, Ställe, Remisen und Futterböden wird aus dem Gasthof Alexanderhof an seinen heutigen Standort Ecke Karlsplatz / Schwanseestraße verlegt; 1869 findet an Wochentagen die Briefzustellung um 7, 9, 14 und 15 Uhr statt, und die drei vorhandenen Stadtbriefkästen werden fünfmal am Tag geleert.
1. Oktober: Für zehn Jahre übernimmt Dr. phil. Franz Freiherr von Dingelstedt aus München, der bereits 1850 in der Stadt weilte, das Amt des Intendanten des Hoftheaters und der Hofkapelle mit der Dienstbezeichnung »Generalintendant«; er wohnt am Alexanderplatz und erwirbt sich Verdienste um eine erfolgreiche Theaterentwicklung.

1858 Vor der Bürgerschule wird das in Erfurt gefertigte eiserne Brunnenhäuschen mit der Figur des lesenden Knaben aufgestellt, die dem von Christian Daniel Rauch geschaffenen

Hermann-Francke-Denkmal in Halle nachempfunden ist.
1. JANUAR: Der Komponist Dr. phil. Eduard Lassen wird Musikdirektor und 1868 Nachfolger von Liszt als Kapellmeister der Hofkapelle.
2. FEBRUAR: Der 1833 gegründete und reorganisierte Gewerbeverein erhält Statuten.
9. MAI: Die Zweigstiftung einer am 9. Mai 1855 in Loschwitz als Gesamtstiftung zum Zweck der finanziellen Unterstützung deutscher Schriftsteller mit Verdiensten um die Nationalliteratur gegründeten Deutschen Schillerstiftung konstituiert sich im Rathaus und ernennt Dingelstedt zu ihrem Vorsitzenden.
24. JUNI: Hebbel weilt erneut in Weimar, als hier sein Trauerspiel »Genoveva« mit Erfolg aufgeführt wird.
13. AUGUST: Auf einem Teil des alten Jakobskirchhofs wird ein Gebäude als Kleinkinder-Bewahranstalt eingeweiht, die sich bis dahin im Luisenstift am Asbach befand.
NOVEMBER: Nach der Volkszählung beträgt die Einwohnerzahl 13 194 Personen, die in 1055 Häusern und in 2824 Haushalten leben; 1248 von ihnen arbeiten als Dienstboten und 752 als Handwerker.
NOVEMBER: Im Stadtgebiet werden 332 Pferde, 354 Rinder, 1309 Schafe, 480 Schweine, 227 Ziegen, 111 Bienenstöcke und 330 steuerpflichtige Hunde gehalten.
15. DEZEMBER: Die komische Oper »Der Barbier von Bagdad« von Peter Cornelius wird uraufgeführt und verursacht einen organisierten Theaterskandal, der Liszt zum Rücktritt von der Operndirektion veranlaßt; am 14. August 1861 legt er auch das Amt des Konzertdirektors nieder.
17. DEZEMBER: Zur Gedenkfeier für Beethoven dirigiert Liszt ein großes Vokal- und Instrumentalkonzert als Abschluß seines öffentlichen Wirkens in Weimar.

1859 Zur Wasserversorgung der Anwohner erhält der neugestaltete Wielandplatz einen Brunnen.
15. FEBRUAR: Der Drechslermeister und Schirmfabrikant Adolph Magdlung eröffnet in der Breitengasse A 82 (heute Marktstraße 15) ein Geschäft für Schirme eigener Fabrikation.
17. FEBRUAR: Der Verleger und Hofbuchhändler Bernhard Friedrich Voigt stirbt im Alter von 71 Jahren in einem Haus in der Marienstraße; der Verlag zieht 1898 nach Leipzig.
27. APRIL: Auf Anregung des Gewerbevereins gründen 41 Stenographen im Stadthaus den Ortsverein Weimar des Stenographenvereins, der einer der ersten in Thüringen ist und 1860 bereits 68 männliche Mitglieder zählt; 1990 wird der Verein von 17 Mitgliedern neubegründet.
23. JUNI: Großherzogin Maria Paulowna stirbt in Belvedere und wird am 27. Juni auf dem Friedhof an der Stelle beigesetzt, an der später über ihrem Grabmal eine Kapelle errichtet wird.
22. AUGUST: Die zweite Bürgerschule, zu der am 2. September 1857 hinter der Stadtkirche der Grundstein gelegt wurde, wird eröffnet; der ersten und der zweiten Bürgerschule steht je ein Direktor vor.
28. SEPTEMBER: Die Anwohner der Schillerstraße bitten den Gemeindevorstand um die Errichtung eines Brunnens, der mit der Statue des Entenmannes geschmückt werden soll; erst 1863 wird der zu klein geratene Brunnen für 853 Taler gesetzt, um im Dezember 1864 als Gänsemännchenbrunnen endgültig fertiggestellt zu werden.
3. OKTOBER: Der Gesellen-,Turn- und Bildungsverein richtet das Gesuch an die Stadtverwaltung »zur Bildung einer Feuerlöschkompanie und zur Überreichung einer Feuerspritze«; damit wird die Freiwillige Feuerwehr ins Leben gerufen, die 1863 die Funktion der Rettungskompanie übernimmt.
9. UND 10. NOVEMBER: Wie überall in Deutschland findet zum 100. Geburtstag Friedrich Schillers ein Festprogramm mit einem Umzug, einem Festakt im Wilhelm-Ernst-Gymnasium, mit der Enthüllung einer Büste des Dichters im geschmückten Schillerhaus und mit einem

Fackelzug statt, zu dem Thüringer Städte und Gemeinden 10816 Taler spendeten.
19. November: Auf Betreiben von Musikdirektor Karl Stör erklingt im Hoftheater das erste Abonnementkonzert der Hofkapelle mit Werken von Mozart und Beethoven.
22. November: Die spätere Schriftstellerin und Erzählerin altweimarischer Geschichten, Helene Böhlau, wird als Tochter des Druckereibesitzers Böhlau in der Rittergasse 7 geboren.
30. November: Im Laufe des Jahres werden im Krankenhaus 232 Kranke, darunter 58 Krätzefälle, an 2552 Krankentagen behandelt.

1860 In Vorbereitung einer zu gründenden Kunstschule werden Franz von Lenbach und Arnold Böcklin als Landschaftsmaler nach Weimar berufen; sie wohnen in der Amalienstraße 19, verlassen aber 1862 wegen der sie behindernden höfischen Enge die Stadt in Richtung Italien.
August: Der seit 1859 hier lebende Maler Stanislaus Graf von Kalckreuth verkündet auf der Versammlung der Deutschen Kunstgenossenschaft in Düsseldorf die vollzogene Gründung der Großherzoglichen Kunstschule in Weimar, deren erster Direktor er ist; einer ihrer ersten und zunächst in der Malerei auszubildenden Schüler wird der 1843 in Krauthausen geborene Eduard Weichberger.
4. August: Das in Anlehnung an den Niketempel der Akropolis in Athen durch Baumeister Ferdinand Streichhan am Karlsplatz errichtete Gesellschaftshaus für die Lesemuseums-Gesellschaft wird feierlich eröffnet; 1864 wird ein Brunnen am Lesemuseum errichtet.
1. Oktober: Großherzog Carl Alexander erläßt das Statut der Kunstschule, aber bereits im November werden von der Lehrerkonferenz entscheidende Änderungen an den Satzungen vorgenommen; ein Neubau des Schulhauses am Ausgang der Marienstraße wird Ende Oktober bezugsfertig und der Unterricht mit 16 Schülern Mitte November aufgenommen.
17. und 18. November: Zur Förderung der Gewerbefreiheit findet der mit einer Leistungsschau verbundene 1. Thüringische Gewerbevereinstag hier statt.

1861 2. Januar: Einer der bedeutendsten Schauspieler seiner Zeit, Otto Lehfeld, gestaltet seine Antrittsrolle am Hoftheater als König Lear in dem gleichnamigen Schauspiel von William Shakespeare.
31. Januar: In Anwesenheit des Dichters wird der erste Teil der Tragödie »Die Nibelungen« von Friedrich Hebbel am Hoftheater uraufgeführt; die Teile zwei und drei werden mit Erfolg am 16. und 18. Mai gespielt.
5. Februar: Der am 11. Februar 1791 in Weimar geborene Schriftsteller Johann Nikolaus Conrad Götze stirbt hier.
März: Der russische Dichter Leo Graf Tolstoi besucht auf seiner Europareise die Stadt und wohnt dem Unterricht an der Bürgerschule bei.
9. Juni bis 22. Juli: Die 2. Allgemeine Thüringische Gewerbevereinsausstellung im Schießhaus wird von 1058 Ausstellern beschickt und von etwa 35000 Personen besucht.
11. Juni: Der Dichter und Mitbegründer der deutschen Schillerstiftung, Dr. phil. Karl Gutzkow, wird ihr Generalsekretär und lebt von 1862 bis zur Aufgabe seines Amtes zum 31. Dezember 1864 im Haus Marienstraße 2.
24. Juni: Das Statut des »Vereins der in Weimar lebenden Künstler zur Errichtung und Unterhaltung einer permanenten Ausstellung von Werken aus dem Gebiet der bildenden Künstler« wird erlassen; am selben Tag wird im Meßhaus, Brauhausstraße, die Dauerausstellung eröffnet, die einen breiten Bevölkerungskreis erreichen soll und deren Besuch im Familenabonnement einen Taler kostet.
24. bis 26. Juni: 1200 Sänger treffen sich zum Thüringischen Sängerfest, in dessen Ergebnis sich am 27. Juni vier Gesangvereine zum Weimarer Sängerbund zusammenschließen.
4. bis 8. August: Festkonzerte mit Werken Hans von Bülows, Eduard von Lassens, Karl Störs, von Peter Cornelius, Franz Liszt, Max Seifritz und anderen Komponisten finden anläßlich der Tonkünstler-Versammlung statt, an

der 400 deutsche Musiker teilnehmen; es wird der Allgemeine Deutsche Musik-Verein gegründet.
17. August: Liszt verläßt Weimar und reist nach Rom.
1. Dezember: Eine Wochenmarktordnung wird erlassen, die unter anderen das Vorkaufsrecht und den Meßhauszwang der Marktordnung vom 26. Dezember 1840 aufhebt.
3. Dezember: 13892 Einwohner, von denen 2052 wahlberechtigt sind, leben in 3338 Haushalten: 1305 arbeiten als Dienstboten und 672 als Handwerksgesellen, 525 Soldaten leben in und 307 außerhalb der Kaserne in der Wilhelmsallee; 20 Personen bekennen sich zur reformierten, 39 zur russisch-orthodoxen und 358 zur katholischen Kirche, während 33 mosaischen und die übrigen protestantischen Glaubens sind.
31. Dezember: Im Verlauf des Jahres werden 1235 Gesetzesübertretungen angezeigt, davon 127 wegen Diebstahls, 127 als Unsittlichkeitsdelikte, 138 Fälle von Bettelei, 357 Verstöße gegen die Straßenordnung und andere Straftaten.

1862 14. Februar: Der Gemeinderat billigt eine jährliche Erhöhung der Besoldung des Ersten Bürgermeisters Bock auf 1350 Taler und Pensionsansprüche bei Dienstunfähigkeit.
21. März: In zwei Gastvorstellungen treten die italienische Schauspielerin Adelaide Ristori und ihre Gesellschaft mit der Tragödie »Médée« von Jean Baptiste Legouvé und mit »Maria Stuart« von Friedrich Schiller auf.
1. April: Der Bildhauer Reinhold Begas wird als Professor an der Großherzoglichen Kunstschule angestellt; er bleibt nur wenige Wochen.
23. November: Ein neuer Abschnitt des Friedhofs wird eingeweiht; der Wilde Graben entlang dem Friedhof wird teilweise überwölbt.
24. November: Die von Streichhan erbaute und mit fünf Kuppeln verzierte russisch-orthodoxe Kapelle hinter der Fürstengruft ist fertiggestellt und wird der Heiligen Maria Magdalena geweiht.

1863 1. Januar: Die Entlohnung für Lehrer muß künftig durchschnittlich 300 Taler im Jahr betragen.
12. Mai: August Kömpel wird zum Konzertmeister ernannt und übt das Amt bis zum 1. Juli 1884 aus.
Mitte Oktober: Der 29jährige Publizist Paul von Bojanowski wird als Redakteur an die Weimarische Zeitung berufen, die sich als Organ der Regierung bis zur Jahrhundertwende zu einem überregionalen Blatt entwickelt; ab 1893 arbeitet Bojanowski als Direktor der Großherzoglichen Bibliothek.
1. November: Der Juwelier Theodor Müller gründet am Graben gegenüber der Sparkasse ein Gold- und Silberwarenlager, das am 1. Oktober 1865 in die Kaufstraße verlegt wird. 1878 in der Schillerstraße neueröffnet und mit einer Silberwarenfabrik verbunden, erlangt das Unternehmen über die Grenzen Deutschlands hinaus Bedeutung.
10. November: Die Deutsche Schillerstiftung etabliert sich im Schillerhaus.
11. November: Erstmals wird die Wallenstein-Trilogie von Friedrich Schiller zusammenhängend an einem Tag aufgeführt.

1864 Wilhelm Hartan gründet das erste Lichtbildatelier in der Jakobstraße, das später an den Rollplatz verlegt wird.
1. April: Der Vorstand des Turnvereins erläßt eine Feuerwehrordnung.
20. bis 30. April: Anläßlich des 300. Geburtstages von Shakespeare kommen dessen sieben Königsdramen zur Aufführung, die die hiesige Schauspielkunst unter Dingelstedt beleben.
23. April: Wegen mangelnder Beteiligung kommt die vorgesehene Gründung der Deutschen Shakespeare-Gesellschaft zur »Förderung der Kenntnis und Pflege des Werkes des großen englischen Dichters« nicht zustande.
26. April: In der zweiten Versammlung zur Gründung der Deutschen Shakespeare-Gesellschaft werden deren Vorstand gewählt und die Statuten verlesen; 1906 zählt die Gesellschaft 588 Mitglieder.

5. MAI: Der spätere Goetheforscher Hans Gerhard Gräf wird hier geboren; nachdem er 1902 in seine Heimatstadt zurückgekehrt ist, erscheint 1914 der erste Band des neugegründeten Jahrbuchs der Goethe-Gesellschaft, das Gräf mit neun Bänden bis 1922 herausgibt.
15. JUNI: Der Bade- und Schwimmverein zu Weimar erhält die Rechte einer juristischen Person.
17. BIS 19. SEPTEMBER: Das 1. Thüringer Kreisturnfest wird mit 2000 Teilnehmern abgehalten.

1865 Ein Blinden- und Taubstummeninstitut wird in der Brauhausgasse eröffnet.
28. JANUAR: Ein Unterstützungsverein kranker Handarbeiter zu Oberweimar und Ehringsdorf wird gegründet.
3. FEBRUAR: Professor Karl Müller-Hartung (ab 1893 Müllerhartung) wird als Gesangslehrer an das Wilhelm-Ernst-Gymnasium berufen.
APRIL: Ein Ortsverein für Buchdrucker und Schriftgießer wird gegründet; insgesamt bestehen in der Stadt zehn wissenschaftliche, 21 gesellige, fünf Musikvereine sowie 33 Vereine zu gemeinnützigen Zwecken und ein Turnverein.
17. JULI: Der Weimarer Sängerbund konstituiert sich neu und gibt sich Statuten.
18. AUGUST: Der bedeutendste Kupferstecher der Goethezeit, Karl August Schwerdgeburth, erhält in Anerkennung seines 60jährigen Wirkens und aus Anlaß des 80. Geburtstages das Ehrenbürgerrecht; er stirbt am 25. Oktober 1878 im Alter von 93 Jahren im Haus Windischengasse 16.
21. OKTOBER: Der Erste Bürgermeister genehmigt die Bildung eines sozial-demokratischen Arbeiter-Vereins, zwecks »allgemeiner Bildung und Hebung des geistigen und materiellen Wohles des Arbeiterstandes«, der sich zur Keimzelle der organisierten Arbeiterbewegung entwickelt; am 1. September 1867 werden die Statuten des Vereins für eine »möglichst vielseitige materielle und geistige Ausbildung seiner Mitglieder« erlassen mit der Maßgabe, daß er »aber allen Polizeigesetzen und Verordnungen unterstellt bleibt«.

1866 1. JANUAR: Die Brunnengesellschaft zu Oberweimar erläßt Statuten zur Pflege der dort vorhandenen Brunnen.
11. MÄRZ: 60 Mitglieder gründen einen Zoologischen Verein zum Meinungsaustausch über Wartung und Pflege der Singvögel, Tauben und Hühner.
23. JUNI: In der kriegerischen Auseinandersetzung Preußens mit dem Deutschen Bund besetzen preußische Truppen den Bahnhof und den Südhang des Ettersberges.
11. Juli: Die letzte große in Thüringen herrschende Choleraepidemie fordert bis zum 8. November 75 Menschenleben vor allem aus dem Jakobsviertel.
7. OKTOBER: Die in Jena geborene Malerin der Goethezeit, Louise Caroline Seidler, stirbt hier im Alter von 80 Jahren.
23. NOVEMBER: Das 1806 errichtete Schloßbrauhaus brennt vollständig ab.
21. DEZEMBER: Der Erste Bürgermeister Bock nimmt zum letzten Mal an einer Sitzung des Gemeinderates teil und scheidet aus dem Amt aus.

1867 Aus den Steinbrüchen in Ehringsdorf wird Travertin abgebaut und in den kommenden Jahren zum Bau privater und öffentlicher Gebäude, wie für das Sophienhaus, das Sophienstift, das Theater, das Goethe-Schiller-Archiv, den Hauptbahnhof, den Schlachthof, die Pestalozzischule, die Staatsbank und andere Häuser verwandt.
Die Stadt ist bis 1918 Standort des 5. Thüringischen Infanterie-Regiments Nr. 94.
1. JANUAR: Als neuer Erster Bürgermeister erwirbt der am 23. März 1826 geborene Otto Schäffer das Bürgerrecht der Stadt.
28. UND 29. APRIL: Unter Vorsitz des Begründers der modernen Hygiene aus München, Professor Dr. med. Max von Pettenkofer, findet aus aktuellem Anlaß in der »Erholung« eine internationale Konferenz zur Auswertung me-

dizinischer Erkenntnisse über die vorjährige Choleraepidemie statt.

1. Juli: Nachdem am 14. Mai das gesamte Postwesen des Großherzogtums Sachsen-Weimar-Eisenach an Preußen übertragen worden war, geht auch das Postgebäude in preußischen Besitz über; mit dem Gesetz vom 14. April 1871 wird das Postwesen in die Kaiserliche Post überführt.

17. Oktober: August Freiherr von Loën übernimmt das Amt des Generalintendanten des Hoftheaters und der Hofkapelle und übt es bis zu seinem Tod am 28. April 1887 aus. Dingelstedt verläßt am 1. Oktober die Stadt; 1914 wird eine Straße nach ihm benannt.

29. Dezember: Der am Kirschberg gelegene und aus einer Lotterie finanziell gestützte Bau der ersten Vereinsturnhalle in Thüringen ist vollendet.

1868 30. Januar: Das Trauerspiel »Der Tod Iwans des Furchtbaren« von Alexei Tolstoi mit Lehfeld in der Hauptrolle wird am Hoftheater gespielt und die Aufführung als »vortrefflich« bezeichnete.

23. April: Anläßlich der Tagung der Generalversammlung der Deutschen Shakespeare-Gesellschaft in der »Erholung« wird im Hoftheater das Schauspiel »König Johann« von William Shakespeare aufgeführt.

6. Mai: William Finn aus London hält im Stadthaus vor einem interessierten Publikum einen als Attraktion empfundenen Vortrag über Erscheinungen der Elektrizität und des Magnetismus mit praktischen Vorführungen wie des Magnetisierens von Eisen und des Leuchtens unter Wasser.

1. Juli: An der Kunsthalle nimmt Prof. Max Schmidt an Stelle des verstorbenen belgischen Kunstmalers Alexander Michelis, der nach der Natur arbeitete und sie der Kunstmalerei erschloß, seine Lehrtätigkeit in der Landschaftsmalerei auf.

20. und 21. Juli: Anläßlich des 4. Allgemeinen deutschen Turntages mit 200 Teilnehmern, abgehalten in der neuerrichteten Turnhalle, wird die Deutsche Turnerschaft gegründet und zum ersten Mal das Kinderturnen vorgeführt.

14. September: Die Musikdirektoren Stör und von Lassen werden zu Hofkapellmeistern ernannt.

13. November: Der Zeichner und Kunstmaler Buonaventura Genelli, seit 1859 in der Stadt, stirbt hier.

1869 12. Januar: Nach achtjähriger Abwesenheit kehrt Liszt nach Weimar zurück und wohnt in der ehemaligen Hofgärtnerei am Ende der Marienstraße.

6. Februar: Auf Anregung des Geflügelzüchtervereins findet zum ersten Mal auf dem Marktplatz ein Taubenmarkt statt, der künftig alljährlich an drei Sonnabenden im Februar abgehalten werden soll.

Frühjahr: Iwan Sergejewitsch Turgenjew hält sich in der Stadt auf; 1870 kommt er erneut nach Weimar.

11. Juni: August Bebel spricht in einer in der Brauhausgasse 15 (an der Stelle des heutigen Bankgebäudes) gelegenen Gaststätte über die politische und soziale Lage der Arbeiter in Deutschland.

Prof. Friedrich Preller wird anläßlich der Einweihung des Großherzoglichen Museums im Hinblick auf seine dort gezeigte Malerei »Die Irrfahrten des Odysseus« das Ehrenbürgerrecht verliehen; Preller stirbt hier am 23. April 1878 im Alter von 74 Jahren.

25. Juni: Zum Bau der Realschule wird der Grundstein gelegt.

28. Juni: Das Großherzogliche Museum, das der Prager Architekt Josef Zítek im Stil italienischer Renaissance schuf, wird eingeweiht; mit der hier vorhandenen Gemäldegalerie soll gleichzeitig eine Vorbildsammlung für Architektur und Kunstgewerbe verbunden werden.

26. Juli: Vor dem Schießhaus im Webicht wird ein Schaf- und Ölfruchtmarkt gehalten, der auch am 13. September und am 11. Oktober stattfindet.

7. bis 9. August: Unter Führung von August Bebel und Wilhelm Liebknecht findet in Eisen-

ach der Allgemeine deutsche sozialdemokratische Arbeiterkongreß statt, auf dem die Sozialdemokratische Arbeiterpartei gegründet wird; als Weimarer Delegierte und Vertreter von etwa 100 Mitgliedern nehmen für die Maurergewerkschaft Friedrich Artmann, für die Holzarbeiter-Gewerksgenossenschaft der Uhrmacher Friedrich Giertz und für den Arbeiterverein Karl Kraft und Geometer Alexander Müller teil.

1870 9. März: Der Kaufmann Max Haar eröffnet am Markt eine Schnitt- und Modewarenhandlung und wird 1906 Besitzer eines großen Geschäftshauses in der Schillerstraße.
21. April: Friedrich August Klughardt wird Großherzoglicher Musikdirektor.
23. Mai: Für die Stadt wird eine neue Jahrmarktsordnung erlassen.
19. Juli: Frankreich erklärt Preußen den Krieg, in dessen Verlauf auch Weimarer Bürger bei Wörth und Sedan kämpfen müssen.
Herbst: Christian Rohlfs nimmt an der Kunstschule bei den Professoren Alexander Struys und Maximilian Thedy das Studium auf; später arbeitet er als Maler in der Stadt.
23. Dezember: Zum ersten Mal findet am Hoftheater eine weihnachtliche Vorstellung für Kinder mit dem Märchen »Rotkäppchen« in der Bearbeitung von Ludwig Tieck statt.
31. Dezember: Seit 1860 sind 112 Personen ausgewandert; von 1850 bis 1860 hatten 189 Weimarer aus wirtschaftlichen Gründen ihren Wohnsitz im Ausland gewählt.

1871 18. Januar: Nach Beendigung des deutsch-französischen Krieges wird das Deutsche Reich, in dem das Großherzogtum Sachsen-Weimar-Eisenach einer der Kleinstaaten ist, gegründet; die Reichsverfassung wird am 16. April verkündet.
10. April: Die italienische Operngesellschaft Polloni gastiert mit der Oper »Der Barbier von Sevilla« von Gioacchino Rossini mit Desirée Artôt in der weiblichen Hauptrolle; am 2. März 1873 tritt sie erneut auf.
20. Mai: Der in Naumburg geborene Verlagsbuchhändler Dr. phil. Karl Panse stirbt mit 73 Jahren in der Scherfgasse.
30. Juni: Gustav Uschmann erhält die Gewerbegenehmigung zum Betreiben einer Buchdruckerei in der Teichgasse, die später in die Karlstraße 3 verlegt wird.
17. bis 19. Juli: 60 Mitglieder der bedeutendsten deutschen Theater treffen sich zum 1. Allgemeinen deutschen Bühnenkongreß, der die Gründung der Genossenschaft deutscher Bühnenangehöriger einleitet; zum Präsidenten wird der Berliner Schauspieler Dr. Hugo Müller gewählt.
10. Oktober: Die unter Leitung des Architekten Dr. phil. Carl Stegmann errichtete Realschule (heute Rathenauschule) wird bezogen und erhält 1876 noch eine Turnhalle; seit Ostern 1878 unterrichten zwölf Lehrer 250 Schüler in sechs Klassen.

1872 Der Zimmermeister Otto Hetzer aus Großobringen gründet in der Bahnhofstraße (heute Ernst-Thälmann-Straße) den bedeutendsten Betrieb der Stadt – ein Zimmergeschäft mit einer Dampfschneidemühle.
Schneidermeister Franz Giegold macht sich in der Mostgasse selbständig und betreibt ab 1876 in der Marktstraße 8 eine Uniform- und Zivilschneiderei.
6. März: Zwischen 15 und 16 Uhr spürt man in der näheren Umgebung der Stadt für zwei Sekunden eine Erderschütterung.
24. Juni: Mit 14 Schülern wird die erste Orchesterschule Deutschlands durch Müller-Hartung gegründet und zuerst im Wittumspalais, ab 1884 im ehemaligen Kornhaus (heute Palais) untergebracht. Sie entwickelt sich in der Folgezeit zur Großherzoglichen Orchester-, Musik- und Opernschule; 1874 beträgt die Zahl der Schüler 30, 1887 bereits 197, 1922 insgesamt 286 und wächst 1926 auf 301 an.
1. Juli: Mit dem Bau der 68,65 Kilometer langen Eisenbahnstrecke von Weimar nach Gera wird begonnen.

1. August: Der Handarbeiter Friedrich Wilhelm Ufert übersiedelt von Wurzen und belebt die Tätigkeit in der hiesigen Sozialdemokratie; er vertritt auf dem Gothaer Parteitag vom 22. bis 27. Mai 1875 15 Weimarer Genossen.
23. Dezember: Eine Zwiebelmarkt- und eine Friedhofsordnung werden erlassen.

1873 Unter dem Namen »Konsumverein Weimar e. G. m. b. H.« wird eine Konsumgenossenschaft mit 110 Mitgliedern gegründet; 1908 zählt sie 1714 Mitglieder und zahlt als Umsatzvergütung 9,5 Prozent für Lebensmittel und vier Prozent für Brennstoffe.
In der Stadt sind sechs Briefkästen vorhanden, deren Zahl bis 1912 auf 50 steigt.
15. bis 17. Januar: Der Geflügelzüchterverein veranstaltet eine Rassegeflügelausstellung.
18. Januar: Im Stadtgebiet werden 391 Pferde, 288 Rinder, 1339 Schafe, 288 Schweine, 348 Ziegen und 125 Bienenstöcke gezählt.
25. Februar: Unter großer Beteiligung veranstalten die Mitglieder der Kunstschule im Stadthaus ein Künstlerfest, das eine lange Tradition begründet.
20. März: Zum ersten Mal nimmt der in Gera geborene Rechtsanwalt Leo Fürbringer als Erster Bürgermeister an einer Gemeinderatssitzung teil; 1875 übersiedelt er nach Emden.
1. April: Am Graben 37 gründet Karl Schollemann eine Kunsttischlerei und Möbelfabrik.
1. Juli: Die erste sozialdemokratische Zeitung »Thüringer Volksbote« erscheint, deren Herausgeber der um die örtliche Arbeiterbewegung verdiente Kaufmann Karl Kettel ist.
September: In der Turnhalle am Kirschberg tagt der Thüringer Feuerwehrverband; die Turnerfeuerwehr richtet in der Gerbergasse Geräteschuppen und Steigerhaus ein.

1874 24. Januar: Der Kaufmann Johann Karl Joachim Schröter vermacht seiner Heimatstadt, in der er am 15. Juni 1800 geboren wurde, testamentarisch 15 000 Mark; 1875 wird eine Straße nach ihm benannt (heute Washingtonstraße).
28. Mai: Ein Gesetz über die Aufnahme taubstummer und blinder Kinder in die Taubstummen- und Blindenanstalt Weimar wird erlassen und tritt am 1. Januar 1875 in Kraft.
5. Juni: Anläßlich seines Fortzuges wird dem am 1. Juli 1850 von Berka übergesiedelten Rechtsanwalt und Parlamentarier Dr. jur. Hugo Fries in Würdigung seiner langjährigen Tätigkeit als Mitglied des Gemeinderates das Ehrenbürgerrecht der Stadt erteilt; 1890 wird eine Straße nach ihm benannt.
24. Juni: Ohne wesentliche Neuerungen gegenüber 1854 wird die Gemeindeordnung neugefaßt und am 17. April 1895 erneut formuliert; die Stadtbezirke werden neu eingeteilt und die Häuser entsprechend ihrer Straßenzugehörigkeit numeriert.
31. August: Eine Zusammenkunft der Sozialdemokraten wird auf Anweisung des Ersten Bürgermeisters unter Polizeibewachung gestellt.

1875 1. Januar: Die Reichsmarkordnung wird eingeführt.
31. März: Das Stadtgericht wird aufgehoben, und seine Bezirke werden mit denen des Großherzoglichen Justizamtes Weimar vereint.
15. Mai: Der am 22. März 1816 in Weimar geborene Schriftsteller und Dramatiker Alexander Rost stirbt in seiner Heimatstadt.
1. Juni: Der spätere Bildhauer Arno Zauche, Schöpfer von Friedhofsplastiken, des Frosch- und des Delphinbrunnens sowie anderer Monumente, wird hier als Sohn eines Bahnhofsarbeiters geboren.
26. Juni: Zar Alexander II. von Rußland weilt für einen Tag in der Stadt.
30. Juni: Die Länge der Straßenverrohrung für Gas beträgt 18 549,77 Meter; die Gasanstalt versorgt 300 öffentliche und 4560 private Brennstellen.
1. Juli: Das Zuchthaus Weimar wird aufgelöst; die Strafen werden künftig im Zuchthaus Gräfentonna verbüßt.
1. Juli: Auf Beschluß des Gemeinderates erhält der Erste Bürgermeister ein Jahresge-

halt von 5000 Mark und nach zehnjähriger Dienstzeit Pensionsanspruch in Höhe von 40 Prozent des Gehaltes.

1. Juli: Der von dem Bildhauer Prof. Robert Härtel in der bis 1867 gestalteten parkähnlichen Anlage am Großherzoglichen Museum geschaffene Karl-Alexander-Sophien-Brunnen, später »Vimariabrunnen« genannt, wird durch den Gemeindevorstand »dem Schutz der Bevölkerung empfohlen«.

22. August: Die Stadtbraukommune verkauft ihr Brauhaus in der Schützengasse samt Gebäude und Geräte für 32 000 Mark an den Brauereibesitzer Johann Ludwig Deinhardt aus Wickerstedt.

September: Erstmals wird Karl Pabst als Erster Bürgermeister erwähnt; 1888 erhält er den Titel »Oberbürgermeister«.

10. September: Der Gemeinderat beschließt, ein neues Arbeitshaus auf dem Gelände des jetzigen Pflegeheimes Karl-Haußknecht-Straße zu erbauen; hierfür tritt am 8. März 1878 eine Hausordnung in Kraft, die die unwürdige Prügelstrafe der Zöglinge aufhebt.

10. September: Adolf von Donndorf erhält in Anerkennung seiner künstlerischen Leistungen insbesondere für die Ausführung des Carl-August-Reiterstandbildes, das am 3. September enthüllt worden war, das Ehrenbürgerrecht seiner Vaterstadt; Donndorf stirbt am 20. Dezember 1916 in Stuttgart und wird in Weimar beigesetzt.

1. November: Eine Pflegerinnenanstalt mit fünf in Jena ausgebildeten Pflegerinnen wird in einer Mietwohnung in der Watzdorfstraße (heute Carl-von-Ossietzky-Straße) ins Leben gerufen; der Pflegesatz in dieser Einrichtung, in der 1900 insgesamt 140 Krankenschwestern tätig sind, beträgt am Tag zwei Mark.

1876 19. Januar: Der Weimarische Volksbildungs- und Lesehallenverein, dem der Turnverein und der Arbeiterverein als kooperative Mitglieder beitreten, wird gebildet; der Verein begründet 1877 die Volksbücherei und eröffnet seine Lesehalle 1912 im Meßhaus.

3. April: Eine Schafmarktordnung wird erlassen.

5. und 6. Mai: Im Hoftheater erfolgt erstmals die Aufführung beider Teile des »Faust« von Johann Wolfgang Goethe.

19. Mai: Der in Jena geborene Photograph Adalbert Schenk stirbt in der Rittergasse.

10. Juni: Als Sohn des erbgroßherzoglichen Paares Karl August (II.) und Pauline wird Prinz Wilhelm Ernst geboren.

29. Juni: In Anwesenheit geladener Gäste wird um 8.30 Uhr die Weimar-Geraer-Eisenbahn eröffnet und um 11.30 Uhr der erste Zug in Gera festlich empfangen.

1877 Das 1845 von Louis Römhildt in der Windischengasse gegründete Pianofortemagazin wird unter seinem Sohn Carl Max Louis in der Geleitstraße zu einem Großbetrieb mit einem Dampfsägewerk erweitert und beschäftigt über 100 Arbeiter; seit 1891 zur Aktiengesellschaft umgebildet, liefert er 1906 sein 10 000. Instrument aus.

10. Januar: Bei der Reichstagswahl erhält Ufert als Kandidat der Weimarer Arbeiter 332 Stimmen.

22. Februar: Auf Initiative von Ufert wird der sozialdemokratische Arbeiterwahlverein ins Leben gerufen, auf dessen Zusammenkünften marxistische Vorträge gehalten werden; am 13. Oktober 1878 erklärt ihn seine rechte Führung für aufgelöst.

24. Juni: Der spätere Maler Johannes Karl Alexander Brendel wird hier als Sohn des Tiermalers Albert Brendel geboren.

25. September: Mit 90 Mitgliedern konstituiert sich der Arbeiterbildungsverein.

18. Oktober: Das Lehrerseminar bezieht sein neues, nach Plänen von Karl Vent in der Seminarstraße errichtetes Gebäude.

24. Oktober: Die Gasbereitungsanstalt verkauft das Gaswerk, das 72 220 Kubikmeter Gas für 306 städtische und 4441 private Brennstellen abgibt, an die Stadt; 1908 wird das Gaswerk an das Ende der Schwanseestraße verlegt.

1878 Vor dem Bahnhof wird der Jubiläumsplatz (heute August-Baudert-Platz) zu Ehren des 25jährigen Regierungsjubiläums des Großherzogs angelegt.
Der unter Leitung von Streichhan errichtete neubarocke Hauptbau des Marstalls ist fertiggestellt.
11. JANUAR: Zum Schutz des Urheberrechts werden ein künstlerischer, ein photographischer und ein gewerblicher Sachverständigen-Verein gegründet, dessen Mitglieder die Professoren Brendel, Theodor Hagen, Struys sowie Böhlau, Jäde und andere sind.
4. APRIL: Hermann Peters gründet ein Möbel- und Teppichhaus, das 1889 in die Jakobstraße verlegt wird; die Zahl der Belegschaftsangehörigen erhöht sich von acht im Jahr 1919 auf 47 im Jahr 1938.
12. MAI: Auf dem Watzdorfplatz (heute Buchenwaldplatz) wird ein von Härtel geschaffenes Denkmal für die Opfer des 5. Thüringischen Infanterie-Regiments Nr. 94 im deutsch-französischen Krieg eingeweiht.
25. MAI: Die polizeiliche Überwachung der Arbeiter wird dahingehend erweitert, »... daß die Abhaltung solcher Versammlungen, welche von sozialdemokratischen Agitatoren berufen werden oder in welchen letztere als Redner angekündigt werden ... regelmäßig schon vor dem Zusammentritt zu untersagen ist«.
1. JULI: Reinhold Grenzdörffer eröffnet am Karlsplatz 2 eine Konditorei mit einer Kaffeestube; am 23. Mai 1931 wird das Haus in seiner jetzigen Gestalt (heute Goetheplatz 5) neueröffnet und mit Neonlichtreklame ausgestattet.
10. JULI: Ein großer Festumzug der Gewerbetreibenden mit symbolischen Bildern aus Industrie, Kunst, Wissenschaft und sämtlichen Gewerken findet statt.
19. OKTOBER: Die erste Pflichtfeuerwehr wird gegründet und damit die Neuorganisation der Feuerwehr seit 1874 abgeschlossen.
18. NOVEMBER: Das unter Leitung von Vent errichtete Gebäude des Sophienstifts, für das am 24. Juni 1875 der Grundstein gelegt worden war, wird eingeweiht; Direktor der Schule ist bis 1889 Prof. Dr. Ernst Victor Schellenberg.

1879 Der 20jährige Student und spätere Historienmaler Hans W. Schmidt tritt an der Kunstschule in die Klasse des Landschaftsmalers Hagen ein.
27. MAI: Die Fleischversorgung der Bevölkerung erfolgt durch 38 private Schlächtereien; das Schlachthaus befindet sich von 1870 bis 1887 in der Gerbergasse 33 (heute Gerberstraße 15).
JUNI: Friedrich Meisezahl gründet einen Bierverlag, der sich ab 1. Oktober 1898 unter Emil Altwein in der Schützengasse 3 zu einer Biergroßhandlung und Kunsteisfabrik entwickelt.
1. AUGUST: Die Buchdruckerei Robert Wagner & Sohn wird gegründet.

1880 2. MÄRZ: Das mit einem großen Café verbundene Hotel Geleitstraße 12, das sich bis 1892 im Besitz der aus Buttelstedt stammenden Familie Chemnitius befindet, wird eröffnet.
9. APRIL: Die Friedhofskapelle, die für 30000 Mark durch Architekt Otto Minkert im neoromanischen Stil im unteren Teil des Friedhofs errichtet worden war, wird der Stadtgemeinde geschenkt; am 29. Dezember 1881 wird eine Begräbnisordnung erlassen, die Beerdigungen in drei Klassen vorsieht.
SEPTEMBER: Illegale Druckschriften sozialdemokratischer auswärtiger Arbeiter gelangen in die Stadt und werden an 37 Empfänger verteilt.
20. SEPTEMBER: Ein Ortsstatut regelt die Einführung der Aborte mit Tonnensystem; 1891 wird dieses System auf Grund eines Gutachtens von Dr. med. Ludwig Pfeiffer gegenüber den Abortgruben erneut bevorzugt.
27. SEPTEMBER: Aus Anlaß der Tagung des Deutschen Schriftstellerverbandes wird das Schauspiel »Die Braut von Messina« von Friedrich Schiller mit einem Prolog von Julius Grosse aufgeführt.

10. November: Rechtsanwalt Hermann Brenner und Kaufmann Karl Brenner, zwei Brüder, errichten eine Stiftung zugunsten des Krankenhauses; nach ihnen wird eine Straße benannt.
15. Dezember: Am Karlsplatz wird in der 1862 geschlossenen Ziegelei eine Permanente Kunstausstellung eröffnet, die notleidende Künstler durch Verkäufe ihrer Bilder unterstützt.

1881 28. Februar: Zur Förderung der Heimatliebe wird der Zweigverein Weimar des Thüringer Waldvereins gegründet, der im Januar 1906 bereits 589 Mitglieder zählt.
4. April: Von Bülow konzertiert mit Werken von Franz Liszt.
25. April: Prof. Dr. Ludwig Weniger hält eine Antrittsrede als Rektor des Wilhelm-Ernst-Gymnasiums und übt das Amt bis 1908 aus; sein Nachfolger wird Dr. Paul Koetschau bis 1923.
17. Oktober: Der Stadtvorstand schließt erstmals einen Anstellungs-, Besoldungs- und Pensionsvertrag mit dem Ersten Bürgermeister Pabst ab.

1882 1. April: Einer der ersten Photographen, der das elektrische Licht in den Dienst der Photographie stellt, Louis Held, gründet ein Atelier in der Schillerstraße 16, das 1886 in die Marienstraße 1 verlegt wird, wo am 30. November 1912 die Reformlichtspiele eröffnet werden.
1. April: Der Kaufmann Leander Berbig gründet ein Kaffeehaus am Frauenplan, das sich zur Thüringer Großrösterei »Vimaria« entwickelt.
Juni: Der Lisztschüler Eugen d'Albert wird Hofpianist.
12. November: Der Botaniker Karl Haußknecht, der 1869 seinen Wohnsitz in der Stadt nimmt und zuerst in der Jakobstraße und später Schillerstraße 9 wohnt, gründet den Thüringischen Botanischen Verein, dessen Vorsitzender er wird.
28. November: Ein durch eine Staubexplosion verursachter Großbrand vernichtet die etwa 500jährige Burgmühle vor der Kegelbrücke; zu Beginn des Jahres war bereits die Mahlmühle der Vereinsmühle durch Brand vernichtet worden.

1883 Die Brüder Karl und Walter Güssow begründen die 1842 niedergebrannte Papiermühle in Oberweimar neu; 1887 an die Schaukelbrücke verlegt, erlangt der Betrieb bald wirtschaftliche Bedeutung, bis er 1938 eingestellt wird und Tischlermeister Christoph Stengel hier eine Möbeltischlerei einrichtet.
Als Stipendiat und Schüler von Thedy kommt der spätere Maler Heinrich Plühr an die Kunstschule.
3. Mai: Der am 31. Juli 1796 in Weimar geborene Großherzogliche Leibarzt und Gemeinderatsmitglied Dr. Karl Huschke, stirbt hier.
16. Juni: Der spätere Dichter Ernst Ludwig Schellenberg wird hier als Sohn des Schuldirektors Schellenberg geboren.
10. November: Zum 400. Geburtstag des Reformators wird das Drama »Luther« von Wilhelm Henzen aufgeführt.

1884 20. Februar: Der Radfahrverein Weimar wird gegründet.
22. März: Der Komponist Felix Weingartner dirigiert seine Jugendoper »Akuntula« am Hoftheater.
20. April: Der am 30. September 1838 in Berlin geborene Maler Professor Otto Günther, einer der ersten Meisterschüler der Kunstschule, stirbt hier.
4. und 5. Juni: Als Allgemeiner Evangelisch-Protestantischer Missionsverein wird unter dem Motto »Wir erwarten Großes von Gott und versuchen Großes für Gott« die spätere Ostasien-Mission von deutschen und Schweizer Theologen gegründet.
8. Juni: Karl Seyfarth gründet in dem 1841 errichteten Haus Markt 2 ein Zigarren-Spezialgeschäft, das heute noch als Familienbetrieb geführt wird.

29. September: Als halblegale Parteiorganisation der Sozialdemokratie wird der Verein zur Wahrung der Interessen der Arbeiter gegründet, dessen Vorsitzender Kettel ist und der bis zum 19. Januar 1886 insgesamt 40 Versammlungen durchführt.
14. November: Die Stadtgemeinde erhält die selbständige Leitung des Feuerlöschwesens; mit einem Kostenaufwand von 5370 Mark werden technische Feuermeldestellen durch die Firma Hegelmann aus Erfurt errichtet.
Anfang Dezember: Die aus 40 Personen bestehende und aus den Kriegervereinen hervorgegangene Sanitätskolonne beim Roten Kreuz konstituiert sich und wird von Dr. med. Bruno Schwabe ausgebildet und praktisch betreut.
Sommer: Der 22jährige Pianist Bernhard Stavenhagen kommt nach Weimar und wird von Liszt in den Kreis bevorzugter Schüler aufgenommen.
20. September: Ein Kaufmännischer Verein wird gegründet.
17. November: Bei der Gemeindewahl zieht mit Uhrmachermeister Giertz der erste sozialdemokratische Abgeordnete in den Gemeinderat ein.
26. November: Als Tarnorganisation für die seit 1878 verbotene Sozialdemokratische Partei wird der Gesangverein Freundschafts-Sängerbund gegründet, der sich zu einem der bedeutendsten Arbeiterchöre Deutschlands entwickelt und bis 1933 besteht.

1885 Der 80 Arbeitskräfte beschäftigende Betrieb von Otto Hetzer, seit 1883 Weimarische Bau- und Parkettfußbodenfabrik, wird nördlich der Eisenbahnlinie in die Ettersburger Straße verlegt.
Nach Entwürfen von Eelbo wird das Haus Lisztstraße 4 fertiggestellt und von dem Wagnersänger Max Alvary bezogen.
1. April: Die Realschule wird zum Gymnasium erhoben, das 1900 verstaatlicht wird.
15. April: Walther Wolfgang von Goethe, Enkel und letzter Nachkomme des Dichters, der testamentarisch das Großherzogtum als Erben des Goetheschen Nachlasses eingesetzt hat, stirbt in Leipzig und wird am 18. April in Weimar beigesetzt.
18. Mai: Das nach dem Vorbild der Bibliothek San Marco in Venedig von Streichhan entworfene und von Maurermeister Reinhold Röhr errichtete Magazingebäude für das staatliche Archiv wird als erster deutscher Archivzweckbau am Alexanderplatz eingeweiht. Nach Röhr wird 1890 eine Straße benannt.
20. und 21. Juni: Die Goethe-Gesellschaft wird hier gegründet und erhält am 30. Juni die Rechte einer juristischen Person; bis zum 19. Januar 1888 steigt ihre Mitgliederzahl auf die für eine Literaturgesellschaft bisher unerreichte Höhe von 2883 Personen an.

1886 3. bis 6. Januar: Im Stadthaus zeigen die Bella-Coola-Indianer ihre Vorführungen.
20. Februar: Als Sohn eines Hofmusikers wird der spätere Kunstmaler Siegfried Kötscher geboren, der Fassadenmalerei am Haus Geleitstraße 9 und in der Vorwerksgasse ausführt und das Gasthaus Zur Linde künstlerisch ausgestaltet.
18. Juni: Drei Mitglieder des Gemeinderates bilden eine Kommission, die die Verwaltung des Gas- und des Wasserwerkes übernimmt.
1. Juli: Liszt verläßt Weimar und stirbt am 31. Juli in Bayreuth, wo er bestattet wird; die ehemals von ihm in der Hofgärtnerei bewohnten Räume werden museal gestaltet.
3. Juli: Das Goethehaus wird als Goethe-Nationalmuseum eingerichtet und am 5. Juli durch seinen Direktor Carl Ruland der Öffentlichkeit übergeben; der Stiftungsbrief datiert vom 5. August 1885.
5. Juli: Als Mägdebildungsanstalt und -herberge wird in der Schröterstraße das Paulinenstift errichtet.
8. Juli: Die nach zweieinhalbjähriger Bauzeit im Danziger Renaissancestil unter Leitung von Oberbaudirektor Julius Bormann, Nachfolger Streichhans, durch Karl Ösch errichtete Pflegerinnenanstalt, die den Namen »Sophienhaus« erhält, wird mit Haupt- und Abson-

derungshaus eingeweiht; das Krankenhaus, in dem Medizinalrat Pfeiffer 34 Jahre mit 26 Schwestern tätig ist, verfügt über sechzig Krankenbetten.
7. SEPTEMBER: An seinem 25. Geburtstag gründet Maurermeister Wilhelm Bischoff aus Tannroda eine Baufirma, mit der er Wohnhäuser in der Bertuch- und in der Döllstedtstraße sowie 1892 ein neues Fabrikgebäude für die Pianofortefabrik Römhildt und 1906 die neue Friedhofskapelle errichtet.

1887 Der spätere Tiermaler Karl Schaller aus Großrudestedt wird Meisterschüler von Albert Brendel.
8. FEBRUAR: Das 1854 gegründete Bankgeschäft Callmann, Markt 21, erhält die Gewerbegenehmigung; 1900 erfolgt der Zusammenbruch des Bankhauses.
1. MAI: Um 16.30 Uhr startet der Aeronaut Carl Securius vom Turngarten des Realgymnasiums in einem mit 668 Kubikmeter Leuchtgas gefüllten sowie in 1510 Meter Höhe fliegenden Ballon und landet um 18.05 Uhr in Schloßvippach.
15. MAI: Die Sekundärbahn Weimar-Berka-Blankenhain-Tannroda, für deren Bau Hermann Bachstein am 18. März 1882 die Genehmigung erhielt, wird feierlich in Betrieb genommen; der Güterverkehr wird am 13. Juni aufgenommen.
24. MAI: Eine Filiale des Garn-, Knopf-, Posamentier-, Weiß- und Wollwarengeschäftes von Hermann Tietz aus Gera wird von Oskar Tietz in der Marktstraße 2 eröffnet.
1. JUNI: Nach Kündigung des Vertrages mit dem Turnverein über seine Beteiligung an der Freiwilligen Turnerfeuerwehr wird in einer neuen Feuerlösch-Ordnung festgelegt, daß die Bedienung der Feuerlösch- und Rettungsanstalten unter Leitung des Gemeindevorstandes der städtischen Feuerwehr obliegt; die Stärke der Feuerwehr wird auf 120 Mann festgesetzt.
26. JUNI: Die Eisenbahnstrecke Weimar-Schöndorf-Buttelstedt-Großrudestedt-Rastenberg wird eröffnet; es verkehren täglich vier Züge der »Laura« genannten Kleinbahn in beiden Richtungen.
9. JULI: Der Künstlerverein erhält die ehemalige Hofsattlerei und Hofschmiede am Zeughof zur Nutzung; am 3. März 1888 bekommt das Gebäude von der Generalversammlung den Namen »Künstlerhaus«.
9. BIS 11. JULI: Das 4. Thüringer Kreisturnfest der Thüringer Turnvereine, bei dem Weimar den 16. Platz belegt, findet mit 2000 Sportlern am Schießhaus statt; eine Eintrittskarte kostet für Erwachsene 30, für Kinder zehn Pfennig.
17. JULI: Die Seiltänzer-Gesellschaft von Jean Seidler aus Bamberg gibt auf dem Schießhausplatz auf dem 90 Fuß (1 Weim. Fuß = 0,28 Meter) hoch gespannten Seil eine Vorstellung.
26. JULI: Für unbemittelte Buchdrucker und Schriftsetzer wird die Ernst-Kühn-Stiftung mit einem Kapital von 60000 Mark errichtet; nach dem Stifter wird 1907 eine Straße benannt (heute Thomas-Mann-Straße).
7. SEPTEMBER: Die Satzung der durch den Rentier Traugott Wolf in Höhe von 120000 Mark errichteten Wolf-Töpfer-Stiftung wird erlassen; die Stiftungsurkunde datiert vom 12. Februar.
24. SEPTEMBER: Die seit 1859 so benannte Großherzogliche Baugewerkenschule siedelt von der Böttchergasse ins alte Gymnasialgebäude am Herderplatz über und nimmt hier am 30. Oktober den Unterricht auf.
1. OKTOBER: Der Liszt-Schüler Hans Bronsart von Schellendorff aus Hannover wird Generalintendant des Hoftheaters und der Hofkapelle und übt das Amt bis 1895 aus.
1. OKTOBER: Die Turnerfeuerwehr wird aufgelöst.
10. OKTOBER: 11 Uhr wird das von Bormann entworfene und von Röhr im Stil holländischer Renaissance errichtete Gymnasium (heute Goethe-Gymnasium) in der Amalienstraße mit einer Kantate von Müller-Hartung feierlich unter seinem ersten Direktor Weniger eingeweiht; die Inschrift »SOLI DEO GLORIA« (Gott allein die Ehre) schmückt das Gebäude.

10. Oktober: Eine Schlachthof-Ordnung wird erlassen.
11. Oktober: Der von Minkert auf Kosten der Fleischerinnung errichtete Schlachthof wird der Innung übergeben; 1889 werden 75 Pfund Fleisch- und Wurstwaren pro Jahr und Kopf der Bevölkerung verbraucht.

1888 Januar: Bei Schuhmacher Schmidt in der Wagnergasse werden 878 Exemplare der Zeitung Der Sozialdemokrat beschlagnahmt.
31. Januar: Der Kaufmann Karl Anding beginnt ein Zimmerergewerbe, aus dem sich eine Firma für Hoch- und Tiefbau entwickelt, die 1928 etwa 40 Facharbeiter beschäftigt.
Februar: Der Schriftführer der Goethe-Gesellschaft Dr. jur. Karl Kuhn stellt die Lage des bis dahin nicht bekannten Grabes von Christiane Vulpius auf dem Jakobsfriedhof fest, dessen Auffinden sich die Gesellschaft seit ihrer Gründung zum Ziel gesetzt hat.
13. Februar: Der Kaufmann Adolph Winkler eröffnet ein »Spezial-Geschäft für Seidenband und Putzartikel, verbunden mit einem reichhaltigen Lager an Hüten für Damen, Herren und Kinder« im Haus Kaufstraße 26, das später an den Herderplatz 3 verlegt wird.
März: Wegen fortgesetzter Schneeverwehungen muß der Eisenbahnverkehr nach Rastenberg eingestellt werden.
3. April: Der Weimarische Bienenzüchterverein spaltet sich in den Bienenzüchterverein 1858 und in den Neuen Bienenzüchter-Verein, der sich später »Imkerverein Weimar« nennt.
9. April: Der frühere Erste Bürgermeister Wilhelm Bock stirbt; 1890 wird eine Straße nach ihm benannt.
27. April: Wilhelm Schleyer meldet den Betrieb einer Dampfziegelei an, die, in der Bahnhofstraße gelegen, mit durchschnittlich 60 bis 70 Beschäftigten eine Jahresproduktion von sechs Millionen Ziegelsteinen erreicht und 1890 etwa 300 Arbeiter beschäftigt.
Oktober: Das Malzhaus der Stadtbrauerei in der Schützengasse brennt ab; der Neubau wird mit moderner Brautechnik ausgestattet.
1. Oktober: Das neue, für 219512 Mark durch Baumeister Lehoff errichtete Telegraphen- und Postgebäude wird in Nutzung genommen; 1916 erhält es einen Anbau.
8. Oktober: Eine von Stadtbaumeister Richard Has errichtete neue Schule (heute Sophienschule) wird mit zwölf Klassen für insgesamt 1000 Knaben und Mädchen eingeweiht.
23. Oktober: Schwabe gründet das Naturwissenschaftliche Museum, das eine der bedeutendsten menschenkundlichen und prähistorischen Sammlungen Deutschlands birgt; am 24. Juni 1889 wird es in der zweiten Etage der Zweiten Bürgerschule hinter der Stadtkirche mit den Abteilungen Altertümer, Zoologie, Mineralogie, Paläontologie und Botanik der Öffentlichkeit zugänglich gemacht.
5. November: 20 Personen gründen einen freireligiösen Verein Weimar-Oberweimar mit Kettel als Ersten Vorsitzenden; der Verein findet wenig Resonanz.

1889 8. bis 11. Mai: Der Schiller-Nachlaß kommt als Schenkung zum Goetheschen Familienarchiv hinzu und bildet mit diesem das Goethe- und Schiller-Archiv, das sich zu einer in Deutschland einmaligen Literaturforschungsstelle entwickelt.
28. Mai: Der Landschaftsmaler Karl Buchholz scheidet mit 40 Jahren in Oberweimar freiwillig aus dem Leben; eine Gasse erhält seinen Namen.
1. Juli: Der Kapellmeister Müller-Hartung wird zum Direktor der Großherzoglichen Musikschule ernannt; 1922 erhält eine Straße seinen Namen.
2. August: Nach einer persönlichen Vorstellung am 7. März wird der Komponist Richard Strauss als zweiter Hofkapellmeister verpflichtet und wohnt in der Erfurter Straße 19; er führt das Musikleben zu neuer Blüte, verläßt aber am 1. Juli 1894 die Stadt, um nach München zu gehen.
21. Dezember: Der spätere Kunstmaler Alexander von Szpinger wird hier als Sohn eines Opernsängers geboren.

1890 Die aus der Hoftöpferei Johann Friedrich Schmidt am Brühl entstandene größte Thüringische Ofen- und Tonwarenfabrik beschäftigt 100 Arbeiter, die Erzeugnisse für das In- und Ausland herstellen.

Als Herausgeber von Goethes Naturwissenschaftlichen Schriften arbeitet der Anthroposoph Rudolf Steiner bis 1897 im Goethe- und Schiller-Archiv.

29. Mai: Im Schießhaus findet eine Gewerkschaftsversammlung mit über 200 Teilnehmern statt, auf der Kettel als Redner auftritt.

15. Juni: 200 Mitglieder der SPD treffen sich im Schießhaus zum ersten Parteitag des 1. Weimarischen Wahlkreises (Weimar, Apolda, Ilmenau, Allstedt) und beraten über die nächsten Aufgaben; die örtliche Parteiorganisation der SPD konstituiert sich neu.

20. Juni: Die Firma Roltsch & Rauer, die Haus- und Küchengeräte sowie Eisenwarenhandel anbietet, wird im Haus Wielandstraße 5 begründet.

1. Juli: Der Krankenunterstützungsverein Weimarer Lehrer nimmt seine Tätigkeit auf.

19. August: Die Wallendorfer Mühle brennt nieder.

1891 12. Januar: Für den alljährlich stattfindenden Obstmarkt wird eine Obstmarktordnung erlassen.

16. Januar: Der Gemeinderat beschließt, das Jahresgehalt von Oberbürgermeister Pabst auf 7500 Mark zu erhöhen.

1. April: Auf Anregung des Oberbürgermeisters wird in der Bürgerschule eine gesonderte Klasse für schwachsinnige Kinder eingerichtet.

22. und 23. Juni: Der seit 1873 jährlich abgehaltene Deutsche Ärztetag wird mit 95 Delegierten von 148 ärztlichen Vereinen in Weimar durchgeführt.

18. August: Eine örtliche Gewerkschaftskommission wird gegründet.

28. September: Der Bischof von Fulda Joseph Weyland weiht die nach dem Vorbild des Doms von Florenz durch Max Meckel aus Frankfurt am Main entworfene Herz-Jesu-Kirche, zu deren Bau am 23. Mai 1889 der Grundstein gelegt worden war.

12. Dezember: Eine Ortsfernsprechanlage, der im Oktober 1906 etwa 600 Teilnehmer angeschlossen sind, wird eingerichtet; 1897 werden im Ortsverkehr 250 000 und 1919 vier Millionen Gespräche vermittelt.

1892 Das von Eelbo errichtete Gebäude der Landesversicherungsanstalt Thüringen wird in der Erfurter Straße bezogen.

1. Januar: Durch den Ausbau des Feuerlösch- und Meldewesens wird die Tätigkeit des Stadttürmers aufgehoben; als letzter seines Berufes verläßt Hermann Halle am 1. April mit seiner Familie den Turm der Stadtkirche.

März bis April: Das Naturwissenschaftliche Museum wird im Poseckschen Haus untergebracht und hier Mitte August wieder eröffnet; 1897 schenkt Schwabe dem Museum seine diluvialen Sammlungen, insbesondere Taubacher und Ehringsdorfer Funde.

3. Mai: Zur Ausübung des Fahrgewerbes wird in der Schillerstraße 3 eine Weimarer Omnibusgesellschaft gegründet.

10. Juni: Anton Bach übernimmt die am 1. Oktober 1866 am Brühl gegründete Wurstfabrik und Roßschlächterei, der er eine Speisewirtschaft anschließt.

27. Juni: Otto Hertel richtet in der Schützengasse 5 ein Photographisches Atelier ein.

15. August: Der Oberbibliothekar und Literaturhistoriker Dr. Reinhold Köhler stirbt mit 62 Jahren in seiner Heimatstadt.

Sommer: Der Neuaufbau der Vereinsmühle als Schneidemühle ist vollendet; die Mühle entwickelt sich zur vollautomatischen Walzenmühle mit einer Leistung von 15 Tonnen pro Tag im Jahre 1930.

Oktober: Der spätere König Georg V. von England weilt in der Stadt und wohnt im Haus Ackerwand 23.

5. Dezember: Mit der Oper »Philémon et Baucis« von Charles-François Gounod gastiert ein französisches Theaterensemble.

1893 28. März: Ein Plakatinstitut, das das Aufstellen der »Anschlagsäulen zu Anschlägen aller Art, mit Ausnahme von Anschlägen unsittlichen, beleidigenden und gemeingefährlichen Inhalts für Behörden und Private ... nach festgelegten Gebühren« regelt, wird für vorerst zehn Jahre gebildet.

2. April: Der Maler Rudolf Ridel, den Goethe als Erzieher des Erbgroßherzogs Carl Friedrich nach Weimar geholt hatte, stirbt hier.

5. Mai: Der Verein zur Förderung des Fremdenverkehrs, der für den Besuch Weimars als »gesündeste deutsche Stadt mit geringster Sterblichkeit unter den Städten über 2000 Einwohnern« wirbt, erhält Satzungen; am 30. Oktober 1902 wird er zu einem Verkehrs- und Verschönerungs-Verein erweitert und nennt sich ab 31. Oktober 1924 »Verkehrsverein Weimar«.

8. September: Im Alter von 82 Jahren stirbt der Wohltäter der hiesigen Armen, Traugott Wolf, in seiner Heimatstadt.

23. Dezember: Unter der musikalischen Leitung von Strauss wird die Märchenoper »Hänsel und Gretel« von Engelbert Humperdinck uraufgeführt.

1894 15. Januar: In der Rolle der Santuzza aus der Oper »Cavalleria rusticana« von Pietro Mascagni gastiert die berühmte Schauspielerin Eleonora Duse.

13. Februar: Als Sohn eines Gastwirts wird der spätere Schlosser und Kriegsgegner Kurt Nehrling hier geboren.

April: Der Weinfabrikant Gerhard Appenrodt verlegt seine am 15. April 1887 gegründete Großkelterei und Gastwirtschaft in die Erfurter Straße 80; 1905 bietet die »Fantasie« 500 Gästen Platz.

10. Mai: Die Erstlingsoper »Guntram« von Richard Strauss mit Heinrich Zeller in der Hauptrolle wird hier uraufgeführt.

30. Juni: Die Statuten der Marie-Seebach-Stiftung werden erlassen, »Pensionären der Genossenschaft deutscher Bühnen-Angehöriger durch Aufnahme in das in der Stadt Weimar zu erbauende ›Heim‹ und durch Gewährung der Verpflegung, einschließlich der Heizung und des Lichtes, ein möglichst sorgenfreies Leben zu bereiten«.

Mitte des Jahres: Der Thüringer Ausstellungsverein Bildender Künstler, der seine Exponate im Poseckschen Haus zeigt, wird gegründet; er hat zunächst Zweigvereine in Jena, Gera und Greiz und später in Eisenach, Coburg, Merseburg und Glauchau.

6. Juli: Für die Entscheidung von gewerblichen Streitigkeiten zwischen Arbeitern und Unternehmern wird ein Gewerbegericht eingerichtet, dessen Vorsitzender weder Arbeiter noch Unternehmer sein darf und der für zwei Jahre gewählt wird.

20. August: Das Albert- und-Franziska-Voigt-Stift wird ins Leben gerufen; die Statuten datieren vom 28. Juni 1893.

10. November: Eine öffentliche Gewerkschaftsversammlung fordert vom Gemeindevorstand die Einrichtung eines städtischen Arbeitsamtes auf Kosten der Stadt zur kostenlosen Arbeitsvermittlung und zur Regelung arbeitsschutzgesetzlicher sowie anderer Bestimmungen; am 13. September 1895 bringt die Staatsregierung den Versuch zum Scheitern.

1895 Der Rohstoffverein der Schuhmacher e. G. m. b. H. wird als eine der ersten lederverarbeitenden Genossenschaften in Deutschland mit 46 Mitgliedern gegründet.

1. März: Auf Gemeinderatsbeschluß wird der Platz vor dem Museum »Carl-August-Platz« genannt.

28. Mai: Albert Brendel, seit 1875 an der Kunstschule tätig und von 1881 bis 1884 ihr Direktor, stirbt; er belebte die grafischen Künste durch die Gründung des Weimarischen Radiervereins.

10. Juli: Der ehemals königlich-preußische Major und bisherige Theaterintendant in Dessau, Hippolyt von Vignau, wird Intendant und ab 23. Oktober 1897 Generalintendant des Hoftheaters und der Hofkapelle.

2. August: Das Marie-Seebach-Stift in der Tiefurter Allee wird von der Stifterin eingeweiht; durch Umbau erhält es 1901 sein heutiges Aussehen.
15. August: Als Geschenk der Stadt Preßburg (heute Bratislava) wird das von Franz Pönninger geschaffene Hummel-Denkmal am Sophienstiftsplatz enthüllt.
1. September: Stavenhagen wird zum Hofkapellmeister ernannt, nachdem der Komponist d'Albert entlassen worden war.
20. Oktober: Der Brunnen in der Geleitstraße, das »Meiner Vaterstadt in Liebe und Dankbarkeit« gewidmete Symbol der Mutterliebe, wird in Anwesenheit seines Schöpfers Adolf Donndorf enthüllt; den steinernen Unterbau entwarf Stadtbaumeister Bruno Schmidt.

1896 Für seine botanische Sammlung läßt Haußknecht in der Amalienstraße (seit 1938 Karl-Haußknecht-Straße) ein über die Stadt hinaus bekannt werdendes Herbarium einrichten.
1. Januar: Die Bürgerschullehrer erhalten ein Anfangsgehalt von jährlich 1200 Mark; nach fünf Dienstjahren wird der Betrag auf 1500 Mark, nach zehn auf 1800 und mit dem 30. Dienstjahr auf 2500 Mark erhöht.
18. Januar: Der berühmte Schauspieler Josef Kainz spielt als Gast den Prinzen von Homburg in dem gleichnamigen Schauspiel von Heinrich von Kleist.
14. Februar: Der Gemeinderat genehmigt das Abhalten eines Honigmarktes im Frühjahr, der Produkte und Geräte der Bienenzucht zum Verkauf bringen soll; am 11. März 1906 verkaufen 28 Imker 580 Pfund Honig.
28. Juni: Das von Minkert für das Goethe-Schiller-Archiv errichtete Gebäude wird eröffnet.
19. Juli: Der in Altenburg geborene Ernst Victor Schellenberg, der unter dem Namen Ernst Veit den Liedtext »Thüringen, holdes Land« verfaßte, stirbt mit 68 Jahren.
25. Oktober: Die von Karl August Donndorf geschaffene Carl-August-Büste wird in den Anlagen des Landesmuseums enthüllt; im Zweiten Weltkrieg wird sie eingeschmolzen.
28. November: Der 1829 in Dom-Havelberg geborene Maler Prof. Berthold Woltze stirbt hier; sein Sohn Peter wird durch zwölf Architekturbilder »Das klassische Weimar« bekannt.

1897 Der Zugverkehr zwischen dem Berkaer Bahnhof und dem Erfurter Tor wird eingestellt.
Die christliche Jakobsgemeinde wird im Gasthaus Thüringer Hof begründet.
23. Januar: Die Sektion Weimar des Deutschen und Österreichischen Alpenvereins begeht im Hotel Zum Goldnen Adler ihr Stiftungsfest.
28. Januar: Der Tischler Paul Rietschel gründet in der Jakobstraße 18 eine Tischlerei.
4. März: Das neue, nach einem Plan von Stadtbaumeister Schmidt mit Unterstützung des Architekten Rudolph Zapfe aus Oberweimar errichtete Gewerbehaus Schillerstraße 10 wird mit musikalischem Auftakt durch die Stadtkapelle eingeweiht.
2. April: Ein Ortsstatut legt die Zusammensetzung des Gemeindevorstandes fest, der aus dem Oberbürgermeister, dem Zweiten Bürgermeister, dem jeweiligen Stadtbaumeister und aus drei unbesoldeten Stadträten besteht; der Gemeinderat, der 1898 aus 28 Personen besteht, gliedert sich in den »Finanz-, den Bauausschuß, den Volksschulvorstand, den Schulvorstand des Realgymnasiums, den Krankenhausvorstand, die Kommission für die Holzspalteanstalt und zur Kontrolle des Armen- und Arbeitshauses, die Kommission für das Gas- und Wasserwerk, den Ausschuß für die Herstellung der elektrischen Beleuchtungszentrale und der Straßenbahn, den Ausschuß behufs Erwägung und Beratung der Frage über eine anderweite Organisation der Gemeindebehörden, den Gesundheitsrat, die Kommission für das Albert- und-Franziska-Voigt-Stift, die Kommission für das Wolf-Töpfer-Stift, die Kommission für die Beaufsichtigung des Friedhofs, der Gartenarbeitsschule und der Stadt-

verschönerungen sowie die Kommission behufs Beratung der beim Schlachthof in Betracht kommenden Fragen«.

30. Juli: Der Hausverwalter des Arbeitshauses berichtet dem Gemeindevorstand über die dort herrschenden menschenunwürdigen Verhältnisse; im Ergebnis der Novemberrevolution dürfen die Arbeitshäuser nur noch straffällige Personen nach entsprechenden gerichtlichen Entscheidungen aufnehmen.

1. August: Auf Betreiben der Schwester siedelt der Philosoph Friedrich Nietzsche von Naumburg nach Weimar, Wörthstraße 5 (heute Thomas-Müntzer-Straße), über und wohnt später in der Luisenstraße 30 (heute Humboldtstraße 36).

1898 10. Mai: Der Gewerbeverein Weimar eröffnet einen Arbeitsnachweis, der am 4. Oktober 1904 auf Vereinsbeschluß seine Tätigkeit wieder einstellt, nachdem ihn der Gemeinderat am 25. März 1904 ablehnt.

1. Juli: Bis zum 30. September sterben acht Menschen an Flecktyphus, 16 an Brechdurchfall, acht an Lungentuberkulose und sechs begehen Selbstmord; 161 Geburten stehen 125 Todesfällen gegenüber.

Zwiebelmarkt in der Schillerstraße, um 1890

3. Juli: Das in der Buchfarter Straße (heute Rudolf-Breitscheid-Straße) errichtete Wolf-Töpfer-Stift wird mit 78 weiblichen und einem männlichen Insassen eingeweiht.

1. September: Der aus Eger stammende Rudolf Krzyzanowski wird Hofkapellmeister.

1. September: Bis Ende des Monats übernachten 4987 Personen in Hotels und Gasthäusern.

18. Oktober: Auf dem Zwiebelmarkt werden Sellerie, Meerrettich, Porree und Zwiebelrispen für 20 Pfennig pro Stück verkauft.

22. Oktober: Der Fernsprechverkehr nach Sachsen wird ausgebaut; ein dreiminütiges Gespräch kostet eine Mark.

9. November: Die Eröffnung der Waggonfabrik Weimar wird in das Genossenschaftsregister eingetragen; auf dem Gelände einer früheren Ziegelei Buttelstedter Straße 144 werden Eisenbahnwagen und Wagen für den elektrischen Betrieb hergestellt. 1899 stellen 300 Arbeiter 336 Waggons her.

26. November: Landgerichtsrat Dr. jur. Karl Kuhlmann, der sein Vermögen den Armen der Stadt als Stiftung hinterläßt, stirbt hier; 1903 wird eine Straße nach ihm benannt.

15. Dezember: Das mit Dampfkraftmaschinen betriebene Elektrizitätswerk der Firma Siemens Elektrische Betriebe AG am Kirschberg gibt erstmals Strom an die Verbraucher ab.

1899 Ein Stellenvermittlungsbüro für Dienstboten und andere weibliche Arbeitskräfte wird vom Deutsch-Evangelischen Frauenbund ins Leben gerufen.

20. Januar: Der Kaufmann Wilhelm Lösch aus Zellerfeld gründet in der Geleitstraße eine Eisenwarenhandlung, die 1910 in die Marktstraße 4 verlegt wird.

7. März: Der italienische Komponist und Pianist Ferruccio Benvenuto Busoni wirkt in einem Konzert der Hofkapelle mit; er unterrichtet hier im Klavierspiel.

1\. APRIL: Die Weimar-Berka-Blankenhainer Eisenbahn geht für eine Kaufsumme von 1400000 Mark in den Besitz der Firma Bachstein über; am 6. August 1946 wird die Bahn Volkseigentum.
10\. APRIL: Zum Bau billiger zweckmäßiger Wohnungen und preiswerter Häuser östlich der Buttelstedter Straße wird die Genossenschaft »Bauverein« gegründet.
3\. JUNI: Mit einer vom Bahnhof ausgehenden roten Linie, die über das großherzogliche Museum, Bürgerschulstraße, Innere Erfurter Straße, Wielandplatz zur Falkenburg führt, und mit einer grünen Linie, der vom Karlsplatz über Graben, Kaufstraße, Markt, Frauenplan und Wielandplatz führenden Stadtlinie, nimmt die elektrische Straßenbahn die Personenbeförderung auf; eine Polizeiverordnung über den Betrieb datiert vom 1. März.
2\. AUGUST: Eine öffentliche Versammlung sozialdemokratischer Gemeindevertreter Thüringens wird verboten, weil »dem öffentlichen Wohle drohende Gefahren damit verbunden sind«; die Feier zu Ehren des Gründers des Allgemeinen Deutschen Arbeitervereins, Ferdinand Lassalle, am 31. August wird ebenso untersagt wie ein Vortrag über Goethe, den die Gewerkschaftskommission für den 9. September angesetzt hat.
6\. SEPTEMBER: Der in der Kunstschulstraße 4 lebende Kunstmaler Prof. Friedrich Martersteig stirbt im Alter von 83 Jahren; 1912 wird eine Straße nach ihm benannt.
29\. SEPTEMBER: Für die 1885 gegründete anglikanische Gemeinde wird eine unter Leitung Zapfes im Stil englischer Neugotik errichtete Kirche, für die im Frühjahr der Grundstein gelegt worden war, in Anwesenheit zahlreicher Engländer geweiht.
27\. DEZEMBER: Reinhold Schindler kauft eine in der Windischengasse gelegene kleine, mit einer Boston-Buchdruckerhandpresse ausgestattete Buchdruckerei, die 1920 in ein von Zapfe am Rollplatz errichtetes Haus verlegt wird; Mitinhaber ab 1931 ist Kurt Schindler.

Friedrich Nietzsche, 1883

1900 Die Parkettfußbodenfabrik von Otto Hetzer, seit 1899 mit Bahnanschluß versehen, nimmt im neuen Fabrikgebäude in der Rießnerstraße die Produktion auf.
Der aus einer traditionsreichen Gärtnerfamilie stammende und 1861 in Ettersburg geborene Otto Ludwig Sckell wird Hofgärtner und 1920 Oberleiter sämtlicher Besitzungen des Landes Thüringen, bis er am 1. Juli 1929 in den Ruhestand tritt.
1\. JANUAR: Auf Gemeinderatsbeschluß wird um 12 Uhr bei Sonnenschein und frühlingshafter Wärme mit einem Frühkonzert der Stadtkapelle auf dem Rathausbalkon das neue Jahrhundert begrüßt.
2\. MÄRZ: Nach dem Tod Johann Ludwig Deinhardts führen seine Söhne Karl und Robert das Brauereiunternehmen zum weiteren wirtschaftlichen Aufstieg.
1\. APRIL: Hermann Böhlau stirbt hier.
25\. AUGUST: Friedrich Nietzsche stirbt hier in geistiger Umnachtung und wird in Röcken bei Weißenfels beigesetzt.

1901 5. Januar: Großherzog Carl Alexander stirbt; seine Nachfolge bis 1918 tritt sein Enkel Wilhelm Ernst an.
8. Januar: Für zunächst 25 Kinder, deren Eltern berufstätig sind, wird durch den Deutsch-Evangelischen Frauenbund ein Kinderhort ins Leben gerufen; die Zahl der Kinder steigt im Winter auf 60 an.
30. Mai: In der ehemaligen sogenannten Vorschule gegenüber dem Liszthaus wird als Anregung für Studenten eine Gemäldesammlung mit Werken von 128 Weimarer Künstlern als Museum eingeweiht.
9. Juli: Der Maler Ludwig Freiherr von Gleichen-Russwurm, ein Enkel Schillers und seit 1869 an der Kunstschule tätig, stirbt im Alter von 64 Jahren.
26. September: Der Maler Prof. Sixt Armin Thon stirbt im Alter von 83 Jahren.
1. Oktober: Für alleinstehende berufstätige Frauen und Mädchen wird das Martha-Marien-Heim gegründet, das am 1. Juli 1903 das Haus Amalienstraße 6 erwirbt.
27. Oktober: Auf dem Ettersberg wird ein von Ernst Kriesche erbauter Turm eingeweiht, der dem Begründer des deutschen Reiches, Reichskanzler Otto Fürst von Bismarck, gewidmet ist.
28. Oktober: Das unter Leitung Karl Reichenbechers auf dem von Stadtgutsbesitzer Max Zöllner gestifteten Grundstück errichtete Blindenheim, eine Beschäftigungs- und Versorgungsanstalt für erwachsene Blinde des Großherzogtums Sachsen-Weimar-Eisenach, wird eingeweiht und in ihm der handwerkliche Unterricht von sieben Schülern aufgenommen; 1904 erhält eine Straße den Namen Zöllners.
21. Dezember: Als Berater für Industrie und Kunstgewerbe wird der am 3. April 1863 in Antwerpen geborene Architekt und Hauptvertreter des Jugendstils, Henry van de Velde, durch den Großherzog nach Weimar berufen; sein Anstellungsvertrag datiert vom 15. Januar 1902.

1902 1. April: Der Kunstmaler Hans Olde wird Direktor der reorganisierten Kunstschule, die in staatliche Verwaltung überführt wird, und übt das Amt bis 1911 aus.
20. April: Die am 27. Dezember 1901 gebildete Aktiengesellschaft für Eisenbahn- und Militärbedarf nimmt ihren Betrieb in der bisherigen Waggonfabrik auf.
13. Mai: Der Schriftsteller Dr. phil. Julius Grosse, der 1870 als Generalsekretär der Deutschen Schillerstiftung nach Weimar kam, wird auf dem Friedhof beigesetzt.
31. Mai: In Anwesenheit eines Vertreters der Königlich-Ungarischen Regierung wird unter den Klängen der Weimar-Hymne das von Hermann Hahn geschaffene Liszt-Denkmal im Beisein seines Schöpfers im Park enthüllt.
Oktober: Der Mitte des Jahres zur Erneuerung von Kunst und Kunstgewerbe nach Weimar berufene Harry Graf Keßler übersiedelt in die Stadt und wohnt Cranachstraße 15; im Martersteigschen Haus hinter der Kunstschule ruft er 1913 als eine der bedeutendsten Privatpressen in Deutschland die Cranach-Presse ins Leben, die 1931 aus finanziellen Gründen geschlossen wird.
15. Oktober: Im Prellerhaus Belvederer Allee 8 wird das kunstgewerbliche Seminar eröffnet.
21. Oktober: Auf Beschluß des Schulvorstandes erhält die erste Bürgerschule den Namen »Carl-August-Schule«, die Schule hinter der Stadtkirche den Namen »Herderschule«, die in der Sophienstraße (heute Carl-August-Allee) gelegene den Namen »Sophienschule« (heute Sophiengymnasium) und die in der Röhrstraße als Handels- und Fortbildungsschule für Mädchen durch Schmidt errichtete den Namen »Luisenschule« (heute Käthe-Kollwitz-Oberschule).
31. Dezember: Die Stadtverwaltung erzielte im laufenden Jahr Einnahmen in Höhe von 787 643,45 Mark, davon 393 125,37 Mark an Gemeindeeinkommensteuern, und gab 703 824,23 Mark aus, davon 147 214,11 Mark an Gemeindeverwaltungsaufwand gegenüber

7287,37 Mark für Bauarbeiten an städtischen Gebäuden; das Grundvermögen der Stadt beträgt 4475164,50 Mark, davon 3504803,48 Mark an Gebäuden.

1903 17. Januar: In einem Gastspiel von Coquelin aîné und den Mitgliedern des Théâtre de la Porte St. Martin zu Paris wird das Schauspiel »Le Tartuffe« von Jean-Baptiste Molière gezeigt; am 7. und 8. November tritt die Truppe erneut auf.

30. Januar: Seit Monatsbeginn übernachteten 3571 Personen, deren Zahl sich im Mai auf 4662, im Juni auf 5597 und im August auf 6154 steigert, in Gast- und Logierhäusern.

8. Februar: 400 Personen besuchen im Tivoli einen Vortrag des reformistischen SPD-Abgeordneten im Reichstag Eduard Bernstein über die politische Lage in Deutschland.

23. Februar: Der erste Fußballklub, der sich wenig später »Sport-Club Weimar« nennt und seine Spiele auf den Neunzigäckern am Webicht austrägt, wird gegründet; bereits 1895 hat Seminarlehrer Adolf Bär, der auch Leichtathletik und Tennis förderte, einen Schülerverein ins Leben gerufen und das Fußballspiel eingeführt.

31. März: Seit Jahresbeginn betrug die monatliche Durchschnittszahl der im Krankenhaus behandelten Patienten 53,5.

April: Der Ballspiel-Club Vimaria 03, ein Verein für Leibesübungen, wird gegründet.

1. April: Das Naturwissenschaftliche Museum wird in städtische Verwaltung übernommen und das erste selbständige Museum Thüringens geschaffen; Kustos mit einer Jahresbesoldung von 2100 Mark bei freier Wohnung und Heizung wird der Lehrer Armin Möller.

4. April: Der 28jährige Mörder Artur Behnert wird unter Geläut des Armesünderglöckchens im Landgerichtsgefängnis durch Fallbeil enthauptet.

Sommer: Der hier seit 1902 lebende Redakteur der Weimarischen Zeitung und Schriftsteller, Dr. phil. Ernst Wachler, gründet das Harzer Bergtheater, das mit Wachlers Walpurgisspiel eröffnet wird.

7. Juli: Der am 30. November 1838 in Bennungen geborene Karl Haußknecht stirbt an Lungenentzündung.

24. August: In Ehringsdorf wird ein neues Schulgebäude eingeweiht.

1. September: Die Römhildtsche Pianofortefabrik eröffnet Schillerstraße 20 eine Verkaufsstelle für ihre Instrumente.

10. September: Das Hotel Zum Erbprinzen wird für 370000 Mark an Karl Vetter aus Hamburg verkauft.

24. September: Die Internationale Literatur- und Kunstvereinigung, der Weltverband zum Schutz der Urheberrechte, eröffnet hier mit internationaler Beteiligung den 25. Kongreß.

Oktober: In der Frauentorstraße wird mit dem Abbruch von Häusern begonnen, um dem Neubau eines Bankhauses Platz zu machen.

14. Oktober: 6 Uhr überfliegt ein bemannter Luftballon der Königlich-Bayrischen Luftschifferabteilung München die Stadt.

15. Oktober: In dem von van de Velde umgebauten Nietzsche-Archiv enthüllt Keßler, Kurator des Großherzoglichen Museums für Kunst und Kunstgewerbe, eine von dem Bildhauer Max Klinger geschaffene Büste des Philosophen und weiht in Anwesenheit internationaler Gäste die neugestalteten Bibliotheksräume ein.

16. November: In der »Erholung« gründen die Stellmacher ihre Innung.

25. bis 27. November: Auf einer internationalen Tournee gastiert das Ibsen-Theater aus Berlin mit Luise Dumont im Tivoli; die Künstlerin regt die Errichtung eines Sommertheaters in der Belvederer Allee an.

Dezember: In der in zehn Bezirke aufgeteilten Stadt stehen 138 Wohnungen und sieben Läden leer gegenüber 45 Wohnungen 1901.

6. Dezember: Im Alter von 84 Jahren stirbt Karoline Peucer, die letzte Enkelin Christoph Martin Wielands.

15. Dezember: Der Deutsche Künstlerbund, der zu seinen Mitgliedern die hervorragendsten Vertreter der bildenden Kunst zählt, wird auf dem Sezessionistenkongreß gegründet.

Panorama vom Bahnhof, um 1900

1904 15. JANUAR: Der hier seit 1895 als Generalmusikdirektor tätige Eduard Lassen stirbt im Alter von 74 Jahren.

FRÜHJAHR: Der norwegische Maler Edvard Munch trifft hier mit dem Kreis um Keßler und van de Velde zusammen; von November 1905 bis zu Beginn des Jahres 1907 weilt er für längere Zeit in der Stadt.

23. APRIL: Das aus weißem Marmor von Otto Lessing geschaffene erste Shakespeare-Denkmal Deutschlands wird hinter der Mauer im Park enthüllt.

2. MAI: In der Kohlstraße 35 wird eine »Postanstalt mit Telegraphen- und Fernsprechbetrieb und unbeschränkter Annahmebefugnis als Zweigstelle des Hauptpostamtes« eröffnet.

JULI: Vom Abbruch bis zum Innenausbau wird bis Oktober nach Plänen van de Veldes der erste Bauabschnitt der Kunsthochschule fertiggestellt; am 8. November 1911 ist der Gesamtbau vollendet.

13. OKTOBER: Als Tochter des seit 1900 am Goethe-Schiller-Archiv tätigen Archivars und Goetheforschers, Prof. Dr. phil. Max Hecker, wird die spätere Schriftstellerin Dr. phil. Jutta Hecker geboren.

1905 Lienhard gibt hier die aus eigenen Beiträgen zusammengestellte Zeitschrift »Wege nach Weimar« heraus; 1909 übersiedelt er nach Weimar.

Der Kaufmann Otto Haar bezieht die 1886 im Park, Ilmstraße 6, erbaute Villa, die seinen Namen erhält.

8. FEBRUAR: Die Teilnehmer einer öffentlichen Versammlung des Sozialdemokratischen Volksvereins Weimar bekennen sich zur Solidarität mit den russischen Arbeitern.

5. APRIL: 80 Maler und Anstreichergehilfen fordern einen Minimalstundenlohn für Gehilfen über 20 Jahre von 35 Pfennig; die Tischler fordern eine Arbeitszeit von 57 statt 60 Wochenstunden.

17. APRIL: Eine Jahrmarktsordnung wird erlassen.

28. APRIL: Der Entwurf van de Veldes zum Bau eines Bildhauerateliers an der Stelle der Baumschule wird genehmigt und das Gebäude bis zum 23. Oktober 1906 vollendet; Adolf Brütt wird Leiter der Meisterklasse in der neueröffneten Bildhauerschule.

9. MAI: In der festlich geschmückten Stadt wird des 100. Todestages von Schiller gedacht.

31. DEZEMBER: 45,4 Prozent der unehelich

Hauptbahnhof, um 1900

gegenüber 19,4 der ehelich geborenen Kinder sind im Laufe des Jahres verstorben; die Zahl der Selbstmorde hat sich mit 4,1 Prozent aller Sterbefälle vervielfacht.

1906 Nach Plänen von Zapfe wird im Jugendstil das sogenannte Hansahaus, Goetheplatz 6 (heute Frauenplan), errichtet, das zuerst ein Damenkonfektions-, ab 1909 ein Zigarrenspezialgeschäft und ab 1910 eine Südfruchthandlung beherbergt; nachdem 1899 das erste Wohnhaus im Jugendstil in der Teichgasse 4 erbaut worden war, entstehen weitere Häuser Zapfes in der heutigen Paul-Schneider-Straße, in der Cranachstraße, Trierer Straße und am Graben.

Im Haus Rollplatz 12 wird durch Paul Trommler der Grundstein für eine Firma zur Herstellung von Bierapparaten und Schankanlagen gelegt.

Der Schriftsteller Wilhelm Hegeler nimmt seinen Wohnsitz in Weimar und wohnt in der heutigen Mozartstraße, danach bis 1936 Gutenbergstraße 6.

Anfang Januar: Im Museum für Kunst- und Kunstgewerbe am Karlsplatz wird eine Ausstellung mit Werken des französischen Bildhauers Auguste Rodin eröffnet; Keßler hatte dies in Paris organisiert; Konservative provozieren wegen des Tiefstandes »der Sittlichkeit der Künstler« einen Skandal, der Keßlers Ausscheiden aus dem Staatsdienst zur Folge hat.

3. Januar: Im Brauhof am Karlsplatz findet zum ersten Mal eine Vorführung sogenannter lebender Photographien wie »Die berühmten Springbrunnen in Versailles«, »Gretchens Liebesroman« und anderer statt, die von einem Pianisten stimmungsvoll begleitet werden und allabendlich wechseln; am 9. Februar hält der Photograph und Vorsitzende des Deutschen Photographenvereins, Karl Schwier, einen Vortrag über Farbphotographie.

14. Januar: Die Schmiedeinnung eröffnet in der Herderschule eine Fachschule zur Ausbildung von Lehrlingen mit theoretischem Unterricht im Hufbeschlag während des Winterhalbjahres.

12. März: Die weltbekannte Diseuse Charlotte Wiehé trägt in der »Erholung« internationale Volkslieder und Balladen vor.

27. März: In der Hauptversammlung beschließt die Erholungsgesellschaft sich aufzulösen, da »das gesellschaftliche Leben sich in Privatzirkeln bewegt«.

Museum für Kunst und Kunstgewerbe, um 1900

APRIL: Der Dichter Ernst von Wildenbruch wird ansässig und ein am Hoftheater oft gespielter Autor; er erwirbt ein Grundstück Am Horn 25 und bezieht 1907 die von dem Architekten Paul Schultze-Naumburg errichtete Villa »Ithaka«, die von 1928 bis 1937 als Krankenhaus und Entbindungsstation genutzt wird.

4. APRIL: 150 Zimmerleute in sämtlichen Baubetrieben fordern die Erhöhung ihres Stundenlohnes von 35 auf 42 Pfennig; am 20. April streiken 180 organisierte Maurer und 70 Bauarbeiter um Lohnerhöhung von 38 auf 42 Pfennig pro Stunde.

21. MAI: Im Hotel Elephant wird unter Vorsitz von Prof. Dr. phil. Eduard Scheidemantel die Ortsgruppe Weimar des Bundes Heimatschutz gegründet mit der Aufgabe, sich »der Pflege und Erhaltung des Stadtbildes und der möglichst harmonischen Eingliederung der Neubauten in den Rahmen der künstlerisch-architektonischen Überlieferung« zu widmen; Mitglieder sind unter anderen die Professoren Adolf Bartels, Olde, Hans W. Schmidt, Schultze-Naumburg, Thedy sowie Eelbo.

7. JUNI: Auf einem Bauplatz in der Meyerstraße wird ein Hockergrab aus der Merowingerzeit gefunden; bereits 1903 war Am Horn ein Hockergrab aus der jüngeren Steinzeit entdeckt worden.

12. JUNI: Auf Beschluß des Gemeinderates wird für den Theaterneubau ein Eisenbahngleis vom Erfurter Tor über den Sophienstiftsplatz zur Dingelstedtstraße gelegt; 1908 wird das Gleis auf der gesamten Erfurter Straße entfernt.

16. JUNI: Der hier 1821 als Sohn des Musikers Johann Nepomuk Hummel geborene Maler Prof. Carl Hummel stirbt und wird am 19. Juni beigesetzt; zu Beginn des Jahres war im Großherzoglichen Museum eine Ausstellung seiner Bilder und Skizzen mit Erfolg gezeigt worden.

6. JULI: Das Statut der Volkshaus-Gesellschaft Weimar e.G.m.b.H., die als Voraussetzung für die Errichtung eines Vereinshauses der Arbeiter gegründet worden war, wird unterzeichnet; am 31. August wird die Eintragung der Gesellschaft in das Genossenschaftsregister bekanntgegeben.

9. JULI: Der Vorschuß- und Sparverein eröffnet sein von dem Architekten Alfred Sasse errichtetes Geschäftshaus Schillerstraße 16; die Stahlkammer, eine der ersten ihrer Art in Europa, ist für 3000 Schrankfächer eingerichtet.

11. JULI: Im südlichen Teil des Friedhofs wird eine neue Friedhofkapelle mit einem Verbindungsbau im romanischen Rundbogenstil zur Leichenhalle nach dem Entwurf von Schmidt geschaffen.

27. JULI: Der Doppelmörder Hermann Winkler wird im Landgericht von einem Erfurter Scharfrichter enthauptet; er ist der sechste Verbrecher, der in den vergangenen 30 Jahren hingerichtet wird.

26. AUGUST: Als Buffalo Bill bietet Colonel William Frederick Cody mit seiner Truppe auf den Neunzigäckern eine einzigartige Wildwest-Show.

6. SEPTEMBER: Der tägliche Linienbetrieb mit einem für 21 300 Mark angekauften Omnibus mit 28 PS und je einem Abteil für Raucher und Nichtraucher wird zwischen Belvedere und dem Ettersberg im Abstand von zwei Stunden versuchsweise aufgenommen; bis zum 24. September werden 2710 Fahrgäste befördert.

17. SEPTEMBER: Der am 16. Juni 1860 in Apolda geborene Schriftsteller und Reichs- sowie Landtagsabgeordnete der SPD, August Baudert, erwirbt das Bürgerrecht der Stadt.

30. SEPTEMBER: Auf dem ersten Nationalbühnentag wird in der »Erholung« der Deutsche Schillerbund gegründet, dem Schriftsteller, Lehrer und Künstler angehören; der Bund, der regelmäßige Nationalfestspiele für die deutsche Jugend durchführen will, zählt zehn Jahre später 100 Ortsgruppen mit 7000 bis 8000 Mitgliedern.

OKTOBER: Der Gemeinderat bewilligt zum Bau der Eisenbahnunterführung in der Buttelstedter Straße, die bis 1914 gebaut werden soll, 30 000 Mark; die Bahnunterführung Ettersburger Straße war 1889 errichtet worden.

1. OKTOBER: Die Krankenpflegeschule zur Ausbildung der Sophien-Schwestern wird eröffnet.

11. OKTOBER: Das am 1. Februar 1858 von

Herderplatz, 1907

Wohnhaus Hohe Pappeln von Henry van de Velde, Belvederer Allee

Wilhelm Lämmerhirt als Schnittwarengeschäft eröffnete und am 20. Dezember 1888 von Paul und Philipp Lämmerhirt übernommene Mode- und Konfektionsgeschäft in der Frauentorstraße 14 wird nach seinem Umbau als modernstes viergeschossiges Geschäftshaus für Damen- und Kindermoden neueröffnet.

17. OKTOBER: Eine sogenannte Knaben-Exerzier- und Bildungsunterrichtsschule besserer Stände wird im Victoriagarten, Prellerstraße, von Lehrer Gustav Kunft ins Leben gerufen.

20. OKTOBER: Der Dichter Richard Voß wohnt der Aufführung seines Dramas »Wehe den Besiegten« am Hoftheater bei.

3. DEZEMBER: Mit einem Kapital von 200 000 Mark wird die Zentrale des Elektrizitätswerkes Oberweimar gegründet.

12. DEZEMBER: Vor der Strafkammer des Weimarer Landgerichts wird gegen die 35jährige Rosa Luxemburg wegen ihrer Rede zum Thema »Massenstreik« auf dem Jenaer Parteitag der SPD am 21. September 1905 verhandelt; sie wird wegen »Aufreizung zur Gewalttätigkeit« zu zwei Monaten Gefängnis verurteilt.

1907 1. JANUAR: Die Weimarische Zeitung geht an den Verlag der hier seit zehn Jahren erscheinenden Weimarischen Neuesten Nachrichten, die ihr Erscheinen einstellen, über.

28. JANUAR: Auf Initiative des Bienenforschers Dr. h.c. Ferdinand Gerstung aus Oßmannstedt wird die Gründung des Reichsbienenzuchtmuseums in Weimar beschlossen; ein zweites naturwissenschaftliches Museum zur Bienenkunde wird im Poseckschen Haus eingerichtet.

16. FEBRUAR: Mit der Galavorstellung des Schauspiels »Iphigenie auf Tauris« von Johann Wolfgang Goethe mit Martha Kaibel-Schiffel in der Titelrolle stellt das Hoftheater seinen Spielbetrieb ein; als Interimsbühne dient bis zum 28. November das Varieté-Theater Tivoli am Brühl 1.

1. APRIL: Für 300 000 Mark erwirbt der Kaufmann Tröster aus Koblenz das Hotel Elephant.

9. JUNI: Im Wade-Park in Cleveland wird in Anwesenheit von etwa 65 000 Menschen eine nach dem hiesigen Original geschaffene Kopie des Goethe-Schiller-Denkmals von Ernst Rietschel enthüllt; Nachbildungen des Dichter-Denkmals werden auch in San Franzisco am Goldenen Tor und in Milwaukee in Wisconsin aufgestellt.

12. JUNI: Van de Velde entwirft sein Wohnhaus »Hohe Pappeln«, das er im März 1908 in der Belvederer Allee 58 bezieht.

24. JUNI: Anstelle eines Springbrunnens wird auf dem Karlsplatz das von Brütt geschaffene Carl-Alexander-Reiterstandbild enthüllt.

30. JUNI: In Anwesenheit des Bildhauers wird das Donndorfmuseum in der Amalienstraße 6, das für 30 000 Mark errichtet worden war, mit 142 Gipsmodellen der Werke Donndorfs, die dieser der Stadt geschenkt hat, eröffnet; am 11. November 1906 war bereits ein neuer Saal

für den Thüringer Ausstellungsverein bildender Künstler bezugsfertig gewesen.
1. August: In Oberweimar beginnt die aus Jena hier angesiedelte Firma Carl als Kommanditgesellschaft mit der Herstellung wassergeschützter Beleuchtungskörper.
1. September: Peter Raabe aus München wird Hofkapellmeister; er wohnt Lottenstraße 5 (heute Paul-Schneider-Straße).
6. Oktober: Die Oper »Der Müller von Sanssouci« des Lisztschülers und Kapellmeisters Karl Goepfart wird hier uraufgeführt.
14. und 15. Oktober: Im Steinbruch zu Ehringsdorf wird eine menschliche Feuerstelle gefunden und ab April 1908 geborgen.

1908 11. Januar: Das unter Leitung der Architekten Max Littmann und Jakob Heilmann, München, für 2 Millionen Mark errichtete Hoftheater mit 1050 Sitzplätzen und einer durch den seit 1902 an der Kunstschule wirkenden Maler Sascha Schneider und den hier seit 1903 tätigen Ludwig von Hofmann künstlerisch ausgestalteten Wandelhalle wird feierlich mit dem Schauspiel »Das Frühlingsmärchenspiel« von Richard Voß in der Vertonung von Felix Weingartner eröffnet; als Gäste sind Kaiser Wilhelm II. und Intendanten sowie Direktoren von etwa 70 Bühnen anwesend.
30. Januar: Schwier gründet den Verlag der Deutschen Photographenzeitung.
1. April: Die Kunstgewerbeschule wird gegründet und macht die Stadt zum Zentrum einer Kunsterneuerungsbewegung.
1. April: Eine Gartenbauschule für Frauen wird gegründet.
26. April: Als ideologisches und kulturelles Zentrum der Arbeiterklasse eröffnet Baudert mit einer Festrede das von der Firma Röhr erbaute Volkshaus.
23. Mai: Das Nietzsche-Archiv wird Stiftung.
4. Dezember: Die Straßenbahn nimmt eine neue, später gelb gekennzeichnete Linie – den Südring – im Zwölfminutentakt in beiden Richtungen in Betrieb; gleichzeitig tritt eine neue Fahrordnung in Kraft.
19. Dezember: Carl Baily Norris von Schirach übernimmt im Alter von 34 Jahren die Leitung des Hoftheaters, die er bis zu seinem Rücktritt 1918 ausübt; sein Gehalt beträgt 12 000 Mark zuzüglich 3000 Mark Repräsentationszulage.

1909 Bis 1911 wird eine mechanische Kläranlage mit sechs Kremerbrunnen unterhalb des Bahnviaduktes an der Ilm für 150 000 Mark errichtet; der Neubau einer Kläranlage ist 1934 abgeschlossen.
Eine Indische Teestube wird in der Marienstraße eröffnet.
Der Dichter und Lehrer Paul Quensel bezieht ein Haus am Silberblick; er stirbt hier 1951 im Alter von 86 Jahren.
10. Januar: Im Volkshaus konstituiert sich eine Jugendorganisation der Sozialdemokratie, die Ende des Jahres 80 Mitglieder zählt.
19. Januar: Der am 15. Januar in Berlin verstorbene Ernst von Wildenbruch wird auf dem hiesigen Friedhof bestattet.
30. Mai: Das lenkbare Luftschiff »Zeppelin II« überfliegt um 21 Uhr die Stadt.
31. Mai: Für Tief-, Straßen- und Brunnenbau sowie Abbruch- und Sprengarbeiten wird von Karl Scharf in der Schwanseestraße 77 eine Firma gegründet.
1. bis 30. Juni: In den Gast- und Logierhäusern übernachten 6687 Personen.
6. bis 24. Juli: Die Nationalfestspiele für die deutsche Jugend werden mit den Schauspielen »Wilhelm Tell« von Friedrich Schiller, »Minna von Barnhelm« von Gotthold Ephraim Lessing, »Prinz von Homburg« von Heinrich von Kleist und »Egmont« von Johann Wolfgang Goethe zum ersten Mal durchgeführt; unter anderen besuchen 600 Schüler aus Antwerpen, Brüssel, Petersburg und aus Österreich die Vorstellungen.
10. November: Zum 150. Geburtstag des Dichters veranstaltet der Arbeiterbildungsausschuß im Volkshaus eine Schiller-Feier.
Dezember: Die Zahl der Mitglieder der SPD, die 1901 etwa 120 betrug, steigt auf 560 an.

16. Dezember: Im Gebäude Brennerstraße 2 wird nach wiederholten Gesuchen der Einwohner des Nordviertels eine dritte Apotheke als »Nord-Apotheke« eröffnet und die Konzession dem Apotheker Friedrich Lusche erteilt.

1910 Das Patriotische Institut der Frauenvereine errichtet hinter dem Jakobsfriedhof neben der Kinderbewahranstalt ein Kinder- und Säuglingsheim.
Die Baugewerkenschule erhält mit Prof. Dr.-Ing. Paul Klopfer den ersten hauptamtlichen Leiter, außerdem ein festangestelltes Lehrerkollegium und für fünf Jahre einen Lehrplan.
Der Schriftsteller und Humorist Askan Schmitt, von dem 1932 im Selbstverlag das Nachschlagewerk »Weimar von A bis Z« erscheint, nimmt seinen Wohnsitz in der Lisztstraße 29.
1. Januar: Auf erneute Forderungen der Gewerkschaften nimmt der städtische Arbeitsnachweis seine Tätigkeit zur Arbeits- und Lehrstellenvermittlung auf.
1. März: Die Begräbnisordnung wird erneuert; sie regelt unter anderen die Feuerbestattung, die genehmigungspflichtig ist und 40 Mark kostet.
Mai: Eine Säuglingsfürsorgestelle wird im Sophienhaus eingerichtet.
1. Oktober: Anläßlich ihres 50jährigen Bestehens wird die Kunstschule zur Hochschule für bildende Kunst erhoben.
13. Dezember: In Anerkennung seiner Verdienste während seiner 45jährigen Mitgliedschaft im Gemeinderat, dessen Vorsitzender er ist, erhält der Großkaufmann Louis Döllstedt das Ehrenbürgerrecht; nach ihm wird eine Straße benannt.
21. Dezember: Oberbürgermeister Karl Pabst, der sich Verdienste beim Aufbau der Kommunalwirtschaft und der Verbesserung des Stadtbildes erworben hat und 1899 auf Lebenszeit gewählt worden war, stirbt hier; 1890 war eine Straße nach ihm benannt worden.

1911 Die Modernisierung des Bahnhofsgeländes nach dem neuesten Stand der Personen- und Güterbeförderung ist abgeschlossen; es werden 775 000 gegenüber 227000 Fahrkarten im Jahr 1894 gelöst.
August Saal, Bankier und Mitglied des Gemeinderates, verlegt sein Bankgeschäft aus der Schloßgasse in einen Neubau Hegelstraße 2.
Der Schriftsteller Georg Kaiser hält sich kurze Zeit in Weimar auf; 1914 wohnt er Am Horn 15.
1. Februar: Das Militärluftschiff »M 3« überfliegt die Stadt.
2. Februar: Clara Zetkin spricht im Volkshaus über die Arbeits- und Lebensverhältnisse der Frauen.
28. März: Von 2225 stimmberechtigten Bürgern üben 1915 ihr Wahlrecht aus und wählen mit 998 Stimmen den bisherigen Zweiten Bürgermeister Dr. jur. Martin Donndorf zum Ersten Bürgermeister; im Juni 1912 wird ihm der Titel »Oberbürgermeister« verliehen.
4. und 5. Juni: Der 2. Thüringer Jugendtag des Arbeiterjugend-Agitationsbezirkes Thüringen findet mit 500 Teilnehmern in Weimar statt.
8. Juni: Der Flugplatz am Webicht wird eröffnet, der 1910 mit drei Flughallen, einem Verwaltungsgebäude sowie einem Flughafenhotel errichtet worden war; bedeutende Piloten und jährlich stattfindende Flugtage ziehen viele Besucher an.
8. September: Der Zeppelin-Luftkreuzer »Schwaben« überfliegt die Stadt.
14. September: Karl Liebknecht spricht im Volkshaus zum Thema »Marokko-Konflikt, Kriegshetzer und das deutsche Volk«; am Ende der Veranstaltung wird eine den Krieg verurteilende Resolution angenommen.
9. Oktober: Der Arbeiterbilungsausschuß veranstaltet im Volkshaus einen Dichterabend über Detlev von Liliencron mit dem Schriftsteller Franz Kaibel und am 22. Oktober eine Lisztfeier.
15. Oktober: Der unter Leitung von Röhr errichtete Mittelteil und der westliche Abschnitt der Hochschule für bildende Kunst werden ihrer Bestimmung übergeben.

25. Oktober: In dem bis auf den letzten Platz gefüllten, 1906 von Zapfe umgebauten Saal der »Armbrust« findet ein Liszt-Abend mit der weltberühmten Tänzerin Rita Sacchetto statt.
1. Dezember: Der Berliner Max Vogeler wird Stadtarchitekt; unter seiner Leitung bzw. Mitarbeit entstehen unter anderen der Neubau des Städtischen Krankenhauses, später die Schiller- und Pestalozzischule, das Arbeitsamt und die Sportanlagen.
4. Dezember: Als »Weimarische Nelkenkulturen« wird eine Gärtnerei eröffnet.
11. Dezember: Das vom Stadtbaumeister August Lehrmann mit einem tempelartigen Säulenüberbau und der unterirdischen Verbindung zur Kapelle geschaffene Krematorium wird in Betrieb genommen.

1912 Der Aktenmännchenbrunnen mit der von Prof. Gottlieb Elster geschaffenen Figur und der von Oberbaurat Karl Dittmar entworfenen Brunnenschale wird im Hof Markt 15 aufgestellt.
Der Sport-Club Weimar führt hier den Hokkeysport ein.
3. Januar: Rosa Luxemburg spricht im überfüllten Volkshaus über den »Aufmarsch der proletarischen Parteien zur Reichstagswahl«.
9. Januar: Der Buchhändler Gustav Kiepenheuer, seit 1909 Inhaber der Thelemannschen Buch- und Kunsthandlung in der Schillerstraße, gründet in der Windischengasse 15 einen Verlag, der am 1. Oktober 1918 nach Potsdam verlegt wird.
22. Januar: In einer Stichwahl zum Deutschen Reichstag siegt im Wahlkreis Weimar-Apolda-Ilmenau der Sozialdemokrat Baudert mit 15 631 Stimmen; der Kandidat der Fortschrittlichen Volkspartei erhielt 13 632 Stimmen.
16. Februar: Die am 5. Juni 1870 als Tochter eines Kunstmalers geborene Grafikerin Luise Margarete Geibel erwirbt das Bürgerrecht.
11. April: Auf Anregung von Sanitätsrat Dr. med. Robert Eberle werden die Kinder-Bewahranstalt und die Milchküche am Rollplatz zu einem Kinderkrankenhaus mit vorerst zwölf Betten ausgebaut; 1937 hat das nach der Großherzogin von Sachsen-Weimar-Eisenach benannte »Feodoraheim« mit 100 Betten eine über Thüringen hinausragende Wirksamkeit.
25. Mai: Das anläßlich der Jahresversammlung der Goethe-Gesellschaft von Elster geschaffene Euphrosyne-Denkmal wird im Park enthüllt.
5. und 6. Juli: Der Schriftsteller Dr. jur. Franz Kafka aus Prag besucht die Gedenkstätten der deutschen Klassik und den Schriftsteller Paul Ernst, der von 1903 bis 1914 Am Horn 45/47 wohnt.
9. Juli: Aus einem Privatzirkel wird der Weimarer Tennisklub 1912 e. V. gegründet, der 1913 über 200 Mitglieder zählt und internationale Turniere ausrichtet.
10. August: Mit einer Veranstaltung der 1909 gegründeten Schwimmsportabteilung »Neptun« wird als Ersatz für die fast 65 Jahre genutzte und nur dürftig eingerichtete Flußbadeanstalt unterhalb des Kirschberges das unter Leitung von Lehrmann neu errichtete Ilmbad eingeweiht.
13. Oktober: Der sozialdemokratische Politiker Dr. phil. Rudolf Breitscheid spricht im Volkshaus zu Fragen des Liberalismus und der Demokratie.

1913 Der Konsumverein Weimar besitzt sechs Verkaufsstellen, zählt 2058 Mitglieder, und die ersten Arbeiter werden in den Aufsichtsrat gewählt; 1917 beträgt der Warenumsatz nur 103 507 Mark.
Mit dem Bau des Neubarocken Südflügels des Schlosses durch die Architekten Littmann und Heilmann wird begonnen.
Der Bildhauer Berthold Boeß aus Karlsruhe übersiedelt in die Stadt und heiratet 1918 die Schriftstellerin Julie Kniese; er stellt unter anderen 1931 eine Kopie des Löwenbrunnens her.
April bis 27. Mai: 69 Maler treten mit Lohnforderungen in den Streik.
22. Mai: Anläßlich der Gedenktage für Johann Daniel Falk wird das von Elster geschaffene Denkmal an der Sparkasse enthüllt.

27. Juni: Der am 7. März gegründete Deutsche Flugverband richtet hier einen Flugstützpunkt ein.
August: In der Stadt sind 200 Arbeitslose registriert.
19. August: Der Landschaftsmaler und zuletzt als Lehrer am Sophienstift tätige Prof. Eduard Weichberger stirbt; 1945 wird in Oberweimar eine Straße nach ihm benannt.
September: Das unter Leitung von Röhr mit einem Kostenaufwand von 195 000 Mark am Graben errichtete Gebäude der Sparkasse wird seiner Bestimmung übergeben.
27. Oktober: Auf der eingleisigen Bahnstrecke zwischen Oberweimar und Weimar prallt eine Lokomotive auf einen fahrenden Personenzug auf, wobei beide Lokomotiven zertrümmert werden; das zweite Gleis nach Jena wird 1914 in Betrieb genommen.
31. Oktober: Auf seiner Mitgliederversammlung ruft der Sport-Club Weimar einen Wintersportklub ins Leben.
16. November: Der Historiker Dr. phil. Armin Tille wird als Vorstand des Geheimen Haupt- und Staatsarchivs berufen; 1920 organisiert er ein einheitliches staatliches Archivwesen in Thüringen, dessen Direktor er von 1922 bis zu seinem Ausscheiden 1934 ist.
31. Dezember: In der Stadt bestehen 117 fabrikmäßig arbeitende Betriebe mit 3200 Beschäftigten gegenüber 25 Betrieben mit 1065 Beschäftigten 1902.

1914 Nach dem Entwurf des Architekten Jakob Schrammen entsteht an der Ettersburger Straße das Justizgebäude mit Gefängnisanlagen, das das alte Gerichtsgebäude in der Geleitstraße ersetzt.
Die Gesellschaft der Musikfreunde wird gegründet mit dem Ziel, Konzerte bedeutender Künstler und Künstlervereinigungen zu veranstalten, die überwiegend in der »Erholung« stattfinden.
1. Halbjahr: Der französische Sozialistenführer Jean Jaurés besucht van de Velde; am 31. Juli fällt er in Paris einem Attentat zum Opfer.
1. April: Bernhard Helmreich eröffnet in der Ettersburger Straße ein Möbelgeschäft; am 17. April 1939 wird das neuerrichtete Möbelhaus in der Geleitstraße bezogen.
8. Mai: Im Steinbruch zu Ehringsdorf wird der Unterkiefer eines erwachsenen Urmenschen durch Sprengungen freigelegt; am 2. November 1916 wird erneut ein Unterkiefer aus vorgeschichtlicher Zeit gefunden.
15. Juli: Van de Velde reicht sein Entlassungsgesuch als Direktor der Kunstgewerbeschule, die 1912 vom Staat übernommen worden war, ein und verläßt im Oktober 1915 die Stadt.
25. bis 28. Juli: Das 10. Thüringer Kreisturnfest mit Turnen, Ballspiel und Wettschwimmen findet auf dem Sportplatz in der Röhrstraße statt und bildet den letzten Höhepunkt des Weimarer Turnvereins; von den 583 Mitgliedern der Turnvereine sind 387 aktive Turner.
1. August: Deutschland erklärt Rußland den Krieg, nachdem am 28. Juni in Sarajewo der Österreichisch-Ungarische Thronfolger ermordet worden war; damit beginnt der Erste Weltkrieg, in dessen Verlauf bis 1918 insgesamt 1341 Weimarer Bürger, darunter drei Frauen, den Tod finden.
9. August: Das Hotel Russischer Hof wird in »Fürstenhof« umbenannt.
31. Dezember: Gegenüber 1913 mit Zulassungen für 49 Autos und für 19 Motorräder, beträgt die Zahl der zugelassenen Autos 45 und die der Motorräder 31; 1915 geht sie auf fünf bzw. zwei Fahrzeuge zurück.

1915 1. Januar bis 31. März: Im Städtischen Schlachthof werden 28 Pferde, 47 Ochsen, 100 Bullen, 298 Kühe, 212 Jungrinder, 990 Kälber, 3610 Schweine, 948 Schafe und 90 Ziegen geschlachtet; in der Folgezeit sinken die Zahlen beträchtlich ab.
1. März: Zur Versorgung der Bevölkerung werden Brotmarken ausgegeben; 1917 wird auch Fleisch rationiert.
1. April: Der seit 1910 um- bzw. neugebaute Bahnhof wird eröffnet; die neuen Bahnhofsanlagen umfassen etwa vier Kilometer, einen

Güterschuppen, Freiladegleise, vier Bahnsteige, das 1912 abgebrochene Empfangsgebäude und einen ringförmigen Lokomotivschuppen für 14 Lokomotiven.
5. April: Das von Prof. Richard Engelmann, der vom 1. Oktober 1913 bis 1935 als Leiter der Bildhauerabteilung der Hochschule für bildende Kunst tätig ist, geschaffene erste Wildenbruch-Denkmal in Deutschland (Marathon-Kämpfer) wird am Poseckschen Garten enthüllt; Engelmann, der bis 1936 hier lebt, modelliert »Die Liegende« an der Hochschule für bildende Kunst, »Bärbele« vor der Pestalozzischule und Plastiken im Landgerichtsgebäude.
16. Juni: Der durch seine historischen Forschungen und stadtgeschichtlichen Veröffentlichungen bekannte und seit 1859 hier tätige Guido Schnaubert stirbt.
13. Juli: Das Bioskop-Theater von Theodor Scherff in der Marktstraße wird zum Lichtspielhaus mit 700 Plätzen umgestaltet.
13. Juli: Die 90jährige Charlotte Krackow stirbt in ihrem Haus in der Jakobstraße; am 28. August 1917 wird das Kirms-Krackow-Haus als Gedenkstätte der Öffentlichkeit übergeben.
1. Oktober: Bis zum 1. Oktober 1916 werden von der Kriminalpolizei folgende Fälle bearbeitet: ein Mord, ein Raub, 417 Diebstähle, 73 Betrügereien, 33 Unterschlagungen, 14 Selbstmorde, drei Brandstiftungen, vier wilde Ehen und sechs Prostitutionen, 136 Verhaftungen, 1450 Revisionen von Gasthäusern 300 Haussuchungen und 3516 Trödlerläden werden vorgenommen.
1. Oktober: Die Kunstgewerbeschule wird geschlossen.

1916 Januar: 2912 Weimarer stehen kriegsbedingt unter Waffen. Der Wochenmarkt wird eingeschränkt, und die Bevölkerung leidet unter Nahrungsmangel.
Frühjahr: Die Sommerzeit wird eingeführt.
11. und 12. Juni: Zum 1. Jugendtag der Sozialistischen Arbeiterjugend findet eine Antikriegsdemonstration statt.
21. Juni: Der Mitbegründer der Deutschen Shakespeare-Gesellschaft, Dr. Paul von Bojanowski, stirbt mit 82 Jahren.

Weimarer Soldaten bei der Verabschiedung an die Kriegsfront, 1914

Mädchenplastik am Kunstseminar

1. OKTOBER: Zunächst auf fünf Jahre wird der Pianist und Pädagoge Prof. Bruno Hinze-Reinhold, der hier seit 1913 als Klavierdozent tätig ist, zum Leiter der Musikschule ernannt.
7. DEZEMBER: Die hier am 10. Januar 1841 geborene Schriftstellerin Adelheid von Schorn, besonders durch die literarische Darstellung des nachklassischen Weimar bekannt, stirbt.

1917 1. JANUAR: Die am 24. November 1916 gegründete Mitropa nimmt ihren Betrieb auf.
24. FEBRUAR: Zum letzten Mal wird der Titel »Professor« an den Lehrer des Gymnasiums Dr. phil. Karl Buslepp verliehen.
MAI: Die Ofenfabrik J. F. Schmidt beschäftigt 48, die Eisengießerei und Maschinenfabrik Dürrenbacher Hütte 67, die Apparatebauanstalt und Metallwerke AG 109, die Otto Hetzer AG 212 und die Aktiengesellschaft für Eisenbahn- und Militärbedarf 540 Arbeiter.
19. JUNI: Vier Glocken der Stadtkirche werden für Kriegszwecke zerschlagen.
11. OKTOBER: Der aus Oslo stammende Kunstmaler Prof. Karl Fritjof Smith stirbt hier mit 58 Jahren.
31. OKTOBER: Für den Bau einer Lutherkirche, für den die Kirchgemeinde das 1906 von der Stadt an der Ecke Meyer-/Kuhlmannstraße gelegene Grundstück gekauft hat, wird der Grundstein gelegt; das Gebäude wird jedoch nicht errichtet.
16. NOVEMBER: Der 1853 in Bremerhaven geborene Architekt und Dichter Bruno Eelbo stirbt hier.

1918 Brauereibesitzer Fritz Deinhardt kauft die Feldschlößchen-Brauerei auf und legt sie still.
FRÜHJAHR: Wegen »möglicher Störungen bei der Brandbekämpfung« wird ein motorisierter Feuerlöschwagen in den Dienst gestellt.
17. JUNI BIS MITTE SEPTEMBER: Schüler führen für die hungernden Pferde eine Laub- und Heusammlung im Ettersburger Forst durch.
21. JUNI: Die beim Stadtbauamt beschäftigten Arbeiter, die wöchentlich 24 bzw. 22 Mark im Winter verdienen, fordern wegen der ständig steigenden Preise eine Lohnzulage von zehn Pfennig pro Stunde.
1. AUGUST: Die Sparkasse wird von der Stadt übernommen; die Spareinlagen belaufen sich Ende des Jahres auf 27 185 687 Mark.
28. OKTOBER: Aus Mangel an Heizmaterial wird während des Winters das Wilhelm-Ernst-Gymnasium mit dem Realgymnasium im Gebäude des letzteren zusammengelegt.
8. NOVEMBER: Vor der Hauptwache des Schlosses demonstrieren 1500 Soldaten und streikende Arbeiter.
8. NOVEMBER: Ein provisorischer Soldatenrat wird gebildet, der im Volkshaus die Abdankung des Kaisers und des Großherzogs, die Beendigung des Krieges sowie die Errichtung einer sozialistischen Republik fordert.
9. NOVEMBER: Im Verlauf der revolutionären Ereignisse wird Großherzog Wilhelm Ernst zur Abdankung gezwungen: »Dem mir von der Vertretung der Soldaten und Arbeiter in Weimar

aufs ausdrücklichste ausgesprochenen Wunsche, für mich und meine Familie auf den Tron zu verzichten, um dem drohenden Bürgerkriege vorzubeugen, leiste ich Folge und erkläre hiermit, daß ich für mich und meine Familie für alle Zeit auf den Tron und die Tronfolge im bisherigen Großherzogtum Sachsen-Weimar-Eisenach verzichte«; er flüchtet nach Heinrichsau und stirbt dort am 24. Juni 1923.
9. November: Die provisorisch-republikanische Regierung des Freistaates Sachsen-Weimar-Eisenach übernimmt unter Leitung von Baudert die Staatsgeschäfte.
10. November: Auf einer Versammlung der SPD wird der Arbeiterrat, dem unter anderen Baudert, Karl-Heinrich Fischer und Hermann Lindemann angehören, einstimmig bestätigt.
11. November: Vom hiesigen Bataillon wird ein neuer Soldatenrat gewählt, dem der SPD-Funktionär Karl Perner aus Jena vorsteht.
13. November: Bei unverändertem Fortbestand des alten Gemeinderates wird Erich Kloss von diesem als Bürgermeister verpflichtet.
17. November: Das Hoftheater wird in »Landestheater in Weimar« umbenannt.
12. Dezember: Baudert setzt sich in der Gemeinderatssitzung für eine Verstärkung der Polizei ein, da man in den kleinen Städten »nicht sicher vor dem Bolschewismus« sei.
20. Dezember: Nach dem Vorbild des Arbeiter- und Soldatenrates wird am Theater ein Künstlerrat gewählt.
22. Dezember: Zu den bestehenden militaristischen Organisationen kommt mit dem Offiziersbund eine neue hinzu; auch die vordem tätigen Richter sind weiterhin im Amt.
27. Dezember: Der linke Flügel der SPD bildet eine Ortsgruppe der USPD, deren Kern 40 Mitglieder der Sicherheitswehr sind, die zum Schutz revolutionärer Errungenschaften gegründet worden war.
31. Dezember: Im Ergebnis der Novemberrevolution wird in Sachsen-Weimar der Achtstundentag eingeführt, ein Mindestlohn von 75 Pfennig pro Stunde festgelegt und die Gesindeordnung von 1899 abgeschafft.

Weimarer Republik und Nationalsozialismus

1919 1. Januar: Der hier seit 1907 ansässige Schriftsteller Ernst Hardt wird Generalintendant des Theaters und bleibt dies bis zum 1. Juli 1924.
9. Januar: Die Statuten des Arbeiter- und Soldatenrates werden erlassen; dieser setzt sich aus 21 Arbeiter- und 21 Soldatenratsmitgliedern, die je einen Vorstand wählen, zusammen.
15. Januar: Mit einem Demonstrationszug zum Rathaus fordern die Arbeitslosen eine Erhöhung der Unterstützungsgelder.
19. Januar: Im Ergebnis der Wahl zur verfassunggebenden Deutschen Nationalversammlung werden für die SPD 7288 und für die USPD 576 Stimmen abgegeben, die bürgerlichen Parteien erhalten 12 647 Stimmen.
19. Januar: Anläßlich der bevorstehenden Tagung der Deutschen Nationalversammlung ruft Hardt vor einer Festveranstaltung mit »Wilhelm Tell« von Friedrich Schiller im Namen der thüringischen Landesregierung das Landestheater als »Das Deutsche Nationaltheater in Weimar« (DNT) aus.
23. Januar: Im überfüllten Volkshaus ehren über 1000 Arbeiter in einer Feierstunde das Andenken von Rosa Luxemburg und Karl Liebknecht.
25. Januar: Ein Versuch der Vereinigung von SPD und USPD im Volkshaus bleibt ohne Ergebnis.
6. Februar: Aus politischen und militärischen Gründen wird Weimar vom Rat der Volksbeauftragten als Tagungsort der Deutschen Nationalversammlung gewählt, die im DNT zu tagen beginnt; Schutztruppen riegeln die Stadt ab.
8. Februar: Die erste zivile Luftverkehrslinie Deutschlands wird zwischen Berlin und Weimar eröffnet.
12. Februar: Der Kunstmaler und Direktor der Kunstschule, Theodor Hagen, der seit 1871

in der Stadt lebt, stirbt im Alter von 77 Jahren; 1972 wird ein Weg nach ihm benannt.
15. Februar: Durch Verordnung scheidet Weimar als Landeshauptstadt aus dem Verwaltungsbezirk aus, und die Befugnisse des Verwaltungsbezirksdirektors gehen auf den Oberbürgermeister über; ein aus fünf Mitgliedern für zwei Jahre gewählter Stadtausschuß besteht neben dem Gemeinderat und neben dem aus 40 Mitgliedern bestehenden Stadtrat.
7. März: Die Arbeiter der Waggonfabrik streiken erfolgreich für Lohnerhöhungen, Anerkennung des Betriebsrates und Absetzung des Direktors.
27. März: Als letzter erwirbt Fleischermeister Richard Liebeskind das im Ergebnis der Novemberrevolution abgeschaffte Bürgerrecht der Stadt.
1. April: Der 53jährige Architekt Walter Gropius aus Berlin wird Direktor der Hochschule für bildende Kunst.
5. April: Durch Flugblätter ruft die Gewerkschaft die Werktätigen zur Demonstration für gerechte Lebensmittelverteilung auf; unter Führung des Zimmermanns Emil Friedrich ziehen 3000 Demonstranten zum Marktplatz.
12. April: Gropius bewirkt die Vereinigung der Hochschule für bildende Kunst und der Kunstgewerbeschule zum »Staatlichen Bauhaus in Weimar«, mit dem er einen neuen Baustil anstrebt und die Trennung zwischen Kunst und Handwerk beseitigt; als Bauhausmeister wirken unter anderen von 1922 bis 1925 der aus Moskau stammende Wassili Kandinski, von 1919 bis 1925 Lyonel Feininger und Gerhard Marcks und von 1919 bis 1922 Johannes Itten.
1. Mai: Im Gasthaus Zur Grünen Aue, Schwanseestraße 35, findet die Gründung des Ortsvereins der KPD statt.
13. Mai: 86 Mitglieder erklären wegen der Kompromißbereitschaft der Führung ihren Austritt aus der USPD und treten der Ortsgruppe der KPD (Spartakusbund) bei; ihre erste Mitgliederversammlung findet am 20. Mai statt.
17. Mai: Der Schauspieler Wilhelm Hinrich Holtz wird Ehrenkurator im Marie-Seebach-Stift und übt diese Funktion bis zu seinem Tod am 22. März 1971 aus.
4. Juli: Etwa 400 Metallarbeiter streiken um höhere Löhne; 42 Arbeiter werden entlassen.
11. August: Die Deutsche Nationalversammlung verabschiedet im DNT die Reichsverfassung, die am 14. August in Kraft tritt; der Name der Stadt wird zum Symbol der jungen Republik.
21. August: In der letzten Sitzung der Deutschen Nationalversammlung, die dann in Berlin zusammentritt, wird Friedrich Ebert als erster Reichspräsident der Weimarer Republik vereidigt.
3. September: Nach einer Preiserhöhung für Milchprodukte kosten ein Liter Vollmilch 72 Pfennig, ein Pfund Butter 6,35 Mark und ein Pfund Quark 1,30 Mark.
12. Oktober: Die Weimarer Freie Volksbühne, die am 10. November an die Öffentlichkeit tritt, wird gegründet; sie zählt im selben Jahr bereits 2200 Mitglieder und wird Vorbild der Volksbühnenbewegung in Thüringen.
31. Oktober: Nach dem Vorbild Preußens findet im Wilhelm-Ernst-Gymnasium die erste Elternbeiratswahl statt, deren Forderung nach Wiedereinführung schulärztlicher Untersuchungen erst 1927 erfüllt wird.
Dezember: In der Stadt gibt es 3154 Häuser mit 8687 Wohnungen und in den Vororten 456 Häuser mit 781 Wohnungen; bis 1920 entstehen die Siedlungen Heim- und Landfried mit 290 bzw. 224 Kleinwohnungen, und bis 1932 werden 665 private Wohnungen, 900 Wohnungen durch Baugesellschaften und 808 durch die Stadt errichtet.

1920 Der Schweizer Maler Paul Klee wird an das Staatliche Bauhaus berufen und ist für Glasmalerei zuständig; er wohnt Am Horn 53. Der Dichter Heinrich Lilienfein siedelt nach Weimar über und wird Generalsekretär der Deutschen Schillerstiftung; er wohnt Kurthstraße 4 (heute Bauhausstraße).

14. März: Bis zum 17. März wird der Belagerungszustand über die Stadt verhängt, die verfassungsmäßige Regierung durch die Reichswehr ab- und eine neue Regierung unter Rechtsanwalt Hermann Jöck eingesetzt, die bereits am 15. März die Geschäfte wieder niederlegen muß.
15. März: Der vom Aktionsausschuß, der am 13. März im Volkshaus gebildet worden war, beschlossene Generalstreik beginnt; vor dem Volkshaus werden von den dort versammelten Arbeitern acht durch die Naumburger Jäger getötet, während in der Coudraystraße ein Arbeiter sein Leben lassen muß.
18. März: Unter großer Anteilnahme der Bevölkerung werden die Opfer der Märzkämpfe beigesetzt: Anna Braune, Walter Hoffmann, Franz Pawelski, Paul Schander, Adolf Schelle, Karl Schorn, Karl Merkel, Ernst Müller und Otto Krassau.
20. März: Die bewaffnete Arbeiterschaft bewirkt, daß die Staatsregierung der Aufstellung von Volkswehren zum Schutz der Verfassung zustimmen muß.
29. März: Der am 22. November 1879 in Leipzig geborene Jurist Dr. jur. Walther Felix Mueller wird zum Oberbürgermeister gewählt und übt das Amt nach seiner Wiederwahl am 7. April 1925 bis zum 30. September 1937 aus.
1. April: Durch die Professoren Thedy und Walther Klemm, seit 1913 an der Hochschule für bildende Kunst, wird der Kunstmaler Hugo Gugg als Professor an die Kunstschule berufen.
1. Mai: Mit dem Reichsgesetz über die Vereinigung der Thüringer Kleinstaaten zum Freistaat wird Weimar Hauptstadt des neugebildeten Landes Thüringen mit Sitz der Regierung unter dem Sozialdemokraten August Frölich.
28. Mai: Die Waggonbauer streiken gegen die zunehmende Verschlechterung ihrer Lebenslage; im Juni tritt die gesamte Belegschaft der Firma Bachstein in den Streik, und im Juli streiken erneut die Waggonbauer.
28. bis 30. August: Der erste Reichsjugendtag der Arbeiterjugend wird hier mit politischen Diskussionen, Musik, Tanz und Spiel sowie einer Goethe-Feier im DNT abgehalten.
1. Oktober: Die Stadt kauft das Elektrizitätswerk und die Straßenbahn, die einen Wert von 2,5 Millionen Mark darstellt.
15. November: Mit der KPD vereint sich die USPD; die Ortsorganisation der VKPD zählt etwa 200 Mitglieder.
22. Dezember: Der Apotheker Hans Schilling eröffnet eine vierte Apotheke in der Grunstedter Straße (heute Richard-Wagner-Straße), die 1935 als Adler-Apotheke in ihre heutigen Räume verlegt wird.

1921 Die Kunstsammlungen im Schloß werden als »Staatliche Kunstsammlungen« der Öffentlichkeit zugänglich gemacht; Direktor ist seit 1916 Dr. phil. Wilhelm Köhler, der 1919 sein Amt antrat.
18. Februar: Die Elektrizitäts- und Gasarbeiter treten in den Streik; am 15. März demonstrieren Erwerbslose und Notstandsarbeiter gegen die zunehmende Verschlechterung ihrer Lebensbedingungen.
4. April: Konservativ eingestellte Professoren erreichen eine offizielle Neugründung der »Staatlichen Hochschule für bildende Kunst« neben dem Staatlichen Bauhaus.
9. Mai: Der 1842 in Eisenach geborene älteste Arzt der Stadt, Ludwig Pfeiffer, bekannt durch bedeutende Abhandlungen über Pest, Cholera und Krebs sowie auf prähistorischem Gebiet, stirbt in der Seminarstraße 8; 1912 war nach dem Alterspräsidenten im Gemeinderat eine Straße und später eine Quelle in Belvedere benannt worden.
21. Juni: Der Buchhändler Fritz Fink gründet am Markt 11 einen Verlag, der die »Beiträge zur Geschichte der Stadt Weimar« herausgibt.
9. bis 31. Juli: Die seit 1913 unterbrochenen Festspiele der deutschen Jugend werden mit 4300 Besuchern wieder aufgenommen; ab 1923 finden sie im Rahmen allgemeiner Festspielwochen des DNT jeweils im Juni statt.
19. Juli: Das städtische Museum wird in

»Museum für Vorgeschichte« umbenannt und damit ein für die Stadt bedeutendes wissenschaftliches Institut ins Leben gerufen.
31. JULI: Der vom Sport-Club Weimar errichtete Sportplatz Lindenberg mit Fußballfeld und Tribüne, Hockey- und Tennisplatz sowie einer 350 Meter langen Laufbahn wird mit sportlichen Wettkämpfen feierlich seiner Bestimmung übergeben; am 31. Dezember 1927 zählt der Verband 699 Mitglieder.
AUGUST: Infolge der inflationären Entwicklung ist ein Drittel der Arbeiter ohne Arbeit und Einkommen.
24. BIS 26. SEPTEMBER: Die hier tagende Hauptversammlung der 1865 in Dresden gegründeten und jetzt 300 Mitglieder zählenden Deutschen Dante-Gesellschaft, seit Mai 1915 Neue Deutsche Dante-Gesellschaft, beschließt, ihren Sitz nach Weimar zu verlegen.
20. NOVEMBER: Eine mit Spenden von 19 000 Mark für die im Ersten Weltkrieg gefallenen Weimarer erbaute Gedächtnishalle wird an der Stelle der ehemaligen, nach Plänen von Bormann errichteten Friedhofskapelle eingeweiht; ein Krieger-Gedenkstein war im Juli auf dem Sportplatz Lindenberg aufgestellt worden.
10. DEZEMBER: Gemeinsam mit Künstlern des DNT gibt der Freundschafts-Sängerbund im Volkshaus ein Konzert.
31. DEZEMBER: In der Stadt produzieren 279 Betriebe, in denen 3462 Arbeiter und Angestellte tätig sind.
31. DEZEMBER: In den Gast- und Logierhäusern übernachten nur 4601 gegenüber 5076 Personen im Vergleichsmonat des Vorjahres.

1922 Der unter Leitung von Oberbaurat Steinbrück errichtete Hauptbahnhof, dessen Bau durch den Ersten Weltkrieg unterbrochen worden war, wird vollendet.
Die Kunstmaler Franz Huth und Alfred Ahner nehmen ihren Wohnsitz in Weimar.
FEBRUAR: Den streikenden Transportarbeitern schließen sich auch andere Berufsgruppen an.
1. MAI: Auf dem Friedhof wird das von Gropius geschaffene Denkmal, der sogenannte Blitz, für die Opfer des Kapp-Putsches eingeweiht; das Monument wird 1935 beseitigt.
20. JUNI: Mit der Einführung der Gemeinde- und Kreisordnung für Thüringen bildet Weimar als Landeshauptstadt einen eigenen Stadtkreis, und der Oberbürgermeister führt bis 1926 die Bezeichnung »Stadtdirektor«.
29. JUNI: Ein Max-Reger-Archiv wird von der Witwe des Musikers dem Land Thüringen übereignet und im Schloßmuseum der Öffentlichkeit zugänglich gemacht.
9. JULI: Pfarrer Alexander Wessel führt die Weihe der Glocken in der Stadtkirche durch, die die Namen »Luther«, »Herder« und »Bach« erhalten; wegen einer »abträglichen Äußerung« wird der 60jährige am 21. August 1941 in das KZ Buchenwald eingeliefert.
19. JULI: Heinrich Schaeffer, bekannt als Vortragsdichter besonders durch das Gedicht »Der Posthilfsbote Säbelbein«, stirbt hier.
30. JULI: Der vom Ballspiel-Club Vimaria 03 errichtete Fußballplatz an der Falkenburg wird eingeweiht.
11. AUGUST: Am DNT wird eine Gedenktafel enthüllt mit der Inschrift: »In diesem Haus gab sich das deutsche Volk durch seine Nationalversammlung die Weimarer Verfassung vom 11. August 1919«.
9. SEPTEMBER: Die Nackttänzerin Adoreé Villany tritt im DNT auf.
19. SEPTEMBER: Der schwedische Asienforscher Prof. Sven Hedin befindet sich zu einem Kurzaufenthalt in der Stadt.
OKTOBER: Als Einrichtung der Volkswohlfahrt wird das Parkbad geschaffen.
1. OKTOBER: Der kommunistische Landtagsabgeordnete und Lehrer, Dr. phil. Theodor Neubauer, erhält eine Anstellung am Realgymnasium; Anfang 1923 siedelt er von Ruhla nach Weimar über und wohnt in der Marienstraße 9.
1. OKTOBER: Mit Befürwortung durch die Vertreter der SPD-Abgeordneten im Gemeinderat werden die landwirtschaftlich geprägten Vororte Oberweimar, Ehringsdorf und Tiefurt einschließlich des Forstortes Webicht mit etwa

4500 Einwohnern eingemeindet; die Gesamtfläche der Stadt beträgt jetzt 5042 Hektar.
16. Oktober: Die erste Vorstellung der von der Neuen Bühne geplanten Ur- und Erstaufführungen findet mit dem zeitgenössischen Schauspiel »Die Befreiten« von Bernhard Bernson statt.
24. Oktober: Der seit 1897 hier lebende Goethe-Forscher Dr. phil. Wilhelm Bode erliegt seinen, durch einen Straßenbahnunfall hervorgerufenen Verletzungen.
31. Oktober: Die Gesangvereine »Liedertafel« und »Arion« schließen sich zum »Männergesangsverein« zusammen.
13. November: Verfassungsbestimmungen für die Landeshauptstadt Weimar werden erlassen.
14. Dezember: Auf Beschluß des Stadtrates wird als Folge der Inflation eine Einschränkung des Straßenbahnverkehrs vorgenommen; am 15. September 1923 wird der Betrieb ganz eingestellt.

Gebäude des Wilhelm-Ernst-Gymnasiums

1923 Die Stiftung »Deutsche Landerziehungsheime Dr. Hermann Lietz« pachtet Schloß Ettersburg und richtet ein Landerziehungsheim für Schüler der Mittelstufe ein, das bis 1945 besteht.
9. Januar: Der Antrag der Abgeordneten der Arbeiterparteien im Gemeinderat, den Fürstenplatz in »Roten Platz« umzubenennen wird abgelehnt, wie auch die Straßenbenennung nach Karl Marx, Friedrich Engels und Rosa Luxemburg.
19. Januar: Die Stadtverwaltung wird davon unterrichtet, daß »infolge der Ruhrbesetzung und der Dollarsteigerung ... eine weitere Teuerungswelle, verbunden mit Warenknappheit, unvermeidlich« ist.
10. April: Die aus den Landes-Kredit- und Sparkassen hervorgegangene Thüringische Staatsbank eröffnet ihren Betrieb in der heutigen Steubenstraße 15; damit erhält die Stadt ein bedeutendes zentrales Geld- und Kreditinstitut.
12. April: 331 Schüler, darunter erstmals ein Mädchen, besuchen das Wilhelm-Ernst-Gymnasium; von ihnen sind 319 evangelisch und zwölf katholisch. 301 Schüler stammen aus Weimar, 25 aus dem übrigen Thüringen, drei aus dem deutschen Raum und zwei Schüler aus dem Ausland.
14. Juni: Zur Senkung der Arbeitslosigkeit fordert der Erwerbslosenrat vom Stadtrat die Erweiterung der Notstandsarbeiten.
15. Juni: Mit Werken von Bach und Mozart konzertiert zum ersten Mal der sowjetische Geiger Eduard Soermus in der Stadt.
7. Juli: Der Betriebsrat der Waggonfabrik, mit 300 Arbeitern der größte Industriebetrieb in Weimar, fordert die Bewaffnung der Arbeiter sowie die Bildung von Kontrollausschüssen mit realen Machtbefugnissen.
14. August: Die Arbeiterschaft tritt geschlossen in den Generalstreik; vor 6000 Demonstranten spricht Neubauer auf dem Marktplatz.
15. August bis 30. September: In einer Ausstellung legt das Staatliche Bauhaus über seine Tätigkeit Rechenschaft ab. Am Horn 61 wird nach dem Entwurf des Architekten Georg

Muche und in der technischen Ausführung von Adolf Meyer ein Musterhaus eröffnet, zu dem im April der Grundstein gelegt worden war.

19. August: Der aus Paris kommende Musiker Igor Strawinsky erlebt im DNT die Aufführung seiner tragikomischen Oper »Geschichte vom Soldaten« und trifft mit Busoni zusammen.

4. September: Bedingt durch die sich auf ihrem Höhepunkt befindende weltweite Geldentwertung steigen täglich die Preise auch für Lebensmittel an; ein Pfund Butter kostet z. B. vier bis fünf Millionen Mark.

6. Oktober: Alle Kleinbahnen werden zur Thüringischen Eisenbahn AG (ThEAG) zusammengeschlossen.

7. Oktober: Der außerordentliche Bezirksparteitag der KPD Großthüringens mit 174 Delegierten aus 78 Orten beschließt, mit der SPD eine gemeinsame Regierung zu bilden.

16. Oktober: Nach dem Rücktritt der Thüringer Regierung am 28. Juli wird eine aus Mitgliedern von KPD und SPD gebildete Arbeiterregierung, deren Ministerpräsident Frölich ist, mit Sitz im ehemaligen Fürstenhaus (heute Hochschule für Musik »Franz Liszt«, Platz der Demokratie) gebildet.

23. Oktober: Wegen des Verkaufs von einem Pfund Äpfel zum Preis von einer Million Mark statt »nur« 750 000 Mark wird eine Geldstrafe von 100 Milliarden Mark ausgesprochen; mit der Ausgabe der Rentenmark setzt im November eine langsame Währungsstabilisierung ein.

8. November: Die am 2. November in Thüringen einmarschierte Reichswehr besetzt die Stadt; KPD und proletarische Hundertschaften werden verboten, 40 Arbeiter verhaftet und der Ausnahmezustand verhängt.

7. Dezember: Die verfassungsmäßige Thüringer Regierung erklärt ihren Rücktritt.

30. Dezember: Alle bürgerlichen Parteien Thüringens schließen sich in Weimar zum Ordnungsbund zusammen und stellen zur Landtagswahl am 10. Februar 1924 eine Einheitsliste auf.

1924 Das Lichtspieltheater Zentral-Palast (heute »Theater des Friedens«), ein Projekt des Architekten Ernst Flemming, entsteht.

Der Konsumverein Weimar verschmilzt mit der Konsumgenossenschaft Apolda und 1928 mit Jena unter dem Namen »Konsumgenossenschaft Thüringen e. G. m. b. H., Sitz Weimar«; sie hat 13 351 Mitglieder, 58 Verkaufsstellen, zwei Zentrallager und einen Jahresumsatz von 4 Millionen Mark.

1. Januar: Infolge der Geldentwertung beträgt der Wert aller Spareinlagen nur noch 3769 Goldmark.

25. Januar: Durch Stadtratsbeschluß wird die Sparkasse in die »Städtische Sparbank Weimar, Stiftungssparkasse« umgewandelt.

29. Januar: Der in Berlin geborene Landschaftsmaler Prof. Paul Tübbecke stirbt im Alter von 76 Jahren in der Gartenstraße 8 (heute Abraham-Lincoln-Straße).

15. April: Auf Beschluß des Thüringer Landtages wird der 1. Mai nicht mehr als Feiertag begangen.

2. Mai: Die Kulturschaffenden Werner Deetjen, Richard Engelmann, Lyonel Feininger, Walter Gropius, Franz Kaibel, Bruno Hinze-Reinhold, Walter Klemm, Friedrich Lienhard, Heinrich Lilienfein, Johannes Schlaf, Eduard Scheidemantel, Franz Ulbrich, Hans Wahl und andere protestieren gegen den Beschluß der Thüringer Landesregierung vom 2. November 1923, die Kavalierhäuser in Belvedere als Kasernen der Landespolizei zu nutzen.

21. bis 24. Juni: In einer Allgemeinen Tierschau, einer Landwirtschaftlichen und Gartenbau-Ausstellung werden im unteren Teil des Parkes an der Ilm Maschinen, Geräte, Nutztiere und landwirtschaftliche Produkte gezeigt; der Pferdezuchtverein Weimar veranstaltet ein Reit- und Fahrturnier.

1. Juli: Als Generalintendant und Generaldirektor der Staatsbühnen Altenburg, Gotha, Meiningen und Sondershausen wirkt Dr. phil. Franz Ulbrich bis 1933 am DNT.

12. August: Der Gemeinnützige Beamtenbauverein Weimar wird gegründet, auf dessen

Initiative innerhalb von zehn Jahren das Gelände Großmutterleite bebaut wird.
13. AUGUST: Der Kunstmaler Maximilian Thedy, der zuletzt in der heutigen Haeckelstraße wohnt, stirbt.
15. AUGUST: 155 Arbeiter gründen auf Initiative der KPD in der Kohlstraße eine Ortsgruppe des Roten Frontkämpferbundes, die im Mai 1925 etwa 200 Mitglieder zählt.
15. BIS 17. AUGUST: Die Nationalsozialistische Freiheitspartei führt hier ihren Parteitag durch; am 16. August versuchen 16 Bewaffnete, das Volkshaus zu stürmen.
1. SEPTEMBER: Im Feodoraheim wird ein Städtischer Kindergarten mit 75 Plätzen eröffnet.
12. SEPTEMBER: Auf Antrag der Sozialdemokraten verwahrt sich der Stadtrat in einer außerordentlichen Sitzung gegen Überfälle auf Einwohner und Schändung von Kulturstätten durch Nazis; die Deutsche Liga für Menschenrechte, die die Hakenkreuzfahnen vom DNT entfernen ließ, protestiert erneut gegen den Skandal, verursacht durch die Provokationen »solcher Mörderorganisationen«.
20. SEPTEMBER: Auf Initiative des Vereins Kinderhilfe Weimar wird zum Bau eines Kindererholungsheimes auf dem Ettersberg der Grundstein gelegt; im Frühjahr 1925 werden hier erstmals 100 Kinder in einer vier- bis sechswöchigen Kur betreut.
11. NOVEMBER: Der Stadtrat beschließt, im Enteignungsverfahren von den Froriepschen Erben ein Grundstück zu erwerben, auf dem eine Stadthalle errichtet werden soll.
23. UND 24. NOVEMBER: Eine Reichskonferenz der Kleinbauern-, Pächter- und Siedlerverbände wird abgehalten.
18. DEZEMBER: Auf Beschluß des Stadtrates wird aus Geldmangel das Schießhaus an die Büchsen-Schützen-Companie verkauft, und für 24 000 Mark werden acht gebrauchte Straßenbahnwagen von der Stadt Krefeld erworben, da kein Geld vorhanden ist zum Kauf neuer Wagen und zur Erneuerung des Schienenkörpers.
26. DEZEMBER: Der Meisterrat erklärt das Staatliche Bauhaus mit Wirkung vom 1. April 1925 für aufgelöst; es verlegt seinen Sitz nach Dessau.
31. DEZEMBER: 82 042 Gäste gegenüber 81 213 Besuchern im Jahr 1923 übernachteten in Hotels und Gasthäusern.
31. DEZEMBER: Die städtischen Ausgaben für Wohlfahrtspflege haben sich auf 1 079 000 Mark gegenüber 84 000 Mark 1913 erhöht.
31. DEZEMBER: Bis 1929 beträgt die Zahl der Wohnungssuchenden durchschnittlich 2500 im Jahr.
31. DEZEMBER: Von 160 Buchdruckern sind 68 arbeitslos; 1925 beträgt die Zahl aller Erwerbslosen 908.
31. DEZEMBER: Im Verlauf des Jahres wurden 329 gegenüber 480 Ehen im Jahr 1923 geschlossen und 53 Ehen gegenüber 49 geschieden, 780 Geburten und 585 Sterbefälle wurden registriert; von 101 aus der Kirche Ausgetretenen gehören 86 dem evangelischen, zwölf dem katholischen und drei dem mosaischen Glaubensbekenntnis an.

1925 Bis 1926 wird das Empfangsgebäude des Berkaer Bahnhofs umgebaut und der Verladebahnhof erweitert.
Der erfolgreiche Verein Gabelsberger stellt sich unter Leitung seines Vorsitzenden Alfred Knabe auf die Einheitskurzschrift um und führt den Unterricht im Maschinenschreiben ein; 1933 hat der Verein 500 Mitglieder.
1. JANUAR: Das Plakatwesen wird in städtische Regie übernommen.
3. JANUAR BIS 6. AUGUST: Mit sogenannten Notstandsarbeiten im Wertumfang von 27 026 Reichsmark werden 126 Arbeiter beschäftigt.
22. FEBRUAR: Für die Amtszeit vom 1. April 1925 bis zum 31. März 1928 werden 29 Mitglieder in den Stadtrat gewählt; 3832 Stimmen mit sieben Sitzen entfallen auf die SPD, 1177 mit zwei Sitzen auf die KPD und 768 Stimmen mit einem Sitz auf die NSDAP.
MÄRZ: In der Pianofortefabrik Römhildt werden 140 Arbeiter ausgesperrt; von insgesamt

800 Erwerbslosen erhalten nur 350 finanzielle Unterstützung.
14. März: Die Staatliche Musikschule und die Deutsche Aufbauschule verbinden ihr Ausbildungsprogramm.
18. März: Die Tänzerin Gret Palucca gibt im DNT ein Gastspiel.
22. März: Nach einer Rede von Adolf Hitler wird hier die Ortsgruppe der Nationalsozialistischen Deutschen Arbeiterpartei (NSDAP) offiziell ins Leben gerufen; sie nimmt am 6. April die ersten Mitglieder auf.
2. April: Die Oper »Herzog Blaubarts Burg« und das Tanzspiel »Der holzgeschnitzte Prinz« des ungarischen Komponisten Béla Bartók werden im DNT erstaufgeführt.
11. bis 15. April: Unter dem Namen »Weimarer Osterwoche« finden zum ersten Mal Festspiele mit der Aufführung des »Faust« von Johann Wolfgang Goethe und des »Rosenkavalier« unter dem Dirigat von Richard Strauss sowie mit einem Festkonzert statt.
14. Mai: Mit dem Einzug des Stabes der 3. Kavallerie-Division unter Führung von General Paul Hasse und der 5. und 6. Kompanie des Infanterie-Regiments Nr. 15 wird Weimar wieder Garnisonsstadt.
14. Mai: Zu ihrer ersten Zusammenkunft treffen sich 40 Schwerhörige, die sich unter Vorsitz von Pfarrer Wessel zu einem Verein der Schwerhörigen zusammengeschlossen hatten.
16. Juni: Von den 46003 Einwohnern wohnen 4310 in den Vororten Oberweimar, Ehringsdorf und Tiefurt.
Juli: Durch eine große Trockenheit treten Sperrstunden in der Wasserversorgung auf. In den Ilmniederungen zwischen Ehringsdorf und Mellingen werden Bohrungen nach Grundwasser unter Hinzuziehung von Wünschelrutengängern vorgenommen.
5. Juli: Auf Stadtratsbeschluß wird die Pestalozzischule errichtet, deren Mittelbau im Oktober 1928 eingeweiht wird; die Klassenfrequenz in den Volksschulen beträgt 40 Schüler.
September: Die SPD-Fraktion im Stadtrat beantragt den Bau eines neuen Obdachlosenasyls zur Linderung der Wohnungsnot von Sozialrentnern und Waisen.
23. September: Weit über Thüringens Grenzen hinaus erregt der Fund des Schädels eines Neandertalers im Steinbruch zu Ehringsdorf einen Tag vor dem hier stattfindenden Paläontologenkongreß Aufsehen.
November: Mit einem Kapital von 12000 Reichsmark tritt die Stadt der Thüringischen Luftverkehrs AG zur Förderung des Anschlusses Weimars an das Luftverkehrsnetz bei; der Flugplatz am Webicht ist nur vorläufig für den Zubringerverkehr zugelassen.
7. November: Zum 150. Jahrestag der Ankunft Goethes in Weimar wird am DNT der »Urfaust« mit Marlies Homann als Gretchen, Richard Salzmann als Faust und Wilhelm Hinrich Holtz als Mephistopheles aufgeführt.
16. November: Der Tariflohn der Gemeindearbeiter beträgt pro Stunde 70 Pfennig.
18. November: Der Dramatiker und Lyriker Ernst Toller liest im DNT aus seinen Werken »Masse Mensch«, »Der Maschinenstürmer«, »Hinkemann« und »Das Schwalbenbuch«.
4. Dezember: Bedingt durch die im Gut Oberweimar ausgebrochene Maul- und Klauenseuche werden der Umkreis von 15 Kilometern zum Sperrgebiet erklärt und Vieh- und Ferkelmärkte in Weimar verboten.
26. Dezember: Im DNT tritt anläßlich seiner Weltreise der Donkosakenchor auf.

1926 Das städtische Krankenhaus, das über 148 Betten verfügt, erhält einen elektrischen Krankenaufzug, einen zweiten Operationssaal, eine elektrische Lichtmaschine zur Notstromversorgung und einen Sterilisator.
Der Franz-Liszt-Bund wird gegründet.
Mit dem Ankauf von sechs neuen Triebwagen der Straßenbahn werden die Verkehrsverhältnisse verbessert und gleichzeitig der Schaffnerbetrieb wieder eingeführt.
Egon Erwin Kisch hält sich in der Stadt auf.
Die Staatliche Hochschule für Handwerk und Baukunst wird unter Leitung von Otto Bartning gegründet.

Reichspräsident Paul von Hindenburg und Beneckendorff im Schloß Belvedere am 10. Mai 1936; Historiengemälde von Hans W. Schmidt, 1932 (Ausschnitt)

4. BIS 17. MÄRZ: Von 31621 Wahlberechtigten tragen sich 9026 für ein Volksbegehren zum Gesetz über die Enteignung der Fürstenvermögen ein.
4. APRIL: Mit 2000 Teilnehmern findet das 3. Gautreffen des RFB statt.
10. BIS 11. APRIL: Ein Max-Reger-Fest wird durchgeführt.
10. MAI: Reichspräsident Paul von Hindenburg wird im Rathaus begrüßt.
23. MAI: Anläßlich einer Wehrwolftagung enthüllen 8000 Teilnehmer nahe der Fantasie im Webicht einen Gedenkstein für Leo Schlageter; die Wehrwolfverbände bemängeln, daß die Stadt keinen Flaggenschmuck angelegt hat.
20. JUNI: 9601 Bürger stimmen für die entschädigungslose Enteignung der Fürsten.
1. JULI: Je ein Wohnhaus für 24, für sieben, für sechs und zwei Wohnhäuser für 14 Familien werden fertiggestellt, trotzdem beträgt die Zahl der Wohnungssuchenden Ende des Jahres 2315 bei 11119 vorhandenen Wohnungen in der Stadt und 952 in 540 Häusern der Vororte.
3. UND 4. JULI: Die NSDAP führt ihren 2. Reichsparteitag unter Teilnahme Alfred Rosenbergs, Wilhelm Fricks, Georg Strassers und Adolf Hitlers durch; es kommt zu blutigen bewaffneten Ausschreitungen ihrer Anhänger gegen Bevölkerung und Polizei; die von Hans Severus Ziegler organisierte nationalsozialistische Jugendorganisation konstituiert sich in der »Armbrust«, Schützengasse, zur Hitler-Jugend.
31. JULI: Zugunsten der Roten Hilfe spielt Edward Soermus; am 24. Februar 1927 gastiert der »Rote Geiger« erneut hier.
1. AUGUST: Infolge der inkrafttretenden Gemeinde- und Kreisordnung für Thüringen werden die im November 1922 eingeführten Stadtverfassungsbestimmungen neu gefaßt.
17. AUGUST: 10000 Menschen erleben auf dem Platz vor dem Schlachthof die dreistündige Premiere des Zirkus Sarrasani.
1. OKTOBER: Auf Beschluß der Landesregierung wird die frühere Baugewerkenschule, seit 1922 Bauschule, nach Gotha verlegt und mit der dortigen Bauschule vereinigt.
3. OKTOBER: In der Erfurter Straße wird ein neues Feuerwehrdepot mit einer modernen öffentlichen Feuermelde- und Alarmanlage in Betrieb genommen und das alte in der Gerbergasse aufgegeben; die Freiwillige Feuerwehr besteht aus einem Branddirektor, zwei Brandmeistern, einem Zeugmeister, elf Oberfeuerwehrmännern und 75 Mann. Im Stadtgebiet sind 420 Ober- und Unterflurhydranten vorhanden.
10. OKTOBER: Im Volkshaus findet eine von der KPD einberufene Landeskonferenz der Erwerbslosen Großthüringens statt, die von 129 Delegierten aus 76 Orten besucht wird.
18. NOVEMBER: Der 1923 gegründete größte Versicherungsverein der Stadt, die Familienbestattung Weimar, erhält Statuten.

1927 Der hier seit 1912 tätige Chirurg Dr. med. Hermann Krüger wird Chefarzt des Städtischen Krankenhauses und wirkt auch am Sophienhaus.

Eine kleine Freiluftanlage mit Tieren, genannt »Aquarium«, wird in der Nähe des Goethe-Schiller-Archivs eröffnet.

4. Januar: Anläßlich seiner 25jährigen Zugehörigkeit zum Gemeinde- bzw. Stadtrat erhält der Mitbegründer und langjährige Leiter des Deutschen Schillerbundes und seit 1912 der Deutschen Schillerbund-Festspiele, auch Kurator des Schiller- und des Kirms-Krackow-Hauses, Prof. Dr. phil. Eduard Scheidemantel, das Ehrenbürgerrecht.

6. März: Erneut findet eine Erwerbslosenkonferenz Großthüringens gegen Betriebsstilllegungen und für Arbeitsbeschaffung, für Gewährung von Wirtschaftsbeihilfen sowie für weitere soziale Verbesserungen statt.

31. März: Mit einer Feierstunde beendet das Lehrerseminar seine Tätigkeit am Tag seiner Eröffnung vor 139 Jahren durch Herder; Nachfolgerin wird die Deutsche Aufbauschule.

14. Juli: Auf dem Ettersberg geht eine Wasserhose nieder, deren Fluten die Ufermauern des Asbachs zum Einstürzen bringen.

Sommer: Der Flugplatz am Webicht wird von der Linie B (Fürth, Nürnberg, Bamberg, Coburg, Plauen, Saale-Schwarzatal, Weimar, Leipzig und zurück) und der Linie D (Saale-Schwarzatal, Weimar, Erfurt, Meiningen, Bad Kissingen, Schweinfurt, Fürth, Nürnberg und zurück) der Nordbayrischen Verkehrsflug GmbH angeflogen, 249 Passagiere kommen an und 205 fliegen ab; planmäßiger Flugverkehr bis 1933.

9. Oktober: Zur 225. Jahrfeier des Infanterie-Regiments Nr. 94 wird vor dem Schloß ein Denkmal für die im Ersten Weltkrieg gefallenen Weimarer errichtet, das Zauche schuf.

16. Dezember: Bei minus 26 Grad Celsius bricht in der Friedensgasse ein Großbrand aus, dem drei Kinder zum Opfer fallen.

31. Dezember: Es gibt etwa 500 Rundfunkhörer, ihre Zahl erhöht sich bis 1936 auf 11000.

31. Dezember: Bis Jahresende wurden 745 Kinder geboren gegenüber 824 im Vorjahr, während 533 Tote gegenüber 579 im Jahre 1926 registriert wurden.

1928 Mit 250 Arbeitern und Angestellten sowie Verkaufsniederlassungen in Erfurt, Coburg und Gera ist die Auto-Firma von Waldemar Dittmann in der Erfurter Straße über Thüringen hinaus bekannt.

Prof. Dr. phil. Hans Wahl, seit 1913 wissenschaftlicher Mitarbeiter des Goethe-Schiller-Archivs und seit 1918 Direktor des Goethehauses, übernimmt die Direktion des Goethe-Schiller-Archivs.

12. Januar: Die von Martin Klauer geschaffene Neptun-Figur des Marktbrunnens wird erstmals durch eine Nachbildung ersetzt, die Johannes Gerold schuf.

Februar: Der 1923 aufgelöste Kirchenchor wird unter Alfred Thiele neugegründet.

10. März: Als Frauenschule mit praktischem und theoretischem Unterricht wird die Mathilde-Zimmer-Stiftung gegründet.

Ostern: Dem Sophienstift, seit 20. Januar 1920 im Besitz der Stadt, wird die Deutsche Aufbauschule unter dem Namen »Oberlyzeum mit Deutscher Aufbauschule« angegliedert.

22. April: Die Deutschen Waldlaufmeisterschaften, die im Webicht durchgeführt werden, gewinnt ein Teilnehmer aus Hamburg.

20. Mai: Bei der Reichstagswahl entfallen von 23746 abgegebenen Stimmen 6516 auf die SPD, 2588 auf die NSDAP und 2080 auf die KPD.

20. Mai: Das Schwanseebad mit einem 150 Meter langen und 54 Meter breiten Wasserbecken wird eingeweiht; der erste große Schwimmwettkampf findet am 26. August statt.

Juni: Eine Schulzahnklinik wird eröffnet.

Juni bis September: Die Thüringer Gartenbau-Ausstellung findet in Belvedere statt.

29. Juli: Der am 15. September 1861 hier geborene Landschaftsmaler Prof. Max Merker stirbt.

12. August: Die Tennisanlage mit zwölf Plätzen, die auf Initiative des Tennisklubs 1912 und des Sport-Clubs Weimar geschaffen worden war, wird offiziell eingeweiht; 1931 wird der Tennisklub Grün-Weiß gegründet.
30. September: Im Volkshaus führt der Thüringer Arbeiter-Sängerbund seinen 31. Gautag durch.
30. September: Die 1921 von der evangelischen Stadtkirchgemeinde erworbene, verfallene englische Kirche erhält nach ihrem Wiederaufbau durch den Architekten Hans Meisel den Namen »Kreuzkirche«; die Glasmalerei der Fenster stammt von Ernst Kraus.
27. Oktober: Anläßlich der Tagung des Deutschen Fußballbundes in Weimar wird das Stadion als »Thüringische Landeskampfbahn« eingeweiht.
9. November: Zur Feier anläßlich der Oktoberrevolution wird im Volkshaus auf Einladung der KPD der Film »Die Mutter« aufgeführt.
2. Dezember: Zur Wahl des Stadtrates werden nur 16293 Stimmen von 32926 Wahlberechtigten abgegeben, wobei alle bürgerlichen Abgeordneten 20, die SPD mit 4038 Stimmen sieben, die NSDAP mit 2035 Stimmen vier und die KPD mit 1185 Stimmen zwei Sitze erhalten.

1929 Die Schriftstellerin Gabriele Reuter, die bereits von 1880 bis 1895 hier gelebt hat, übersiedelt von Berlin nach Weimar und wohnt Carl-Alexander-Allee 5, später Am Horn 39.
31. März: Die Zahl der Wohnungssuchenden beträgt 2221 und erhöht sich weiter; nur 299 Wohnungen konnten durch Neubauten zur Verfügung gestellt werden.
Mai: Auf der roten Linie (später Linie 1) der Straßenbahn wird der Siebeneinhalb-Minuten-Verkehr aufgenommen, aber wegen Rückgangs der Fahrgäste am 31. Dezember 1930 wieder eingestellt.
15. Mai: Die Omnibusverkehrsgesellschaft Weimar, deren Abfahrtsstelle sich in der Schwanseestraße befindet, nimmt ihren Fahrbetrieb mit drei Überlandlinien auf.
7. Juli: Die Oper »Sly oder die Legende vom wiedererweckten Schläfer« von Ermanno Wolf-Ferrari wird am DNT uraufgeführt.
10. Juli: Das von Flemming erbaute Verwaltungsgebäude der Norddeutschen Grundkreditbank, Coudraystraße 13, zu dem am 17. März 1928 der Grundstein gelegt worden war, wird eingeweiht.
12. September: Das Luftschiff »Graf Zeppelin« D – LZ 127 überfliegt die Stadt.
Herbst: Der Ausbruch der Weltwirtschaftskrise führt zur Stillegung einiger Betriebe; die Zahl der Arbeitslosen steigt auf 1422.

1930 1. Januar: 1773 Einwohner sind arbeitslos; am 1. Juli beträgt die Zahl 1946, am 1. Dezember 2154, am 1. Januar 1931 insgesamt 3240 und steigt bis zum 1. Januar 1932 auf 3390 an.
23. Januar: Von der Mehrheit der Abgeordneten des Thüringer Landtags wird die erste NSDAP-Landesregierung mit den Ministern Dr. jur. Wilhelm Frick und Willy Marschler bestätigt; am 1. April 1931 wird sie durch die in namentlicher Abstimmung angenommenen Mißtrauensanträge der SPD-Abgeordneten gestürzt.
23. Februar: 2500 Einwohner führen einen Hungermarsch durch.
28. Februar: Nach einjähriger Bauzeit wird der unter Leitung von Flemming errichtete Erweiterungsbau des Kaufhauses Hermann Tietz am Markt, an dessen Errichtung zeitweise 200 Arbeiter beschäftigt waren und dem mehrere kleine Gebäude weichen mußten, eröffnet.
16. März: Schultze-Naumburg wird zum Direktor der Hochschule für bildende Kunst ernannt; Vertreter des Handwerks hatten Buchbindermeister Prof. Otto Dorfner für diese Funktion vorgeschlagen.
April: Das Schauspiel »Kassandra« von Paul Ernst wird uraufgeführt.
1. April bis 31. März 1931: In den Hotels und Fremdenheimen übernachten 84791 Gäste.

27. April: Der Anbau an das Hauptgebäude des Sophienhauses, den der Architekt Walter Voigt errichtet hat, wird feierlich eingeweiht; im Krankenhaus sind etwa 400 Schwestern tätig.
Mai: Mit der Errichtung eines Neubaus für die Reichsbank, Schubertstraße/Ecke Hegelstraße, wird begonnen.
16. Juni: Das nach einem Entwurf von Lehrmann errichtete Arbeitsamt auf dem Rollplatz wird seiner Bestimmung übergeben; zwei den Eingang schmückende plastische Figuren schuf Bildhauer Boeß.
24. Juni: Der seit Mai 1920 so benannten Staatlichen Musikschule wird die Bezeichnung »Staatliche Hochschule für Musik« verliehen; sie wird von Hinze-Reinhold bis zum 1. Juli 1933 geleitet.
18. Juli: Anläßlich seines 65. Geburtstages wird in Würdigung seiner verdienstvollen Tätigkeit als Bürgermeister von 1898 bis 1910 und als Oberbürgermeister von 1910 bis zum 13. Mai 1920 Dr. jur. Martin Donndorf zum Ehrenbürger ernannt.
7. September: Ein Kolonial-Gedenkbrunnen des Bildhauers Josef Heise wird eingeweiht.
14. September: Von 28716 zur Reichstagswahl abgegebenen Stimmen erhält die NSDAP 8030, die SPD 7548 und die KPD 2536 Stimmen; auch bei den Reichstagswahlen 1932 sind SPD und KPD nach der NSDAP zweit- bzw. drittstärkste Partei.
28. September: Eine Jugendherberge im Albert-Franziska-Voigt-Stift, Berkaer Straße, wird als größtes derartiges Heim in Thüringen feierlich mit einem Festzug durch die Stadt ihrer Bestimmung übergeben.
3. Oktober: Der japanische Thronfolger Prinz Takamatsu besucht mit seiner Gemahlin die Stadt.
6. Oktober: Aus kommunistischen, sozialdemokratischen und parteilosen Arbeitern wird eine Ortsgruppe des Kampfbundes gegen den Faschismus, die erste ihrer Art in Thüringen, gebildet und hat Ende des Monats 200 Mitglieder.
6. November: Unter der Losung »Demokratie gegen Faschismus« findet eine Kundgebung der Sozialdemokraten statt; in der Folgezeit nimmt der Terror von NSDAP-Mitgliedern gegen die Arbeiter sprunghaft zu.
11. November: Die Hochschule für Baukunst, bildende Künste und Handwerk wird gegründet, unter ihrem Direktor Schultze-Naumburg endet die fortschrittliche kunstpädagogische Bewegung.
9. Dezember: Unter Führung der KPD findet eine Kundgebung mit 4000 Teilnehmern gegen Hunger und Faschismus statt.
23. Dezember: Erneut demonstrieren 1200 Arbeiter gegen die Frick-Regierung.

1931 25. Februar: 1000 Werktätige demonstrieren zum Welterwerbslosentag.
10. März: Weimar erlebt die deutsche Erstaufführung der Oper »Andromeda« des Franzosen Pierre Maurice.
1. April: Das Marktwesen wird in städtische Regie genommen.
1. April: Die 1895 in Altenburg gegründete Ingenieurschule, eine der ältesten privaten höheren technischen Lehranstalten Deutschlands, wird mit 457 Studenten in die stillgelegte Römhildtsche Pianofortefabrik nach Weimar Hinter dem Bahnhof verlegt; im Flugwesen bildet der Kunstfliegermeister Gerd Achgelis die Studenten aus.
29. Juni: Durch Verfügung des Thüringischen Innenministeriums wird der Oberbürgermeister zum Staatsbeauftragten für die Stadt Weimar ernannt, um die allgemeine Krisensituation – insbesondere die hohen Wohlfahrtskosten – zu verringern.

1932 5. März: Der Stadtrat beschließt den 15-Pfennig-Tarif der Straßenbahn für die Teilstrecken Bahnhof – Post und Wielandplatz – Falkenburg; Kinder zahlen auf allen Strecken zehn Pfennig.
12. März: Die nach einem Entwurf von Vogeler für 1,1 Millionen Reichsmark erbaute Weimarhalle wird feierlich eingeweiht.

13. MÄRZ: Bei der Reichspräsidentenwahl mit 92,39 prozentiger Beteiligung entfallen in Weimar im ersten Wahlgang 13983 Stimmen auf Hindenburg, 10 598 auf Hitler, 3226 auf Ernst Thälmann und 2871 auf Theodor Duesterberg.
20. BIS 28. MÄRZ: Anläßlich des 100. Todestages des Dichters findet eine Goethe-Gedenkwoche statt, an der Politiker, darunter über 70 Botschafter und Gesandte, und Literaten teilnehmen; es finden unter anderen Vorträge von Thomas Mann am 21. und vom spanischen Schriftsteller José Ortega y Gasset am 24. März statt wie auch Theateraufführungen mit dem »Urgötz« unter der Regie von Ernst Legal mit Heinrich George vom Staatlichen Schauspielhaus Berlin am 20. März.
15. JULI: Gegen die beabsichtigte Kürzung der Erwerbslosenunterstützung kommt es in der Marienstraße, am Graben und auf dem Karlsplatz unter Führung des Schlossers Richard Müller zur Erhebung der Arbeitslosen; 20 Demonstranten werden festgenommen und zehn Arbeiter zu sechs Jahren und neun Monaten Gefängnis im sogenannten Landfriedensprozeß verurteilt.
21. JULI: Auf Grund des Protestes der Stadtratsfraktionen der KPD und SPD muß die Erwerbslosenunterstützung in alter Höhe weitergezahlt werden; sie beträgt wöchentlich für Alleinstehende 8,80 Reichsmark und für Ehepaare mit drei Kindern 14,85 Reichsmark.
13. BIS 16. AUGUST: Verbunden mit der Tagung der Deutschen Gladiolen-Gesellschaft zeigt der Gartenbauverein eine Blumenschau in der Weimarhalle.
27. AUGUST: Die Ergebnisse der Landtagswahl führen zur Einsetzung einer Landesregierung unter Führung von Fritz Sauckel, NSDAP.
18. SEPTEMBER: Vor 8000 Zuschauern wird im Stadion der XII. Leichtathletik-Länderkampf ausgetragen, den Deutschland gegen die Schweiz gewinnt.
29. SEPTEMBER: Der Kunstmaler Prof. Otto Rasch, der als 15jähriger an die Freie Zeichenschule zu Franz Leonhard Moritz Jäde kam und an der Kunstschule bei Struys studiert hatte, stirbt hier.
26. NOVEMBER: Etwa 100 Werke hiesiger Maler werden in dem 1896 auf dem Grundstück des Wieland-Gartens erbauten Einrichtungshaus von Hugo Bosse am Theaterplatz in der Ausstellung »Das Bild im Raum« bei freiem Eintritt gezeigt.
4. DEZEMBER Bei den Stadtratswahlen werden insgesamt 20 259 Stimmen abgegeben, davon 7122 für die NSDAP (gegenüber den Reichspräsidentenwahlen am 10. April 1932 mit 12 600 Stimmen), 3347 für die SPD und 2704 für die KPD; bei nur 59,8 prozentiger Wahlbeteiligung entfallen elf Sitze auf die NSDAP, fünf auf die SPD und vier auf die KPD.
31. DEZEMBER: Die Stadt ist mit 9,25 Millionen Reichsmark, das sind 185 Reichsmark pro Kopf der Bevölkerung, verschuldet.

1933 21. JANUAR: Der Kurator des Museums für Urgeschichte, Prof. Dr. med. Ernst Pfeiffer, stirbt in Hamburg; sein Nachfolger wird am 1. Januar 1935 Prof. Dr. Gotthard Neumann aus Jena.
30. JANUAR: Die Filmschauspielerin Anny Ondra und der Boxer Max Schmeling besuchen die Stadt.
31. JANUAR: Nach der Machtübernahme Hitlers am 30. Januar in Berlin verkündet der Thüringische Staatsminister und Gauleiter der NSDAP Sauckel auf dem Marktplatz die Politik der neuen Regierung.
28. FEBRUAR BIS 1. MÄRZ: In der Nacht werden 15 Mitglieder der KPD, darunter fast alle Funktionäre, verhaftet.
MÄRZ: Als Informationsorgan der illegalen Ortsgruppe der KPD für die Werktätigen erscheint die erste Nummer des »Rebell«.
15. MÄRZ: Die Gebrüder Gerhard und Wolfgang Knabe begründen eine Druck- und Verlagsanstalt, die sich zum Jugendbuchverlag entwickelt.
1. APRIL: Dr. Ernst Nobbe wird Generalintendant des DNT und übt die Funktion bis 1936 aus.

8. APRIL: Die Mandate der KPD im Stadtrat werden gestrichen, und die Mitglieder der SPD scheiden aus.
2. MAI: SA und SS besetzen das Volkshaus.
10. MAI: Polizei-, SS- und SA-Mannschaften führen in allen Stadtteilen und in den Vororten bei über 100 SPD-Mitgliedern Hausdurchsuchungen durch und beschlagnahmen Druckschriften; vier Personen werden festgenommen, das Vermögen der SPD und die Einrichtung ihres Bezirksbüros beschlagnahmt sowie Bank- und andere Konten gesperrt und die Partei am 23. Juli verboten.
21. JUNI: Zur sogenannten Sonnenwendfeier werden bei Niedergrunstedt durch den Deutschen Handlungsgehilfen-Verband Bücher von Vicky Baum, Lion Feuchtwanger, Emil Ludwig, Erich Maria Remarque, Alexander Roda-Roda, Artur Schnitzler, Kurt Tucholsky, Jakob Wassermann, Franz Werfel und Stefan Zweig als »Schundliteratur« verbrannt.
19. BIS 20. AUGUST: Bei den Deutschen Leichtathletikmeisterschaften der Frauen mit 98 Teilnehmerinnen erreicht eine Erfurter Sportlerin im Weitsprung 5,78 Meter; sie zählt damit zur Weltelite.
31. AUGUST: Die Gesamtzahl der unbeschäftigten arbeitsfähigen Einwohner hat sich auf 6803 erhöht und steigt bis zum 1. Januar 1935 auf 7177 an.
SEPTEMBER: Der Schauspieler Dieter Borsche wird Mitglied des Ensembles des DNT.
1. NOVEMBER: Auf einer Großkundgebung der NSDAP spricht Hitler zu Zehntausenden über seine künftige Politik.
16. NOVEMBER: Das auf Beschluß des Stadtrates vom 12. August 1932 in Berka erbaute Wasserwerk wird in Betrieb genommen und versorgt Weimar; 1941 wird das Wasserwerk Oettern in die Versorgung einbezogen.
7. DEZEMBER: Das Weihnachtsmärchen »Knurks hat doch ein Herz« von Hans Joachim Malberg, der seit 1927 in der Stadt lebt, wird hier uraufgeführt.
31. DEZEMBER: Für Straßenbauten, Kläranlage und Kanalisation wurden 2487000 Reichsmark und für Hochbauten 715000 Reichsmark ausgegeben; es wurden 382 neue Wohnungen erbaut.

1934 19. BIS 21. JANUAR: Der 1. Reichsbauerntag wird in Anwesenheit von Mitgliedern der Reichsregierung in der Weimarhalle abgehalten.
25. JANUAR: In der Weimarhalle findet die Gründungsversammlung der Ortsgruppe Weimar im Reichsluftschutzbund statt, der dem Selbst- und Gasschutz im Krieg dienen soll; 700 Bürger treten der Ortsgruppe bei.
26. JANUAR: Nach der neuen Wochenmarktordnung dürfen die Fleischer und die Fisch- und Wildhändler ihre Waren nur noch in abgeschlossenen Verkaufsständen anbieten.
30. JANUAR: Vor dem Landgericht Thüringen beginnt das Dienststrafverfahren wegen »Treuepflichtverletzung und Gehorsamsverweigerung« gegen den 38jährigen Hermann Louis Brill, der seinen Austritt aus der SPD abgelehnt hat; Brill wird 1938 von der Geheimen Staatspolizei verhaftet und am 23. Dezember 1943 in das KZ Buchenwald eingeliefert.
FEBRUAR: Die Geheime Staatspolizei verhaftet mehrere Dutzend illegal tätige KPD-Funktionäre wegen Reorganisation der Partei und Mitgliederwerbung.
22. FEBRUAR: Zur Linderung der Wohnungsnot beschließt der Stadtrat die Errichtung von zwei weiteren Notheimen an der Großkromsdorfer Straße.
23. FEBRUAR: Außer der Hitler-Jugend sind alle weiteren Jugendorganisationen verboten.
9. MÄRZ: Der lyrische Bariton, Kammersänger Heinrich Schlusnus, gibt in der Weimarhalle einen Lieder- und Arienabend; am 12. März 1937 gastiert er erneut hier.
21. MÄRZ: Für sechs Häuser der künftigen Siedlung Siedlersfreud in Oberweimar wird der Grundstein gelegt; im Juli werden die ersten Gebäude bezogen.
22. MÄRZ: Reichsjustizminister Dr. jur. Hans Frank propagiert auf einer Großkundgebung in der Weimarhalle den Vernichtungskampf

gegen Marxisten, Juden, Mitglieder der Zentrumspartei und gegen Monarchisten.
31. März: Die Zahl der offiziellen Wohlfahrtsempfänger sinkt von 2500 auf 1446.
12. April: Dr. Wilhelm Furtwängler dirigiert in der Weimarhalle ein Sinfoniekonzert des Philharmonischen Orchesters Berlin.
15. April: Der langjährige Präparator am Museum für Vorgeschichte, Ernst Lindig, stirbt.
30. April: Der seit dem 1. April tätige neue Direktor der Musikhochschule, Prof. Dr. Felix Oberborbeck, wird in sein Amt eingeführt; mit Beginn des Studienjahres 1934/35 wird eine Meisterklasse für Klavierspiel eingerichtet und 1941 eine Orchesterschule in Belvedere eröffnet.
5. Mai: Die Geheime Staatspolizei verhaftet bis zum 12. Mai 32 illegal tätige örtliche Funktionäre der KPD in Weimar, Gotha, Rastenberg, Apolda und Kranichfeld und beschlagnahmt Flugschriften; wegen »Verbreitung unwahrer Behauptungen über verantwortliche Persönlichkeiten des öffentlichen Lebens« wird der hiesige Kaufmann Max Köppel in das KZ Bad Sulza eingewiesen.
10. Mai: Die Oper »Arabella« von Richard Strauss, die in Dresden uraufgeführt wurde, erlebt unter der musikalischen Leitung von Paul Sixt ihre Weimarer Erstaufführung mit Priska Aich in der Titelrolle.
12. und 13. Mai: Aus Anlaß seines 75jährigen Bestehens veranstaltet der Ortsverein Weimar des Stenographenvereins eine Festkundgebung; die Handelsschule führte bereits 1859 die Kurzschrift als Unterrichtsfach ein.
3. Juni: Der bis dahin in Berlin tätige Kirchenmusiker Johannes Ernst Köhler wird als Organist an der Stadtkirche eingeführt; am 16. September eröffnet er die alle 14 Tage stattfindenden Orgelkonzerte.
27. Juni: Von den am 12. Mai Verhafteten stehen vor dem Oberlandesgericht unter Anklage: Schlosser Ernst Arndt, Oberweimar, Maurer Karl Borchert und Ehefrau Marie, Schlosser Rudolf Grzam, Schlosser Richard Müller, Gärtner Paul Pilgrim, Ehringsdorf, Mechaniker Paul Preißer, Ehringsdorf, Schuhmacher Wilhelm Röthke, Schneider Werner Schmidt, Modelltischler Walter Schrumpf und der Arbeiter Paul Schuster; sie werden angeklagt, »in Thüringen bis zum Mai 1934 das hochverräterische Unternehmen der KPD, mit Gewalt die Verfassung des Reichs zu ändern, vorbereitet zu haben«.
Juli: In den 3964 Häusern gibt es 13465 Wohnungen; in den Vororten beträgt die Zahl der Wohnungen 1227 in 644 Häusern.
3. Juli: Nach 15jähriger Amtszeit wird Kloss in den Ruhestand versetzt und Karl Thomas am 1. Oktober zu seinem Nachfolger als Zweiter Bürgermeister ernannt.
14. bis 16. Juli: 2000 Pharmazeuten führen den 1. Deutschen Apothekertag mit Fachvorträgen in der Weimarhalle durch.
15. August: Teilnehmer aus Thüringen führen einen Vorbereitungskurs für die 1936 in Berlin stattfindende Olympiade durch.
19. August: Nach dem Tod Hindenburgs wird durch Volksabstimmung das Amt des Reichspräsidenten mit dem des Reichskanzlers vereint; in Weimar sind 33324, in Oberweimar 1917, in Ehringsdorf 1099 und in Tiefurt 444 Bürger wahlberechtigt; von 33490 abgegebenen bei 578 ungültigen und 3320 Gegenstimmen wählen 29592 Hitler.
September: Der Komponist Paul Lincke dirigiert die Staatskapelle in einem in der Weimarhalle stattfindenden Konzert.
3. September: Das Innungsschießen aller Weimarer Innungen um das Innungskleinod und um einen von den Büchsenschützen gestifteten Pokal gewinnt die Glaserinnung.
23. September: Mit der Oper »Lohengrin« von Richard Wagner wird unter der musikalischen Leitung von Hans Pfitzner die Spielzeit am DNT eröffnet; Kammersänger Marcel Wittrisch gestaltet die Titelrolle.
19. Oktober: Vor der großen Strafkammer des Landgerichts Weimar beginnt der Prozeß gegen den Kaufmann Albert Gillemeister, der wegen seines Auftretens als Hellseher zu zwei Jahren Zuchthaus verurteilt wird.

Museumsplatz vor der Umgestaltung, um 1935

20. NOVEMBER: Der Dichter Ernst Wiechert liest aus seinen Werken; 1938 wird er in das KZ Buchenwald eingeliefert.
DEZEMBER: Die 7673 Schüler der Stadt werden in 247 Klassen von 112 Lehrern unterrichtet.

1935 Der amerikanische Schriftsteller Thomas Wolfe besucht die Stadt.
24. JANUAR: In der Weimarhalle wird ein heiterer Abend mit Paul Hörbiger, Camilla Horn, Louis Graveure, Maria Ney und anderen Künstlern gestaltet.
30. JANUAR: Mit der Deutschen Gemeindeordnung werden künftig der Oberbürgermeister, der allein für die Leitung der Stadtverwaltung verantwortlich ist, und die Beigeordneten von einem Beauftragten der NSDAP ernannt.
6. FEBRUAR: Das erste Hallensportfest der Stadt findet zwischen den Olympia-Trainingsmannschaften Erfurt und Weimar in den Fabrikhallen an der Ettersburger Straße statt.
16. FEBRUAR: Die Tragödie »Tile Kolup« von Heinrich Lilienfein wird am DNT uraufgeführt.
21. MÄRZ: Die Geheime Staatspolizei nimmt ihren Verwaltungssitz in den Gebäuden des ehemaligen Marstalls.
22. MÄRZ: Auf Beschluß des Stadtrates werden im Rahmen der Arbeitsbeschaffung 920 Wohnungen gebaut, und ein Hallenbad soll auf dem Rollplatz errichtet werden; der städtische Haushalt erhöht sich von 8 689 000 Reichsmark auf 8 855 579 Mark, von denen die Ausgaben für Kunst und Wissenschaft nur 153 643 Reichsmark betragen.
24. MÄRZ: Die Frauenmannschaft des Sport-Club Weimar erringt im Handball die Thüringer Meisterschaft.
27. MÄRZ: Die Jugendherberge Zum wilden Graben wird eröffnet.
APRIL: Dr. med. Mathilde Wagner aus Frankfurt am Main, die als erste weibliche Ärztin in Deutschland ihr Examen machte, seit 1902 in Weimar praktizierte und Prellerstraße 14 wohnte, siedelt nach Jena über; sie stirbt am 30. Mai 1940 im Harz und wird am 15. Juni in Weimar beigesetzt.
27. UND 28. JUNI: 60 bis 70 Teilnehmer aller deutschen Hochschulen kämpfen im Schwanseebad um die Hochschulmeisterschaft im Schwimmen.
28. AUGUST: Der Erweiterungsbau am Goethehaus ist vollendet und wird als Goethe-Nationalmuseum eröffnet.

1

2

1 *Stadtkirche St. Peter und Paul*

2 *Herzogin Luise von Sachsen-Weimar-Eisenach empfängt im Schloß Napoleon I. Bonaparte nach der Schlacht bei Jena Historiengemälde von Hans W. Schmidt, 1932*

3 *Zweite Bürgerwehr-Compagnie auf den Ilmwiesen im Park, 1848 Gemälde von Carl Hummel*

4 *Rathaus um 1850, Lithographie von Adalbert Schenk*

3

4

5 *Bauhaus-Universität, van-de-Velde-Bau der früheren Hochschule für Bildende Kunst*

6 *Tagung der Deutschen Nationalversammlung im Deutschen Nationaltheater*

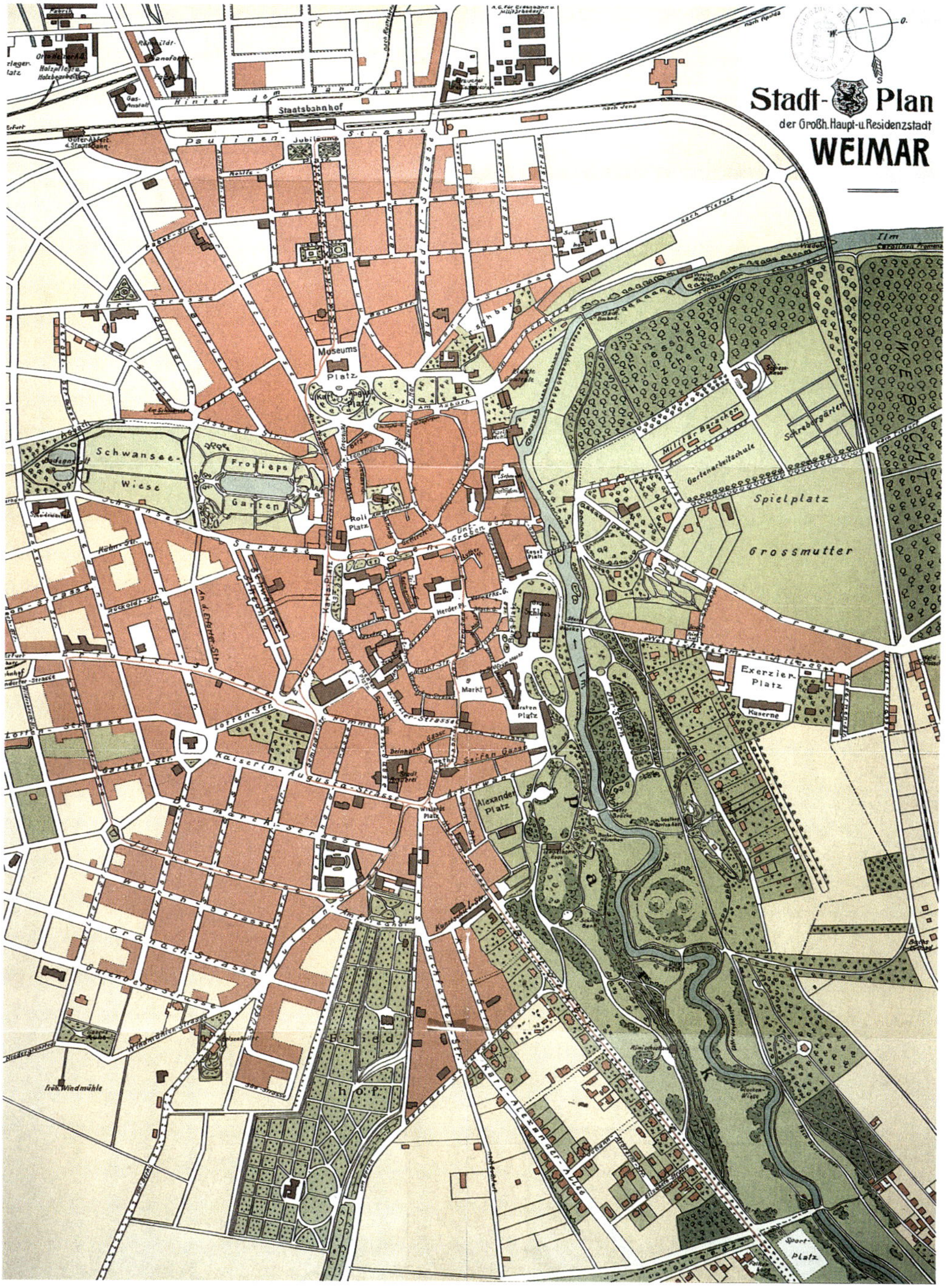

7 *Stadtplan von Weimar, 1909*

8

8 *Weimarhalle*

9

9 *Betrieb Jenapharm im Gewerbegebiet-Nord*

10 *Luftaufnahme des Stadtzentrums*

September: In der Spielzeit 1935/36 werden im DNT in 229 Vorstellungen 255 865 Besucher gezählt; die durchschnittliche Besucherzahl je Aufführung beträgt 855 gegenüber 776 in der Spielzeit 1932/33.
9. November: Die Schwester des Philosophen und Begründerin des Nietzsche-Archivs, Elisabeth Förster-Nietzsche, stirbt im Alter von 90 Jahren.
31. Dezember: Die Weimarische Zeitung stellt ihr Erscheinen ein; an ihre Stelle tritt die Thüringische Staatszeitung als NS-Regierungsorgan.

1936 Februar: Der Waggonbaubetrieb wird von der Berlin-Suhler-Waffen- und Fahrzeugwerke GmbH übernommen.
20. Mai: Mit der bevorstehenden Auflösung des KZ Bad Sulza und der Umorganisierung der SS-Wachverbände wird erstmals die Stationierung von SS und die Einrichtung eines Konzentrationslagers für politische Gefangene durch den Gauleiter und Reichsstatthalter in Thüringen, Sauckel, gegenüber dem Inspekteur der K. L. und Kommandeur der SS-Wachverbände, Theodor Eicke, erwähnt.
26. Juni: Der Vimariabrunnen wird entfernt.
1. September: Der Staatskommissar für die Thüringer Landestheater, Dr. Hans Severus Ziegler, wird Generalintendant des DNT und übt das Amt bis zum 12. April 1945 aus.

1937 8. Januar: An ihrem 35. Geburtstag gastiert Gret Palucca erneut in der Weimarhalle.
9. Januar: Das von Architekt Georg Schirrmeister erbaute Thüringer Ärztehaus im ehemaligen Bürgervereinsgarten in der Kurthstraße wird seiner Bestimmung übergeben.
10. Januar: Der Sänger Willy Domgraf-Faßbaender feiert im DNT als Rigoletto in der gleichnamigen Oper von Guiseppe Verdi Triumphe.
11. Januar: Zum ersten Mal sammeln Wagen der Schweinemästerei in der Stadt Küchenabfälle für 2000 Schweine im Dorotheenhof.
12. Februar: Mit musikalischer Begleitung der Staatskapelle unter Leitung von Carl Ferrand gastiert die Koloratursängerin Erna Sack mit einem Lieder- und Arienabend in der Weimarhalle.
13. Februar: Die Weimarer Volksbücherei bezieht das Erdgeschoß in der Steubenstraße 1.
8. März: Der Musikclown Grock zeigt vor 3000 Zuschauern in der überfüllten Weimarhalle seine Kunst.
19. März: Der Fahrzeug- und Fußgängerverkehr am Karlsplatz wird erstmals durch vier Ampeln geregelt.
Mai: Die Länge der Straßenbahngleise im Stadtgebiet beträgt 6530 Meter.
1. Mai: Vor dem Landesmuseum wird in Anwesenheit von 40 000 Menschen der Grundstein für Bauten der NSDAP (mit einer Festhalle) gelegt, die Entwürfe stammen vom Architekten Hermann Giesler; die Abbrucharbeiten am Viadukt beginnen am 1. Oktober.
18. Mai: Um 18.30 Uhr geht ein schweres Unwetter mit Überschwemmungen nieder.
29. Mai: Ein von Flemming ausgeführter Neubau für das Marie-Seebach-Stift wird seiner Bestimmung übergeben.
14. Juni: Für 252 Eigenheime, die von der Gemeinnützigen Aktiengesellschaft für Angestellten-Heimstätten (Gagfah) zwischen der heutigen Bodelschwinghstraße, der Bahnlinie Weimar-Jena und der Martin-Luther-Straße erbaut werden, wird Richtfest gefeiert.
30. Juni: Der Straßenbahnbetrieb wird eingestellt und die letzte Fahrt um 23.40 Uhr mit einem Ehrengeleit durch Studenten der Ingenieurschule von der Falkenburg vollzogen.
2. bis 4. Juli: Die Deutschen Tennis-Juniorenmeisterschaften werden vom Weimarer Tennisklub 1912 im Stadion durchgeführt.
16. Juli: Die ersten 149 Häftlinge, darunter 52 politische Gefangene, treffen in dem neuerrichteten K. L. Ettersberg ein.
16. Juli: In der Luisenstraße wird unter der architektonischen Leitung Schultze-Naumburgs mit der Errichtung eines Neubaus für das Nietzsche-Archiv begonnen.

Beseitigung der Brunnenfigur Vimaria von Robert Härtel vor dem Landesmuseum, 1936

25. Juli: Siegfriede Dempe vom SC Weimar wird im Berliner Olympiastadion Deutsche Meisterin im 80-Meter-Hürdenlauf in 11,7 Sekunden; sie verbessert 1939 den Rekord auf 11,5 Sekunden.
28. Juli: Nach einem Protest der NS-Kulturgemeinde wird das K. L. Ettersberg auf Befehl des Reichsführers SS Heinrich Himmler in »Konzentrationslager Buchenwald/Post Weimar« umbenannt.
7. August: Aus dem KZ Lichtenburg treffen 627 Häftlinge im KZ Buchenwald ein, unter ihnen die Abgeordneten des Reichstags Walter Stoecker und Dr. Theodor Neubauer; am 31. Dezember beträgt die Lagerstärke 2561 Häftlinge.
13. August: Der erste tote Häftling im KZ Buchenwald ist der 23jährige Arbeiter Hermann Kempek.
18. August: Das neue Schulhaus am Landesmuseum wird bezogen (heute Rathenauschule).
19. August: Weitere Häftlinge, unter ihnen der Abgeordnete der KPD im Preußischen Landtag, Walter Krämer, werden in das KZ Buchenwald eingeliefert.
24. August: Das 1929 begonnene und mit einem Kostenaufwand von 775 000 Reichsmark durch Lehrmann und Vogeler errichtete Gebäude der Schillerschule wird eingeweiht.
28. August: Das durch Flemming errichtete Kreishaus in der Schwanseestraße wird seiner Bestimmung übergeben.
31. August: Zum vierten Mal in diesem Jahr richtet ein Wolkenbruch besonders in Ehringsdorf großen Schaden an.
31. August: Der hier seit 1904 lebende und zuerst in der Südstraße (heute Wilhelm-Külz-Straße) und danach Berkaer Straße 3 wohnende Dichter Johannes Schlaf kehrt in seine Heimatstadt Querfurt zurück.
2. September: Der Autobahn-Abschnitt Jena – Gelmeroda – Erfurt befindet sich im Bau.
9. September: Der Stadtrat stimmt einem Antrag des Reichsstatthalters in Thüringen vom 3. September um Eingemeindung des Forstbezirkes Ettersburg und des KZ Buchenwald zu, da »das Lager in seiner ganzen Verwaltung engstens mit der Stadt Weimar und den in Weimar ansässigen Dienststellen und Behörden verbunden ist«.
27. September: Im Kirms-Krackow-Haus werden das Wieland-, das Musäus-, das Herder-, das Falk- und das Georg-Melchior-Kraus-Zimmer als neue Gedenkstätten eröffnet.
1. Oktober: Oberbürgermeister Otto Koch aus Ingolstadt nimmt seine Amtstätigkeit auf und übt sie bis zum 12. April 1945 aus.
4. Oktober: 400 Sänger bilden den neuen Weimar-Chor; alle bisher bestehenden Chöre und Gesangvereine sind damit aufgelöst.
28. Oktober: Der frühere Oberbürgermeister Dr. jur. Martin Donndorf stirbt hier.
14. November: Nach eineinhalbjähriger Bauzeit wird erneut ein Erweiterungsbau des Sophienhauses seiner Bestimmung übergeben;

dem Krankenhaus stehen insgesamt 195 Betten zur Verfügung.
23. NOVEMBER: Der Maurer und Kommunist Karl Borchert wird als erster Bürger der Stadt im KZ Buchenwald umgebracht; 1945 wird eine Straße nach ihm benannt.
24. NOVEMBER: Während einer Luftschutzvollübung der Luftwaffe im Fall eines Fliegeralarms werden zum ersten Mal probeweise alle Lichtquellen verdunkelt.
27. NOVEMBER: Der Pfarrer der bekennenden Kirche, Paul Schneider, wird in das KZ Buchenwald eingeliefert und hier am 18. Juli 1939 im Häftlingskrankenrevier wegen Verweigerung des Hitlergrußes von der SS ermordet; 1954 wird eine Straße nach ihm benannt.
3. DEZEMBER: Anläßlich des 80. Geburtstages von Prof. Franz Bunke wird in Oberweimar ein Weg nach dem Landschaftsmaler benannt; Bunke, 1878 Schüler von Hagen an der Kunstschule, stirbt hier am 6. Juni 1939.
12. DEZEMBER: Das Weihnachtsmärchen »Dunnerlittchen, hilf« von Hans Joachim Malberg wird in der Vertonung von Carl Ferrand am DNT uraufgeführt.
31. DEZEMBER: Dr. Paul Ortlepp, seit dem 1. Dezember 1905 an der Großherzoglichen bzw. Thüringer Landesbibliothek tätig, wird auf Grund der NS-Rassengesetze seines Amtes enthoben; seine jüdische Frau wird im KZ Auschwitz ermordet.

1938 JANUAR: 120 Arbeiter, 18 Lastwagen und zehn Pferdegespanne befinden sich im Einsatz gegen die Schneemassen.
4. JANUAR: Die letzte Urenkelin Wielands, Elisabeth Hecht-Peucer, stirbt hier im Alter von 84 Jahren.
1. FEBRUAR: Der fünf Meter tiefe Absturz einer Güterzuglokomotive in Oberweimar fordert einen Toten und einen Schwerverletzten.
26. APRIL: Eine Fachschule des Herrenschneiderhandwerks wird eröffnet.
MAI: Der erste stadteigene Holzgasomnibus übernimmt den Personennahverkehr.
8. JUNI: Der Verleger des Insel Verlages und Goetheforscher, Prof. Dr. Anton Kippenberg, wird an Stelle von Prof. Dr. Julius Petersen Präsident der Goethe-Gesellschaft, er hat das Amt bis 1950 inne; Prof. Dr. phil. Werner Deetjen übernimmt das Amt des Vorsitzenden des Ortsausschusses der Goethe-Gesellschaft.
13. JUNI: Die Nord-Apotheke wird in die ihr heute zur Verfügung stehenden Räume verlegt.
17. UND 18. JUNI: Mit kulturellen und sportlichen Veranstaltungen werden die ersten Weimarer Studententage durchgeführt.
27. JULI: Das Gebäude neben der Windmühle (heute Schulungsstätte der Deutschen Bundesbank) erhält eine Richtkrone.
23. AUGUST: Die über 100 Zentner schwere Bronzestatue Carl Alexanders wird zur Lösung verkehrstechnischer Probleme vom Karlsplatz entfernt; sie soll auf dem Watzdorfplatz wieder aufgestellt werden.
28. AUGUST: Die Stadt erhält ein neues Wappen, dem eine vorgeschichtliche Scheibenfibel aus einem Frauengrab des Nordfriedhofs, Meyerstraße 11, mit vier Adlerköpfen aus dunkelroten Almandinen zugrunde liegt.
23. UND 24. SEPTEMBER: 2200 österreichische Juden aus dem KZ Dachau treffen im KZ Buchenwald ein.
27. BIS 30. OKTOBER: Das 1. Deutsche Dichtertreffen findet statt.
30. OKTOBER BIS 6. NOVEMBER: Im Rahmen der erstmals durchgeführten Woche des Deutschen Buches wird in der Falkengalerie im Schloß eine Jahresschau des NS-Schrifttums der Jahre 1937 und 1938 eröffnet.
1. NOVEMBER: Im Stadtbereich werden zur Bekämpfung von Verkehrsunfällen an unübersichtlichen Kreuzungen und Einmündungen Stoppstraßen eingeführt; ein Verkehrsunfall- und Überfallkommando mit einem PKW steht am Rathaus alarmbereit.
5. NOVEMBER: Nach zwölfmonatiger Bauzeit wird das Hotel Elephant als eines der modernsten in Europa eröffnet mit Tiefgarage für 40 Autos, Tankstelle, Waschanlage und Reparaturwerkstatt sowie einer Kegelbahn.

9. NOVEMBER: In der Nacht findet ein Pogrom gegen Juden statt, in dessen Verlauf zwölf Festnahmen erfolgen; 1939 leben 24 jüdische Familien hier.
1. DEZEMBER: Nachdem am 29. November das Richtfest für die Polizeikasernen und am 30. November für 36 Unteroffizierswohnungen stattfand, wird die Richtkrone an den Kasernenbauten des Schützen-Regiments am Ettersberg aufgezogen.
18. DEZEMBER: Die Weimarer Staatskapelle und die Meininger Landeskapelle bilden zusammen das Thüringische Staatsorchester.

1939 16. FEBRUAR: Der Neubau für die Landwirtschaftsschule wird in der Schwanseestraße eingeweiht.
23. MÄRZ BIS 24. APRIL: Die Reichspropagandaleitung der NSDAP zeigt im Landesmuseum eine Ausstellung »Entartete Kunst« mit Werken bedeutender Maler wie Fritz Maskos, Oskar Schlemmer, Max Ernst, Marc Chagall, Karl Schmidt-Rottluff, Eugen Hoffmann und Otto Dix als Beispiele eines sogenannten Kulturbolschewismus; die angegliederte Sonderausstellung »Entartete Musik« diskriminiert Kurt Weill, Otto Klemperer, Alban Berg, Igor Strawinsky und das kompositorische Schaffen weiterer Musiker vor 50 000 Besuchern.
APRIL: Neubauer wird aus dem KZ Buchenwald entlassen, im Sommer 1940 erneut verhaftet und am 5. Februar 1945 im Zuchthaus Brandenburg hingerichtet; seit 1946 trägt eine Straße seinen Namen.
1. APRIL: Für den SS-Standort Buchenwald wird unter der Bezeichnung »Standesamt Weimar II« ein eigenes Standesamt eingerichtet.
8. APRIL: Im Sinfoniekonzert dirigiert Richard Strauss eigene Kompositionen.
1. MAI: Das Betriebsvermögen der Berlin-Suhler-Waffen- und Fahrzeugwerke GmbH wird in die »Nationalsozialistische Industriestiftung Gustloff-Werke« umgewandelt; das Weimarer Hauptwerk erhält als NS-Musterbetrieb den Namen »Fritz-Sauckel-Werk«, statt Waggons werden Waffen hergestellt.
21. MAI: Der seit 1916 in der Stadt lebende Literaturwissenschaftler und Präsident der Deutschen Shakespeare-Gesellschaft sowie Direktor der Thüringer Landesbibliothek, Prof. Dr. phil. Werner Deetjen, stirbt hier im Alter von 62 Jahren.
3. JUNI: Als Violetta in »La Traviata« von Guiseppe Verdi verabschiedet sich die seit 1935 am DNT tätige, international erfolgreiche Sängerin Lea Piltti vom Weimarer Publikum.
16. AUGUST: Der Gasthof Haus zum Siechen wird eröffnet; den Vorplatz schmückt ein Brunnen.
18. AUGUST: Die Autobahnstrecke Weimar–Jena wird für den Verkehr freigegeben.
1. SEPTEMBER: Mit dem Überfall auf Polen beginnt der Zweite Weltkrieg; die Weimarer Bevölkerung zeigt keine Kriegsbegeisterung.
15. SEPTEMBER: Der Direktor der in den Dienst nationalsozialistischer Jugenderziehung gestellten Musikhochschule, Oberborbeck, scheidet aus dem Amt; sein Nachfolger wird Sixt, bis der Lehrbetrieb am 31. März 1945 eingestellt wird.
1. OKTOBER: Schöndorf, ein Vorort mit 181 Hektar Land und 563 Einwohnern, wird eingemeindet.
15. UND 16. OKTOBER: 2098 Polen werden in das KZ Buchenwald eingeliefert.
26. OKTOBER: Für Kühlhaus und Großmarkthalle wird auf dem Gelände des ehemaligen Sportplatzes am Schlachthof der Grundstein gelegt.

1940 FRÜHJAHR: Im KZ Buchenwald wird der erste Ofen des Krematoriums gebaut und in Betrieb genommen.
23. APRIL: Die Deutsche Shakespeare-Gesellschaft tagt zum letzten Mal am Ort ihrer Gründung.
16. MAI: Nach der Schillerschule wird die Pestalozzischule als Reservelazarett eingerichtet; die Beschlagnahme der Schulen führt zu unregelmäßigem Unterricht.
16. AUGUST: In der Nacht zum 17. August greifen englische Flieger die Stadt mit Spreng-

und Brandbomben an, ohne größeren Schaden zu verursachen.
22. AUGUST: Der am 28. Februar 1863 als Sohn eines Buchbindermeisters in Weimar geborene Kunstmaler Paul Osswald stirbt in seiner Heimatstadt.
SEPTEMBER: In den Gartenkolonien Am Diebesstieg, Galgenberg, Borkmanns Gärten, Erfurter Straße, Tröbsdorfer Weg und Silberblick wohnen kinderreiche Familien in Elendsquartieren.
29. DEZEMBER: Der Kunstmaler Prof. Dr. Robert Heinrich Otto Fröhlich stirbt hier im Alter von 71 Jahren.
31. DEZEMBER: 6 681 200 Reichsmark, das sind 47 Prozent des Gesamthaushaltes, muß die Stadt für Kriegskosten aufbringen; im darauffolgenden Jahr betragen die Kriegskosten 6 519 700 Reichsmark.

1941 1. JUNI: Nach fast dreijähriger Bauzeit wird in der Tiefurter Allee die Johanneskirche als Herzog-Bernhard-Kirche geweiht.
12. BIS 17. JUNI: Mit Propagandaveranstaltungen und Theateraufführungen findet im DNT die Reichskulturtagung der Hitler-Jugend statt.
SEPTEMBER: SS-Lagerkommandant Karl Koch wird durch SS-Standartenführer Hermann Pister abgelöst; wegen Korruption zum Tode verurteilt, wird Koch im März 1945 in Buchenwald erschossen.
18. OKTOBER: Etwa 2000 sowjetische Kriegsgefangene werden in das KZ Buchenwald eingeliefert; in dem zur Genickschußanlage umgebauten Pferdestall außerhalb des Lagerbereiches werden 8483 Soldaten und Offiziere der Roten Armee hingerichtet.
27. OKTOBER: Kirchliche Feiertage wie Himmelfahrt, Fronleichnam, Reformationsfest und Bußtag werden als staatliche Feiertage aufgehoben und müssen auf Sonntage verlegt werden.
13. NOVEMBER: Die am 8. Februar 1859 geborene und in der bürgerlichen Frauenbewegung tätige Schriftstellerin Gabriele Reuter stirbt.
29. DEZEMBER: Im KZ Buchenwald wird in den Blöcken 44 und 49 eine Fleckfieberversuchsstation zur Erprobung von Impfstoffen an Häftlingen eingerichtet.

1942 1. MAI: Die Glocken werden aus dem Rathausturm entfernt und für Kriegszwecke eingeschmolzen; im selben Jahr werden auch die Schloßturm-Glocken abgenommen.
13. JULI: Ein Zweigbetrieb wird als »Gustloff-Werk II Buchenwald« auf dem Ettersberg errichtet; mit KZ-Häftlingen wird am 12. März 1943 die Produktion von automatischen Karabinern G 3 und Flaklafetten aufgenommen.
11. NOVEMBER: Der Kunstmaler Prof. Alexander Olbricht stirbt hier.
DEZEMBER: Die Kriegskosten steigen auf 7 013 300 Reichsmark, das sind 105,50 Reichsmark pro Kopf der Bevölkerung.

1943 16. FEBRUAR: Kurt Nehrling, Mitglied einer Widerstandsgruppe von Sozialdemokraten, wird verhaftet und am 22. Dezember im KZ Dachau wegen »Zersetzung der Wehrkraft« hingerichtet; seit Mai 1945 trägt eine Straße seinen Namen.
3. APRIL: Die Franzosen Léon André Blum, Schriftsteller und Politiker, Edouard Daladier, Politiker, und General Maurice Gamelin werden als Sonderhäftlinge in das KZ Buchenwald eingeliefert; am 7. und 11. Mai folgen die Minister Georges Mandel und Paul Jean Reynaud als Sonderhäftlinge im Falkenhof.
27. MAI: Ein anglo-amerikanischer Luftangriff richtet in der Stadt vorerst geringen Schaden an.
21. JUNI: Die von Himmler am 26. Februar angeordnete und seit dem 15. März von Häftlingen erbaute Bahnlinie Weimar–Buchenwald wird in Anwesenheit des Reichsführers SS probeweise in Betrieb genommen; sie besteht nur 22 Monate.
SOMMER: Im KZ Buchenwald wird von Häftlingen das illegale Internationale Lagerkomitee gebildet, dessen Vorsitz Walter Bartel, KPD, führt.

31. DEZEMBER: Im laufenden Jahr stehen 818 Geburten 838 Todesfällen gegenüber, von denen 592 durch Krankheit bedingt sind.

1944 12. BIS 14. MAI: In das KZ Buchenwald werden 5755 französische Häftlinge, unter ihnen der Gewerkschaftsführer Marcel Paul, FKP, eingeliefert; seit 1985 ist eine Straße nach ihm benannt.
25. MAI: 5500 ungarische Juden werden in das KZ Buchenwald eingeliefert.
1. AUGUST: Auf Grund der angeordneten Sippenhaftung wird das Sonderlager Fichtenhain im KZ Buchenwald eingerichtet.
18. AUGUST: Ernst Thälmann wird aus dem Zuchthaus Bautzen in das KZ Buchenwald überführt und hier von der SS im Hof des Krematoriums erschossen.
24. AUGUST: Bei einem Bombenangriff der englischen Luftwaffe auf die SS-Kasernen und das Gustloff-Werk II Buchenwald werden 364 Häftlinge getötet; der Reichstagsabgeordnete der SPD, Dr. phil. Rudolf Breitscheid, wird im Sonderlager Fichtenhain verschüttet und stirbt.
24. AUGUST: Mit einer Abendmusik vor dem Römischen Haus verabschiedet sich die Staatskapelle unter Leitung von Sixt; am 1. September stellt das DNT seinen Spielbetrieb ein.
12. OKTOBER: Der Konzern Siemens & Halske eröffnet im Gebäude des DNT eine Rüstungsfabrik.

1945 5. JANUAR: Von einem Sondergericht wird der 57jährige Josef Exler als »Volksschädling« zum Tode verurteilt.
21. JANUAR: Eine als »Volksopfer« deklarierte Großsammlung von Kleidungsstücken wird durchgeführt.
FEBRUAR: Die Weimarer Betriebe der Gustloff-Werke beschäftigen 6095 Personen einschließlich Zwangsarbeiter, KZ-Häftlinge und Kriegsgefangene.
9. FEBRUAR: Bei einem Luftangriff von 12.24 bis 12.37 Uhr werden durch 481,25 Tonnen Sprengbomben 462 Einwohner und ausländische Zwangsarbeiter getötet sowie das Goethe-, das Schiller- und das Bachhaus, die Stadtkirche, das DNT, die Nordseite des Marktplatzes und andere Gebäude zerstört.

Deutsches Nationaltheater, 1945

10. FEBRUAR: Mehrere ausländische Zwangsarbeiter werden hingerichtet wegen angeblicher Plünderungen bei Aufräumungsarbeiten.
23. FEBRUAR: Bei einem Luftangriff werden Am Horn 32 Einwohner getötet; neun Menschen verlieren am 10. März und zwölf am 17. März auf dem Lindenberg ihr Leben.
27. FEBRUAR: Beim Luftangriff werden 118 kriegsgefangene Briten, Amerikaner und Franzosen auf der Straße getötet und 175 zum Teil schwer verletzt.
28. FEBRUAR: Der 1878 in Schweinfurt geborene und seit dem 12. Februar 1909 bei der Stadtverwaltung tätige Stadtoberbaurat August Lehrmann stirbt hier.
7. MÄRZ: Der seit 1895 in Weimar lebende antisemitische Schriftsteller und Begründer einer volkstümelnden Heimatdichtung, Adolf Bartels, stirbt hier.

31. März: Bei einem Luftangriff werden im Norden der Stadt 77 Menschen getötet.
1. April: Einheiten der III. US-Armee unter General Georges S. Patton besetzen West-Thüringen.
4. April: In der Nacht zum 5. April werden 149 Untersuchungsgefangene des Gestapogefängnisses von der Gestapo im Webicht ermordet.
5. April: Bei einem Tiefangriff werden zwölf Einwohner und Zwangsarbeiter getötet.
6. April: Im KZ Buchenwald widersetzen sich die Häftlinge offen der SS, indem sie 46 politische Häftlinge verstecken und vor der Ermordung bewahren; unter ihnen befinden sich Bruno Apitz, Ernst Busse, Emil Carlebach, Carl Gärtig, Eugen Kogon, Hans Neumeister, Robert Siewert und Ludwig Wolf.
8. April: Im KZ Buchenwald nehmen ein polnischer und ein sowjetischer Häftling einen illegalen Morsesender in Betrieb und senden um 11.15 Uhr folgenden Funkspruch: »An die Alliierten! An die Armee des General Patton! Hier Konzentrationslager Buchenwald! SOS! Wir bitten um Hilfe! Man will uns evakuieren! Die SS will uns vernichten.«
9. April: Bis zum 29. des Monats erhalten Erwachsene über 18 Jahre auf Lebensmittelkarten: 675 Gramm Fleisch, 175 Gramm Fett, 3600 Gramm Brot, 225 Gramm Nährmittel, 375 Gramm Zucker oder 750 Gramm Marmelade, 62,5 Gramm Käse, 125 Gramm Quark und 100 Gramm Kaffee-Ersatz.
10. April: Beim letzten Tiefangriff auf die Stadt kommen fünf Einwohner um; insgesamt werden im Zweiten Weltkrieg 1254 Bürger, darunter 102 Kinder, und 600 im Stadtgebiet arbeitende KZ-Häftlinge getötet und 1300 Wohnungen vernichtet; Bombenschäden belaufen sich auf 17,5 Millionen Reichsmark.
11. April: Der Heeresbericht der III. US-Army meldet: »Before our arrival the guard post were taken and 125 SS were capted and are still in the custody of the camp. The leadership is in the hands of a well organized committee comprising all nationalities represented.«
12. April: Die Stadt wird kampflos an die Truppen der III. US-Armee unter Patton übergeben.
12. April: Im befreiten Lager Buchenwald findet die erste Besprechung über die Bildung eines antifaschistischen Komitees in Weimar statt.
13. April: Amerikanische Truppen besetzen das Lager Buchenwald.
14. April: Zum ersten Mal erscheint die Lagerzeitung »Buchenwalder Nachrichten«, die auch im Stadt- und Landkreis verbreitet wird.
15. April: Der ehemalige Bürgermeister Erich Kloss wird von den amerikanischen Militärbehörden zum kommissarischen Oberbürgermeister ernannt.
19. April: Im Lager Buchenwald findet zu Ehren der ermordeten Häftlinge eine Totenfeier statt, auf der die Überlebenden schwören: »... Die Vernichtung des Nazismus mit seinen Wurzeln ist unsere Losung, der Aufbau einer neuen Welt des Friedens und der Freiheit ist unser Ziel«!
19. April: Die amerikanische Militärregierung verfügt, daß die im Stadt- und Landkreis Weimar befindlichen Reichs-, Landes- und Kommunalbehörden dem Oberbürgermeister von Weimar unterstellt werden.
21. April: Der ehemalige Rüstungsbetrieb »Gustloff-Werke« erhält die Genehmigung zur Durchführung von Reparaturarbeiten für die Bevölkerung; er tritt künftig unter der Bezeichnung »Werkzeugmaschinenfabrik Weimar« auf.
22. April: Als erste ausländische Gruppe verlassen 700 Franzosen das Lager Buchenwald.
23. April: Mitglieder der früheren Deutschen Demokratischen Partei konstituieren sich als Gründerkreis der Weimarer Ortsgruppe der späteren Liberal-Demokratischen Partei.
28. April: Der kommissarische Oberbürgermeister teilt dem Antinazi-Komitee, auf dessen Initiative 68 Antifaschisten in die städtische Polizei eingestellt werden, das von der amerikanischen Militärregierung erlasseneVerbot seiner politischen Tätigkeit mit.

Von der Nachkriegszeit bis zur Gegenwart

Das letzte Gesicht. Holzplastik Bruno Apitz

1. Mai: Im Lager Buchenwald findet eine internationale Maifeier statt.

Dr. Fritz Behr, SPD, wird zum Oberbürgermeister ernannt, und ein neuer Stadtrat wird berufen.

12. Mai: Die Särge der Dichter Johann Wolfgang Goethe und Friedrich Schiller werden aus einem Bunker in Jena in die Goethe-Schiller-Gruft zurückgeführt.

5. Juni: Die Privathäuser in der Rosmariengasse werden beschlagnahmt zur Einrichtung von Bordellen.

16. Juni: Die erste Nummer des Mitteilungsblattes für den Stadtkreis Weimar erscheint.

18. Juni: Eine Organisation des freien Gewerkschaftsbundes wird gegründet.

2. Juli: Das Hauptquartier des VIII. US-Korps und die amerikanische Militärregierung für die Provinz Thüringen räumen die Stadt.

3. Juli: Die ersten Einheiten der 8. Gardearmee treffen in der Stadt ein. Die erste Besprechung des sowjetischen Stadtkommandanten mit dem Oberbürgermeister über Fragen der Normalisierung des gesellschaftlichen Lebens und des kulturellen Neuaufbaus in Weimar findet statt.

3. Juli: Die erste Ausgabe der »Thüringer Volkszeitung« erscheint.

4. Juli: Einheiten der Sowjetarmee treffen im Lager Buchenwald ein.

8. Juli: Die Gründungsversammlung der Landesorganisation der SPD wird durchgeführt.

9. Juli: Die Sowjetische Militäradministration des Landes Thüringen (SMATh) mit Sitz in Weimar wird errichtet und Gardegeneraloberst Wassili I. Tschuikow zu ihrem Chef ernannt; sein Stellvertreter in Zivilangelegenheiten wird Gardegeneralmajor Iwan S. Kolesnitschenko.

10. Juli: Das erste Sinfoniekonzert mit Werken von Wolfgang Amadeus Mozart, Peter Tschaikowski und Carl Maria von Weber findet statt.

26. Juli: Die Ortsgruppe Weimar der CDU wird gebildet.

29. Juli: Zu Ehren der Opfer des Faschismus versammeln sich in der Weimarhalle Einwohner zu einer Trauerkundgebung.

August: Der Schriftsteller Theodor Plivier läßt sich vorübergehend in Weimar nieder; er übernimmt im Februar 1946 den Vorsitz der Landesleitung des Kulturbundes und wird im Oktober 1946 als Mitglied der SED in den Thüringer Landtag gewählt.

1. August: Die erste öffentliche Veranstaltung der antifaschistischen Studentenschaft wird durchgeführt.

2. August: Ein städtisches Sportkartell konstituiert sich.

5. August: An den Särgen von Goethe und Schiller werden Kränze durch die SMATh und die Landesverwaltung Thüringen niedergelegt.

8. August: Die Ortsleitungen von KPD und SPD bilden einen Aktionsausschuß und beschließen die Durchführung gemeinsamer Versammlungen.
9. August: Die Städtische Sparbank wird wiedereröffnet.
12. August: Als letzte ausländische Gruppe verlassen die Jugoslawen das Lager Buchenwald.
16. August: Das »Theater des Tanzes« wird eröffnet.
21. und 22. August: Die ersten Internierten werden im sowjetisch verwalteten Speziallager Nr. 2 Buchenwald registriert, bis Jahresende steigt ihre Zahl auf 5836 an.
25. August: Arbeiter und Angestellte der Werkzeugmaschinenfabrik Weimar führen eine Betriebsversammlung durch, auf der der Ausbau zum »Gemeinschaftswerk Thüringer Arbeiter« angekündigt wird.
28. August: Das Goethe-Nationalmuseum wird von Prof. Dr. Hans Wahl wiedereröffnet.
31. August: Der erste sowjetische Dokumentarfilm »Berlin« wird in den Armbrust-Lichtspielen (Haus Stadt Weimar) aufgeführt.
7. September: Die Ortsgruppe der KPD führt die erste Mitgliederversammlung durch.
15. September: Die erste Ausgabe der »Tribüne – Sozialdemokratische Landeszeitung für Thüringen« erscheint in Weimar.
19. September: Das Antinazi-Komitee hat seine Aufgabe erfüllt und löst sich auf.
1. Oktober: Die Schulen werden wiedereröffnet.
1. Oktober: Die Gründungsversammlung der Ortsgruppe Weimar des Kulturbundes zur demokratischen Erneuerung Deutschlands findet in der Weimarhalle statt.
7. Oktober: Die Hauptspielzeit des Deutschen Nationaltheaters beginnt in der Weimarhalle.
20. Oktober: Die Industrie- und Gewerbeschau »Schaffendes Thüringen« wird mit Erzeugnissen der thüringischen Wirtschaft im Schloß eröffnet.
29. Oktober: Mitglieder der Landesverwaltung, Vertreter der Parteien und der evangelischen und katholischen Kirche rufen die Bevölkerung unter der Losung »Thüringen-Aktion gegen Not« zur Solidaritätsbewegung mit Umsiedlern, alten und kranken Menschen und zu Sachspenden auf.
1. November: Nach dem Rücktritt von Behr wird Otto Faust zum Oberbürgermeister ernannt.
1. November: Die Einwohnerzahl beträgt 64 613, davon sind 11 439 Umsiedler.
24. November: An das Gemeinschaftswerk Thüringer Arbeiter ergeht der Produktionsbefehl der SMATh zur Reparatur von Eisenbahnwagen für die Reichsbahndirektion Erfurt.
1. Dezember: Im Hotel Elephant nimmt der Landessender Weimar mit eigenem Programm seine Tätigkeit auf.
5. Dezember: Der erste Freie Markt wird abgehalten.
23. Dezember: An Neubauern werden in der Weimarhalle Besitzurkunden über zugeteiltes Land überreicht.

1946 3. Januar: Die ersten Neulehrer nehmen ihre Tätigkeit auf.
22. Januar: Eine pädagogische Fachschule für Neulehrer wird im Gebäude des ehemaligen Gymnasiums eröffnet.
23. Januar: Im Hotel Elephant findet die erste deutsch-sowjetische Kulturveranstaltung der sowjetischen Besatzungszone in Anwesenheit von Kolesnitschenko statt.
3. und 4. Februar: Auf der ersten Delegiertentagung der LDPD für die sowjetische Besatzungszone in Weimar wird Dr. Wilhelm Külz als Vorsitzender gewählt.
11. Februar: Die »Thüringer Volkszeitung« veröffentlicht einen Aufruf der Landesverwaltung, der antifaschistischen Parteien und Organisationen sowie der Kirchen, für ein in Weimar zu errichtendes Ehrenmal zum Gedenken an die im KZ Buchenwald Ermordeten zu spenden.
17. Februar: Die Ortsgruppen der KPD und SPD führen in der Weimarhalle in Vorberei-

tung des Vereinigungsparteitags eine gemeinsame Versammlung durch.
25. FEBRUAR: Es wird mit dem Wiederaufbau des DNT begonnen.
28. FEBRUAR: Die Sportreferenten der Stadt- und Landkreisverwaltungen beraten über die Neuorganisierung des Sports in Thüringen zum 1. März.
1. MÄRZ: Die »Thüringen-Aktion gegen Not« erbringt 5042000 Mark, 265115 Kleidungsstücke und Schuhe sowie 130729 Haushaltsgegenstände und Möbelstücke, 235 eingerichtete Näh- und 22 Handwerksstuben, 22 neu geschaffene Kindergärten und Schulspeisung für über 80000 Schüler.
21. MÄRZ: Gründungsfeier der FDJ des Kreises Weimar in der Weimarhalle
1. APRIL: An der Hochschule für Architektur und Bildende Künste wird das Institut für Baustoffentwicklung gegründet.
10. UND 11. APRIL: Zum ersten Jahrestag der Befreiung des KZ Buchenwald versammeln sich in Weimar über 600 ehemalige Häftlinge zur Gedenkkundgebung am Märzgefallenen-Denkmal.
15. APRIL: Der Ortsvorstand der neugebildeten SED führt eine konstituierende Sitzung durch.
28. APRIL: Die erste vom FDGB veranstaltete Jugendweihe wird durchgeführt.
MAI: Die Goethe-Gesellschaft, die Deutsche Shakespeare-Gesellschaft und die Dante-Gesellschaft nehmen ihre Tätigkeit wieder auf.
3. MAI: Mit dem Produktionsbefehl 120 der SMAD und dem Befehl 124 der SMATh zur Sicherstellung der Produktion im Gemeinschaftswerk Thüringer Arbeiter wird die im September 1945 begonnene Demontage der Werkzeugmaschinenfabrik zugunsten von Reparationsleistungen für die UdSSR eingestellt.
24. MAI: Gemäß Polizeiverordnung soll ein Teil der Bevölkerung wegen Übervölkerung der Stadt in andere Gemeinden umquartiert werden.
25. MAI: Die Staatliche Hochschule für Musik wird als erste akademische Ausbildungsstätte auf dem Gebiet der Musik in der sowjetischen Besatzungszone eröffnet und beginnt am 1. Oktober mit dem Lehrbetrieb.
6. JUNI: Durch Georg Haar wird testamentarisch ein Heim für elternlose Kinder, Ilmstraße 6, gestiftet.
9. JUNI: Das Ilmbad in Oberweimar wird mit Badezeiten von 9 bis 21 Uhr eröffnet.
6. JULI: Die Nordbrücke, deren Bau zu Beginn des Krieges eingestellt war, wird eingeweiht und »Friedensbrücke« genannt.
19. JULI: Das Gemeinschaftswerk Thüringer Arbeiter wird gemäß Befehl 314 der SMATh unter dem Namen »Waggonbau Weimar der Aktiengesellschaft für Transportmittelbau« in die SAG für Transportmittelbau überführt.
20. JULI: Der Tag der Volkssolidarität, die aus der »Thüringen-Aktion gegen Not« entstanden ist, wird unter der Losung »Alle helfen allen« begangen.
27. JULI: Ein Klub zur Pflege der deutsch-russischen Kultur wird in Oberweimar eröffnet; Kolesnitschenko und die Dichterin Ricarda Huch sind anwesend.
31. JULI BIS 4. AUGUST: Aus Anlaß des 75jährigen Bestehens der Deutschen Bühnengenossenschaft findet eine Tagung der Bühnenschaffenden aus allen Besatzungszonen statt.
24. AUGUST: Als erste Bauhochschule in der sowjetischen Besatzungszone wird die Staatliche Hochschule für Baukunst und Bildende Künste wiedereröffnet (vorher Hochschule für Architektur und Bildende Künste), Leitung Prof. Hermann Henselmann.
25. AUGUST: Im kriegsbeschädigten Landesmuseum, das später zur Ruine verkommt, wird eine Ausstellung eröffnet, die 238 Bilder, graphische Blätter und Plastiken von 86 Künstlern zeigt.
26. AUGUST: Studenten und andere Jugendliche benennen die Kunstschulstraße in »Geschwister-Scholl-Straße« um.
28. AUGUST: Auf dem Friedhof werden 115 Urnen der am 5. April 1945 im Webicht Ermordeten beigesetzt.
8. SEPTEMBER: Wahl der Gemeindevertretung

mit 39 274 gültigen Stimmen im Stadtkreis, 17 040 Stimmen (22 Sitze) entfallen auf die LDPD, 12 444 (16 Sitze) auf die SED und 9522 (12 Sitze) auf die CDU, der Frauenausschuß erhält 268 Stimmen.

1. Oktober: Dr. Gerhard Hempel, LDPD, wird im Ergebnis der Gemeindewahlen Oberbürgermeister.

31. Oktober: Der Stadtkreisausschuß Weimar der Volkssolidarität hat die Essenausgabestellen, die bisher vom Roten Kreuz geleitet wurden und im Winter ganztägig geöffnet und zu Wärmestuben ausgebaut werden sollen, übernommen.

3. November: Die neue Weimarer Volkshochschule, deren kommissarischer Leiter Dr. Rudolf Grabo ist, wird in der Musikhochschule eröffnet.

6. November: Hans Robert Bortfeldt wird als Leiter des DNT in sein Amt eingeführt.

6. November: Die Kosten der amerikanischen Besatzung in der Stadt werden mit 1 045 253,24 Mark beziffert.

9. November: Auf Befehl des sowjetischen Militärkommandanten wird der Friedhof auf dem Ettersberg instandgesetzt.

10. November: Das Schillerhaus wird wiedereröffnet.

21. November: Der am 20. Oktober gewählte Thüringer Landtag konstituiert sich im Hotel Elephant.

30. November: Die Waggonbau AG Weimar hat eine Belegschaftsstärke von 2518 Werktätigen.

1. Dezember: Während der Thüringer Kulturwoche wird das »Haus der Jugend« eingeweiht; zu dieser Zeit hat die FDJ hier 867 Mitglieder.

16. Dezember: Die erste Wärmestube, ein großer Raum im Parkcafé, Dichterweg, wird der Öffentlichkeit übergeben und ist täglich von 11 bis 20 Uhr vorerst für Wohlfahrtsempfänger geöffnet.

21. Dezember: Die Stadtbücherei mit 11 000 Bänden wird eröffnet, 300 Leser sind angemeldet.

1947 1. Februar: Die Abschaffung der Lebensmittelkarte 6 bringt für 18 000 Weimarer eine Verbesserung der Ernährungslage.

28. Februar: Die Stadtverordnetenversammlung beschließt, die ehemaligen Polizeikasernen in der Eduard-Rosenthal-Straße zum Krankenhaus auszubauen.

18. März: Der sowjetische Pianist Prof. Lew Oborin gibt ein Konzert mit Werken von Bach, Beethoven, Chopin, Mussorgski, Prokofjew und Rachmaninow in der Weimarhalle.

24. März: Teilnehmer einer Großkundgebung bekennen sich zu einem Volksentscheid für die Schaffung eines einheitlichen Deutschlands.

Anfang April: An der Staatlichen Hochschule für Baukunst und Bildende Künste studieren 124 männliche und 36 weibliche Studenten.

12. und 13. April: Anläßlich der Buchenwald-Gedenktage wird auf dem Goetheplatz ein Mahnmal für die Opfer des Faschismus enthüllt.

26. April: Aufbauwillige führen einen Arbeitseinsatz zur Beseitigung der Bombenschäden im Park durch.

Ende April: An 15 Ausgabestellen erhalten 4300 gesundheitsgefährdete Kinder aus Lebensmittelspenden des Auslands zusätzliche Mittagessen.

1. Mai: Der 3000. reparierte Eisenbahnwaggon wird von der Waggonbau AG übergeben.

9. Mai: Der Demokratische Frauenbund, Ortsgruppe Weimar, wird im Haus der Jugend gegründet.

19. Mai: Die Kleingartenanlage »August Frölich« entsteht auf dem Böckelsberg.

29. Mai: In einer Mitgliederversammlung des Deutsch-Russischen Kulturklubs Weimar wird die Gründung einer »Gesellschaft zum Studium der Kultur der Sowjetunion« in Thüringen beschlossen.

30. Mai: Der Demokratische Frauenbund Deutschlands (DFD), Landesverband Thüringen, wird im Haus der Jugend gegründet.

30. Mai: Unter dem Namen »Laienbühne Weimar« wird eine Vereinigung zur Pflege des

Laienspiels für Theater- und Kunstliebhaber aller Berufe gegründet.
24. Juni: Mit einem Jubiläumsfestakt und der Verleihung des Franz-Liszt-Staatspreises wird der 75. Jahrestag der Staatlichen Hochschule für Musik begangen.
30. Juni: Auf den Landtagspräsidenten August Frölich wird im Dienstzimmer von einem 27jährigen Weimarer ein vorbereitetes Attentat zur Beseitigung eines »Trägers des Systems« verübt.
2. Juli: Eröffnung des Rilke-Archivs in der Rudolf-Breitscheid-Straße 47 (später Rainer-Maria-Rilke-Straße 7).
2. bis 7. August: Der Violinvirtuose Georges Boulanger gastiert im Haus Stadt Weimar.
18. August: Die Sektion »Heimatforschung« beim Kulturbund wird gegründet.
14. September: Feierliche Übergabe des Platzes der 51 000 (heute Buchenwaldplatz) am Tag der Opfer des Faschismus; für die Errichtung eines Denkmals wird der Grundstein gelegt.
Anfang Oktober: Aus dem Theaterring des FDGB und der FDJ konstituiert sich die Deutsche Volksbühne, Ortsgruppe Weimar.
10. Oktober: Das Haus der Kultur der Sowjetunion in der Parkstraße (heute Puschkinstraße) wird feierlich eröffnet.
29. und 30. Oktober: Die erste Sitzung der Entnazifizierungskommission unter Vorsitz des Oberbürgermeisters findet im Rathaussaal statt; Wegbereiter des Faschismus werden einer Strafe zugeführt, Mitglieder der NSDAP ohne Vergehen sollen gemäß Befehl Nr. 201 der SMAD gleichberechtigt am demokratischen Neuaufbau teilnehmen.
3. November: Mit 150 Schülern und Schülerinnen begeht die Landwirtschaftsschule ihr 25jähriges Bestehen.
8. November: Gründungsveranstaltung der Kindervereinigung der FDJ für Thüringen.
15. November: Maxim Vallentin, Otto Lang, Ottofritz Gaillard und Armin Gerd Kuckhoff gründen das Deutsche Theater-Institut zur Ausbildung von Bühnenensembles.
16. November: Erich Weinert liest aus eigenen Werken.
30. November: In der Waggonbau AG Weimar sind 1923 Beschäftigte tätig.
12. Dezember: Die Große politische Strafkammer des Landgerichts Weimar verurteilt den ehemaligen SA-Standartenführer Willi Griebel zu lebenslangem Zuchthaus wegen Mitschuld an der Erschießung von 24 Buchenwaldhäftlingen am 12. April 1945 in einem Steinbruch bei Großlöbichau, Kreis Stadtroda.
31. Dezember: Die Volkssolidarität zahlt im Dezember 30 295,30 Mark als Unterstützungen an Umsiedler und Heimkehrer, 13 071,04 Mark für Kindererholung und 19 018,27 Mark für die Volksküche.

1948 Ab Januar übernimmt der FDGB die Verteilung von Textilien und Schuhen über die Betriebe an die Arbeitenden.
Anfang Januar: Die Betriebsleitung der Waggonbau AG eröffnet eine eigene Berufsfachschule.
Januar: Die Arbeitsgemeinschaft »Werk der Jugend«, die auf dem ehemaligen Flugplatzgelände Nohra ein »Dorf der Jugend« errichtet, kann hier den ersten Bauabschnitt, ein provisorisches Internat, fertigstellen; es sollen produktive Werkstätten für etwa 150 Jugendliche entstehen.
Februar: Der seit März 1946 landeseigene Betrieb »J. Carl« in Oberweimar mit rund 170 Beschäftigten ist der einzige in der sowjetischen Besatzungszone, der Installationsmaterial für den Bergbau und explosions- und schlagwettergeschützte Bergwerksleuchten herstellt, dazu neuerdings Tischlampen, elektrische Bügeleisen und Kochtöpfe aus Abfallstoffen.
2. Februar: Aufnahme des Personenverkehrs der Obus-Linie 1 zwischen Oberweimar, Ehringsdorf und Schöndorf.
21. Februar: Übergabe des FDGB-Hauses in Anwesenheit von Vertretern der thüringischen Regierung.

24. Februar: Bei einem Großfeuer in der Karlsmühle brennt der gesamte Südflügel nieder.
27. Februar: In Anwesenheit von Offizieren des medizinischen Sektors der SMATh wird in den Räumen des städtischen Krankenhauses am Kirschberg die Poliklinik eröffnet; sie zieht am 1. Juni in das Haus Steubenstraße 23 und wird am 12. Juli übergeben.
14. März: Vor ausverkauftem Saal singt der Thomaner-Chor im FDGB-Haus weltliche Lieder vom frühen Mittelalter bis zur Gegenwart.
18. März: Auf dem Marktplatz findet eine Kundgebung zum 100. Jahrestag der Revolution von 1848 und für ein Bekenntnis zur Einheit Deutschlands statt.
1. April: Gründung der ersten Betriebsvolkshochschule im Finanzamt.
10. und 11. April: 3000 Delegierte versammeln sich zum internationalen Kongreß, zur »Stimme Europas für den Frieden«.
Mitte April: Beginn einer systematischen Enttrümmerung der Ruinengelände: Von 60 000 Kubikmetern Schutt werden 2000 Kubikmeter auf die Reithallenwiese und den umliegenden Park aufgeschüttet.
25. April: Das ehemalige Herrenhaus Lützendorf wird als Altersheim übergeben.
30. Mai: Von 48 634 Einzeichnungsberechtigten stimmen 43 903 für das Volksbegehren; die Jugend stimmt mit 81,76 Prozent für Deutschlands Einheit.
9. Juni: Vertreter aller Parteien und Massenorganisationen bilden die Arbeitsgemeinschaft »Freunde der neuen Schule« zur pädagogischen und materiellen Hilfeleistung.
13. Juni: 8000 Zuschauer sehen das erste Nachkriegs-Amateurstraßenrennen mit 50 Teilnehmern; in der Juniorenklasse siegt Bernhard Trefflich.
27. Juni: Im Vorschlußrundenspiel um die Fußballmeisterschaft der Ostzone stehen sich der erste Vertreter Sachsens (Planitz) und der zweite Vertreter Thüringens (Weimar-Ost) in Dresden gegenüber, wo vor 20 000 Zuschauern Planitz mit 5:0 Toren siegt.
30. Juni: Die Stadtverordnetenversammlung erläßt eine Ortssatzung, die die arbeitsfähige männliche Bevölkerung im Alter von 18 bis 60 Jahren und die weibliche von 18 bis 50 Jahren verpflichtet, Abbruch- und Aufbauarbeiten für Bodenreformbauten zu leisten.
19. Juli: Oberbürgermeister Hempel legt sein Amt nieder.
27. Juli: In der Weimarhalle tritt das Gesangs- und Tanzensemble der sowjetischen Armee mit 300 Künstlern unter Leitung von Alexander W. Alexandrow auf.
15. August: Die Weimarer Kohlenhof GmbH produziert in der ehemaligen Ziegelei, Rießnerstraße, aus Braunkohle Naßpreßsteine.
28. August: Das wiederaufgebaute DNT wird mit einem Festakt der Landesregierung und Gästen aus ganz Deutschland eingeweiht. Die Innenausstattung besorgte Werner Harting, die Mosaiksäulen schuf Bruno Quass und das Wandgemälde im Foyer 3 Hermann Kirchberger.
1. September: An der Fachschule für Wirtschaft und Verwaltung, Karl-Liebknecht-Straße 1, wird ein Dolmetscher-Institut geschaffen.
3. September: Die Stadtverordnetenversammlung wählt im großen Sitzungssaal des Rathauses Hermann Buchterkirchen, CDU, zum Oberbürgermeister.
12. September: Zum Tag der Opfer des Faschismus wird auf dem Friedhof ein Denkmal für 150 unbekannte Tote enthüllt.
25. und 26. September: Die zweite thüringische Schriftstellertagung nimmt zur Lage in Deutschland und zu den Aufgaben der Thüringer Schriftsteller Stellung. Der Literaturpreis Weimar 1947 wird an Georg Maurer, Curt Nieswandt und Otto Czierski verliehen.
1. Oktober: Die gültigen Tagessätze für Brot und Nährmittel werden erhöht.
2. Oktober: Für Säuglinge und schulpflichtige Kinder wird das Städtische Kinderheim »Lieselotte Hermann«, Leibnizallee 4, eingeweiht.
24. Oktober: Die Konsumgenossenschaft zählt 57 Lebensmittelverkaufsstellen, ein Kauf-

haus, zwei Molkereien, fünf Bäckereien, zwei Brotverkaufsstellen und hat 15 500 Mitglieder.
Oktober: 1300 Schüler und Lehrkräfte nehmen den Lehrbetrieb in der Theodor-Neubauer-Schule (heute Johann-Peter-Eckermann-Schule) auf.
1. November: Der Anfang des Jahres gebildete FDJ-Chor gibt sich den Namen »Aufwärts«.
29. November: Durch die neugegründete Staatliche Handelsorganisation (HO) wird der erste Freie Laden für Waren ohne Marken eröffnet; ihre Preise liegen zwischen den Markenpreisen und den Preisen des Schwarzen Marktes.
6. Dezember: Die Jugendvolkshochschule mit Lehrkursen für Russisch, Englisch und Mathematik für Jugendliche von 14 bis 17 Jahren wird eröffnet.
11. Dezember: Mit einem Aufruf zur Teilnahme am Neuaufbau der Stadt führt die FDJ den »Sonnabend der aufbauenden Jugend« durch.
15. bis 21. Dezember: Der erste Weihnachtsmarkt der Jungen Pioniere und der FDJ findet auf dem Goetheplatz statt.

1949 1. Januar: Der feierliche Auftakt zum Goethe-Jahr findet mit Beethovens 9. Sinfonie im DNT statt.
Mit der Inbetriebnahme der Kühlhaus GmbH besitzt die Stadt die modernste Kühl- und Gefrieranlage Deutschlands.
März: Der Kulturbund wählt auf seiner Generalmitgliederversammlung Bürgermeister Hans Hellmich wiederum zum 1.Vorsitzenden.
11. März: Weimars Radsportler in der Sportgemeinschaft »Fortuna« treten nach 17jähriger Pause erstmalig wieder in einer öffentlichen Saalsportwerbeveranstaltung im FDGB-Haus auf.
3. April: Mit einem 2:1-Sieg über Zeiss Jena wird Weimars Hockey-Jugend Thüringer Jugendmeister.
Mitte April: Das Kriegerdenkmal vor dem Schloß wird abgetragen.
22. April: Die Stadtverordneten beschließen einstimmig, dem Dichter Thomas Mann das Ehrenbürgerrecht der Stadt zu verleihen.
22. April: Der erste Bauabschnitt des neuen Städtischen Krankenhauses in der Eduard-Rosenthal-Straße wird mit 120 Betten seiner Bestimmung übergeben.
22. Mai: Das 2. große Amateurstraßenrennen »Rund um Belvedere« endet mit dem Sieg von Trefflich.
3. Juni: Nach fünf Verhandlungstagen wird im sogenannten Daniel-Prozeß gegen zwölf Angeklagte, die im Februar 1943 an das KZ Buchenwald und an 102 Kriegsgefangenen- und Ostarbeiterlager verdorbene Fleisch- und Wurstwaren geliefert hatten, wegen Verbrechens gegen die Menschlichkeit das Urteil gesprochen.

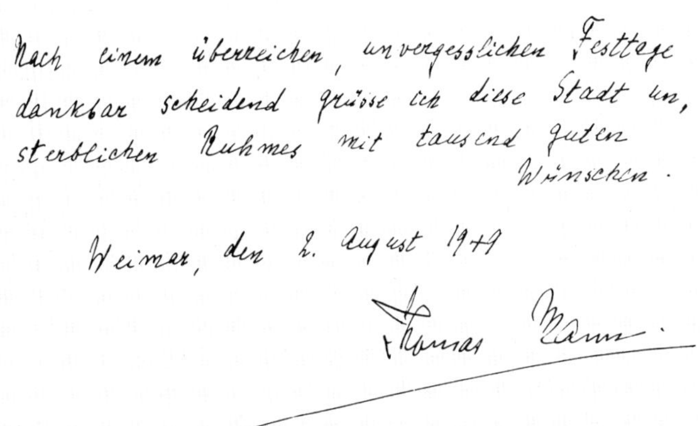
Nach einem überreichen, unvergesslichen Festtage dankbar scheidend grüsse ich diese Stadt unsterblichen Ruhmes mit tausend guten Wünschen.
Weimar, den 2. August 1949
Thomas Mann

Eintragung von Thomas Mann ins Gästebuch der Stadt am 2. August 1949

5. Juni: Zum 150. Geburtstag des russischen Dichters Alexander Puschkin findet eine Ehrung statt, auf der Dr. Bruno Kaiser die Festrede hält; die Parkstraße wird in »Puschkinstraße« umbenannt.

8. Juni: Das Goethehaus wird nach Beseitigung der Kriegsschäden wiedergeöffnet.

1. Juli: Im neugegründeten Kommunalen Wirtschaftsunternehmen (KWU) sind 34 Betriebe zusammengefaßt.

3. Juli: Im Dorotheenhof wird eine Schule des Verbandes der Konsumgenossenschaften zur Aus- und Weiterbildung von Verkäuferinnen und von Leitungs- und Fachpersonal ins Leben gerufen.

1. August: Auf der Festveranstaltung zum 200. Geburtstag Goethes im DNT erhält Thomas Mann das Ehrenbürgerrecht der Stadt verliehen und wird mit dem Goethe-Nationalpreis ausgezeichnet.

21. August: Ministerpräsident Werner Eggerath eröffnet die Ausstellung Thüringer Gebrauchsgüter in der Staatlichen Hochschule für Baukunst und Bildende Künste, die bis zum 18. September 1949 11 000 Besucher zählt.

25. bis 29. August: Auf einer Festsitzung des Präsidiums des Deutschen Volksrates und des Sekretariats der Deutschen Wirtschaftskommission anläßlich der Goethe-Festtage wird der Deutsche Nationalpreis an 48 Persönlichkeiten und Kollektive verliehen. Wilhelm Pieck und Prof. Dr. Johannes Stroux, Präsident der Akademie der Wissenschaften, ehren unter anderen Heinrich Mann, Johannes R. Becher, Kurt Barthel (Kuba), Ernst Busch, Adolf Hennecke, Friedrich Wolf sowie in Thüringen lebende Persönlichkeiten.

27. August: Ein Teil des Museums für Vorgeschichte wird der Öffentlichkeit zugänglich gemacht.

11. September: Am Gedenktag für die Opfer des Faschismus findet die Einweihung des Ehrenhaines für die Toten des KZ Buchenwald auf dem Ettersberg statt, wo der Vorsitzende der VVN Thüringens, Willy Kalinke, Landtagspräsident Frölich und Ministerpräsident Eggerath zu den Teilnehmern sprechen.

29. September: Die Turmglocke erhält wieder ihren Platz im Schloß.

13. Oktober: Auf einer Kundgebung sprechen Eggerath und Oberbürgermeister Buchterkirchen zur Gründung der DDR am 7. Oktober in Berlin.

28. und 29. Oktober: Auf der Thüringer Schriftstellertagung wird der Arbeitskreis junger Autoren mit dem Literaturpreis der Stadt Weimar ausgezeichnet.

12. November: Der Chef der SMATh, Kolesnitschenko, empfängt den Landtagspräsidenten Frölich und die Minister der thüringischen Regierung zur Übergabe der Funktionen der SMATh an die thüringischen Verwaltungsorgane.

23. und 24. November: Der Präsident der DDR, Wilhelm Pieck, besucht die Stadt und besichtigt im Schloßmuseum die Ausstellung »Gesellschaft und Kultur der Goethezeit«.

27. November: Enthüllung des Alexander-Puschkin-Denkmals von Prof. Dr. Friedrich Rogge, Dresden.

Anfang Dezember: Im neueröffneten Kindergarten »Geschwister Scholl« in der Schubertstraße werden 120 Kinder betreut.

8. Dezember: Der dänische Autor Martin Andersen-Nexö weilt in der Stadt.

10. Dezember: In Anwesenheit von Landesbischof D. Dr. Moritz Mitzenheim wird das Richtfest der Herderkirche feierlich begangen; in einem Schreiben wird dem Dichter Thomas Mann für seine Geldspende zum Wiederaufbau der Kirche gedankt.

10. bis 12. Dezember: Jewgeni N. Schumow, Generaldirektor der Waggonbau AG, kehrt in die UdSSR zurück; seine Nachfolge tritt Kasmin an. Die Belegschaftsstärke beträgt 2921 Werktätige.

21. Dezember: Das ehemalige Karlstift wird als Siechenheim für 30 pflegebedürftige Menschen übergeben.

25. und 26. Dezember: Bischof D. Dr. Otto Dibelius und Probst D. Dr. Heinrich Grüber be-

sichtigen das Speziallager Nr. 2 Buchenwald.

31. DEZEMBER: 3334 der im Zweiten Weltkrieg zerstörten oder beschädigten 5620 Wohnungen, 244757 Quadratmeter Fahrbahnen und Gehsteige sowie 99020 Quadratmeter Plätze und Grünflächen sind wieder instandgesetzt.

1950 ANFANG JANUAR: Aus dem Deutschen Theater-Institut wird das »Junge Ensemble« unter Intendant Maxim Vallentin gebildet.

8. JANUAR: Mit der Festaufführung »Nathan der Weise« von Gotthold Ephraim Lessing eröffnet das DNT sein Haus in Jena.

14. JANUAR: Gemäß Beschluß der Regierung der UdSSR wird das Speziallager Nr. 2 Buchenwald, das unter Verwaltung der sowjetischen Behörden in Deutschland gestanden hat, aufgelöst; von 28445 Insassen verstarben 7113.

26. JANUAR: Erstaufführung der volkstümlichen Oper »Das verzauberte Ich« von Ottmar Gerster im DNT.

21. MÄRZ: Aufstellung einer von Bruno Eyermann geschaffenen Büste Johann Sebastian Bachs neben dem Hotel Erbprinz.

29. MÄRZ: Die Arbeitsgruppe »Deutsch-Polnische Gesellschaft für Frieden und gute Nachbarschaft« wird im Haus des Kulturbundes gegründet unter der provisorischen Leitung von Oberbürgermeister Buchterkirchen.

15. UND 16. APRIL: Zur fünfjährigen Wiederkehr der Befreiung des KZ Buchenwald werden die Modelle für ein künftiges Mahnmal vorgestellt; 10000 Menschen nehmen an der Kundgebung auf dem Ettersberg teil.

18. APRIL: 18000 Zuschauer sehen im Erfurter Georgi-Dimitroff-Stadion das Endspiel um die thüringische Landesmeisterschaft im Fußball zwischen KWU Weimar und der SG Lauscha, aus dem mit einem 1:0-Ergebnis Weimar als neuer Landesmeister hervorgeht.

20. APRIL: Alle Schüler der Grund-, Ober-, Berufs-, Fach- und Internatsschulen bekommen täglich ein markenfreies, warmes Mittagessen zum Selbstkostenpreis.

12. BIS 14. MAI: 130 Tischtennisspieler beteiligen sich an den ersten Tischtennismeisterschaften der DDR im Haus des FDGB.

21. MAI: Arnold Zweig, Präsident der Deutschen Akademie der Künste, spricht im DNT anläßlich der Jubiläumsausstellung des Gustav Kiepenheuer Verlages.

27. BIS 30. MAI: Am Deutschlandtreffen der Jugend in Berlin nehmen über 6000 Jugendliche aus Weimar teil.

1. JUNI: Ministerpräsident Eggerath übergibt das ehemalige Reithaus den Jungen Pionieren als Haus des Kindes.

2. JUNI: Die Verwaltungsschule des Landes Thüringen wird eröffnet; am 21. Dezember 1952 erhält sie den Namen »Edwin Hoernle«.

4. JUNI: Zum ersten Mal steht mit der Frauen-Handballmannschaft der BSG KWU eine Weimarer Mannschaft im Endspiel um die DDR-Meisterschaft; sie verliert gegen Vorwärts Südwest Leipzig mit 3:11 Toren.

11. JUNI: Mit einem 4:2-Sieg vor 9000 Zuschauern sichert sich die Fußballmannschaft der BSG KWU auf dem Sportplatz an der Falkenburg über die BSG Vorwärts Wismar den Aufstieg in die DS-Liga.

15. JUNI: Das Staatliche Volkstanzensemble der UdSSR tanzt und spielt unter der Leitung von Igor Moissejew im DNT.

21. JUNI: Gardegeneralmajor Kolesnitschenko, Chef der Sowjetischen Kontrollkommission (SKK) im Lande Thüringen, stattet dem Oberbürgermeister einen Abschiedsbesuch ab; Nachfolger ist Stepan Panschin.

1. JULI: Die Feinmechanischen Werkstätten werden als KWU-Betrieb mit 300 Werktätigen, aus dem 1956 der VEB Feingerätewerk hervorgeht, gegründet.

8. UND 9. JULI: Erste Studenten-Schwimm-Meisterschaften der DDR mit über 100 Teilnehmern im Schwanseebad.

13. JULI: Die Arbeiter-und-Bauern-Fakultät (ABF) wird an der Hochschule für Baukunst und Bildende Künste gegründet.

1. AUGUST: Generalintendant Karl Kayser wird mit der Leitung des DNT beauftragt.

1. August: Der Landessender Weimar sendet auf eigener Frequenz mit dem Pausenzeichen »Sah ein Knab' ein Röslein steh'n«.
13. August: Nach zwölftägiger Dauer gewinnt Trefflich das Radrennen durch die DDR über 1825 Kilometer.
13. August: Unterzeichnung der deutsch-französischen Vereinbarung der Widerstandskämpfer auf dem Ettersberg in Anwesenheit von Colonel Henri Manhès.
20. bis 27. August: Aus Anlaß der 700-Jahrfeier der Stadtgründung finden eine Festsitzung der Stadtverordneten (25. August) in der Weimarhalle und ein Festakt (27. August) im DNT statt.
26. August: Das Kirms-Krackow-Haus wird wiedereröffnet.
9. September: Ministerpräsident Otto Grotewohl besichtigt das ehemalige KZ Buchenwald.
25. September: Die Thüringer Regierung stellt für den Wiederaufbau der Herderkirche 100 000 Mark zur Verfügung.
6. Oktober: Etwa 100 Studenten beginnen bei acht Dozenten das Studium an der ABF; der Student erhält durchschnittlich 130 Mark Stipendium im Monat. Die ABF wird am 13. Juli 1962 aufgelöst.
3. November: Der Thüringer Landtag konstituiert sich in Weimar.

1951 21. Januar: In der Berliner Werner-Seelenbinder-Halle erkämpft die 1. Frauenmannschaft der BSG KWU den Titel des Hallenhandballmeisters der DDR mit einem 4:2-Sieg über die BSG Anker Wismar.
12. Februar: Im FDGB-Haus spricht der Direktor der Universitätsklinik Jena, Prof. Dr. Jussuf Ibrahim, über die Tuberkulose-Schutzimpfung.
15. März: Der Thüringer Landtag verlegt seinen Sitz von Weimar nach Erfurt.
5. Mai: Am DNT findet die erste Theaterwoche der Gewerkschaften in Thüringen mit dem DNT und dem Berliner Ensemble statt.
3. bis 5. Juni: Zur Volksbefragung gegen die Remilitarisierung und für den Abschluß eines Friedensvertrages mit Deutschland werden 46 449 abgegebene Stimmen registriert; 44 944 der Abstimmungsberechtigten über 18 Jahre geben ihre Ja-Stimme ab, von den 1754 Jugendlichen von 16 bis 18 Jahren sind es 1731.
10. Juni: Eine Bauernmesse findet auf dem Sportplatz an der Falkenburg mit landwirtschaftlichen Maschinen und Geräten sowie einer Tierleistungsschau statt.
10. Juni: Das Pionierhaus »Pawlik Morosow« öffnet nach einjähriger Bauzeit.
15. Juli: Die Handballfrauen der BSG Einheit siegen über Motor Erfurt und erringen auch die Landesmeisterschaft im Volleyball.
5. bis 19. August: An den III. Weltfestspielen der Jugend und Studenten für den Frieden in Berlin nehmen 2 000 Jugendliche aus Weimar teil; Festivalteilnehmer aus dem Libanon, aus Syrien, Irak, Iran, Cypern, Israel, Sudan, China, USA, England, Irland, Ägypten, Korea und Polen besuchen die Stadt.
10. August: Nach 14monatiger Arbeit ist die 54 Meter lange Kegelbrücke fertiggestellt.
2. September: In der Weimarhalle begeistern Künstler des Bolschoi Theaters die Zuschauer.
15. September: Im Alter von 61 Jahren stirbt der langjährige Leiter der Grafikklasse der Hochschule für Architektur und Bauwesen (HAB; vorher Hochschule für Architektur und Bildende Künste) Prof. Albert Schaefer-Ast.
10. Oktober: Die Waggonbau AG erfüllt die Jahresproduktion mit der 1000. Dampf-Elektrostation.
10. Oktober: Die Teilnehmer der Friedensfahrt »Course de la paix« durchqueren auf ihrer 7. Etappe von Erfurt nach Chemnitz die Stadt; Jan Knezourek (ČSSR) gewinnt die Bergprämie an der Jenaer Straße vor Bernhard Trefflich.
24. November: Als 100. HO-Gaststätte in Thüringen wird die Gaststätte und Weinstube Zentra in der Schützengasse eröffnet.
9. Dezember: Eine Senkung der HO-Preise für Lebens- und Genußmittel, Textilien und

andere Industriewaren des täglichen Bedarfs, die fünfte in diesem Jahr, tritt in Kraft.

1952 Als Konzertreihe wird die »Stunde der Musik« ins Leben gerufen.
ANFANG JANUAR: Das Junge Ensemble verläßt mit seinem Leiter Vallentin Schloß Belvedere, um als Maxim-Gorki-Theater in Berlin weiterzuarbeiten.
1. MÄRZ: Die Nord-Apotheke in der Ernst-Thälmann-Straße wird eröffnet.
FRÜHJAHR: Nördlich der Rießnerstraße beginnt der Bau von Werkhallen für einen Teil der von Jena nach Weimar zu verlegenden Zeiss-Werke.
ANFANG APRIL: Die Landesbauernschule »Thomas Müntzer« wird im Haus des Bauern, Schwanseestraße, eröffnet.
10. BIS 16. APRIL: Das Internationale Buchenwaldkomitee hat zur Erneuerung des Buchenwaldschwures aufgerufen; Auftakt des Internationalen Buchenwaldkongresses ist die Kundgebung auf dem Ettersberg (11. April) mit Walter Bartel, Marcel Paul, Colonel Henri Manhès, Ottomar Geschke und Andreé Leroy, Generalsekretär der Fédération Internationale des Résistants (FIR).
29. APRIL: Das Nohraensemble, eine Gesangs- und Tanzgruppe der sowjetischen Streitkräfte, wird gebildet.
1. MAI: Die Waggonbau AG geht unter dem Namen »VEB Waggonbau Weimar« in Volkseigentum über (ab 10. Juni 1953 »VEB Mähdrescherwerk Weimar«).
21. JUNI: Eröffnung des Betriebskindergartens des Waggonbau Weimar.
22. JUNI: Mit einem 9:7-Sieg über Motor West Leipzig siegt in Magdeburg die Frauenhandballmannschaft der BSG Einheit Weimar und wird DDR-Meister im Handball.
30. JUNI: Zur Eröffnung des wiederhergestellten Liszthauses spielt Hinze-Reinhold Werke des Meisters, die Festansprache hält Prof. Gerhard Scholz.
1. JULI: Das Ensemble des DNT feiert Richtfest einer Probebühne.
1. JULI: Das Schlageter-Denkmal im Webicht, ein großer Findling, wird eingegraben.
26. JULI: Die Volkssternwarte in der Schiller-Oberschule wird eingeweiht.
26. JULI: Als Freihandausleihe für Erwachsene wird die Zweigstelle der Stadtbücherei in der Schopenhauerstraße der Öffentlichkeit übergeben.
31. JULI: Über 3000 Besucher erleben das Schloßhofkonzert mit Werken Richard Wagners, gespielt von der Weimarer Orchestergemeinschaft unter Leitung von Musikdirektor Carl Ferrand.
1. BIS 4. AUGUST: Der Besuch des bulgarischen Schriftstellers Prof. Palteeley Mateew leitet das Kulturabkommen zwischen Bulgarien und der DDR ein.
10. AUGUST: Die BSG Einheit Weimar wird Frauen-Faustballmeister der DDR 1952.
31. AUGUST: Erstaufführung des Schauspiels »Der arme Konrad« von Friedrich Wolf (Regie: Kayser) in Anwesenheit des Dichters.
1. SEPTEMBER: Die Musikschule Hettstedt, Bezirk Halle, wird nach Weimar verlegt; sie bildet 14- bis 18jährige Schüler aus und ist der Hochschule für Musik als Vorschule angegliedert.
6. SEPTEMBER: Die Landwirtschaftliche Produktionsgenossenschaft (LPG) »Edwin Hoernle« in Oberweimar wird gegründet.
17. SEPTEMBER: Auf einer internationalen Gedenkkundgebung geloben die Teilnehmer die Erfüllung des Schwures von Buchenwald; Ansprachen halten der Sekretär der FIR, Lucien Chapelaine, und der Vorsitzende des Internationalen Komitees Buchenwald-Dora, Bartel.
21. SEPTEMBER: Im Rahmen der Neueinteilung der Bezirke und Kreise wird die Kreiskonsumgenossenschaft Weimar-Stadt gegründet.
26. SEPTEMBER: Rat und Stadtverordnetenversammlung schlagen den Räten und Stadtverordneten in Frankfurt/Main und Bamberg einen Gedankenaustausch über die gemeinsamen Interessen zur baldigen Wiederherstellung der Einheit Deutschlands vor.
10. OKTOBER: Das erste Wohnheim für weib-

liche Lehrlinge der Forstwirtschaft der DDR wird eingeweiht.
18. Oktober: Bildung der LPG »Ulrich von Hutten« in Ehringsdorf.
24. und 25. Oktober: Das Internationale Verbindungskomitee ehemaliger Häftlinge des KZ Buchenwald hat die ehemaligen Häftlinge der Lager Auschwitz, Sachsenhausen, Dachau, Theresienstadt, Ravensbrück und weiterer Lager eingeladen; zu den Teilnehmern gehören der Präsident der FIR, Colonel Henri Manhès, Marcel Paul, Probst D. Dr. Heinrich Grüber, Franz Dahlem, Rosa Thälmann und andere. Sie beschließen das »Manifest von Buchenwald«, das an alle Parlamente und Völker gerichtet ist.
9. November: Das neue Schulhaus in der Philipp-Müller-Straße (heute Gropiusstraße) wird eingeweiht.
3. Dezember: Eröffnung des Laienkunstkabinetts im FDGB-Haus.
6. und 7. Dezember: Eine finnische Handelsdelegation besucht das ehemalige KZ Buchenwald und die Kulturstätten.
21. Dezember: Generalintendant Kayser eröffnet das Klubhaus des DNT.
21. Dezember: Die bisherige Kinderheimstätte »Villa Haar« erhält den Namen »Kinderheim Rosa Thälmann« verliehen.
21. Dezember: Fritz Förderer, Sportlehrer und Altinternationaler im Fußball, stirbt.
24. Dezember: Der 1940 wegen Zerstörungsgefahr ausgelagerte Cranach-Altar wird in der Herderkirche wieder aufgestellt.
30. Dezember: Das DNT zeigt als deutsche Uraufführung das Schauspiel »Das Glück fällt nicht vom Himmel« von Jaroslav Klimas.
31. Dezember: 268 Verkehrsunfälle mit 157 Verletzten und 13 Toten und 70 000 Mark Sachschaden werden registriert.

1953 Anfang des Jahres: Der ehemalige Gartenbaubetrieb Nelkenkulturen Dorner wird verstaatlicht und als Teilbetrieb der Stadtgärtnerei weitergeführt; er spezialisiert sich auf die Aufzucht von Edelnelken.
2. Januar: Die Kreisausschüsse des DRK Weimar-Stadt und -Land übernehmen den Krankentransport von den staatlichen Gesundheitsämtern.
5. Januar: Der älteste Künstler Weimars, Prof. Heinrich Plühr, stirbt.
1. Februar: Aus der Firma Stahlbau »Engelke« wird der VEB Stahlbau (K) Weimar, hieraus entwickelt sich der VEB Spezialbau-Montagen Weimar, Betrieb des VEB Schwermaschinenkombinat »Ernst Thälmann« Magdeburg.
1. Februar: Mehr als 8000 Mark stellt die Regierung außerplanmäßig für die Einrichtung einer Milchküche in der Erfurter Straße zur Verfügung.
11. Februar: Die Zentrale Rundfunkschule des Staatlichen Rundfunkkomitees nimmt im Gebäude des Landessenders die Lehrtätigkeit auf.
Anfang März: Auf dem Ettersberg wird ein Massengrab mit 600 bis 700 Toten des KZ Buchenwald entdeckt.
26. März: Die Stadtverordnetenversammlung wählt Dr. Hans Wiedemann, CDU, zum Oberbürgermeister; Buchterkirchen ist aus gesundheitlichen Gründen zurückgetreten.
26. März: Zehn Ständige Kommissionen der Stadtverordnetenversammlung werden gewählt; für Polizei- und Justizangelegenheiten, Finanzen, Jugendfragen, örtliche Industrie, Wohnungswesen, Landwirtschaft und Gartenbau, Volksbildung, Kunst und kulturelle Massenarbeit, Gesundheits- und Sozialwesen, Handel und Versorgung und Aufbau.
6. April: Als Karl-Marx-Schule II nimmt eine neue Schule zur Beseitigung des Schichtunterrichts für 1400 Kinder den Unterricht auf; sie erhält wenige Monate später den Namen »Friedrich Engels«.
9. Mai: Trefflich erkämpft auf der 8. Etappe der internationalen Friedensfahrt Prag-Berlin-Warschau den ersten Etappensieg für die Mannschaft der DDR in Görlitz und belegt in der Gesamteinzelwertung hinter Gustav Adolf Schur den 4. Platz.

24. Mai: Übersiedlung des am 14. Januar 1952 gegründeten Gesangs- und Tanzensembles des FDGB aus Stollberg nach Weimar
14. Juni: Die Stadt stellt 100 000 Mark zum weiteren Aufbau der Herderkirche zur Verfügung, die in Anwesenheit des stellvertretenden Ministerpräsidenten Otto Nuschke und Landesbischof Mitzenheim geweiht wird.
14. Juni: Trefflich wird nach dem 3. Meisterschaftslauf DDR-Meister im Straßenradrennen.
17. Juni: Mit Arbeitsunterbrechung und Aufruf zur Demonstration widersetzen sich Arbeiter im Mähdrescherwerk der Erhöhung staatlich festgesetzter Arbeitsnormen.
Jahresmitte: Der VEB Spezialmontagen Weimar wird gebildet.
11. Juli: Für 48 Wohnungen wird in der Bodelschwinghstraße durch Oberbürgermeister Wiedemann der Grundstein gelegt; eine Million Mark stellt die Regierung für den Neu- und Ausbau von Wohnungen in diesem Jahr zur Verfügung.
20. Juli: Im Schloß wird eine repräsentative Cranach-Ausstellung eröffnet.
6. August: Die Nationalen Forschungs- und Gedenkstätten der klassischen deutschen Literatur (NFG) werden gebildet.
15. August: Die Jugendherberge »15. August«, Humboldtstraße 17, wird ihrer Bestimmung übergeben.
18. August: Zu Ehren Thälmanns wird eine Gedenktafel am ehemaligen Krematorium in Buchenwald angebracht, die Rogge schuf.
7. September: Die HAB eröffnet das neue Studienjahr mit einer Immatrikulationsfeier. Rektor Prof. Otto Englberger teilt die Errichtung von zwei neuen Fakultäten für Baustoffkunde/Baustofftechnologie sowie für das Bauingenieurwesen mit; damit umfaßt die Hochschule mit über 100 Studenten alle Gebiete des Bauwesens.
20. September: Mit einem 6:4-Sieg über Motor West Leipzig erkämpft sich die Frauenhandballmannschaft der BSG Einheit Weimar in Gera den DDR-Meistertitel.
4. Oktober: Die Konsumgenossenschaften von Stadt und Land bilden den Kreisverband Weimar der Konsumgenossenschaften.
15. bis 17. Oktober: Im Rahmen der Lucas-Cranach-Ehrung findet ein Festakt im DNT statt, an dem Gäste aus China, Polen, Bulgarien, Frankreich, England, Österreich, der UdSSR und der BRD teilnehmen; der Präsident des Cranach-Komitees, Prof. Dr. Johannes Jahn, würdigt das Lebenswerk des Malers.
22. Oktober: Mit der Ausstellung »Weimar in der Zeit der Befreiungskriege« wird das neue Stadtmuseum in der Schubertstraße eröffnet.
25. Oktober: Der Pianist Hinze-Reinhold bringt in einer Franz-Liszt-Morgenfeier das Werk »Csardas macabre«, dessen Urschrift sich in London befindet, zur Erstaufführung.
Anfang November: Das Konservatorium wird von Erfurt nach Weimar verlegt und im Gebäude am Palais feierlich eröffnet.
30. November: Zu der Verkaufsgenossenschaft »Lucas Cranach« schließen sich Mitglieder der Arbeitsgebiete Weimar, Apolda und Bad Berka des Verbandes Bildender Künstler zusammen.
10. bis 12. Dezember: Vertreter von zwölf europäischen Ländern, unter ihnen Jorge Amado, Martin Andersen-Nexö und Anna Seghers, vereinen sich zum Deutschen Friedenstag 1953 in der Weimarhalle.
16. bis 18. Dezember: Mit einer wissenschaftlichen Konferenz wird die Herder-Ehrung zum 150. Todestag in Anwesenheit von Mitgliedern der Familie Herder eröffnet.

1954 Der Handwerker-Chor Weimar wird gegründet.
4. Januar: Im Nordflügel der Philipp-Müller-Schule (heute Christoph-Martin-Wieland-Schule) kann der Unterricht in drei neuen Klassenräumen aufgenommen und damit der Schichtunterricht beseitigt werden.
16. Januar: Mit der Übernahme durch den Zentralvorstand IG Metall erhält das FDGB-Haus den Namen »Klubhaus der Metallarbeiter Michael Niederkirchner«.

25. Januar: Der Türmer der Jakobskirche, Karl Büchner, der bis zu seinem Tode über der Glockenstube im Turm der Jakobskirche wohnt, stirbt.
14. Februar: Die Frauenhandballmannschaft der BSG Einheit besiegt DHfK Leipzig mit 3:1 Toren und erringt damit erneut die DDR-Meisterschaft im Hallenhandball.
6. März: Der erste Bauernmarkt findet statt und bietet künftig jeden Mittwoch und Sonnabend neben landwirtschaftlichen Erzeugnissen und Lebensmitteln auch Industriewaren.
1. April: Der VEB Talsperrenbau und Wasserkraftanlagen Weimar wird gegründet.
11. April: Etwa 40 000 Menschen nehmen an der Gedenkkundgebung auf dem Ettersberg teil; zu ihnen sprechen der Vizepräsident des französischen Buchenwald-Komitees, Albert Forcinal, und Dr. Johannes Dieckmann.
28. April: Oberbürgermeister Wiedemann übergibt 48 neue Wohnungen in der Bodelschwinghstraße an die aktivsten Beteiligten im Nationalen Aufbauwerk (NAW).
3. Mai: Grundsteinlegung für die Hufeland-Kinderkrippe, Richard-Strauss-Straße, die am 30. Juni 1955 eingeweiht wird.
30. Mai: Mitglieder des Weltfriedensrates aus Frankreich, Dänemark, Norwegen, Schweden, Tunesien, Sudan, Irak und Pakistan besuchen das ehemalige KZ Buchenwald und die Gedenkstätten der deutschen Klassik.
10. Juni: In Goethes Wohnhaus werden die Wohnräume seiner Frau Christiane der Öffentlichkeit übergeben.
12. Juni: Die Goethe-Gesellschaft führt ihre erste Hauptversammlung nach 1945 mit ihrem Präsidenten, Dr. Bruno Wachsmuth, durch.
6. und 7. August: Ein nächtliches Unwetter entwurzelt in der Belvederer Allee Bäume.
16. August: Der Dichter Louis Fürnberg übersiedelt nach Weimar.
18. August: Zum 10. Jahrestag der Ermordung Thälmanns wird in Buchenwald das Museum der Widerstandsbewegung eröffnet.
18. bis 22. August: 150 Sportler der Stadt nehmen am I. Turn- und Sportfest in Leipzig teil.
1. September: Im städtischen Obus-Verkehr werden die Preise für die Beförderung auf 20 Pfennige gesenkt.
2. September: In der überfüllten Weimarhalle gastiert das Ballett der Pariser Oper.
4. September: Uraufführung der heiteren Oper »Doktor Eisenbart« des Weimarer Komponisten Prof. Alfred Böckmann.
6. September: Die Arbeiter des Mähdrescherwerkes erhalten ein Wahlessen für 65 Pfennig. Es wird eine Arbeiterwohnungsbaugenossenschaft (AWG) gebildet, für die 1955 24 Wohnungen in der Ettersburger Straße gebaut werden.
18. und 19. September: Die Jahrestagung der Deutschen Dante-Gesellschaft wird durchgeführt.
23. September: Eine Omnibuslinie verkehrt zwischen Goetheplatz und Schloß Tiefurt.
8. Oktober: Die Sektion Fußball der BSG Turbine Weimar wird wegen Auflösung einiger Trägerbetriebe zur BSG Lokomotive Mitte Weimar überführt.
8. November: Der englische Komponist Alan Bush spricht vor Professoren und Studenten der Hochschule für Musik über das englische Musikleben.

1955 27. Februar bis 8. März: Auf der Leipziger Messe stellt das Mähdrescherwerk den im Lizenzverfahren hergestellten Mähdrescher »E 173« aus.
9. März: Der Kreisverband Weimar-Stadt der Gesellschaft zur Verbreitung wissenschaftlicher Kenntnisse wird gegründet.
13. März: Innerhalb von 14 Stunden wird ein Mord aufgeklärt, den ein Kopfschlächter vom Schlachthof an seiner Ehefrau begeht; der Mörder wird zu lebenslänglicher Zuchthausstrafe verurteilt.
28. März: Eine neue Omnibuslinie zwischen August-Bebel-Platz und Ettersburger Straße wird in Betrieb genommen.
1. April: Als Bereiche der NFG werden das

Institut für klassische deutsche Literatur und eine Zentrale Bibliothek mit 60 000 Bänden unter Leitung von Dr. Hans Henning eingerichtet.

2. und 3. April: Auf der Eröffnungsveranstaltung der Schiller-Ehrung der deutschen Jugend in der Weimarhalle spricht Werner Lamberz, Sekretär des Zentralrates der FDJ. Im DNT hält Ministerpräsident Grotewohl die Festansprache.

10. April: Die im Mähdrescherwerk produzierten Mähdrescher erhalten den Namen »Patriot«.

17. April: Fast 500 Leichtathleten beteiligen sich an den DDR-Waldlaufmeisterschaften im Webicht; Siegfried Herrmann und Ulla Donath werden Meister.

24. April: Im Schillerhaus wird das neugestaltete Schillermuseum eröffnet.

April: Das Fachwerk im Löschhaus wird nach Renovierungsarbeiten freigelegt.

2. bis 4. Mai: Die 1. Therapie-Tagung von Ärzten und Wissenschaftlern findet statt und wird bis 1976 alljährlich mit internationaler Beteiligung durchgeführt.

8. bis 15. Mai: Mit der 9. Sinfonie von Beethoven wird die Schiller-Festwoche feierlich eröffnet, zu der Gäste aus 20 Nationen erwartet werden. Leonhard Frank ist Teilnehmer der Festveranstaltung (10. Mai); Thomas Mann hält eine Festrede (14. Mai).

9. Mai: Das Liszthaus in der alten Hofgärtnerei wird im ursprünglichen Zustand als Museum übergeben.

11. Mai: Mit der Ausstellung »Das Bildwerk«, Arbeiten von 40 Künstlern aus dem Bezirk Erfurt – darunter Alfred Ahner, Otto Herbig, Franz Huth, Walther Klemm, Franz Markau, Alexander von Szpinger –, wird das ehemalige Kulissenhaus als neue Kunsthalle übergeben.

12. Mai: Zum ersten Mal weilt eine albanische Regierungsdelegation in der Stadt.

13. Mai: Oberbürgermeister Wiedemann übergibt das Stadtmuseum im Bertuchhaus, das unter der Leitung von Paul Kaiser steht, der Öffentlichkeit.

16. Mai: Nach einer Neugestaltung wird das Hotel Elephant als zweites zentralgeleitetes HO-Hotel wiedereröffnet.

20. Mai: Eröffnung der »Festtage zeitgenössischer Musik« unter Beteiligung von Künstlern aus der BRD.

5. Juni: Das 1. Kreis-Turn- und Sportfest ist eine eindrucksvolle Leistungsschau der 4000 aktiven Sportler der Stadt.

Mitte Juni: Die neue Omnibuslinie nach Buchenwald verkehrt einmal täglich ab Hauptbahnhof.

23. Juni: Vom Obersten Gericht werden zwei Weimarer in einem Schauprozeß als angebliche Agenten einer Westberliner Spionagezentrale, die die Sprengung von fünf Brücken und eines Hochspannungsmastes zum E-Werk vorbereitet haben sollen, wegen Vergehens gegen Artikel 6 der Verfassung der DDR zum Tode verurteilt.

21. Juli: Sondergastspiel der Schaochin-Oper, Schanghai, mit »Die Romanze vom Westzimmer« von Wang Shin-fu im DNT.

23. Juli: Die Bevölkerung ist zum Großaufbautag der Nationalen Front an den Objekten Gedenkstätte Buchenwald, Sportplatz an der Falkenburg, Wohnungsbau Bodelschwinghstraße und anderen aufgerufen.

24. Juli: Das indische Nationalballett tritt in der Weimarhalle auf.

13. August: Aus Mitteln des VEB Zahlenlotto werden in der Bodelschwinghstraße, an der Kipperquelle, Berkaer Straße und an der Falkenburg Wartehäuschen des städtischen Verkehrs erbaut.

28. August: Die Feiern zum 100. Todestag von Adam Mickiewicz (26. November 1855) in der DDR eröffnet das Komitee der Mickiewicz-Ehrung mit einem Festakt in Weimar anläßlich der 126. Wiederkehr der Begegnung Goethes mit dem polnischen Nationaldichter.

6. September: Die Fachschule für Holztechnologie, Außenstelle Weimar, wird in der Stalinstraße 41 (heute Schwanseestraße) eröffnet.

15. September: Der Fernsehsender auf dem Inselsberg beginnt mit seinen Sendungen, die

auch in Weimar zu empfangen sind; für die für 1300 Mark erhältlichen Fernsehapparate gewähren die Sparkassen dem Käufer für zwei Jahre bis 1000 Mark Kredit.

18. SEPTEMBER: Mit einem Sportfest wird der Sportplatz an der Falkenburg seiner Bestimmung übergeben; in einem Fußballspiel stehen sich die Mannschaften der BSG Einheit Weimar und TuS Hanau/M. gegenüber, das Weimar mit 1:3 Toren verliert.

21. SEPTEMBER: In der ehemaligen HO-Gaststätte Zentra wird ein Studentenklub eröffnet.

22. SEPTEMBER: Erstmalig kann in der Gaststätte Bavaria ferngesehen werden. Schulklassen können nachmittags hier die Kindersendungen sehen.

16. OKTOBER: Zur Eröffnung der Woche des Buches spricht Arnold Zweig im DNT über die Mission des Schriftstellers in heutiger Zeit.

28. OKTOBER: Bei einer Gastvorlesung in der HAB stirbt Fotograf Prof. Walter Hege.

6. NOVEMBER: »Die Fontäne von Bachtschissarai« von Boris W. Assafjew erlebt im DNT ihre deutsche Erstaufführung.

10. NOVEMBER: Am Geburtstag des Dichters wird die deutsche Schiller-Ehrung 1955 mit einem Fackelzug der Jugend beendet.

28. NOVEMBER: Die in Weimar am 5. Juni 1870 geborene Grafikerin Margarete Geibel stirbt hier.

13. DEZEMBER: Mit Ovationen feiert die Bevölkerung Solisten der weltbekannten Mailänder Scala bei einem Gastspiel.

23. DEZEMBER: In Anwesenheit namhafter Filmschauspieler wird der Dokumentarfilm »Friedrich Schiller«, der zum großen Teil in Weimar im Laufe des Sommers gedreht worden war, uraufgeführt.

30. DEZEMBER: Mit dem 150000. Kinoapparat »P 8« erfüllt der VEB Carl Zeiss, Fertigungsstelle Weimar, den vorgegebenen Jahresplan.

31. DEZEMBER: Die Weimarer Leichtathleten erringen 1955 24 Bezirksrekorde.

143 Häuserfassaden und 23000 Quadratmeter Straßenfläche wurden erneuert; 261 neue Brennstellen aus Lottomitteln erhöhen die Zahl der Straßenlampen auf 1354.

DEZEMBER: Das »Haus der Freundschaft« in der Schillerstraße wird von den sowjetischen Streitkräften mit allen Warenbeständen an die Bevölkerung übergeben.

1956 10. JANUAR: Eine chinesische Regierungsdelegation besichtigt die Gedenkstätte Buchenwald; vor dem Goethehaus findet eine Kundgebung mit Marschall Tschu Teh statt.

14. UND 15. JANUAR: Bei den Europameisterschaften der Rennrodler in Imst (Österreich) vertritt Ute Kühner, Schülerin der Fachgrundschule für Musik Belvedere und DDR-Meisterin im Rennrodeln, die DDR.

28. JANUAR: In der Fachschule für Holztechnologie Dresden, Außenstelle Weimar, wird mit 43 Teilnehmern der erste Sonderlehrgang für »Meister der volkseigenen Industrie« auf den Gebieten Tischlerarbeit, maschinelle Bearbeitung, Holztrocknung abgeschlossen.

8. FEBRUAR: Der Auftritt Erna Bergers in der Weimarhalle wird ein Höhepunkt im Weimarer Konzertleben.

15. FEBRUAR: Mit Ovationen feiern die Weimarer die Pianistin Elli Ney.

FEBRUAR/MÄRZ: Dem VEB (K) Bau Weimar wird der VEB Ziegelwerk Buttelstedt angeschlossen.

11. MÄRZ: Die »Münchner Kabarettiche« gastieren mit ihrem erfolgreichen Programm »Erlaubt ist, was miß-fällt«.

17. MÄRZ: Das historische Drama »Jan Hus« von Alois Jirásek erlebt seine deutsche Erstaufführung im DNT.

29. MÄRZ BIS 2. APRIL: Erstmals findet seit Kriegsende wieder die Aufführung des gesamten Opernzyklus »Ring der Nibelungen« von Richard Wagner statt.

1. APRIL: Die beiden Kreisorganisationen Weimar-Stadt und Weimar-Land werden zu einer Kreisorganisation des DRK zusammengelegt.

2. APRIL: Bei seinem ersten DDR-Gastspiel tritt das »Ballett de France de Janine Charrat« in der Weimarhalle auf.

14. April: Stapellauf eines Hochseetrawlers des Fischkombinates Rostock mit dem Namen »Weimar«.
25. April: Der Maler Prof. Hugo Gugg stirbt hier.
30. April: Ein 74jähriger Maurer legt den Grundstein zum Glockenturm auf dem Ettersberg.
7. Juni: 600 Tuberkulose-Ärzte aus Deutschland, der Schweiz, der UdSSR u. a. tagen; die Ärzte der DDR beschließen die Gründung einer wissenschaftlichen Tuberkulosegesellschaft.
10. Juni: Im Stadion wird die Rollschuhbahn eingeweiht.
21. Juni: In Anwesenheit westlicher Militärmissionen werden mit einer Truppenparade im Stadion die ersten demobilisierten sowjetischen Einheiten verabschiedet.
24. bis 26. Juni: Journalisten aus Süd- und Mittelamerika, Afrika und Asien, die am Welttreffen der Journalisten in Helsinki teilgenommen haben, besichtigen die Gedenkstätten der klassischen deutschen Literatur.
25. August: Sturm mit einer Geschwindigkeit bis zu 90 Stundenkilometer unterbricht den Obus-Verkehr.
2. September: Eine Mickiewiz-Bronzebüste, die Gerhard Thieme schuf, ein Geschenk des Mickiewicz-Ausschusses an die Stadt, wird in Anwesenheit des Botschafters der Volksrepublik Polen, Stanisław Albrecht, an der Kegelbrücke enthüllt; der Vorsitzende des Deutschen Mickiewicz-Komitees, Fürnberg, hält die Festansprache.
16. September: Uraufführung des Kriminalstückes »Amok« von Heinrich-Friedrich Beens in den Kammerspielen Belvedere.
22. und 23. September: Für die Aufstellung einer gesamtdeutschen Sportlerdelegation zu den Olympischen Spielen in Melbourne tagen DSB-Präsident Willi Daume und NOK-Präsident Dr. Karl Ritter von Halt in Weimar.
27. September: Der erste Kommissionsvertrag zwischen dem staatlichen und privaten Einzelhandel wird zwischen dem Großhandelskontor Textil in Apolda und dem Geschäftsinhaber Hans Gorzinsky, CDU, abgeschlossen.
2. Oktober: Im DNT gastiert mit Carlo Goldonis Komödie »Der Diener zweier Herren« das Piccolo Teatro della Citta di Milano.
Oktober: Im Klubhaus »Michael Niederkirchner« umjubeln die Zuschauer das Gastspiel des Pantomimen-Ensembles von Jean Soubeyran.
4. bis 6. Oktober: An den Gesprächen des Zentralvorstandes der LDD und des Bundesvorstandes der FDP über die friedliche Wiedervereinigung Deutschlands und die Möglichkeiten der Zusammenarbeit beider Parteien nehmen von Seiten der DDR Manfred Gerlach, Rudolf Agsten und Harald Werthmann, von Seiten der BRD Dr. Erich Mende, Walter Scheel und Wolfgang Döring teil.
8. bis 13. Oktober: Dem Gedächtnis Heinrich Heines und der Pflege seines Erbes ist die wissenschaftliche Konferenz mit Gästen aus zahlreichen Nationen gewidmet.
Oktober: Im Goethehaus findet eine Dichterlesung mit Erwin Strittmatter aus seinem Roman »Der Wundertäter« statt.
20. bis 26. Oktober: Das Museum für Ur- und Frühgeschichte Thüringens führt anläßlich der 100. Wiederkehr des Entdeckungsjahres des Neandertalers und zum Gedenken an seinen Entdecker Dr. Johann C. Fuhlrott eine internationale Arbeitstagung durch.
22. Oktober: Die Hochschule für Musik erhält den Namen »Franz Liszt« verliehen.
27. Oktober: Sondergastspiel des »Ballet de Paris de Janine Charrat« in der Weimarhalle.
21. November: Im DNT wird in Anwesenheit des Autorenehepaares die Oper »Die Männer von Blackmoor« vom englischen Komponisten Alan Bush welturaufgeführt.
21. Dezember: Die Glocke für den Buchenwaldturm wird in Apolda gegossen.
Dezember: Mit dem Abriß der Stadthausruine wird begonnen.
31. Dezember: 191075 Besucher besichtigten die Gedenkstätte Buchenwald.

1957 1. Januar: Die HAB übernimmt die Rechtsträgerschaft des Sportgeländes an der Falkenburg.
7. Januar: Ein begrenzter Zehn-Minuten-Verkehr wird auf der Obus-Linie 1 eingeführt.
21. Januar: Zwischen 22.45 und 23.30 Uhr wird über der Stadt ein Nordlicht beobachtet.
27. Januar: Nach 50 Jahren wird das Deutsche Bienenmuseum, Oberweimar, Ilmstraße 3, wiedereröffnet.
24. Februar: Das »Theater ohne Vorhang« im DNT zeigt als erste Aufführung »Draußen vor der Tür« von Wolfgang Borchert.
1. März: Zehn volkseigene Betriebe beginnen mit der 45-Stunden-Woche; im EOW arbeiten die Werktätigen bereits seit dem 1. Februar 45 Stunden.
Auf Beschluß des Ministerrats vom 29. November 1956 wird ein HO-Kombinat Weimar aus den HO-Kreisbetrieben Lebensmittel, Industriewaren und Gaststätten gebildet.
27. März: Im Goethe-Nationalmuseum wird der Heinrich-Mann-Preis für das Jahr 1957 durch Prof. Otto Nagel, Präsident der Deutschen Akademie der Künste, an Hanns Maaßen, Herbert Nachbar und Margarete Neumann in Anwesenheit von Alex Wedding, Willi Bredel, Arnold Zweig, Bodo Uhse, Stephan Hermlin und Louis Fürnberg verliehen.
Die Generalversammlung des Deutschen PEN-Zentrums wählt den Schriftsteller Arnold Zweig zum Präsidenten, als Nachfolger des verstorbenen Bertolt Brecht, und Johannes Tralow zum geschäftsführenden Präsidenten.
2. April: Der gesamte Obus-Betrieb wird vom Kirschberg in die neue Obus-Halle Damaschkestraße verlagert.
10. April: Das berühmte Janáček-Quartett aus der ČSSR gastiert mit Werken von Janáček, Mozart und Dvořák.
19. April: Am westlichen Himmel ist nach Sonnenuntergang der Komet Arend-Roland über der Stadt zu sehen.
Mitte April: Die Volksmusikschule Erfurt eröffnet eine Außenstelle in der heutigen Gropiusstraße.
26. bis 27. April: Auf der Plenartagung, an der 450 Mitglieder teilnehmen, würdigt der Präsident des Deutschen Friedensrates, Prof. Dr. Walter Friedrich, den Appell der 18 Göttinger Kernphysiker gegen Atomwaffen.
30. April: Der im Rahmen des NAW geschaffene Großspielplatz zwischen Stadion und Schwanseebad wird seiner Bestimmung übergeben.
18. Mai: Das Schauspiel »General Landt« von Hedda Zinner wird im DNT uraufgeführt.
26. Mai: Die St.-Bonifatius-Kirche in Schöndorf wird geweiht.
30. Mai: Der Kreisverband des DTSB wird im Klubhaus »Michael Niederkirchner« gegründet.
1. Juni: Das Faust-Ballett »Abraxas« von Werner Egk erlebt im DNT seine erfolgreiche DDR-Erstaufführung.
9. Juni: 3000 Besucher und 450 Aktive erleben das 1. Nationale Leichtathletikfest der HSG Wissenschaft auf dem Sportplatz an der Falkenburg.
23. Juni: Der Generalsekretär der Deutschen Schillerstiftung, Louis Fürnberg, stirbt im Alter von 48 Jahren.
24. Juni: Bildung des Weimarer Arbeitskreises der Liga für die Vereinten Nationen in der DDR unter Leitung von Dr. sc. Erich Taubert.
30. Juni: Einen Rekordbesuch am bisher heißesten Tag des Jahres erlebt das Schwanseebad mit 3000 Besuchern.
1. Juli: Als Betriebe mit staatlicher Beteiligung arbeiten die Baufirma »Illgen« und die Firma Hoch-Tiefbau »Walter Schlönvogt«.
9. Juli: Auf der konstituierenden Sitzung der Stadtverordnetenversammlung, die aus 80 Abgeordneten besteht, wird Dr. Hans Wiedemann zum Oberbürgermeister und Vorsitzenden des Rates der Stadt wiedergewählt.
15. Juli: Interessenten aus dem Feingerätewerk, dem Sägewerk, dem Betrieb Wasserwirtschaft Halle/Saale, der Reichsbahn und dem Projektierungsbüro für Stadt- und Dorfplanung gründen eine zweite AWG.
19. bis 21. Juli: 13 jugendliche Leichtathleten der HSG Wissenschaft nehmen in Leipzig

am Turn- und Sportfest der Jugend teil; Manfred Matuschewski erringt im 400-Meter-Finale einen 3. Platz.
30. Juli: In 42 Meter Höhe wird die Glocke im Buchenwaldturm angebracht.
4. August: Die erste Goldmedaille für die DDR bei den künstlerischen Wettbewerben der VI. Weltfestspiele der Jugend und Studenten in Moskau erhält Roland Zimmer in der Wettbewerbsgruppe Gitarrenspiel.
9. August: Der erste Selbstbedienungsladen Dimitroffstraße 1 (heute Kaufstraße) öffnet; in der ersten Woche werden 7339 Kunden gezählt.
10. und 11. August: Der Deutsche Anglerverband führt seine diesjährigen Meisterschaften in Weimar durch.
11. August: Der Maler und Grafiker Prof. Walther Klemm, Ehrensenator der HAB, stirbt im Alter von 74 Jahren.
30. August: Im Brauhaus Weimar konstituiert sich der Kreisausschuß des FDGB.
September: Alexander Karew, Generalsekretär des Unionsrates der sowjetischen Baptistengemeinden, spricht vor christlichen Zuhörern.
September: Bildung des Stadtbauamtes durch die Vereinigung von Hoch- und Tiefbau.
8. September: Mit Start und Ziel am heutigen Buchenwaldplatz veranstaltet die BSG Medizin Weimar den 1. DDR-offenen Buchenwald-Gedächtnislauf zum Internationalen Gedenktag der Opfer des Faschismus.
18. September: Prof. Dipl.-Ing. Gustav Batereau übernimmt das Amt des Rektors der HAB, das er bis Oktober 1963 innehat.
18. September: Der Kunstmaler und Grafiker Max Nehrling stirbt im Alter von 70 Jahren.
22. Oktober: Das englische Kammerorchester »London Mozart Players« konzertiert.
31. Dezember: Das Deutsche Reisebüro führte 1582 Stadtführungen durch, an denen 45 576 Personen, darunter 5512 ausländische Gäste, teilnahmen.

1958 15. Januar: Die erste Produktionsgenossenschaft (PGH) des Wäscher- und Plätterhandwerks »Frohe Zukunft« führt ihre Gründungsversammlung durch; es schließen sich in ihr zwei Wäschereibetriebe mit zehn Mitgliedern zusammen.
24. Januar: Das Richtfest des ersten Offenstalles des Bezirkes Erfurt findet in der LPG »Ulrich von Hutten« statt.
21. Februar bis 7. März: Unter dem Motto: »Neue Werte für Sie aus der Produktion Weimarer Betriebe« wird in der Kunsthalle am Theaterplatz eine Ausstellung von Massenbedarfsgütern gezeigt; das Mähdrescherwerk stellt einen aus Holzabfällen hergestellten Kleiderschrank und Fernsehtruhen vor.
1. März: Aus drei Weimarer Musikschulen wird in Vorbereitung auf das Musik-Hochschulstudium die Spezialschule für Musik gebildet.
4. März: In Weimar-Nord wird die dritte LPG Typ I im Stadtkreis gegründet, die eine Fläche von 13 Hektar bewirtschaftet.
11. März: Als einer der ersten Motorsport-Clubs in der DDR wird der MC Weimar mit 79 Mitgliedern gegründet.
18. März: In der Weimarhalle weckt der sowjetische Geiger Igor Oistrach Stürme der Begeisterung.
10. bis 13. April: Zu den Musiktagen 1958 gelangt die IV. Sinfonie von Prof. Johann Cilenšek zur Uraufführung.
19. April: Es findet die Gründungsversammlung der AWG »Frohe Zukunft« der HO, des EOW, des Stahlbau, des Kalk- und Travertinwerks sowie der Lehrer und Erzieher statt.
20. Mai: Zum ersten Mal hebt sich im »Theater des Friedens« mit 894 Sitzplätzen und einer zwölf Meter breiten Totalvisionleinwand der Vorhang.
1. Juni: Die Lebensmittelkarten werden abgeschafft.
6. bis 8. Juni: Stenografentag der DDR.
28. Juni: Der Nachfolger des bisherigen Generalintendanten des DNT wird Prof. Otto Lang.
29. Juni: Im Weißen Saal des Schlosses findet für 29 Kinder erstmalig die sozialistische Namensgebung statt.

9. Juli: Zur LPG »Frischauf« schließen sich neun Einzelbauern des Ortsteils Schöndorf zusammen.
14. Juli: Das Volkskunst-Ensemble des FDGB tritt zum letzten Mal vor 2500 Bürgern im Schloßhof auf.
12. August: Sputnik 3 wird über der Stadt gesichtet.
17. August: Zur Einweihung des von Prof. Walter Arnold geschaffenen Ernst-Thälmann-Denkmals hält der ehemalige Buchenwald-Häftling Rudi Jahn die Gedenkrede.
1. September: In den allgemeinbildenden Schulen wird der Unterrichtstag in der Produktion eingeführt.
1. September: Die Sprachheilschule beginnt mit dem Unterricht im Schulhaus Belvederer Allee 5.
2. September: Zum dritten Mal in diesem Jahr tritt in der Ilm ein großes Fischsterben hauptsächlich bei Forellen auf.
13. September: Zur Einweihung der Nationalen Mahn- und Gedenkstätte Buchenwald (NMG) werden die Urnenschale mit blutgetränkter Erde aus Lidice und Oradour und die Asche von Buchenwald-Häftlingen in die Gruft des Glockenturmes überführt.

Buchenwald. Denkmalgruppe von Fritz Cremer auf dem Ettersberg

14. September: An der Einweihung der NMG nehmen Widerstandskämpfer aus fast allen europäischen Ländern teil. Die Festansprache vor etwa 100 000 Menschen hält Ministerpräsident Grotewohl.
20. September: Die erste sozialistische Eheschließung wird durchgeführt.
7. Oktober: Zum ersten Mal wird der Literatur- und Kunstpreis der Stadt Weimar im DNT den Professoren Walter Arnold sowie Otto Englberger und Siegfried Tschierschky, überreicht.
13. Dezember: Die LPG »Ulrich von Hutten« eröffnet das erste genossenschaftliche Blumengeschäft »Orchidee« am Theaterplatz.
19. Dezember: Erstmalig wird an der HAB die Würde eines Doktor-Ingenieurs ehrenhalber an Prof. Dipl.-Ing. Friedrich August Finger für seine Verdienste um den Wiederaufbau der Hochschule verliehen.
22. Dezember: Die PGH »Aufbau« wird von 17 Mitgliedern und zwei Lehrlingen der bauausführenden Gewerke gegründet; seit 28. August 1991 wird sie als Bauhütte GmbH geführt.
31. Dezember: Als Republiksieger im Wettbewerb wird der Talsperrenbau Weimar mit der Wanderfahne des Ministerrates ausgezeichnet.

1959 11. Januar: Der sowjetische Schnelldreher Pawel Bykow besichtigt die Gedenkstätten.
Januar: Der erste Fischgrätenmelkstand des Bezirkes Erfurt wird in der LPG »Ulrich von Hutten« in Betrieb genommen. Stündlich können 40 bis 60 Kühe darin gemolken werden.
2. Februar: Die neuerbaute Schule in der Bodelschwinghstraße nimmt den Schulbetrieb auf und erhält am 24. Mai den Namen »Louis Fürnberg«.
1. März: Die Gedenkstätte Buchenwald, seit 1. Januar 1953 zur Stadt Weimar gehörig, geht

in die Rechtsträgerschaft des Ministeriums für Kultur über.
12. MÄRZ: Künstler der Mailänder Scala gastieren in der Weimarhalle.
28. MÄRZ: Die Lichtspiele »Haus Stadt Weimar« werden ihrer Bestimmung übergeben.
2. BIS 6. APRIL: Erstmalig finden die Weimarer Schulmusiktage statt.
11. BIS 15. APRIL: Repräsentanten aus Hämeenlinna besuchen auf Einladung des Oberbürgermeisters zur Erweiterung der gegenseitigen Städtefreundschaft die Stadt.
30. APRIL: Der Rosa-Luxemburg-Gedenkstein in Schöndorf wird errichtet.
1. MAI: Zum ersten Mal tritt das 1958 gegründete Pionierblasorchester auf.
4. MAI: Die internationale Therapie-Tagung im Zeichen der Ehrung Alexander von Humboldts wird von 1200 Ärzten besucht.
18. MAI: Mitglieder des Kongresses der Republik Kolumbien legen am Goethe-Schiller-Denkmal einen Kranz nieder.
4. JUNI: Der Staatliche Wolga-Volkschor aus der UdSSR tritt auf.
7. UND 8. JUNI: Delegationen der Ministerien für Post- und Fernmeldewesen aus elf sozialistischen Ländern besuchen die Stadt und Buchenwald.
11. JUNI: Die Landesmeisterin im Maschinenschreiben, Gudula Schwarze, führt die elektrische Schreibmaschine öffentlich vor.
16. JUNI: Schwedische Parlamentarier besuchen die Gedenkstätten.
3. JULI: Am ersten internationalen Hochschulferienkurs für deutsche Sprache und Kultur nehmen 80 Germanisten aus Bulgarien, der ČSSR, Frankreich, Griechenland, Korea, Polen, Ungarn, der UdSSR und Vietnam teil.
6. JULI: Die Sommerschule für Mitglieder der Frauenausschüsse wird mit 400 Teilnehmerinnen aus allen Bezirken der DDR eröffnet.
13. JULI: Der Veteranenklub der Volkssolidarität »Bruno Borchert« in der Steubenstraße wird eröffnet.
18. JULI: Bei dem schwersten Explosionsunglück der Nachkriegszeit in Schöndorf werden drei Menschen getötet und zwei schwer verletzt.
2. AUGUST: Auf der XI. DDR-Radrundfahrt wird Manfred Weißleder Sieger der 4. Etappe vor Schur und dem Holländer Gerrit van Straten.
19. BIS 30. AUGUST: Über 4000 Jugendliche nehmen an den Schiller-Festspielen anläßlich des 200. Geburtstages des Dichters teil.
29. AUGUST: Im Kirschbachtal wird mit dem ersten großen Wohnungsbauvorhaben begonnen; Erstbezug 7. August 1961.
25. SEPTEMBER: Als erste Landmaschine in der DDR erhält der Mähdrescher »Patriot« das Gütezeichen »Q«.
1. BIS 3. OKTOBER: Die erste Tagung der Tuberkulose-Gesellschaft der DDR behandelt Themen der Sozialhygiene und Bekämpfung der Tuberkulose; Ärzte aus zwölf europäischen Ländern nehmen teil.
11. NOVEMBER: Zur Schiller-Ehrung findet die Uraufführung des zum großen Teil in der Stadt gedrehten Films »Kabale und Liebe« statt.
20. NOVEMBER: Die Vorsitzenden nationaler Studentenverbände aus 14 Ländern, die an der ersten Friedenskonferenz des Internationalen Studentenbundes in Prag teilgenommen haben, führen ein Forum durch.
12. DEZEMBER: 112 blinde Handwerker der Bezirke Gera, Erfurt und Suhl gründen die PGH des Blindenhandwerks; die industriellen Leistungen steigen von 1,16 Millionen Mark 1960 auf 4,49 Millionen Mark 1978.
31. DEZEMBER: Im DNT fanden insgesamt 291 Veranstaltungen mit 249 662 Besuchern und in Belvedere 13 Vorstellungen mit 2371 Besuchern statt.

1960 Die Vereinsmühle, die am 16. September 1845 als Mahl- bzw. Schleifmühle ins Leben gerufen wurde, stellt ihren Betrieb ein.
6. JANUAR: Die Betriebsakademie des Feingerätewerkes wird gebildet.
14. JANUAR: Das erste Filmkunsttheater der DDR wird im »Haus Stadt Weimar« eröffnet.

Die Sieger der 4. Etappe der DDR-Rundfahrt 1959: Weißleder, Schur, van Straten (von rechts nach links)

30. Januar: Auf einer gemeinsamen Jahreshauptversammlung schließen sich die LPG »Edwin Hoernle« in Oberweimar und die LPG »Am Hainberg« in Taubach zusammen.
2. März: Eine Parlamentarierdelegation mit Mitgliedern der Christlich-Demokratischen, der Sozialistischen und der Kommunistischen Partei Italiens legt Blumen an der Thälmann-Gedenktafel in Buchenwald nieder.
7. März: Eine Gruppe französischer Senatoren besucht Buchenwald.
14. März: Nachfolger für den am 16. Oktober 1959 verstorbenen Oberbürgermeister Wiedemann wird Luitpold Steidle, Abgeordneter der Volkskammer und Mitglied des Präsidiums des Hauptvorstandes der CDU.
27. März: Nach verstärkter Werbung durch die SED (Sozialistischer Frühling) gehören alle Bauern im Stadt- und Landkreis einer LPG an.
4. April: Es findet die Gründungsversammlung der GHG Kurzwaren statt.
10. April: Über 60 000 Teilnehmer aus zwölf Ländern bekennen sich erneut zum Schwur von Buchenwald. August Frölich enthüllt die Rudolf-Breitscheid-Gedenktafel.
10. April: 12 000 Zuschauer erleben auf dem Sportplatz Lindenberg den Sieg des SC Turbine Erfurt gegen Lok Weimar.
15. April: 8000 Teilnehmer des 3. Kongresses der Arbeiterjugend beider deutschen Staaten in Erfurt nehmen an der Ehrung der Opfer von Buchenwald teil.
23. und 24. April: Der 1. Buchenwald-Gedächtnis-Orientierungswettkampf des Deutschen Wanderer- und Bergsteigerverbandes im DTSB wird durchgeführt.
25. und 30. April: 14 Länder beteiligen sich am Internationalen Mykorrhiza-Symposium.
11. und 12. Mai: Eine Partei- und Regierungsdelegation der UdSSR unter dem ehemaligen Chef der SMATh, Marschall Wassili Tschuikow, besucht Weimar.
27. Juni bis 11. Juli: Das 1. Internationale Musikseminar wird durchgeführt.
30. Juli: Zum Großeinsatz im NAW ist die Bevölkerung an den Objekten Schulneubau Schöndorf, Hähnchenmastanstalt Rießnerstraße, Gemüsekombinat Oberweimar, »Stadion des Friedens« und Rittergasse aufgerufen.
24. bis 26. August: Parteiveteranen der KPdSU, unter ihnen der ehemalige Kommissar des Panzerkreuzers »Aurora«, A. W. Belyschew, nehmen an einem Meeting teil.
26. bis 28. August: Zum Jubiläum »75 Jahre Goethe-Institute« wird das neugestaltete Goethemuseum eröffnet.
19. bis 23. September: Die 6. Internationale Arbeitstagung von Kernforschern aus Bulga-

rien, China, der Sowjetunion, Polen, Ungarn und der DDR wird durchgeführt.

1. Oktober: Die 2000. Kartoffelvollerntemaschine vom Typ »E 675«, die auf der Landmaschinenausstellung in Wels, Oberösterreich, die Goldmedaille erhielt, verläßt die Produktion.

1. Oktober: Die 20. PGH der Stadt, die PGH des Kraftfahrzeughandwerks, wird gegründet.

7. Oktober: Uraufführung der Oper »Marike Weiden« von Karl-Rudi Griesbach am DNT.

14. und 15. Oktober: Jahreshauptversammlung der Gesellschaft Deutscher Berg- und Hüttenleute mit 400 Teilnehmern, darunter Gäste aus dem Ausland.

20. Oktober: Zwölf Neubauwohnungen werden im Eisfeld den Mietern übergeben.

30. Oktober: Ausländische Journalisten, Teilnehmer des 2. Welttreffens der Journalisten bei Wien, besichtigen die Gedenkstätten der Klassik und Buchenwald.

1. bis 4. November: Das internationale Goethe-Kolloquium über das moderne Goethebild vereint 90 Germanisten aus dem In- und Ausland.

2. November: Im Mähdrescherwerk übergeben Arbeiter und Ingenieure das erste in der Welt serienmäßig gefertigte Seilzugaggregat »Weimar-Agronom«.

28. und 29. Dezember: Das Ballett de Cuba gastiert im DNT mit »Gisèle« von Adolphe Adam.

1961 8. Januar: Die Jugendherberge »Albert Kuntz« auf dem Ettersberg wird in Anwesenheit von Ellen und Leo Kuntz eröffnet (heute Jugendbegegnungsstätte).

28. und 29. Januar: Auf dem nationalen Kongreß für Abrüstung und Frieden im DNT spricht in der Diskussion auch Dr. Hewlet Johnson, Dekan von Canterbury.

13. bis 17. Februar: Die III. Schulmusiktage der Hochschule für Musik »Franz Liszt« haben über die Bezirke Erfurt, Gera, Suhl und Leipzig hinaus künftig Bedeutung als Hochschulwoche für die gesamte DDR.

15. Februar: Mit 17 °C ist der bisher wärmste Februartag und gleichzeitig die vorletzte Sonnenfinsternis des 20. Jahrhunderts zu beobachten.

8. März: Das besondere Interesse einer kubanischen Regierungsdelegation gilt dem Mähdrescherwerk, das 1960 die ersten 50 Mähdrescher nach Kuba geliefert hat.

28. März: Prof. Dr. Werner Felix überreicht die Franz-Liszt-Medaille dem sowjetischen Komponist Aram Chatschaturjan.

31. März bis 3. April: Mit der Veranstaltung »Ostern in Weimar« mit etwa 1000 Kunstfreunden wird eine Tradition der zwanziger Jahre wiederbelebt.

10. April: Wissenschaftliche Konferenz über Probleme des Neokolonialismus in Leipzig; Teilnehmer aus Marokko, Nigeria, Kenia, dem Kongo, Rhodesien, Tanganjika, Sansibar, Chile, Argentinien, Mexiko, Honduras, Indonesien, Bulgarien, den USA, der ČSSR und der UdSSR besuchen Buchenwald und die klassischen Stätten.

21. April: Der VEB Feingerätewerk hat in zehnjähriger Tätigkeit unter anderem 639 610 Belichtungsmesser, 66 104 Schmalfilmprojektoren, 175 074 Einbaumeßwerke für Belichtungsmesser und 1 226 696 Gehäuse für Armbanduhren hergestellt.

29. April: »Das ist das Letzte« ist der Titel des ersten und letzten Programms des Kabaretts »Die Glossiker«, es folgte Auftrittsverbot.

April: Der Abbruch des Geschäftshauses Lämmerhirt am Frauenplan ist vollendet; an seine Stelle tritt eine Pergola.

6. Mai: Uraufführung des Balletts »Spartacus«; Musik Uwe Ködderitzsch, Libretto Edith Dörwaldt-Lindemann und Choreographie Günter Jätzlau.

9. Mai: Zu Ehren des ehemaligen französischen Buchenwaldhäftlings Manhès wird an der Blutstraße auf dem Ettersberg der architektonisch umgestaltete Platz »Colonel-Manhès-Platz« genannt.

11. bis 14. Mai: Gemeinschaftstagung der Medizinisch-Wissenschaftlichen Gesellschaft

für Zahn-, Mund- und Kieferheilkunde mit 1200 Zahnärzten aus 12 europäischen Ländern.

22. Mai: Mit 297 Teilnehmern ist der 5. Internationale Leichtathletikwettkampf zum zehnjährigen Bestehen der HSG Wissenschaft auf dem »Platz der Einheit« die bisher größte Veranstaltung dieser Art in der Stadt.

24. Mai: Ein Denkmal des Prager Bildhauers Martin Reiner für Louis Fürnberg wird am Park an der Ilm enthüllt.

Juni: Das unter Leitung des Musikwissenschaftlers Prof. Dr. Günther Kraft stehende Laienfilmstudio des Instituts für Volksmusikforschung an der Hochschule für Musik »Franz Liszt« erhält bei einem internationalen Amateurfilmfestival in Mariánské Lázně für »Das Lied hinter Stacheldraht« den 1. Preis.

8. Juni: Das staatliche polnische Masowsze-Ensemble gastiert in der Weimarhalle.

29. Juni: Unter der Regie von Christa Lehmann führen die Opernschule und das Stanislawski-Seminar der Hochschule für Musik »Franz Liszt« in Belvedere mit großem Erfolg die »Dreigroschenoper« von Bertolt Brecht auf.

8. bis 16. Juli: Die »Weimartage der Jugend«, die sich aus den Schillertagen der Jugend entwickeln, finden mit mehr als 3200 Teilnehmern zum ersten Mal statt.

16. Juli: Bei den Deutschen Meisterschaften im Rollkunstlauf und Rolltanz in Dresden belegen Ingrid Heddicke und Günther Seidenschnur als erfolgreichste Teilnehmer des Bezirkes den 1. Platz in der Seniorenklasse.

26. Juli: Eine burmesische Buddhisten-Delegation führt mit dem Vizepräsidenten der Volkskammer und Vorsitzenden der CDU, August Bach, sowie Vertretern der Evangelischen Kirche Thüringens Gespräche.

31. Juli: Zum 75. Todestag von Franz Liszt spielt im Liszthaus Hinze-Reinhold in einer Feierstunde Kompositionen des Musikers.

22. August: Die Teilnehmer der Internationalen DDR-Rundfahrt mit Schur und Weißleder passieren die von Tausenden gesäumten Straßen.

31. August: Als Heimatzeitung für das Stadt- und Kreisgebiet erscheint die »Neue Weimarer Zeitung«; sie stellt am 30. März 1967 ihr Erscheinen ein.

August: Der Berliner Schriftsteller Walther Victor übersiedelt nach Weimar. 1976 wird eine Straße nach ihm benannt.

1. September: Mit Beginn des neuen Schuljahres erhalten die Vereinigten Krankenanstalten und Polikliniken in der Erfurter Straße eine eigene Berufsschule.

15. September: Prof. Michail M. Gerassimow, Mitglied der Akademie der Wissenschaften der UdSSR, rekonstruiert eine naturgetreue Büste Schillers und beendet damit den Streit um die Echtheit des Schillerschädels.

4. bis 6. Oktober: An einem Symposium der Deutschen Bauakademie, des Instituts für Sozialhygiene Berlin und der HAB über die Typisierung der Bauten des Gesundheitswesens nehmen Vertreter aus 13 Staaten und ein offizieller Beobachter der UNESCO teil.

7. Oktober: Die Wilhelm-Pieck-Oberschule in Schöndorf (heute Charlotte-von-Stein-Schule) wird eingeweiht.

16. bis 23. Oktober: Zum 150. Geburtstag von Liszt wird eine Festwoche mit Ausstellung, Konzerten und wissenschaftlichen Vorträgen durchgeführt.

26. Oktober: Der ehemalige Buchenwaldhäftling Edwin Bergner wird Direktor der NMG; er löst Ludwig Eisermann im Amt ab.

13. November: Karl Artelt, Leiter des Kieler Matrosenaufstandes (4. November 1918) und ehemaliger Heizer auf dem Panzerkreuzer »Gneisenau«, spricht in der Weimarhalle zu den Jugendweiheteilnehmern.

2. Dezember: Beim Rundtischgespräch mit Parlamentariern aus acht Ländern über die Entwicklung der Beziehungen zwischen DDR und BRD und die Erhaltung des Friedens wird ein Kommuniqué angenommen.

22. Dezember: Der VEB Elektroinstallation Oberweimar, der in 13 Länder explosions-

und schlagwettergeschützte Leuchten exportiert, erfüllt seinen Exportplan mit 127,3 Prozent.

1962 9. JANUAR: Ein persönlicher Mitarbeiter Albert Schweitzers in Lambarene, Lambros Passialis, weilt in der Stadt.
22. JANUAR: Mit der Unterzeichnung eines Freundschaftsvertrages und der Bildung eines Freundschaftskomitees, dessen Vorsitzender Oberbürgermeister Steidle ist, endet der mehrtägige Besuch einer Delegation der nordfranzösischen Stadt Valenciennes.
25. JANUAR: Der Wert der Arbeitseinheit für die Mitglieder der LPG »Ulrich von Hutten« beträgt 9,27 Mark.
FEBRUAR: Unter Leitung von Musikdirektor Johannes Fritzsche vom DNT konstituiert sich ein Chor der Werktätigen.
1. FEBRUAR: Das Institut für Quartärpaläontologie wird gebildet und Dr. Dr. Hans-Dietrich Kahlke zu seinem Leiter ernannt.
15. UND 16. FEBRUAR: William Callow, Oberbürgermeister von Coventry, besucht Weimar.
28. FEBRUAR: Die modernste Desinfektionsanstalt der DDR wird in der Eduard-Rosenthal-Straße in Betrieb genommen.
18. MÄRZ: Das Thüringische Kammerorchester gibt unter Leitung von Friedemann Bätzel sein Eröffnungskonzert.
28. MÄRZ: Ein Chemiefasersymposium von internationaler Bedeutung mit über 400 Teilnehmern wird von Prof. Dr. Dr. Erich Correns eröffnet.
1. APRIL: Gründung eines Instituts für Gebietsplanung und Städtebau an der Fakultät Architektur der HAB; zum Rektor wird Prof. Hermann Raeder ernannt.
26. APRIL: Die Landwirtschaftliche Fachschule »Walter Ulbricht« ist mit 500 Schülern, 53 Dozenten, einer 22 000bändigen Bibliothek und einem Kinosaal mit 300 Plätzen die größte Agrarfachschule der DDR.
26. APRIL: Die Stadtverordnetenversammlung beschließt den Volkswirtschaftsplan 1962 in Höhe von 13 Millionen Mark; 1,85 Millionen Mark werden durch die Bevölkerung im NAW erarbeitet.
5. MAI: 30 Schwerhörige haben sich zu einer Ortsgruppe innerhalb des Gehörlosenverbandes konstituiert.
6. MAI: Nach Abschluß der Wiederherstellungsarbeiten eröffnen die NFG das Römische Haus im Park durch den Leiter des Goethe-Nationalmuseums, Prof. Dr. Alfred Jericke.
11. MAI: Natalja Fatejewa und Wladimir Bassow, Hauptdarstellerin und Regisseur in »Schlacht unterwegs«, weilen in Weimar; insgesamt sehen 18 022 Besucher diesen Film.
8. JUNI: Für Dr. Theodor Neubauer wird am Haus Marienstraße 9 eine Erinnerungstafel enthüllt.
8. JUNI: Am Ortsausgang in Richtung Erfurt explodiert eine Flakgranate aus dem Zweiten Weltkrieg durch Selbstentzündung und kostet einem elfjährigen Jungen das Leben; 2000 Geschosse einer Flakstellung aus dem Zweiten Weltkrieg werden geräumt.
19. JUNI: Im Krankenhaus, Eduard-Rosenthal-Straße, begeht der durch seine Fotomontagen weltbekannte Prof. John Heartfield seinen 71. Geburtstag; seine Werke werden in der Kunsthalle am Theaterplatz ausgestellt.
22. JUNI: Erstmals in der 77jährigen Geschichte der Goethe-Gesellschaft können 1297 Gäste, darunter 451 aus dem Ausland, zur Hauptversammlung begrüßt werden.
24. JUNI BIS 22. JULI: Auf der 10. Landwirtschaftsausstellung in Markkleeberg erhalten der selbstfahrende Lader vom Typ »T 172« und das Maulwurfdrängerät vom Typ »B 750« des Mähdrescherwerks eine Silbermedaille.
26. JUNI: Der Puppenspieler Prof. Sergej W. Obraszow gibt in der überfüllten Weimarhalle ein Gastspiel.
1. JULI: Das Amt für Arbeit und Berufsberatung wird zur systematischen Arbeitskräftelenkung und zur Anleitung für die Berufswahl der Schüler gebildet.
JULI: Eine Gedenktafel für den Gründer und ersten Dekan der Fakultät Baustoffingenieurwesen an der HAB, Finger, wird am Neubau

des Fakultätsgebäudes enthüllt und dem Bau der Name »Friedrich August Finger« verliehen.
19. Juli: Der Präsident der Deutschen Akademie der Künste, Willi Bredel, übergibt im Schillerhaus die von Gerassimow angefertigte Bronzeplastik des Schillerkopfes an die NFG.
24. Juli: Der 6573. Mähdrescher verläßt das Werk; damit wird die Mähdrescherproduktion in Weimar eingestellt und zum Kombinat Fortschritt Neustadt verlagert.
29. Juli: Fünf neue Glocken werden in der Kreuzkirche von Landesbischof Mitzenheim in Anwesenheit hoher Würdenträger der evangelisch-lutherischen Kirche Thüringens geweiht.
August: Bei den Deutschen Meisterschaften in Naumburg werden Heddicke und Seidenschnur von der BSG Medizin Weimar Deutsche Meister im Rolltanz.
September: Der Rat der Stadt erklärt zu Ehren des 4. Weltkongresses seinen Beitritt zur Weltföderation der Partnerstädte und entsendet Oberbürgermeister Steidle zur Teilnahme des Kongresses nach Coventry (13. bis 15. September).
20. September: Der Weltklasseathlet im 800-Meter-Lauf, Manfred Matuschewski, wird nach der Europameisterschaft in Belgrad im überfüllten Rathaussaal von Oberbürgermeister Steidle empfangen.
2. und 3. Oktober: Die Generalversammlung des Deutschen PEN-Zentrums Ost und West findet im Hotel Elephant statt; zu den Teilnehmern gehören Willi Bredel, Johannes Tralow, Stephan Hermlin, Bruno Apitz, Wieland Herzfelde, Anna Seghers und Arnold Zweig sowie die Professoren Ernst Niekisch und Alexander Graf von Stenbock-Fermor.
24. Oktober: Die Hochschule für Musik »Franz Liszt« eröffnet mit den Mittwochkonzerten eine neue Veranstaltungsreihe, in der sich Mitglieder des Lehrkörpers vorstellen.
31. Oktober: Ein besonderes Sportereignis ist der Rugbyvergleich auf dem Sportplatz Lindenberg zwischen einer DDR-Auswahl und Rapid Bukarest, der unentschieden endet.
7. November: Als deutsche Erstaufführung spielt das DNT in Anwesenheit des Autors Peter Karvaš die Tragödie »Antigone und die anderen«.
14. November: Etwa 200 Filmschaffende aus 50 Ländern, die an der Dokumentar- und Kurzfilmwoche in Leipzig teilnehmen, wie die Regisseure Alberto Cavalcanti (Brasilien), Joris Ivens (Holland) und Roman Karmen (UdSSR) besuchen die Stadt; in den Lichtspielhäusern werden Spitzenfilme des internationalen Dokumentar- und Kurzfilmschaffens aufgeführt.
1. Dezember: Erstmalig nehmen die Schüler der neunten Klassen der Schiller-Oberschule, die seit Oktober in der Berufsausbildung stehen, am Berufswettbewerb der Lehrlinge der Betriebe teil.
18. Dezember: Nach 13monatiger Arbeit wird der Studentenklub »Kasseturm« in Anwesenheit von Oberbürgermeister Steidle und Magnifizenz Prof. Dr. Gustav Batereau eröffnet.
27. Dezember: Das elektronische Rechenzentrum im Institut für Mathematik der HAB wird eingeweiht.

1963 13. Januar: Die Kunstausstellung »Zeichnungen der Goethezeit« wird von Oberbürgermeister Steidle in Hämeenlinna eröffnet.
22. Januar: Der seit 1945 hier lebende Schriftsteller Johannes Nohl stirbt in Jena.
25. Januar: Gastspiel des Ballett Africana aus der Republik Guinea in der Weimarhalle.
29. Januar: Ein ungewöhnlich harter Winter mit Schneeverwehungen bis zu zwei Metern.
31. Januar: Mit minus 9 °C Durchschnittstemperatur registrieren die Weimarer Meteorologen den Januar 1963 als drittkältesten Monat seit 1850; nur die Januarmonate von 1940 und 1942 erreichten mit minus 11,4 bzw. minus 11 °C noch niedrigere Durchschnittstemperaturen.
1. Februar: Mit 118 Mitgliedern ist die LPG »Ulrich von Hutten« die größte im Stadtgebiet.

15. bis 17. Februar: 1400 Delegierte nehmen am 9. Parteitag der LDPD teil und wählen Dr. Max Suhrbier wieder zum Parteivorsitzenden.
9. März: Weltaufführung der erfolgreichen heiteren Oper »Der fröhliche Sünder« in Anwesenheit des Komponisten Gerster.
13. März: Nach 75 Jahren ist die Elektrizitätsversorgung von Gleichstrom auf Wechselstrom umgestellt.
19. März: Im Mähdrescherwerk läuft die Produktion der Kartoffelkombine vom Typ »E 675/1« an.
20. März: Eine Neuerung im Obus-Verkehr ist die Einführung von Zahlboxen auf der Linie 2, die den schaffnerlosen Verkehr einleiten; ab 1. September fährt die Linie 5 schaffnerlos.
11. April: Welturaufführung des Filmes »Nackt unter Wölfen« nach dem gleichnamigen Roman von Apitz in Anwesenheit des Autors.
21. bis 23. April: Am Sitz der Deutschen Shakespeare-Gesellschaft findet wieder regelmäßig die Jahreshauptversammlung statt, die mit den Shakespeare-Tagen verbunden ist.
1. Mai: Im seit 1958 mit mehr als einer halben Million Mark erneuerten und erweiterten »Stadion des Friedens« finden ein internationales Fußballfreundschaftsspiel und eine Leichtathletikveranstaltung statt.
21. Mai: Der Schriftsteller Johannes Tralow, Ehrenmitglied des PEN-Zentrums, liest aus seinem Cromwell-Roman.
7. bis 12. Juni: Der Männerchor der finnischen Partnerstadt Hämeenlinna trifft in Begleitung des Stadtdirektors und einem der Initiatoren der Gründung der Gesellschaft für die Freundschaft Finnland-DDR, Harald Toivola, zu einer Konzertreise ein.
5. Juli: In der ersten Etage des Kaufhauses »Freundschaft«, Schillerstraße, wird ein Exquisitgeschäft »apart« eröffnet.
19. bis 21. Juli: Eines ihrer größten Leichtathletikereignisse erlebt die Stadt mit den XIV. Deutschen Jugendmeisterschaften mit 1158 aktiven Teilnehmern.
23. Juli: Mit 32,7 °C wird die höchste Temperatur dieses Sommers gemessen; am 10. Juli 1959 wurden 35,6 und 1892 36,4 °C registriert.
28. Juli: Den dritten Leichtathletikländerkampf der Frauen gegen die Niederlande im »Stadion des Friedens« gewinnt die DDR-Mannschaft; populärste Sportlerin des internationalen Vergleiches ist die Weltklassesprinterin Fanny Blankers-Koen.
Juli: Nach Investitionen in Höhe von 1,6 Millionen Mark nimmt die Brotfabrik des VEB Backwaren vorfristig den Betrieb auf. Täglich werden 10000 Brötchen und 500 Brote gebacken.
3. August: Zur Ehrung der am 5. April 1945 im Webicht Ermordeten wird ein Gedenkstein errichtet.
10. August: In der Gerhart-Hauptmann-Straße versorgt künftig ein Automat eilige Kunden mit einem Warensortiment.
23. bis 25. August: Die Landesmeisterschaften im Rollkunstlauf und Rolltanz gewinnt die DDR-Meisterin Silvia Weiberg.
15. September: Zu einem Volksfest für 6000 Besucher gestaltet sich der zum zweiten Mal durchgeführte »Tag der offenen Tür« im Mähdrescherwerk.
23. bis 28. September: Der Internationale Verband der Bahnärztlichen Dienste (UIMC) hält mit Gästen aus 19 Ländern seinen X. Kongreß ab.
4. Oktober: Die bisher größte und modernste Lebensmittelverkaufsstelle der Stadt wird im Wohngebiet Kirschbachtal eröffnet.
12. und 14. Oktober: Mit »Abschied von den hellen Nächten« von Wera Panowa und »Irkutsker Geschichten« von Alexej Arbusow gastiert das Majakowski-Theater Moskau im DNT.
23. Oktober: An der HAB erfolgt die Rektoratsübergabe an Magnifizenz Prof. Dr. Horst Matzke.
10. November: Eine Delegation der Weltföderation der Partnerstädte wird von Oberbürgermeister Steidle empfangen.
26. November: Eine Gewerkschaftsdelegation

mit Vertretern aus über 30 Ländern wird nach ihrem Besuch in Buchenwald in Weimar verabschiedet.
1. DEZEMBER: Gastspiel des sowjetischen Pianisten Swjatoslaw Richter im DNT.
18. DEZEMBER: Im Kirms-Krackow-Haus wird aus Anlaß des 160. Todestages Herders das Herder-Museum eröffnet.

1964 Die Stadt wird ausschließlich mit Ferngas versorgt und die Gasanstalt demontiert; der Gasometer wird in den 70er Jahren stillgelegt und 1987 verschrottet.
1. JANUAR: Durch Zusammenlegung von Betrieben und Betriebsteilen wird der VEB (K) Baureparaturen gegründet.
Das Mähdrescherwerk erhält den Namen »VEB Weimar-Werk«.
10. JANUAR: Abbruch des Torhäuschens an der Kegelbrücke.
28. JANUAR: Das für 1,8 Millionen Mark erbaute Lehrkombinat des Straßenbau Weimar wird seiner Bestimmung übergeben und der Betriebsberufsschule der Name »Juri Gagarin« verliehen.
7. UND 8. FEBRUAR: Das »Buchenwaldkind« Stefan-Jerzy Zweig, das literarische Vorbild für den Roman »Nackt unter Wölfen« von Apitz, besucht mit den ehemaligen Häftlingen Willy Bleicher, Eugen Ochs, Apitz, Carl Gärtig und anderen die NMG.
11. FEBRUAR: Die Vereinbarung über die Arbeit des Freundschaftskomitees Weimar-Valenciennes für das Jahr 1964 wird unterzeichnet.
15. UND 16. FEBRUAR: Zu den Wintersport- und Kulturtagen unter dem Motto »Wer bietet mehr?« treten die neugebildete Weimarer Singakademie und das Collegium musicum zum ersten Mal auf.
1. MÄRZ: Anläßlich des 154. Geburtstages von Frédéric Chopin wird in Anwesenheit des polnischen Botschafters im Städtischen Kunstkabinett eine Ausstellung über Leben und Werk des polnischen Komponisten eröffnet.
1. APRIL: Zu einem mehrtägigen Aufenthalt trifft eine belgische Universitätsdelegation von 200 Studenten, Gymnasiasten, Lehrern und Professoren ein.
19. BIS 25. APRIL: Anläßlich des 400. Geburtstages des Dramatikers und des 100jährigen Jubiläums der Gründung der Deutschen Shakespeare-Gesellschaft findet ein Festakt der Regierung (22. April) statt; eine Straße wird nach Shakespeare benannt (21. April).
28. APRIL: Der Raubmord an einer 53jährigen Frau in der Gartenanlage an der Eisernen Brücke wird bereits nach 24 Stunden dank der Mithilfe der Bevölkerung aufgeklärt.
4. BIS 7. MAI: Zur 10. Therapietagung versammeln sich 2100 Wissenschaftler und Ärzte aus zehn Ländern zu Vorträgen über Probleme bei Infektionen und der Herz- und Kreislauftherapie.
28. UND 29. MAI: Michail Scholochow besucht mit Gattin und Sohn die Stadt.
1. JUNI: Mit dem Jugendstück »Annegret und Christian« von Waldemar Spender tritt das Pioniertheater zum ersten Mal auf.
6. JUNI: Zu Ehren des 100. Geburtstages von Richard Strauss gelangt seine Oper »Die schweigsame Frau« zur Weimarer Erstaufführung.
13. JUNI: Mit 32,9° C ist die bisher höchste Junitemperatur dieses Jahrhunderts in Weimar erreicht.
15. JULI: Swjatoslaw Richter gibt ein Konzert im ausverkauften DNT.
15. AUGUST: 11 Länder gedenken auf einer Kundgebung des 20. Jahrestages der Ermordung von Thälmann und Breitscheid auf dem heutigen Buchenwaldplatz.
22. UND 23. AUGUST: Beim II. Internationalen Siegerwettbewerb im Rollkunstlauf mit Sportlern aus Belgien, Holland, Dänemark und der DDR siegen vor 2000 Zuschauern die DDR-Meister Heddicke und Seidenschnur.
28. AUGUST: Anläßlich des zehnjährigen Bestehens der NFG wird nach zweijähriger denkmalpflegerischer Arbeit das Goethe-Gartenhaus wiedereröffnet.
3. SEPTEMBER: Die Schriftstellerin Dora Wentscher-Nohl stirbt.

10. September: Der verkehrstechnisch umgestaltete Sophienstiftsplatz wird freigegeben.
28. September: Oberbürgermeister Steidle empfängt das Mitglied des britischen Oberhauses Lord Russel of Liverpool.
3. Oktober: Schlüsselübergabe für das neuerbaute Wohnhaus in der Marktstraße.
6. und 7. Oktober: In der Nacht fallen die Bahnsteigsperren weg.
8. Oktober: Die Linie 6 des städtischen Verkehrs wird in Betrieb genommen.
Oktober: Die Sauna im Schwanseebad wird eröffnet; Kosten 85 000 Mark, Arbeiten für 30 000 Mark werden im NAW geleistet.
22. Oktober: Der ungarische Komponist und Musikwissenschaftler Zoltan Kodály wird von der Hochschule für Musik »Franz Liszt« zum Ehrensenator ernannt.
3. bis 6. November: Die I. Internationale Baustoff- und Silikattagung wird von der Fakultät Baustoffingenieurwesen der HAB in Verbindung mit der Deutschen Bauakademie, Institut für Baustoffe Weimar, und den Keramischen Werken Hermsdorf mit 450 Fachleuten aus neun Ländern veranstaltet.
21. November: Zur 7. Tagung der Weimarer Akademie im Kulturbund treffen sich Schriftsteller und Literaturwissenschaftler wie Hermann Kant, Johannes Bobrowski, Paul Wiens, Armin Müller, Helmut Holtzhauer, Hans Kaufmann, Klaus Gysi, Hans Magnus Enzensberger, Max von der Grün, Günter Grass und andere zum Literaturgespräch.
12. Dezember: Der Pionierchor tritt unter Leitung von Hans-Joachim Quasner zum ersten Mal auf.
26. Dezember: Der Pianist Prof. Bruno Hinze-Reinhold, Ehrensenator der Hochschule für Musik »Franz Liszt«, stirbt im Alter von 87 Jahren.
31. Dezember: Das älteste in Weimar vorhandene Filmtheater, Sternlichtspiele, schließt.

1965 30. Januar: Chor- und Sololieder sowie kammermusikalische Werke bekannter Thüringer Komponisten stellen Interpreten und Nachwuchskünstler im Diskussionskonzert »musica nova« vor.
2. März: Der Schriftsteller Heinrich Böll führt mit Oberbürgermeister Steidle ein Gespräch und besucht das Goethehaus.
3. März: Katastrophenkommission, Einsatzleitung des Winterdienstes, Volkspolizei und sowjetische Streitkräfte unterstützen mit zehn Fahrzeugen die Schneebeseitigung.
5. März: Von Ervín Schulhoff, der 1942 im KZ Würzburg ermordet wurde, wird die 5. Sinfonie uraufgeführt und von Radio Prag direkt übertragen.
15. März: Igor Oistrach gastiert im DNT.
17. und 18. März: Unter dem Thema »Mahnung und Auftrag« nehmen 250 Kirchenvertreter, Geistliche aus Ungarn, Holland, Österreich, Polen, der UdSSR, aus der ČSSR, Frankreich, Belgien, Italien und Deutschland an einer Friedensbegegnung teil.
25. März: Die Stadtverordnetenversammlung beschließt die Gestaltung von Schloß und Park Belvedere als Kultur- und Erholungszentrum.
4. Mai: Stadtbaudirektor Heinz Albrecht übergibt die ersten 20 Wohnungen in Weimar-Nord an die Kommunale Wohnungsverwaltung, heute Wohnstätten G. m. b. H.
8. und 9. Mai: Heftige Sturmböen erreichen Windstärken bis zu 110 Stundenkilometern; Bäume werden entwurzelt und der Obus-Verkehr wegen Stromunterbrechung zeitweilig lahmgelegt.
14. bis 22. Mai: Auf dem internationalen Schriftstellertreffen Berlin-Weimar legen 159 Schriftsteller, Lyriker und Publizisten aus fünf Kontinenten, unter ihnen Henri Alleg, Bruno Apitz, David Luschuat, Pablo Neruda, Vladimir Pozner, Anna Seghers und Peter Weiss, ein Bekenntnis gegen Krieg und Faschismus ab. Es wird die Manifestation »Ruf aus Weimar« verabschiedet.
1. Juni: Die Weimar-Information wird als kommunales Fremdenverkehrszentrum eröffnet.
8. Juni: Europas bester Jazz-Posaunist, Albert Mangelsdorff, gastiert mit seinem Quintett.
30. Juni: Das Schwesternhaus mit 50 Ein-

raumwohnungen in der Eduard-Rosenthal-Straße wird bezugsfertig an die Vereinigten Krankenanstalten und Polikliniken übergeben.

1. JULI: Zwischen Falkenburg und Belvedere fährt der Belvedere-Expreß.

21. JULI: Christian Scholwin wird als Direktor des VEB Weimar-Werk eingeführt; er löst Rudolf Pogoreutz in dieser Funktion (seit 1963) ab.

27. SEPTEMBER: Die älteste Einwohnerin der Stadt, Berta Knauth, wird zu ihrem 100. Geburtstag geehrt.

3. OKTOBER: Zum Gedenken an die Begegnungen von Johannes R. Becher und Thomas Mann 1949 und 1955 wird am DNT eine Tafel angebracht.

17. BIS 24. OKTOBER: Die Deutsch-Nordische Gesellschaft und der Rat der Stadt veranstalten eine Finnische Woche in der DDR: Oberbürgermeister Steidle begrüßt Delegationen des finnischen Reichstages, der Gesellschaft Suomi-DDR, von Parteien, staatlichen Institutionen Finnlands und der Partnerstadt Hämeenlinna. Die Fehrenbach- wird in Jean-Sibelius-Straße umbenannt.

19. OKTOBER: Dr. Anita Bach ist die erste Frau, die sich an der HAB habilitiert und den wissenschaftlichen Grad Dr.-Ing. habil. verliehen bekommt.

2. NOVEMBER: Der Pionier der deutschen Stenographie und Herausgeber mehrerer stenographischer Bücher, Alfred Knabe, stirbt.

28. NOVEMBER: Der Direktor der NFG, Prof. Helmut Holtzhauer, begrüßt den 6 000 000. Besucher des Goethehauses.

8. DEZEMBER: Auf der Experimentierbühne des DNT im Pionierhaus »Pawlik Morosow« findet die Erstaufführung der Komödie »Das Pflichtmandat« von John Mortimer statt.

1966 27. JANUAR: Der Komponist und Hochschullehrer Prof. Johann Cilenšek wird in sein Amt als Rektor der Hochschule für Musik »Franz Liszt« eingeführt.

19. FEBRUAR: Als Glöckner der Schloßturmglocken, eines der größten nichtkirchlichen Geläute der DDR, tritt Walter Hofmann sein Amt an.

11. MÄRZ: Premiere des ersten Indianerfilmes der DEFA »Die Söhne der großen Bärin«.

21. MÄRZ: Das Konsumwarenhaus wird nach seiner Neugestaltung am Theaterplatz wiedereröffnet.

27. MÄRZ: Anläßlich des Welttheatertages wird die »Theatergesellschaft Weimar« des DNT gegründet.

29. MÄRZ BIS 3. APRIL: Der Kongreß für Rehabilitation mit 950 Fachleuten aus neun Ländern findet statt.

1. APRIL: Das Informationsheft »Wohin in Weimar« erscheint monatlich bis 1990.

23. APRIL: Die Mitglieder der Deutschen Shakespeare-Gesellschaft wählen auf ihrer Jahreshauptversammlung anläßlich des 350. Todestages des englischen Dramatikers erneut Prof. Dr. Martin Lehnert zum Präsidenten und Prof. Otto Lang zum Vizepräsidenten der Gesellschaft.

4. MAI: Der in Weimar tagende Hauptvorstand der CDU wählt Gerald Götting zum Vorsitzenden der Partei.

6. MAI: 360 Teilnehmer der ersten Gedenkfahrt Westberliner Jugendlicher zur NMG treffen ein.

6. MAI: Boris Blachers Ballettoper »Preußisches Märchen« erlebt in Anwesenheit des Komponisten im DNT seine Erstaufführung.

7. MAI: Auf dem 3. Verbandstag des Deutschen Hockey-Sportverbandes in Leipzig wird der Weimarer Willi Henkel zum Präsidenten gewählt.

14. MAI: Mit der Eröffnung der Badesaison im Schwanseebad erhält die Anlage Tierplastiken von Steinmetzmeister Rolf Reineck.

6. JUNI: Im Rathaussaal wird eine Ausstellung eröffnet, die die Ergebnisse des Wettbewerbs für den Wiederaufbau des Marktplatzes zeigt.

18. JULI: Ein Fachgeschäft für Rundfunk- und Fernsehgeräte am Wielandplatz wird eröffnet.

3. AUGUST: Im Sophienkrankenhaus erblicken die Drillinge Margaritha, Aline und Giorgio das Licht der Welt.

Nordseite des Marktes mit Hof-Apotheke und Neptun-Brunnen

28. AUGUST: Oberbürgermeister Steidle eröffnet im städtischen Kunstkabinett eine von der französischen Partnerstadt Valenciennes veranstaltete Ausstellung der Malerin und Pädagogin Maryvonne Harbonnier.
10. SEPTEMBER: Im Glockenturm der NMG werden, eine neue Tradition beginnend, Studenten der HAB und des Instituts für Lehrerbildung feierlich immatrikuliert.
13. BIS 16. SEPTEMBER: Auf einer Festsitzung des Freundschaftskomitees DDR-Japan werden im Weißen Saal des Schlosses die »Tage der Freundschaft mit dem japanischen Volk in der DDR« eröffnet und in der Kunsthalle eine Japan-Ausstellung gezeigt.
6. OKTOBER: Die mit einem Kostenaufwand von 230 000 Mark modern umgestaltete Kreuzung Friedensstraße/Karl-Liebknecht-Straße wird für den Verkehr freigegeben.
11. OKTOBER: Das Feingerätewerk liefert für den Handel 176 000 Uhren.
30. OKTOBER: In einer Vietnam-Matinee im DNT spenden Kulturschaffende des Bezirkes Erfurt 15 300 Mark.
14. NOVEMBER: Anläßlich des 2. Kongresses der Arbeitsmediziner mit über 400 namhaften Wissenschaftlern aus zahlreichen Ländern zeichnet Oberbürgermeister Steidle den Nestor der deutschen Arbeitsmedizin, den 90jährigen Prof. Dr. Franz Koelsch aus Erlangen, mit der Ehrengabe der Stadt aus.
15. NOVEMBER: Mit Arthur Millers »Hexenjagd« erwidern die Städtischen Bühnen Augsburg das Gastspiel des Weimarer Ensembles, das mit »Wassa Schelesnowa« von Maxim Gorki in Augsburg gastiert hat.
20. DEZEMBER: Nach umfangreicher Rekonstruktion wird der Elephant als erstes Interhotel im Bezirk Erfurt eröffnet.
22. DEZEMBER: Erstes Rathausgespräch zwischen Oberbürgermeister Steidle und Vertretern öffentlicher Einrichtungen über die Vorbereitung der 1000-Jahrfeier im Jahre 1975.

1967 4. JANUAR: Abbruch des Hauses Schwanseestraße 35, in dem 1919 die Ortsgruppe der KPD gegründet worden war.
29. JANUAR: Jekaterina Furzewa, Minister für Kultur der UdSSR, besucht Weimar und erhält die Ehrengabe der Stadt.
20. FEBRUAR: Zu den Neuentwicklungen der VVB Landmaschinen-Traktorenbau auf der Leipziger Frühjahrsmesse gehört die selbsttätige Absackwaage vom Typ »K 960« aus dem Weimar-Werk.
12. MÄRZ: In der Kunsthalle wird die Ausstellung »Finlandia« des Finnischen Kunstvereins eröffnet.
27. MÄRZ: Zum Welttag des Theaters findet erstmals ein Theatertag der Jugend statt.
9. APRIL: Vor 8000 Zuschauern besiegt Motor Weimar auf dem Lindenberg im Fußballliga-Punktspiel den FC Rot-Weiß Erfurt mit 2:1 Toren.
10. APRIL: Im Klubhaus der Jugend wird die neue Konzertreihe »Musica nova« durch Prof. Ingeborg Herkomer und den Pionierchor Wei-

mar mit Werken von Joachim Thurm, Carl-Heinz Dieckmann, Siegfried Müller und Günter Fredrich eröffnet.

17. April: Der erste neuentwickelte Mobilkran vom Typ »T 174« wird von den Landmaschinenbauern an die Kooperationsgemeinschaft Berlstedt übergeben.

20. April: Der Generalsekretär des ZK der KPdSU, Leonid Breshnew, besucht die sowjetische Garnison.

23. April: Ihren 100. Geburtstag begeht Henriette Deinhardt.

26. April: Der Puppenspieler Sergej Obraszow erhält nach seinem Gastspiel die Ehrengabe der Stadt.

22. Mai: Auf dem Bahnhof wird das modernste Gleisbildstellwerk der DDR seiner Bestimmung übergeben.

25. Mai: An einem Kolloquium zu Fragen der beiden deutschen Staaten und der europäischen Sicherheit nehmen 20 Abgeordnete und Senatoren, Kulturschaffende, Kommunalpolitiker und Journalisten aus Italien teil.

2. Juni: Sinfoniekonzert mit dem amerikanischen Geiger Ruggiero Ricci.

6. Juni: Die Thüringische Landesbibliothek und der Klub der Intelligenz eröffnen im Rokokosaal des Bibliotheksgebäudes mit einer Soiree die neue Veranstaltungsreihe »Die Tafelrunde«.

24. Juni: Im DNT erlebt die Oper »Die Blumen von Hiroshima« nach dem Roman von Edita Morris unter der musikalischen Leitung des Komponisten Jean Kurt Forest ihre Uraufführung.

1. Juli: Über 100 Leipziger Sportstudenten aus 14 afrikanischen und arabischen Ländern beteiligen sich an einem internationalen Sportfest im »Stadion des Friedens«.

An 120 Mieter wird in Weimar-Nord das zweite Hochhaus übergeben, das dritte wird am 30. November fertiggestellt.

6. Juli: Der Bürgermeister von Parma, Dr. Enzo Baldassi, berät mit dem Rat der Stadt über eine Städtefreundschaft.

19. August: Zum ersten Mal findet ein Rollkunstschaulaufen mit Sportlern aus Belgien, Dänemark, Frankreich, Holland, Jugoslawien und beiden deutschen Staaten statt.

26. August: Erster arbeitsfreier Sonnabend nach Einführung der durchgängigen Fünf-Tage-Arbeitswoche.

22. September: Mit der Übergabe des elektrifizierten Streckenabschnittes Apolda–Neudietendorf ist der Fahrbetrieb am Bahnhof Weimar voll elektrifiziert.

23. September: Die Nachwuchsvertretungen der DDR und Ungarns trennen sich im Fußballänderspiel mit 1:1 Toren.

27. September: Der 1000000 Belichtungsmesser wird im Feingerätewerk hergestellt.

10. Oktober: Der Klub der Intelligenz erhält den Namen »Klub des deutschen Kulturbundes Erich Wendt«.

15. Oktober: Im Gärtnerhaus der Orangerie in Belvedere erklingt zum ersten Mal das Spiel von 35 Glocken aus der Porzellanmanufaktur Meißen.

19. bis 25. November: Puppenspieler aus verschiedenen Ländern Europas führen ihre 16. Präsidiumstagung der Union Internationale des Marionettes (UNIMA) durch.

20. November: Ein internationales Kolloquium über Kinderliteratur mit über 70 Autoren und Literaturwissenschaftlern aus mehreren Ländern Europas wird eröffnet.

5. Dezember: Anläßlich des 50. Jahrestages der Unabhängigkeit der Republik Finnland veranstaltet die Deutsch-Nordische Gesellschaft gemeinsam mit dem Freundschaftskomitee Weimar-Hämeenlinna im Rathaus eine Feier.

1968 Die Karlsmühle am Brühl, die bis 1845 Niedermühle hieß, stellt ihren Betrieb ein.

6. Januar: Fritz Bennewitz inszeniert die Historie »Leben Eduards des Zweiten von England« von Bertolt Brecht als DDR-Erstaufführung.

9. Januar: Gerhard Pommeranz-Liedtke, Direktor der Kunstsammlungen zu Weimar,

eröffnet eine Ausstellung mit Werken von André Fougeron.
25. Januar: Im 87. Lebensjahr stirbt der Maler Franz Markau.
4. bis 24. Februar: Die XVII. DDR-Einzelmeisterschaften im Schach werden in der Schiller-Oberschule mit 20 Teilnehmern durchgeführt; Titelgewinner wird Großmeister Wolfgang Uhlmann, bei den Frauen siegt Waltraud Nowarra.
11. Februar: Erstaufführung der Oper »Jacobowsky und der Oberst« von Giselher Klebe im DNT.
10. März: Eduard John begeht seinen 100. Geburtstag und gleichzeitig seine 80jährige Mitgliedschaft in der Gewerkschaft.
März: In der Luthergasse wird mit dem Abbruch von drei baufälligen Häusern begonnen, darunter das Eckhaus mit dem Erker.
April: Als 22. (letzte) PGH wird die PGH »Elektro-Rundfunk-Fernsehen« mit 16 Mitgliedern gegründet.
4. April: Gastspiel des französischen Pantomimen Marcel Marceau im DNT.
26. April: Vor 20 Jahren eröffnete der Berliner Sprachheillehrer Otto Uhlmann die erste Sprachheilklasse Weimars, aus der sich die bestehende zehnklassige polytechnische Oberschule entwickelt hat.
12. Mai: Gründung der Kasseturm-Jazzband. 1981 vertritt sie die DDR zum XI. Internationalen Dixielandfestival in Dresden.
26. Mai: Zur Winckelmann-Ehrung der DDR anläßlich des 200. Todestages von Johann Joachim Winckelmann wird die Ausstellung »Winckelmann und Goethe« eröffnet.
24. Juni: Als beratendes und koordinierendes Organ des Oberbürgermeisters wird auf Beschluß der Stadtverordnetenversammlung ein 14köpfiger Kulturrat gebildet.
1. August: Das Institut für Kommunalpolitik (heute Bildungsstätte der Deutschen Bank), Windmühlenstraße, wird gegründet zur Weiterentwicklung der Verbindungen mit kommunalen Organisationen in afrikanischen und arabischen Ländern; Eröffnung 4. März 1971.
27. August: Am Vorabend des 20. Jahrestages der Wiedereröffnung des DNT wird das Zeitstück »Hans Faust« von Volker Braun uraufgeführt.
2. September: In den für 250 000 Mark von acht Betrieben instandgesetzten Räumen des ehemaligen Naturkundemuseums (seit 1951) am Herderplatz wird künftig der polytechnische Unterricht für die 7. bis 10. Klassen aller Weimarer Schulen durchgeführt.
11. September: Die Fachschule für Land- und Finanzwirtschaft wird in »Agraringenieurschule« umbenannt.
1. Oktober: Auf dem Kegelplatz wird das im Auftrag der CDU von dem Hallenser Bildhauer Gerhard Geyer geschaffene Albert-Schweitzer-Denkmal enthüllt.
3. Oktober: Der erste Teil der zur Fußgängerzone umgestalteten Schillerstraße wird seiner Bestimmung übergeben.
14. November: Der sowjetische Geiger Oleg Kogan gastiert mit einem Violinkonzert in der Konzertreihe »Stunde der Musik«.

1969 1. Januar: Das Kombinat »Milchwirtschaft e. G.« Weimar-Apolda mit Sitz in Weimar wird gebildet.
1. Februar: David Oistrach konzertiert im Sinfoniekonzert unter Leitung von Generalmusikdirektor Gerhard Pflüger.
20. Februar: Prof. Dr. Paul Ullmann, CDU, löst den aus Altersgründen scheidenden Steidle im Amt des Oberbürgermeisters ab.
27. März: Die »Stadtordnung der Stadt Weimar« wird erlassen.
2. April: Das Fischrestaurant »Gastmahl des Meeres« wird in den neugestalteten Räumen der Gaststätte »Am Herderplatz« eröffnet.
12. April: Das DNT-Jugendstudio tritt erstmals mit dem Jugendstück »Guten Tag, da sind wir!« von Isolde Engelmann unter der Regie von Roland Richter an die Öffentlichkeit.
30. April: Auf dem Stadionvorplatz erfolgt im Rahmen eines kleinen Volksfestes der erste Spatenstich zum Bau der Volksschwimmhalle.

1. MAI: Der Tiefurter Schloßpark geht aus der Rechtsträgerschaft des Rates der Stadt in die der NFG über; am 1. April 1970 folgen der Park an der Ilm und der Schloßpark Belvedere.
20. MAI: Im XXII. UEFA-Junioren-Turnier besiegt die UdSSR vor 8000 Zuschauern die Mannschaft der Türkei mit 3:0 Toren.
10. JUNI: Die Fachschule »Edwin Hoernle« wird in eine Fachschule für Staatswissenschaft umgebildet.
25. JULI: Mit der Freigabe des Verkehrs auf der Jenaer Straße findet die größte Straßenbaumaßnahme der letzten Jahre mit einem Kostenaufwand von 1,2 Millionen Mark ihren Abschluß.
3. AUGUST: Die Kunstsammlungen zu Weimar eröffnen im Diana-Pavillon des Rokokomuseums Schloß Belvedere die neue Abteilung »Jagdwaffen und Jagddarstellungen des 18. Jahrhunderts«.
1. SEPTEMBER: Klaus Trostorff, ehemaliger Häftling des KZ Buchenwald, wird zum Direktor der NMG berufen; er löst den aus Altersgründen scheidenden Edwin Bergner ab und übt das Amt bis zum 31. August 1989 aus.
2. OKTOBER: Der letzte Abschnitt der neugestalteten Schillerstraße, Hummelstraße und Neugasse sowie der Theaterplatz werden als Fußgängerzone übergeben.
11. OKTOBER: Ein Freundschaftsvertrag zwischen der Weimarischen Staatskapelle und dem Orchester des Staatlichen Akademischen Opern- und Ballett-Theaters Vilnius in der Litauischen SSR wird abgeschlossen.
3. NOVEMBER: In einer Bauzeit von 27 Monaten und mit einem Kostenaufwand von 5,5 Millionen Mark ist eine neue Produktionsstätte des Fleischkombinates Erfurt, Betrieb Weimar, entstanden.

1970 1. JANUAR: Das Weimar-Werk wird Stammbetrieb des neugebildeten VEB Weimar-Kombinat.
14. JANUAR: Zum ersten Mal wird ein Gelenk-Omnibus »Ikarus 180« aus Ungarn im Stadtverkehr eingesetzt.
2. MÄRZ: In der Coudraystraße erfolgt der erste Spatenstich für den Neubau des SKET-Instituts für Maschinenwesen und der Arbeitsgruppe Maschinenwesen der HAB.
MÄRZ: Zwischen dem Centre National de la Recherche Scientifique (CNRS) Paris und den NFG wird ein Vertrag über die deutsch-französische Gemeinschaftsarbeit auf dem Gebiet der Heine-Edition abgeschlossen.
19. MÄRZ: Bundeskanzler Willy Brandt legt einen Kranz in der NMG nieder.
2. APRIL: Hölderlin-Ehrung der DDR anläßlich des 200. Geburtstages des Dichters im DNT.
11. APRIL: 1000 ehemalige Häftlinge und 15 000 Einwohner versammeln sich zu einer Gedenkkundgebung, auf der die ehemaligen Häftlinge Hermann Axen (Deutschland), Marcel Paul (Frankreich) und Nikolai Kjung (UdSSR) sprechen.
15. APRIL: Die Stadtverordneten wählen den Diplomwirtschaftler Franz Kirchner, CDU, zum Oberbürgermeister.
7. JUNI: Der Senior der Weimarer Maler, Prof. Franz Huth, stirbt im Alter von 93 Jahren.
11. JUNI: Die von 22 Betrieben für 400 000 Mark neu gestaltete Karl-Liebknecht-Straße wird für den Verkehr freigegeben.
23. JULI: Eine Verkaufsstelle mit 500 Quadratmetern Verkaufsfläche wird in der Rießnerstraße eröffnet.
2. AUGUST: Bei den 22. Deutschen Meisterschaften im Rollkunstlauf in Güstrow geht die BSG Medizin mit Marlies Stöpel als Deutscher Meisterin der Damen und Adelheid und Hartmut Bauer, zum zweiten Mal Deutsche Meister im Rolltanz, als erfolgreichste Mannschaft hervor.
29. AUGUST: Die polytechnische Oberschule in der Belvederer Allee wird ihrer Bestimmung übergeben, für die Klassen 6 bis 10 beginnt dort am 1. September der Unterricht.
2. BIS 7. SEPTEMBER: Eine Delegation aus Weimar besucht Hämeenlinna. Die bisherige Arbeit des Freundschaftskomitees wird in eine Städtepartnerschaft umgewandelt und eine

Vereinbarung über die Zusammenarbeit für 1971 abgeschlossen.
3. September: Mit Eröffnung des Studienjahres 1970/71 für 700 Pädagogikstudenten wird Dr. Paul Saupe zum Direktor der vereinigten Lehrerbildungsinstitute berufen.
25. September bis 4. Oktober: Erste Betriebsfestspiele der Landmaschinenbauer.
6. Oktober: »Graphik aus Italien« heißt die 300 Graphiken von 70 Künstlern umfassende Ausstellung, die in der Kunsthalle eröffnet wird und bisher nur in Moskau und Berlin gezeigt wurde.
20. November: Die Eisenbahnstrecke Weimar–Jena wird nach monatelangem Dammbau wieder in Betrieb genommen.
24. bis 28. November: Das II. Internationale Kolloquium über Kinderliteratur wird mit Kinderbuchautoren und Literaturwissenschaftlern aus 14 Ländern durchgeführt.
25. November: Eröffnung von 20 neugestalteten Räumen der Galerie im Schloß durch Direktor Pommeranz-Liedtke.
9. Dezember: Amtseinführung des Rektors der HAB, Prof. Karl Albert Fuchs, der Prof. Armin Petzold im Amt ablöst.

1971 1. Januar: Im Stadtgebiet bestehen 6810 Wohngebäude mit 19326 Wohnungen; in 24299 Haushalten leben 62253 Personen.
11. März: Der Rat der Stadt beschließt Maßnahmen zur Erhöhung der Verkehrssicherheit im Bereich der Fernverkehrsstraßen F 7 und F 85 zwischen dem Sophienstiftsplatz und der Kreuzung Friedensstraße / Karl-Liebknecht-Straße mit Schwerpunkt Goetheplatz.
22. März: Im Alter von 86 Jahren stirbt das Ehrenmitglied des DNT und Ehrenkurator der Marie-Seebach-Stiftung Weimar, der Schauspieler Wilhelm Hinrich Holtz.
1. April: An den NMG wird mit dem Aufbau des Buchenwaldarchivs als Grundlage künftiger wissenschaftlicher Geschichtsforschung begonnen.
19. bis 27. April: Mit einer Besichtigung des EOW beenden Fachleute aus sieben Ländern des Rates für gegenseitige Wirtschaftshilfe (RGW) ihre Tagung über Standards schlagwetter- und explosionsgeschützter elektrischer Leuchten.
22. April: Mit der Schulsportgemeinschaft der Fachschule für Staatswissenschaft wird die 50. Weimarer Sportgemeinschaft mit den Sektionen Judo, Tischtennis, Leichtathletik, Fußball, Handball, Schießen und Volleyball gegründet.
21. Mai: Zum 500. Geburtstag von Albrecht Dürer wird die Ausstellung »Albrecht Dürer, sein Weltbild – seine Kunst« eröffnet.
16. Juni: Das Reisebüro bezieht sein neues Domizil im Stadthaus am Markt.
30. Juni: Festsitzung anläßlich des 100. Jahrestages der Gründung der ersten gewerkschaftlichen Organisation deutscher Bühnenschaffender mit Teilnehmern aus der UdSSR, ČSSR, Polen, Ungarn, Bulgarien und Jugoslawien.
22. August: Die nach dem Klauerschen Original vom Erfurter Bildhauer und Steinmetzmeister Kurt Lehmann angefertigte Neptunfigur – die zweite Kopie des Originals – wird auf dem Marktplatz aufgestellt.
16. September: Das Auftragswerk des DNT, »Franziska Lesser« von Armin Müller, wird uraufgeführt.
31. Dezember: Insgesamt ereignen sich in der Stadt und im Landkreis 301 Verkehrsunfälle, bei denen 14 Menschen ihr Leben lassen müssen; der Sachschaden beläuft sich auf über 400000 Mark.

1972 1. Januar: 118 ausländische Studenten aus 37 Staaten studieren an der HAB.
10. Januar: Das Amt des Rektors der Hochschule für Musik »Franz Liszt« übernimmt Prof. Dr. Hans Rudolf Jung.
18. Januar: DDR-Erstaufführung der Komödie »Der Bartholomäusmarkt« des englischen Dramatikers Ben Jonson.
26. Januar: Kreisarzt Dr. Alarich Kopseel übergibt das Feierabendheim Am Kirschberg 3 nach gründlicher Umgestaltung.

16. FEBRUAR: 11. Parteitag der LDPD mit über 1000 Delegierten.
21. APRIL: Anläßlich der Shakespeare-Tage erlebt der sowjetische Film »König Lear« im »Theater des Friedens« seine DDR-Premiere.
22. APRIL: Der Schriftsteller und Sekretär der Deutschen Schillerstiftung, Klaus Herrmann, der seit 1949 in Weimar lebte, stirbt.
Mit dem Spiel gegen den FC Carl Zeiss Jena II in Erfurt, das mit 0:4 Toren verloren wird, steigt Motor Weimar aus der Fußballiga ab; 1975 gelingt der Wiederaufstieg.
26. APRIL: Mit dem Aufsetzen des Turmknaufs auf die Welsche Haube wird ein weiterer Abschnitt bei der Rekonstruktion des Cranachhauses abgeschlossen.
7. MAI: Die Woche des Buches im von der UNO beschlossenen Internationalen Jahr des Buches 1972 wird mit einer Schriftstellerlesung von Eva und Erwin Strittmatter eröffnet.
11. JUNI: Mit einer Matinee eröffnet die Hochschule für Musik »Franz Liszt«, an der etwa 500 Studenten studieren, ihre Festveranstaltung zum 100. Gründungsjahr.
14. JUNI: Nach monatelanger Rekonstruktion wird die Feierhalle auf dem Friedhof wiedereröffnet.
21. JUNI: Anläßlich des 500. Geburtstages von Lucas Cranach d. Ä. finden ein Festakt im DNT und Ausstellungen statt.
22. JUNI: Das renovierte Cranachhaus wird übergeben.
18. JULI: Im Institut für Kommunalpolitik beginnt das 25. Seminar für Kommunalpolitiker erstmalig aus Äquatorial-Guinea, Somalia und dem Tschad.
22. JULI: Im Goethehaus wird seit 1954 der 10 000 000. Besucher begrüßt.
5. SEPTEMBER: In der Jakobstraße beziehen 1008 Studenten ein neues Internatsgebäude.
8. SEPTEMBER: Das Goethe-Schiller-Archiv erhält das Manuskript »Ansprache im Goethejahr« von Thomas Mann.
14. NOVEMBER: Zu den Festtagen sowjetischer Theaterkunst konzertiert der Pianist Emil Gilels.
24. NOVEMBER: In Anwesenheit des Autors erlebt das Schauspiel »Die glücklichen Tage eines unglücklichen Menschen« von Alexej Arbusow im DNT seine Erstaufführung.
6. BIS 9. DEZEMBER: 180 Wissenschaftler aus zwölf Ländern widmen Heinrich Heine eine internationale Konferenz zu seinem 175. Geburtstag.
22. DEZEMBER: Erstmals wird im Kaufhaus »Magnet« die 20-Millionen-Mark-Umsatzgrenze überschritten.

1973 1. FEBRUAR: Der Rat der Stadt beschließt die Bildung eines ambulanten und eines stationären Bereiches innerhalb der Krankenanstalten/Polikliniken mit den Direktoren Obermedizinalrat Dr. Werner Schorcht und Medizinalrat Dr. Emil Kracheel.
10. FEBRUAR: Die Schwimmhalle wird eingeweiht; an der sportlichen Umrahmung nimmt der mehrfache Olympiasieger Roland Matthes als Ehrengast teil.
1. MÄRZ: Das neue Bahnstrom-Umformwerk in der Eduard-Rosenthal-Straße wird vorfristig in Betrieb genommen.
2. MÄRZ: Konzert des Geigers Ricardo Odnoposoff.
7. MÄRZ: Die Nachwuchsauswahl des Deutschen Fußballverbandes besiegt im »Stadion des Friedens« den schwedischen Oberligavertreter Halmstad BK mit 1:0 Toren.
28. MÄRZ: Erfolgreiche Uraufführung von Udo Zimmermanns Oper »Levins Mühle« in Anwesenheit des Komponisten im DNT.
31. MAI: Schüler der Weimarer Musikschule geben ein Konzert; Uraufführung des »Adagio Rondo für Jugendsinfonieorchester« des Komponisten Karl Dietrich.
22. JUNI: Mit dem 10. Sinfoniekonzert der Weimarischen Staatskapelle findet vor der Rekonstruktion des DNT für zwei Jahre das letzte Konzert hier statt, mit dem sich Generalmusikdirektor Gerhard Pflüger nach 16jähriger Tätigkeit als musikalischer Oberleiter am DNT verabschiedet; sein Amt übernimmt Lothar Seyfarth.

21. bis 28. Juli: Seinen bisher größten Erfolg hat der HSG-Leichtathlet Wilfried Zapfe anläßlich der Weltsportspiele der Hörgeschädigten in Malmö mit zwei Gold- und einer Silbermedaille und dem Weltrekord im 5000-Meter-Lauf.
15. September: Die Badesaison sah rund 290 000 Gäste im Schwanseebad.
6. Oktober: Die neugestaltete Frauentorstraße wird dem Fußgängerverkehr übergeben; zwölf Betriebe benötigten 24 Arbeitstage für die Baumaßnahme.
29. Oktober: Die älteste Einwohnerin der Stadt und Thüringens, Elisabeth Thurm, stirbt im Alter von 106 Jahren.
1. November: Im Handel werden Farbfernsehgeräte angeboten.
12. November: Der Kunstmaler Alfred Ahner stirbt im Alter von 73 Jahren.
24. November: Der Jugendbuchverlag Gebrüder Knabe wird im Gewerberegister gestrichen; er wird am 15. April 1986 vom Postreiter Verlag Halle übernommen.
16. Dezember: Holtzhauer, Generaldirektor der NFG seit 1. Februar 1954, stirbt im Alter von 61 Jahren.

1974 21. Februar: Zum 56. Jahrestag der Sowjetarmee wird das Haus der sowjetischen Offiziere in der Ettersburger Straße übergeben; es enthält u. a. einen Veranstaltungsraum mit 450 Plätzen.
25. Februar: Die Weimarhalle geht wieder in deutsche Verwaltung über.
26. und 27. Februar: Der Botschafter des Vereinigten Königreiches von Großbritannien und Nordirland, Curtis Keeble, wird von Oberbürgermeister Kirchner empfangen.
21. März: Die Turnhalle an der Falkenburg wird ihrer Bestimmung übergeben.
19. April: Ida Höhne begeht ihren 100. Geburtstag.
24. April: Das Sekretariat des ZK der SED beschließt die Vorbereitung und Gestaltung des Jubiläums »1000 Jahre Weimar« im Jahr 1975.
10. Mai: Das Schauspiel »Brüder« von Walter Stranka wird vom Arbeitertheater des Weimar-Werkes uraufgeführt.
7. bis 9. Juni: Weimar ist Festspielort der 15. Arbeiterfestspiele.
3. Juli: Das Komitee »1000 Jahre Weimar« konstituiert sich unter Vorsitz des Ministers für Kultur, Hans-Joachim Hoffmann, im Rathaus.
17. Juli: David Oistrach informiert sich über die Leistungen der Teilnehmer des XV. Internationalen Musikseminars.
31. Juli: Der 10 000. Besucher der Ausstellung »Kunst für uns« wird in der Kunsthalle am Theaterplatz begrüßt.
Juli: Claudia Borisch und Dietmar Hopf gewinnen die Meisterschaft im Rollkunstlauf und holen damit den zwölften DDR-Meistertitel nach Weimar.
28. August: Zu Goethes 225. Geburtstag findet im »Theater des Friedens« die Uraufführung des DEFA-Filmes »Die Wahlverwandtschaften« statt.
2. September: Die medizinische Fachschule (seit 1. September) erhält den Namen des Buchenwaldhäftlings Walter Krämer.
4. September: Der Verlag Hermann Böhlaus Nachfolger begeht sein 350jähriges Bestehen.
Oktober: Die NFG rufen zur Pflanz-Aktion »1000 Jahre – 1000 Bäume« auf, um die Parkanlagen zu erneuern.
6. Oktober: Das Schauspielensemble des DNT gastiert mit den Bennewitz-Inszenierungen »Der kaukasische Kreidekreis« und »Die Dreigroschenoper« von Brecht sowie einem Chansonprogramm in den Niederlanden, in Belgien und Luxemburg.
7. Oktober: Die Hermann-Matern-Oberschule (heute Lucas-Cranach-Schule) wird eingeweiht.
28. Oktober: Unter der Regie von Egon Günther beginnen die Dreharbeiten zum DEFA-Film »Lotte in Weimar« nach dem Roman von Thomas Mann mit Lilli Palmer als Lotte und Martin Hellberg als Goethe; am 6. Juni 1975 wird der Film uraufgeführt.

21. NOVEMBER: DDR-Erstaufführung des tragischen Musicals für Schauspieler »Fiktiver Report über ein amerikanisches Pop-Festival« von Tibor Déry, Ungarn.
25. NOVEMBER: Auf der 2. Tagung des Komitees »1000 Jahre Weimar« informiert eine Ausstellung über die Farbgestaltung von 206 Bauobjekten bis 1975.
14. DEZEMBER: Der 12 000 000. Gast der rund 30 Gedenkstätten und Museen der NFG seit 1954 wird im Goethe-Nationalmuseum begrüßt.

1975 20. FEBRUAR: Der Rat der Stadt beschließt das von Prof. Horst Michel gestaltete Stadtwappen.
11. APRIL: Zur Tagung des Generalrates des Internationalen Komitees Buchenwald-Dora wird der Dokumentarfilm »... und jeder hatte einen Namen«, Regie Gerhard Jentsch, uraufgeführt.
In der Kunsthalle am Theaterplatz wird die internationale Ausstellung »Lebenswille hinter Stacheldraht«, die bis zum 18. Mai von 15 315 Besuchern gesehen wird, eröffnet.
22. BIS 24. MAI: Die 64. Hauptversammlung der Goethe-Gesellschaft mit dem Festvortrag ihres Präsidenten Prof. Dr. Karl-Heinz Hahn über »Goethe und Weimar – Weimar und Goethe« vereint 1100 Goethefreunde aus 18 Ländern in der Weimarhalle.
26. BIS 31. MAI: Ein internationales Historiker-Kolloquium der Akademie der Wissenschaften tagt über »Die Kriegsziele Hitler-Deutschlands im Zweiten Weltkrieg und die Ursachen ihres Scheiterns« mit 80 Wissenschaftlern aus mehr als zehn Ländern.
28. BIS 30. MAI: Eine internationale Literaturkonferenz der Akademie der Wissenschaften und der Friedrich-Schiller-Universität Jena berät mit Wissenschaftlern aus zwölf Ländern aus Anlaß des 100. Geburtstages von Thomas Mann über »Thomas Mann – Werk und Wirkung in unserer Epoche«.
29. JUNI: Die 1966 gegründete Musikschule erhält den Namen »Ottmar Gerster«.
2. JULI: Im Neubaugebiet Dichterweg werden die ersten 120 Wohnungen übergeben.
11. UND 12. JULI: 1200 Delegierte nehmen an der Kulturkonferenz der Jugend teil.
12. JULI: Sommernachtsball für die Jugend in Belvedere.
14. BIS 27. JULI: Das XVI. Internationale Musikseminar findet mit Konzerten namhafter Gastprofessoren und 726 Teilnehmern aus 23 Ländern statt.
15. BIS 30. AUGUST: Das Internationale Musikseminar (Dirigentenkurs) wird unter Leitung von Prof. Igor Markevitch, Paris, mit 100 Teilnehmern aus 20 Ländern durchgeführt.
18. SEPTEMBER: Die erste Gesamtdarstellung »Geschichte der Stadt Weimar« erscheint im Verlag Hermann Böhlaus Nachfolger anläßlich der 1000-Jahr-Feier; als Jubiläumsbeitrag des Aufbau-Verlages erscheint die Anthologie »Weimar im Urteil der Welt«.
30. SEPTEMBER: Bis zum Beginn der Jubiläumsfeierlichkeiten werden 311 Häuserfassaden von Baubrigaden aus zwölf Kreisen des Bezirkes Erfurt renoviert.
SEPTEMBER: Seit Mai führen zwölf Großbetriebe gemeinsam mit 61 Klein- und Mittelbetrieben Betriebsfestspiele durch.
5. OKTOBER: Festveranstaltung des Ministerrates aus Anlaß des Jubiläums »1000 Jahre Weimar« im für 40 Millionen Mark rekonstruierten, wiedereröffneten DNT.
Mit Manfred Heine (Faust), Klaus-Martin Boestel (Mephisto) und Helga Ziaja (Gretchen) hat unter der Regie von Bennewitz »Faust« I von Goethe Premiere.
12. OKTOBER: Etwa 200 000 Zuschauer erleben den historischen Festumzug »1000 Jahre Weimar« mit 2000 Mitwirkenden.
9. NOVEMBER: Premiere von »Faust« II von Goethe unter der Regie von Bennewitz.
31. DEZEMBER: Im Laufe des Jahres werden 80 Verkaufsstellen und 34 Gaststätten der HO, des Konsums und des Kommissions- und privaten Einzelhandels erneuert.
Aus 89 Staaten kommen etwa 1,4 Millionen Besucher nach Weimar.

1976 Januar: Abbruch des Wildenbruch-Denkmals im Poseckschen Garten wegen einer vorgeblich pazifistischen Inschrift.
27. Februar: Zusätzlich zu den Markttagen am Mittwoch und Sonnabend wird künftig jeden Freitagnachmittag Markt abgehalten.
1. März: Schüler und Lehrer der Sehschwachenoberschule übernehmen die neue polytechnische Oberschule Am Schönblick.
16. März: Als dienstältester Obermeister in der DDR begeht Dachdeckermeister Karl Teubner sein 25jähriges Berufsjubiläum.
17. März: Uraufführung des Schauspiels »Der Schuster und der Hahn« von Armin Stolper.
26. März: Im Park an der Ilm wird die vom ungarischen Bildhauer Támás Vigh geschaffene Büste von Sándor Petőfi enthüllt.
1. April: Der Generalsekretär der Weltföderation der ehemaligen Kriegsteilnehmer (FMAC), William O'Brien Cooper, wird im Rathaus empfangen.
5. April: 110 Wissenschaftler beteiligen sich am sechstägigen internationalen Symposium zu Literaturproblemen Asiens und Afrikas.
29. April: Eine partielle Sonnenfinsternis wird beobachtet.
9. bis 14. Mai: Das europäische Symposium »Grundlagenforschung in der Gerontologie« findet mit 300 Ärzten und Wissenschaftlern statt.
20. und 21. Mai: Die Europäische Gesellschaft für Pädiatrische Gastroenterologie (ESPGA) führt ihre 9. Tagung durch.
14. Juni: An der 6. Internationalen Baustoff- und Silikattagung »Ibausil« nehmen etwa 750 Wissenschaftler aus 17 Ländern teil.
27. Juni: Bei den erstmals durchgeführten DDR-Meisterschaften im Rollschnellauf erkämpft sich in Erfurt in der Altersklasse 13 in neuer Rekordzeit Frank Ahne den Meistertitel.
3. Juli: Ein Jubiläumszug mit historischen Wagen verkehrt anläßlich des 100. Jahrestages der Weimar–Geraer Eisenbahn.
17. Juli: Ein heftiges Gewitter, dem Bäume und die Naturbrücke im Park zum Opfer fallen, beendet eine lange Hitzeperiode.
24. Juli: Mit einem festlichen Konzert schließt das XVII. Internationale Musikseminar ab, an dem 700 Musiker aus 24 Ländern teilgenommen haben.
26. Juli: Das Altenwohnheim Am Schönblick, das 204 älteren Bürgern Platz bietet, wird bezogen.
30. Juli bis 1. August: Die 28. DDR-Meisterschaften im Rollkunstlauf finden im »Stadion des Friedens« mit 50 Aktiven aus zwölf Sportgemeinschaften statt. Zum dritten Mal erkämpfen sich Borisch und Hopf den Meistertitel; DDR-Meister der Herren und zugleich Jugendmeister wird Uwe Christoph.
27. August: Am Vorabend des 227. Geburtstages von Goethe wird im Haus am Frauenplan das Singspiel »Scherz, List und Rache« des Komponisten Jens-Uwe Günther nach dem Goethe-Libretto uraufgeführt.
29. August: Die Teilnehmer der in Mühlhausen tagenden Pugwash-Konferenz, Wissenschaftler aus mehr als 30 Ländern sowie Vertreter der UNO und mehrerer UNO-Spezialorganisationen, ehren die Buchenwaldopfer und besuchen Weimar.
7. September: Uraufführung der Oper »Omphale«, Musik Siegfried Matthus, Libretto Peter Hacks.
26. bis 30. September: Das Nationaltheater Bukarest eröffnet mit der musikalischen Komödie »Madame Chirita« nach Vasile Alecsandri die Tage der rumänischen Theaterkunst; das Nationaltheater Jasi gastiert mit »Die verlorenen Liebesbriefe« von Ion L. Caragiale und »Amphitryon« von Peter Hacks.
6. Oktober: Als DDR-Erstaufführung erlebt das Sanskrit-Drama »Mudra-Rakschasa oder Der Siegelring« von Wischakhadatta in der Inszenierung von Vijaya Mehta seine Premiere.
14. Oktober: Die sowjetischen Kosmonauten Waleri Bykowski und Wladimir Axjonow, Besatzung des Raumschiffes »Sojus 22«, legen an den NMG Kränze nieder.
2. November: Eine amerikanische 250-Kilo-Bombe aus dem Zweiten Weltkrieg wird in der Schwanseestraße 5 entschärft.

5. NOVEMBER: Im Rahmen der Tage der Musikkultur der UdSSR in der DDR dirigiert Maxim Schostakowitsch im 3. Sinfoniekonzert der Weimarischen Staatskapelle Werke russischer und sowjetischer Komponisten.
7. NOVEMBER: Der neugestaltete VdN-Ehrenhain auf dem Friedhof ist fertiggestellt.
9. DEZEMBER: Einen Vertrag zur Verbesserung der Versorgung der Bevölkerung mit Obst und Gemüse schließen Oberbürgermeister Kirchner und Heldrungens Bürgermeister Rolf Bierenheide ab.

1977 1. JANUAR: Der Betrieb daro-Rationalisierung des Kombinats Zentronik Erfurt wird angesiedelt.
Wartburg-Schnellwaagenfabrik Eisenach und Wägetechnik Weimar vereinigen sich zum VEB Wägetechnik Weimar.
3. FEBRUAR: 45 vietnamesische Lehrlinge, die während ihrer dreijährigen Lehrzeit im Weimar-Werk als Maschinenbauer und Härter ausgebildet wurden, erhalten ihre Facharbeiterzeugnisse.
26. FEBRUAR: Die Willy-Gebhardt-Oberschule (heute Schule an der Hart) für 720 Schüler wird übergeben.
14. MÄRZ: Nach umfassender Renovierung wird das Wittumspalais wiedereröffnet.
30. MÄRZ: 60 Handwerksbetriebe aller Eigentumsformen mit 14 Gewerken sind der Kooperationsgemeinschaft Instandhaltung für Reparaturleistungen an Wohngebäuden angeschlossen.
10. APRIL: Das Ballett Brasil Tropical gastiert in der Weimarhalle.
10. MAI: Der Schriftsteller Danilo Dolci, Italien, stellt sich im Klub »Erich Wendt« vor.
16. BIS 21. MAI: Zum 30jährigen Bestehen des Chores an der Friedrich-Schiller-Oberschule findet eine Festwoche statt.
6. JUNI: Der Kunstmaler und Grafiker Engelbert Schoner stirbt im Alter von 71 Jahren.
28. JUNI: Das größte und modernste Frachtschiff der DDR erhält in der Wismarer »Mathias-Thesen-Werft« den Namen »Weimar«.
1. JULI: Im Weimar-Werk beginnt die Serienproduktion des Kartoffelrodeladers vom Typ »E 684«, der eine Senkung der Verfahrenskosten um 73 Prozent erbringt.
6. SEPTEMBER: Ein Drehstab der DEFA beginnt in Weimar mit Aufnahmen zum Georg-Büchner-Film »Adio, piccola mia«.
7. SEPTEMBER: Der akkreditierte Botschafter der Philippinen, Lätitia R. Shanani, wird im Rathaus empfangen.
12. SEPTEMBER: Oberbürgermeister Kirchner überreicht dem ärztlichen Direktor Dr. sc. Harald Schmechel die Schlüssel zur neuerrichteten nuklearmedizinischen Abteilung des Krankenhauses in der Eduard-Rosenthal-Straße.
13. UND 14. SEPTEMBER: Der Generalsekretär der internationalen Dachorganisation des Albert-Schweitzer-Hospitals Lambarene, Harold E. Robles, hält einen Lichtbildervortrag vor den Mitgliedern der Brigade »Albert Schweitzer« im Verlag des Thüringer Tageblatts und den Mitarbeitern des Kindergartens »Albert Schweitzer« über die Fortsetzung von Schweitzers Lebenswerk in der Gegenwart.
16. SEPTEMBER: Oberbürgermeister Kirchner empfängt den Dramatiker Viktor Rosow, in dessen Anwesenheit das Schauspiel »Bruder Aljoscha« seine DDR-Erstaufführung erlebt.
19. SEPTEMBER: Der Großmufti von Jerusalem, Scheich Abdul Hamid as-Saeh, wird im Rathaus empfangen.
19. SEPTEMBER: In Weimar-Nord wird eine Poststelle eröffnet.
21. SEPTEMBER: Im Alter von 82 Jahren stirbt der Heimatforscher Paul Hemmann.
30. SEPTEMBER: Das Musikdrama »Coriolanus« von Ján Cikker erlebt seine DDR-Erstaufführung.
3. BIS 13. OKTOBER: Das Kammerorchester der Hochschule für Musik »Franz Liszt« unternimmt eine Konzertreise entlang der Drushbatrasse, an der Weimarer Arbeiter tätig sind.
10. OKTOBER: Oberbürgermeister Kirchner legt für 936 Wohnungen im dritten und vorerst letzten Bauabschnitt in Weimar-Nord den Grundstein.

12. OKTOBER: Eine Studentin aus Thurow wird als 15 000 000. Besucher der NFG durch Generaldirektor Prof. Dr. Walter Dietze begrüßt.
28. OKTOBER: Prof. Otto Englberger, langjähriger Rektor der HAB, stirbt im Alter von 72 Jahren.
29. OKTOBER: Das Pioniertheater Weimar tritt erstmals mit dem Stück »Die Silbermedaille« von Kurt Fischer auf.
18. NOVEMBER: Die 150. Rundfunksendung »Alte Liebe rostet nicht« wird aus der Weimarhalle übertragen.
5. DEZEMBER: Mit einer Verkaufsfläche von 113 Quadratmetern wird die Kaufhalle am Schönblick ihrer Bestimmung übergeben.
13. DEZEMBER: Das Wohngebiet am Dichterweg erhält eine Kaufhalle mit 340 Quadratmetern Verkaufsfläche, Wertumfang 1,6 Millionen Mark.
26. DEZEMBER: Dr. Walther Scheidig, langjähriger Direktor der Kunstsammlungen zu Weimar, stirbt im Alter von 75 Jahren.

1978 2. JANUAR: Der Betrieb Betonelemente wird aus dem VEB Betonwerkstein und dem Betonwerk des Stadtbaus gegründet.
2. MÄRZ: Industriebetriebe gründen die territoriale Kooperationsgemeinschaft »Rationalisierung und Instandhaltung« zur Erhaltung baulicher Objekte und Lösung kommunaler Aufgaben.
12. MÄRZ: An das Uhrenwerk Weimar wird für das »Uhrenkaliber 46« Messegold verliehen.
15. BIS 21. MÄRZ: Zu den Studententagen der Hoch- und Fachschulen inszeniert die Hochschule für Musik »Franz Liszt« die Oper »List und Liebe« von Joseph Haydn.
14. APRIL: Erstaufführung des Schauspiels »Pericles« von Shakespeare.
22. APRIL: Die Fußballelf der BSG Motor Weimar schließt die Spielsaison 1977/78 als Vizemeister der Liga ab.
28. APRIL: Die Fußgängerunterführung zwischen Bahnhof und Rießnerstraße, Rastenberger Tunnel, die mit einem Wertumfang von 200 000 Mark durch mehr als 30 Betriebe instandgesetzt wurde, wird für den Verkehr freigegeben.
8. BIS 12. MAI: Das II. Internationale Kinderchortreffen mit Sängern aus der Litauischen SSR, der ČSSR, Bulgarien und der DDR wird in der Weimarhalle durchgeführt.
11. MAI: Die Stadtverordnetenversammlung beschließt die »Stadtordnung zur Gewährleistung der Ordnung, Sauberkeit und Hygiene sowie des Umweltschutzes der Stadt Weimar«.
JUNI: Die Dorfner-Werkstatt für buchkünstlerische Gestaltung wird der Hochschule für angewandte Kunst Halle, Burg Giebichenstein, angeschlossen.
4. JUNI: Die Uraufführung des Schauspiels »Ich bin nun mal kein Jogi ...« von Joachim Walther findet unter der Jugend ein lebhaftes Echo.
18. JUNI: Konzert mit Swjatoslaw Richter.
27. JUNI: Uraufführung des Schauspiels »Aufruhr der Engel« von Helfried Schreiter im Foyer des DNT.
4. JULI: Uraufführung der Oper »Der Mantel« von Gerhard Rosenfeld, Libretto von Gerhard Hartmann nach Nikolai Gogol.
7. JULI: Der stellvertretende Generaldirektor der Internationalen Atomenergiebehörde in Wien, H. F. S. Bittencourt, Brasilien, stattet den Gedenkstätten der deutschen Klassik einen Besuch ab.
9. JULI: Jubiläum »200 Jahre Park an der Ilm«.
25. BIS 27. AUGUST: In den XIII. DDR-Wettkämpfen der Berufsfeuerwehren erspurtet sich ein Weimarer Teilnehmer einen Meistertitel.
30. AUGUST BIS 3. SEPTEMBER: Teilnehmer aus 16 Ländern besuchen die erste Jahreshauptversammlung des internationalen ICOM-Komitees für Literaturmuseen.
1. SEPTEMBER: Zur weiteren Erforschung der deutschen Literatur zwischen 1750 und 1830 wird das Institut für klassische deutsche Literatur gegründet und als Direktor Prof. Dr. Hans-Dietrich Dahnke berufen.
2. SEPTEMBER: Jubiläum »250 Jahre Schloßpark Belvedere«.

1. Oktober: Die Kreuzkirchgemeinde begeht ihr goldenes Jubiläum.
6. Oktober: Zum 100jährigen Bestehen der Stadtbücherei, deren Bestände 91 675 Bände und 6000 Tonträger umfassen, wird eine Artothek eröffnet.
10. Oktober: Beim Brand auf dem Lindenhof sterben mehr als 100 Schafe.
3. November: Der Regisseur Harry Buckwitz, Zürich, inszeniert das Schauspiel »Der Besuch der alten Dame« von Friedrich Dürrenmatt mit Wolf Kaiser, Berlin, und Christa Lehmann am DNT.
13. bis 19. November: Zur Johann-Nepomuk-Hummel-Ehrung anläßlich seines 200. Geburtstages treffen aus Kalifornien William und Mike Hummel (11. November) ein.
5. Dezember: Das Teatro Lautaro aus Chile und das DNT führen eine Solidaritätsveranstaltung durch.
16. Dezember: Die erste Wohngebietsgaststätte »Am Dichterweg« wird eröffnet.
17. bis 20. Dezember: Eine Festveranstaltung zum 175. Todestag von Johann Gottfried Herder im DNT bildet den Auftakt der Herder-Ehrung der DDR.
31. Dezember: 274 Verkehrsunfälle mit 213 Verletzten und neun Toten sind die Bilanz des Jahres 1978.

1979 1. Januar: Volkseigene Betriebe werden zusammengelegt: Mechanik und Messerfabrik, die holzverarbeitenden Betriebe Polsterwaren und Innendekoration mit Innenausbau und Ausbauprojekt, Bauelemente und Plattenwerk, Farbgestaltung und Stadtbau, zur Sektkellerei Weimar kommt ein Betriebsteil in Gotha hinzu und zu Armaturen und Schweißtechnik Weimar ein Betrieb aus Apfelstedt. Das Weimar-Werk wird dem Kombinat Fortschritt Landmaschinen Neustadt/Sa. zugeordnet und übernimmt die Anleitungsfunktion gegenüber neun weiteren Teilbetrieben in der DDR.
Aufgrund von SED-Beschlüssen wird im Spezialbaukombinat Wasserbau aus eigenen Kapazitäten sowie durch extensive Erweiterung der Kombinatsbetrieb Berlin gebildet; die in der DDR-Hauptstadt zu erbringenden Bauleistungen des Kombinates erhöhen sich gegenüber 1978 um 50 Prozent.
1. bis 8. Januar: Ein Kälteeinbruch mit Stromunterbrechungen, Schneemassen und Eis beeinträchtigt erheblich die Arbeit in den Betrieben und die Versorgung der Bevölkerung.
30. Januar: Der erste deutsche Fliegerkosmonaut, Oberst Siegmund Jähn, wird im Uhrenwerk Weimar von Werkdirektor Rolf Brunngräber (seit 1. Januar 1968) begrüßt.
23. Februar: Im Produktionsbereich 3 des Weimar-Werkes wurden bisher 12 682 Mobilkräne verschiedener Typen fertiggestellt.
24. Februar: 415 Schüler ergreifen vom siebenten Schulneubau seit 1949, der 2. Polytechnischen Oberschule in Weimar-Nord, Besitz.
1. und 2. März: Im DNT werden als Gastspiel des Nationaltheaters Jasi »Die scheinheiligen Verrückten« von Teodor Mazilus und »Der Hauptmann von Köpenick« von Carl Zuckmayer aufgeführt.
20. Mai: 47 831 Wahlberechtigte wählen 150 Abgeordnete und 45 Nachfolgekandidaten der Stadtverordnetenversammlung.
23. bis 30. Mai: Zur IV. Sanskrit-Weltkonferenz mit Indologen aus 30 Ländern in der Weimarhalle wird eine Ausstellung über indische Kultur gezeigt.
12. Juni: Die ersten 100 von 10 000 Personen erhalten die Schlüssel zu 40 Wohnungen im Neubaugebiet Am Stadion; Grundsteinlegung war am 20. Juli 1978.
14. Juni: Eine Delegation schwedischer Parlamentarier wird im Rathaus empfangen.
6. Juli: Eine Käthe-Kollwitz-Statue der Erfurter Bildhauerin Anke Besser-Güth wird auf dem Platz der DSF (heute Zeppelinplatz) enthüllt.
17. August: Die dritte Kinderkombination für 180 Kindergarten- und 90 Krippenplätze in Weimar-Nord erhält den Namen »Frieda Krüger«.

31. August: Die Makarenko-Oberschule (heute Schönblick-Schule) öffnet im Wohngebiet Am Schönblick; am 1. September ist eine weitere Schule Am Stadion fertiggestellt.
3. September: 140 Kinder nehmen die modernste Sehschwachenschule in der DDR, die den Namen »Adolf Diesterweg« trägt, in Besitz.
5. Oktober: Die Fliegerkosmonauten Wladimir Kowaljonok, Alexander Iwantschenkow und Siegmund Jähn besuchen die Stadt.
Die Schillerstraße wird nach ihrer Neugestaltung übergeben.
Igor Oistrach gibt ein Violinkonzert vor begeistertem Publikum.
9. Oktober: Im Cranachhaus wird die Cranach-Galerie des Verbandes Bildender Künstler eröffnet.
28. November: Der innerstädtische Verkehr wird um die Linie 8 zwischen dem Neubaugebiet Am Stadion und dem Goetheplatz erweitert.
29. November: 103 Grafiken des Malers Pablo Picasso aus der Sammlung Ludwig, Aachen, werden in der Kunsthalle ausgestellt; die Ausstellung zählt bis zum 3. Februar 1980 etwa 14 800 Besucher.
31. Dezember: Im Jahre 1979 wurden insgesamt 1229 Wohnungen gebaut.

1980 Das Ensemble für intuitive Musik Weimar gründet sich.
12. bis 16. Januar: Unter dem Thema »Bildung – ein Recht, kein Privileg« findet ein Forum statt, zu dem Vertreter von 107 nationalen Studentenverbänden und internationalen Organisationen eingeladen sind.
22. bis 31. Januar: Vertreter aus 23 Ländern finden sich zur WHO-Beratung über Familienplanung, besonders in den Entwicklungsländern, zusammen.
15. Februar: Uraufführung des Schauspiels »Ein Vormittag im Hause Körner« von Ulrich Wendler im Foyer des DNT.
12. März: Eine Delegation des Bundes der Evangelischen Kirchen in Vietnam besucht die Herdergedenkstätte, Kirchen, Museen der deutschen Klassik und das Sophienkrankenhaus.
1. April: Der Dortmunder Schriftsteller Josef Reding liest aus seinen Werken.
20. April: Eine Delegation islamischer Würdenträger unter Leitung des Großmuftis der Syrischen Arabischen Republik, Sheikh Ahmed Kaftarou, legt für Pfarrer Paul Schneider in Buchenwald Blumen nieder.
26. April: Beim 1. Weimarer »Lauf in den Frühling« bewältigen 29 Teilnehmer die Zwölf-Kilometer- und 37 die Zwanzig-Kilometer-Strecke.
15. Mai: Der Generalbischof der evangelischen Kirche Augsburgischen Bekenntnisses in der Slowakei, Prof. Dr. Jan Michalko, Bratislava, predigt zu Christi Himmelfahrt in der Stadtkirche.
20. Mai: Im Junioren-Länderspiel eines UEFA-Turniers stehen sich auf dem Lindenberg die Mannschaften Spaniens und Ungarns gegenüber und trennen sich vor 2500 Zuschauern mit 2:0 Toren.
3. Juni: Eine Delegation der US-Schauspielergewerkschaft Screen Actors Guild unter Leitung des Vorstandsmitgliedes Vincent Beck informiert sich über Fragen der Theaterentwicklung und der Erbeaneignung am DNT.
11. Juni: Der Minister für kulturelle Angelegenheiten des Königreiches Dänemark, Lise Oestergard, besichtigt die Gedenkstätten der deutschen Klassik.
30. Juni: Im ersten Halbjahr werden bei Verkehrsunfällen vier Menschen getötet und 76 verletzt.
10. Juli: Der Stadtdirektor von Hämeenlinna, Leo Kohtala, eröffnet im Stadtmuseum die Ausstellung »Meine Stadt und meine Heimat. Schulkinder und Schuljugend von Hämeenlinna erzählen mit Bildern«.
6. August: Der Präsident des Internationalen Komitees für Europäische Sicherheit und Zusammenarbeit, Kanonikus Raymond Goor, Belgien, wird von Oberbürgermeister Kirchner empfangen.

Hauptgebäude der Hochschule für Musik »Franz Liszt« und Carl-August-Reiterstandbild

26. August: Der Schweizer Philippe Fournier trifft auf seinem Fahrrad während seiner Reise quer durch Europa auf dem Marktplatz ein.

28. August: Übergabe der textilen Wandgestaltung von Grete-Margaretha Reichardt im unteren Wandelgang des DNT mit dem Thema »Das Faustische im Menschen«.

29. August: Die Experimentalbau-Schule Am Stadion (heute Hoffmann-von-Fallersleben-Schule) wird eröffnet.

10. September: Prof. Dr. Samson B. Knoll, USA, übergibt dem Direktor der NMG, Trostorff, einen Film vom Mai 1945 über Buchenwald.

15. September: Nur rund 150 000 Besucher zählt in dieser Saison das Schwanseebad wegen kühler Witterung.

17. September: Uraufführung des Kammerspiels »Jaques und sein Herr« nach Denis Diderot im DNT.

18. September: Der Stellvertreter des Generalsekretärs der UNO, Luigi Cottafavi, und 100 Teilnehmer aus 22 Ländern besuchen anläßlich der 67. Hauptversammlung der Interparlamentarischen Union in Berlin die Gedenkstätten.

2. Oktober: Mit der Ausstellung »Britische Aquarelle und Zeichnungen 1900 bis 1950« wird die erste britische Kunstausstellung in der DDR in der Galerie im Schloß eröffnet.

5. Oktober: Die Maria-Magdalenen-Kapelle wird mit einem Gottesdienst durch den Exarch der Russisch-Orthodoxen Kirche für Berlin und Mitteleuropa, Erzbischof Melchisedek, geweiht.

6. Oktober: Erster Mobilkran vom Typ »T 185« aus dem Weimar-Werk.

25. Oktober: Der Präsident des Nippon-Television Network, Josijo Kobajashi, wird von Oberbürgermeister Kirchner empfangen.

26. Oktober: Uraufführung der Kinderoper »Pluft, das Geisterlein« mit Musik von Joachim Dietrich Link am DNT.

31. Oktober: Die Einwohner beteiligen sich an der Spendenaktion für die Opfer der Erdbebenkatastrophe in Algerien.

7. November: Das Ensemble Brasil Tropical gastiert auf seiner Welttournee durch 18 europäische Staaten erneut mit einem zweistündigen Programm in der Weimarhalle.

9. November: Der am 7. Februar 1895 als Sohn sorbischer Eltern geborene Fritz Lattke,

Maler der Niederlausitzer Landschaft, stirbt in Weimar.
27. November: Auf Beschluß der Stadtverordnetenversammlung wird die Infektionsabteilung des Krankenhauses in der Eduard-Rosenthal-Straße wegen mangelnder Auslastung geschlossen, Infektionsfälle übernimmt künftig das Kreiskrankenhaus Blankenhain.
1. Dezember: 32 Wohnungen werden in der Marktstraße übergeben.
13. und 14. Dezember: Eine Delegation vom Thomas-Mann-Zentrum unter Leitung seines Präsidenten Prof. Stefano Rodota aus Rom besucht die Stadt.
14. Dezember: Nach mehrjährigem Umbau wird in der Melanchthon-Kapelle im »Friedrich-Zimmer-Haus«, Eduard-Rosenthal-Straße, ein Festgottesdienst gehalten.

1981 5. Januar: Wegen umfangreicher Rekonstruktionsarbeiten schließt das Hotel Russischer Hof.
7. Januar: Das neue Tierheim mit 38 Boxen und den dazugehörenden Einrichtungen in der Berkaer Straße wird eröffnet.
9. Januar: Oberbürgermeister Kirchner übergibt den Schlüssel für die 10 000., seit 1949 gebaute oder modernisierte Wohnung im Neubaugebiet Am Stadion.
16. Januar: Die Leitstelle der Schnellen Medizinischen Hilfe für die Stadt und den Landkreis wird in der Belvederer Allee 20 eröffnet.
20. Januar: Uraufführung des Balletts »Münchhausen« von Rainer Kunad, Komposition, und Rainer Kirsch, Libretto, mit Meistertänzer Roland Gawlik, Berlin.
12. März: Zum ersten Mal liest Martin Walser im Klub »Erich Wendt«.
7. April: Der erste Rodetrennlader vom Typ »E 686« aus der Vornullserie rollt ein Jahr früher als geplant von der Taktstraße im Weimar-Werk.
3. Oktober: Zum 100. Geburtstag von Pablo Picasso erhält der Weimarer Arbeitskreis der Liga für die Vereinten Nationen in der DDR aus Großbritannien einen textilen Wandbehang mit Symbolfiguren, die der Künstler 1939 schuf.

1982 22. März: Zu Goethes 150. Todestag wird das neugestaltete Goethe-Nationalmuseum wiedereröffnet.
13. November: Im Wohngebiet Dichterweg wird das Denkmal »Hommage à Louis Fürnberg« von Lutz Hellmuth und Dietmar Lenz enthüllt.

1983 7. Mai: In der Ettersburger Straße wird zur Erinnerung an die Todesmärsche der Häftlinge eine Gedenkstele errichtet.
13. Oktober: Der Präsident der Bundesrepublik Österreich, Dr. Rudolf Kirchschläger, weilt anläßlich eines Staatsbesuches in Weimar.
20. November: Der instandgesetzte jüdische Friedhof in der Leibnizallee wird als Gedenkstätte geweiht.

1984 24. Februar: Die Albert-Schweitzer-Gedenkstätte am Kegelplatz wird eröffnet.
31. März: Der Präsident der BRD, Dr. Richard von Weizsäcker, wird anläßlich eines Privatbesuches von Oberbürgermeister Prof. Dr. Baumgärtel empfangen.
30. August: Im Innenhof der HAB wird die von Hubert Schiefelbein geschaffene Brunnenfigur »Badende« aufgestellt.

1985 12. April: Anläßlich des 40. Jahrestages der Befreiung des KZ Buchenwald wird im ehemaligen Kammergebäude im Lagerbereich ein neues Museum eröffnet. Eine Straße wird zu Ehren des am 11. November 1982 in Frankreich verstorbenen Präsidenten des Internationalen Komitees Buchenwald-Dora in Marcel-Paul-Straße benannt.

1986 20. Januar: In der Geleitstraße wird ein Brothaus eröffnet mit einem überdurchschnittlichen Angebot an Backwaren.
30. April bis 11. Juni: Die Städterepräsentation »Weimar – Gesichter einer 1000jährigen Stadt« findet in Paris statt.

2. Oktober: Auf dem Theaterplatz wird eine im Uhrenwerk Weimar gefertigte Stadtuhr aufgestellt.

1987 30. April: Zum ersten Mal erklingt vom Rathausturm ein Glockenspiel aus Meißner Porzellan.
20. August: Der 12 000 000. Besucher der NMG seit 1958 ist ein Gast aus Frankreich.
18. September: Im DNT wird feierlich die am 22. Mai geschlossene Städtepartnerschaft zwischen Weimar und Trier ratifiziert.

1988 5. Januar: Baulich erweitert, beherbergt das Hotel Russischer Hof wieder seine Gäste.
22. Oktober: Das evangelische Gemeindezentrum »Paul Schneider« wird durch Landesbischof Werner Leich geweiht.
2. November: Die ersten 45 AWG-Wohnungen werden im Neubaugebiet Schöndorf den künftigen Mietern übergeben.
10. November: Eröffnung des neuerbauten Schillermuseums und Enthüllung der Statue »Hommage à Schiller« von Wieland Förster.
19. November: Studenten der HAB protestieren gegen das Verbot der sowjetischen Zeitschrift »Sputnik«.

1989 27. bis 30. Juni: Zum 70. Jahrestag der Gründung des Staatlichen Bauhauses findet ein internationales Kolloquium statt.
25. August: Als 45. Kindereinrichtung in der Stadt wird in Schöndorf die Kinderkombination »Anna Seghers« ihrer Bestimmung übergeben.
4. Oktober: Beginn der Veränderung der gesellschaftlichen Verhältnisse mit Bürgerdiskussionen in der Herderkirche unter dem Motto »Suchet der Stadt Bestes«.
24. Oktober: Mit Kerzen und Sprechchören demonstrieren Weimarer für staatliche Reformen; am 16. Februar 1990 werden die Dienstags-Demonstrationen eingestellt.
13. November: Nach 15jähriger Bauzeit wird die Kläranlage Tiefurt in Betrieb genommen. Aus Mitteln der Hessen-Hilfe erhält sie am 9. Februar 1991 ein neues Belüftungssystem und eine Schlammentwässerungsanlage.
16. November: Erstes Rathausgespräch zwischen alternativen Gruppen und dem Rat der Stadt über eine demokratische Erneuerung.
24. bis 26. November: 600 Bürger können erstmals ihre Partnerstadt Trier besuchen.

1990 2. Februar: Auf dem Ettersberg wird das erste Holzkreuz zum Gedenken an die Toten des sowjetischen Speziallagers Nr. 2 gesetzt.
4. März: Auf einer Wahlveranstaltung spricht der Ehrenvorsitzende der SPD, Willy Brandt.
6. Mai: Die CDU geht im Bund mit dem Demokratischen Aufbruch als Wahlsieger aus den Kommunalwahlen hervor.
9. Juni: Der einst größte Betrieb der Stadt, das Weimar-Werk, wird in eine GmbH mit Rechtswirksamkeit zum 11. Juni umgebildet.
16. Juni: Das erste Kunstfest, das künftig alljährlich stattfinden soll, wird mit Goethes »Faust« I eröffnet.

Aus der Zeit der Wende, 1989

1. Juli: Menschenschlangen bilden sich vor Sparkassen und Banken wegen der Währungsumstellung auf die Deutsche Mark.
1. August: Dr. Klaus Büttner, CDU, aus Fulda wird in das Amt des Oberbürgermeisters eingeführt, nachdem sein Vorgänger nach nur 17tägiger Amtszeit zurückgetreten war.
26. August: Jack Lang, Oberbürgermeister von Blois und Kulturminister in Frankreich, unterzeichnet in Weimar den Vertrag über die Städtepartnerschaft; bereits im Mai 1981 hatte der erste Besuch Weimarer Parlamentarier in Blois stattgefunden.
22. September: Bundeskanzler Helmut Kohl spricht auf dem Theaterplatz.
3. Oktober: Mit einem Volksfest wird der Beitritt der DDR zur Bundesrepublik als »Tag der deutschen Einheit« begangen.
9. Oktober: In Fulda unterzeichnen beide Oberbürgermeister einen Städtefreundschaftsvertrag.
25. Oktober: Im DNT konstituiert sich der Thüringer Landtag.

1991 30. April: 1855 Männer und 2543 Frauen im Stadt- und Landkreis sind ohne Arbeit; am 31. August 1993 beträgt die Arbeitslosenzahl 6131, d. h. 13,3 Prozent der arbeitenden Bevölkerung.
1. August: Als Ausbildungsort für Erzieher wird die Fachschule für Sozialpädagogik neugegründet.
28. August: Außenminister Hans-Dietrich Genscher, Deutschland, Roland Duma, Frankreich, und Krzisztof Skubiszewski, Polen, verständigen sich über die künftige Zusammenarbeit ihrer Länder.
20. September: Die Präsidenten Frankreichs und Deutschlands, François Mitterand und Richard von Weizsäcker, treffen in Weimar zusammen und tragen sich ins Goldene Buch der Stadt ein.
12. Oktober: Der 1. Weimarer Stadtlauf mit etwa 300 Teilnehmern findet statt und wird künftig in jedem Jahr durchgeführt.
15. Oktober: Die Nationalen Forschungs- und Gedenkstätten werden zur Stiftung Weimarer Klassik mit einem Präsidenten und einem zehnköpfigen Stiftungsrat umgebildet.
10. November: Erstmals wird der Weimar-Preis verliehen und künftig an jedem 3. Oktober an verdienstvolle Persönlichkeiten überreicht.

1992 1. März: Als 153. Beherbergungsstätte der Hilton-Hotelkette wird das Hotel »Belvedere« in Zukunft geführt.
6. März: Kinder ergreifen Besitz von der Plastik »Versunkener Riese« auf dem Frauenplan, die – teils Kunstwerk, teils Spielzeug – von Walter Sachs geschaffen wurde.
14. Mai: Zur Ansiedlung von Industrie und Handwerk wird im Gewerbegebiet Nord der Grundstein gelegt.
16. September: Das für 35 Millionen Mark errichtete Operations- und Diagnosezentrum der Hufeland-Klinik wird seiner Bestimmung übergeben.
12. Oktober: Einem spektakulären Kunstraub fallen im Schloß acht Gemälde Lucas Cranachs d. Ä. zum Opfer; am 3. November sind sie beschädigt wieder zurückgeführt.
21. November: Die GUS-Truppen werden offiziell aus Weimar verabschiedet. 200 Soldaten und 20 Offiziere der 8. Gardearmee bleiben bis Jahresende in der Stadt und in Nohra stationiert.
31. Dezember: Die Geschäftsstelle des Aufbau-Verlages wird geschlossen; der Verlag übernahm 1964 die Bestände und die Produktion des Thüringer Volksverlages (einschließlich Arion Verlag); Sitz war das ebenfalls übernommene Gebäude Puschkinstraße 1.

1993 20. März: Im neuerrichteten Ärztehaus, Carl-August-Allee, das verschiedene Arztpraxen unter seinem Dach vereinen wird, öffnet ein Reformhaus als erster Nutzer.
30. April: Zum ersten Mal übernachten 25 Obdachlose im Obdachlosenheim, einem einstigen GUS-Wohnblock, Ettersburger Straße.
19. August: Auf dem Frankfurter Flughafen

wird eine Boeing 737-400 auf den Namen »Weimar« getauft.
16. SEPTEMBER: Das japanische Kaiserpaar Akihito und Michiko besuchen das Goethehaus und speisen im Gasthaus Zum Weißen Schwan.
29. SEPTEMBER: Das Kunsthaus »Michael Hebecker« eröffnet in der Marienstraße 1 eine Galerie; die erste Verkaufsausstellung läuft unter dem Titel »Wiedergewinn«.
13. OKTOBER: Ein Dritte Welt Laden, zugleich Stätte internationaler Begegnung, wird in der Windischenstraße eröffnet.
4. NOVEMBER: Die am 6. August errichtete Deutsche Nationalstiftung mit Sitz in Weimar zur Förderung des geistigen und kulturellen Zusammenwachsens der beiden Teile Deutschlands, deren Initiator Altbundeskanzler Helmut Schmidt ist, stellt sich in Bonn der Presse vor; am 21. April 1994 tritt sie zu ihrer ersten Jahrestagung im DNT zusammen.
5. NOVEMBER: Der Rat (Kultur) der Europäischen Gemeinschaft benennt Weimar als Kulturstadt Europas für das Jahr 1999.
10. NOVEMBER: In der Gedenkstätte Buchenwald wird in Anwesenheit des Vorsitzenden des Zentralrats der Juden in Deutschland, Ignaz Bubis, ein Mahnmal für jüdische Häftlinge von Tine Steen und Klaus Schlosser auf der Fläche des ehemaligen Blocks 22 errichtet.
23. NOVEMBER: Das Ballett-Ensemble des DNT gibt vor bewegtem Publikum die letzte Vorstellung vor seiner Auflösung.

1994 6. FEBRUAR: Im DNT findet eine Verfassungsdiskussion mit den Kandidaten für das Amt des Bundespräsidenten, Roman Herzog, Jens Reich und Hildegard Hamm-Brücher, statt.
16. MÄRZ: Königin Margarete II. von Dänemark besucht Weimar.
1. APRIL: Gelmeroda, Niedergrunstedt, Possendorf und Taubach werden eingemeindet, am 14. April folgen Süßenborn und am 1. Juli Legefeld, Tröbsdorf und Gaberndorf.
8. APRIL: Das zweitgrößte weltliche Glockenspiel Deutschlands im Schloßturm wird durch die Meißner Firma Turmuhrenbau Klaus Ferber erneuert.
12. APRIL: Regenfluten lassen die Ilm zum reißenden Fluß ansteigen; die Anwohner der Gerber- und Ilmstraße werden evakuiert.
29. APRIL: In der Döbereinerstraße nehmen 250 Mitarbeiter in einem neuen Industriebau für Jenapharm die Produktion auf.
26. MAI: Als 104. Warenhaus der Handelsgruppe wird der toom-Markt nach 18monatiger Bauzeit als Classic-Center Weimar an der Buttelstedter Straße eröffnet.
17. JUNI: Bei einer Stichwahl um das Amt des Oberbürgermeisters erhält Dr. Volkhardt Germer, parteilos, 11224 Stimmen, gegenüber 10770 für Dr. Büttner, und nimmt am 1. Juli seine Arbeit im Rathaus auf.
6. JULI: Mit dem Einholen der Dienstfahne am Verteidigungskreiskommando 711, Cranachstraße, wird die Tradition Weimars als Garnisonsstadt beendet.
7. JULI: Mit einem Eklat endet der Besuch des chinesischen Ministerpräsidenten Li Pen, der nach Protesten gegen die Menschenrechtsverletzungen in China seinen Weimar-Besuch abbricht.
5. SEPTEMBER: Michail Gorbatschow trägt sich im Rathaus ins Goldene Buch der Stadt ein; die Einwohner bereiten dem Wegbereiter von Perestroika und Glasnost einen begeisterten Empfang.
29. SEPTEMBER: Sophienkrankenhaus und Hufeland-Klinik schließen einen Gesellschaftsvertrag für eine Krankenhausneubau-GmbH.
23. NOVEMBER: Die rot-grüne Minderheitsregierung im Stadtrat schließt mit der PDS eine Tolerierungsvereinbarung.
30. NOVEMBER: Zum Weltaidstag am 1. Dezember werden zum Totengedenken 16 Pflastersteine in der Schillerstraße montiert.

1995 11. JANUAR: Das ehemalige Brauereigebäude, Steubenstraße/Schützengasse, wird

Bibliothek der HAB und enthält auch Werkstätten der Fakultät Gestaltung.

27. Januar: Eine Delegation fährt nach Siena, Italien, wo die Oberbürgermeister Dr. Germer und Dr. Pierluigi Piccini den Vertrag über Städtepartnerschaft unterzeichnen.

8. April: Im Zeichen des 50. Jahrestages der Befreiung Buchenwalds wird in Anwesenheit internationaler Gäste ein Mahnmal von Daniel Plaas für den Holocaust an Sinti und Roma auf dem Gelände des einstigen Blocks 14 eingeweiht; in der ehemaligen Effektenkammer wird eine neue Dauerausstellung eröffnet.

24. Mai: In der Thüringischen Staatskanzlei wird die Gründungsurkunde für die Weimar-1999-GmbH zur Realisierung des Projekts Kulturstadt Europas 1999 unterzeichnet; am 6. November beschließt der Verwaltungsrat einstimmig, Bernd Kauffmann als Generalbeauftragten zu benennen.

28. Mai: In der Kunsthalle am Theaterplatz wird als Dauerausstellung der Kunstsammlungen das Bauhaus-Museum eröffnet.

30. Mai: Grundsteinlegung für den Klinikneubau Über der großen Sackpfeife trotz des fehlenden Bewilligungsbescheides über 255 Millionen Mark.

7. Juni: Für den Bau eines Dokumentenhauses für das sowjetische Speziallager Nr. 2 wird auf dem Ettersberg der Grundstein gelegt.

27. Juli: Mitglieder der Gesellschaft für bedrohte Völker und Bosnier besetzen den Eingang zum Lager Buchenwald aus Protest gegen den Krieg im ehemaligen Jugoslawien. Das »Haus am Frauentor«, zu dem am 13. Dezember 1993 der Grundstein gelegt worden war, wird offiziell eingeweiht; es beherbergt eine Sparkassenfiliale, Gewerbeeinrichtungen und Wohnungen.

6. bis 8. Oktober: Etwa 300 000 Besucher und mehr als 450 Marktstände zum Zwiebelmarkt stellen eine Rekordbeteiligung auf.

15. Oktober: Eine Priorin und drei Ordensschwestern gründen mit einem Festgottesdienst in der Schöndorfer Kirche das Karmel St. Theresa.

26. Oktober: Das 16. Konzil der HAB beschließt die Umbenennung in »Bauhaus-Universität Weimar«.

21. November: Das Denkmal »Marathonkämpfer« kehrt nach Restaurierung durch den Bauplastiker Klaus Fleischmann an seinen früheren Standort im Poseckschen Garten zurück.

10. Dezember: Erstmals wird der mit 10 000 Mark dotierte Weimarer Menschenrechtspreis verliehen.

Anhang

Bevölkerungsentwicklung: Anzahl der Einwohner (E.) einschließlich der eingemeindeten Orte ohne Militärpersonen, die seit dem 16. Jahrhundert bekannt ist. Um 1500: *1800 E.*; 1542: *2523 E.*; 1557: *3287 E.*; um 1600: *3500 E.*; 1640: *2863 E.*; 1674: *3375 E.*; 1699: *4659 E.*; 1762: *6323 E.*; 1787: *6088 E.*; 1789: *6549 E.*; 1806: *6218 E.*; 1807: *7267 E.*; 1810: *7553 E.*; 1811: *7086 E.*; 1817: *8215 E.*; 1823: *9139 E.*; 1829: *10027 E.*; 1840: *11485 E.*; 1852: *12954 E.*; 1858: *13194 E.*; 1864: *14305 E.*; 1871: *16012 E.*; 1875: *17522 E.*; 1880: *19868 E.*; 1883: *21565 E.*; 1887: *22272 E.*; 1890: *23834 E.*; 1895: *26670 E.*; 1900: *28489 E.*; 1903: *30428 E.*; 1905: *31121 E.*; 1910: *34582 E.*; 1912: *35006 E.*; 1914: *36894 E.*; 1924: *45493 E.*; 1925: *46003 E.*; 1926: *47514 E.*; 1927: *49207 E.*; 1928: *50227 E.*; 1929: *43330 E.*; 1932: *51393 E.*; 1933: *49448 E.*; 1936: *51285 E.*; 1937: *53649 E.*; 1939: *59637 E.*; 1940: *63313 E.*; 1941: *65361 E.*; 1943: *74116 E.*; 1945: *57396 E.*; 1946: *66659 E.*; 1950: *61763 E.*; 1955: *66675 E.*; 1963: *64406 E.*; 1976: *62858 E.*; 1983: *64055 E.*; 1990: *61375 E.*; 1993: *58559 E.*; 1994: *61135 E.*

Bürgermeister*: 1528 gen. Heinrich Heintze; 1536–1549 Hans Spindler; 1551–1564 Hans Heintze der Ältere; 1552–1567 Merten Hildegund; 1569–1602 Jakob Schröter; 1569 und 1593 Peter Schröter der Ältere; 1586–1593 Christoff Loeber; 1595–1598 Johannes Wolf; 1601–1610 Dr. Heinrich Ludwig; 1611–1632 Georg Mumber; 1613–1622 Melchior Francke; 1618–1625 Martin Lamprecht; 1625–1633 Michael Wolf; 1636–1655 Christoph Hilgund; 1649 gen. Bartholomäus Fuhrmann; 1664–1667 Johann Binder; 1665–1682 Peter Schröter der Jüngere; 1678–1692 Dr. Tobias Bornmann; 1683–1713 Johann Tietz; 1688–1726 Johann Caspar Eichelmann; 1715–1759 Johann Friedrich Eichelmann; 1730–1739 Gottlieb Dehne; 1737–1763 Johann Caspar Vogler; 1759–1768 Friedrich Wilhelm Gotthilf Helmershausen; 1765 – 1787 Friedrich Christoph Schmidt; 1775–1788 Friedrich Christoph Schmidt; 1776–1783 Traugott Lebrecht Schwabe; 1784–1794 Johann Christian Häublein; 1789–1792 August Carl Bernhard Temler; 1793–1797 Johann Heinrich Siegmund Rentsch; 1798–1811 Carl Adolph Schultze; 1811–1813 Daniel Wilhelm Brunnquell; 1813) Carl Christian August Paulssen; 1814–1820 Bernhard Friedrich Rudolph Kuhn; 1820–1838 Carl Lebrecht Schwabe; 1838–1850 Dr. Carl Georg Hase; 1851–1866 Wilhelm Bock; 1867–1873 Otto Schäffer; 1873–1875 Dr. Leo Fürbringer; 1875–1910 Karl Pabst; 1910–1920 Dr. Martin Donndorf; 1920–1937 Dr. Walter Felix Mueller; 1937–1945 Otto Koch; 1945 Dr. Fritz Behr; 1945–1946 Otto Faust; 1946–1948 Dr. Gerhard Hempel; 1948–1953 Hermann Buchterkirchen; 1953–1959 Dr. Hans Wiedemann; 1960–1969 Luitpold Steidle; 1969–1970 Prof. Dr. Paul Ullmann; 1970–1982 Franz Kirchner; 1982–1989 Prof. Dr. Ing.-habil. Gerhard Baumgärtel; 1989–1990 Dr. Volkhardt Germer; 1990 Prof. Dr. Ing.-habil. Wolfgang Hentzschel; 1990–1994 Dr. Klaus Büttner; seit 1994 Dr. Volkhardt Germer.

Ehrenbürger: 1824, 8. 2. Johann Daniel Falk, Pädagoge; 1825, 7. 11. Johann Wolfgang von Goethe, Dichter; 1839, 30. 10. Dr. Carl Wilhelm v. Fritsch, Staatsminister; 1842, 6. 5. Dr. Johann Gottfried Zunkel, Oberkonsistorialrat; 1848, 14. 6. Dr. Karl Friedrich Horn, Prediger; 1857, 15. 5. James Patrick v. Parry, Kammerherr; 1857, 4. 9. Ludwig Schaller, Bildhauer; 1857, 4. 9. Ernst Rietschel, Bildhauer; 1857, 4. 9. Hanns Gasser, Bildhauer; 1857, 4. 9. Ferdinand v. Miller, Metallgießer; 1860, 26. 10. Dr. Franz Liszt, Hofkapellmeister; 1865, 18. 8. Karl August Schwerdtgeburth, Kupferstecher; 1867, 26. 4. Gottlob Töpfer, Organist; 1868, 6. 10. Dr. Christian Bernhard Watzdorf, Staatsminister; 1869, 18. 6. Friedrich Preller, Maler; 1874, 5. 6. Dr. Hugo Fries, Rechtsanwalt; 1875, 10. 9. Dr. Adolf Donndorf, Bildhauer; 1876, 19. 5. Dr. Gustav Thon, Staatsminister; 1878, 24. 5. Robert Härtel, Bildhauer; 1902, 12. 12. Dr. Bruno Schwabe, Generaloberarzt; 1910, 13. 12. Louis Döllstädt, Kommerzienrat; 1917, 2. 11. Wilhelm Heller, Stadtrat; 1918, 19. 6. Paul v. Hindenburg, Politiker; 1925, 10. 2. Dr. Richard Strauss, Generalmusikdirektor; 1925, 1. 9. Prof. Dr. Friedrich Lienhard, Dichter, Schriftsteller; 1926, 17. 12. Prof. Dr. Eduard Scheidemantel, Literaturwissenschaftler; 1930, 18. 7. Dr. Martin Donndorf, Oberbürgermeister; 1933, 28. 3. Adolf Hitler, aberkannt 6. 8. 1946; 1933, 20. 4. Dr. Wilhelm Frick, aberkannt 6. 8. 1946; 1933, 26. 8. Fritz Sauckel, aberkannt 6. 8. 1946; 1937, 29. 5. Hermann Göring, aberkannt 6. 8. 1946; 1937, 29. 5. Emmy Sonnemann-Göring, aberkannt 6. 8. 1946; 1937, 14. 6. Baldur v. Schirach, aberkannt 6. 8. 1946; 1937, Prof. Dr. Otto Erler, Dramatiker; 1937, 30. 9. Dr. Walther Felix Mueller, Oberbürgermeister, niedergelegt 18. 6. 1946; 1937, 15. 11. Prof. Adolf Bartels, Schriftsteller; 1938, 30. 10. Dr. Joseph Goebbels, aberkannt 6. 8. 1946; 1938, 4. 11. Prof. Hermann Giesler, aberkannt 6. 8. 1946; 1938, 4. 11. Alfred Rosenberg, aberkannt 6. 8. 1946; 1944, 22. 5. Prof. Dr. Anton Kippenberg, Verleger; 1944, 10. 6. Prof. Dr. Paul Schultze-Naumburg, Architekt, niedergelegt Nov. 1946; 1946, 16. 7. Dr. Rudolf Paul, Landtagspräsident; 1949, 2. 8. Dr. Thomas Mann, Schriftsteller; 1949, 20. 11. Prof. Dr. Heinrich Lilienfein, Schriftsteller; 1952, 31. 12. August Frölich, Politiker; 1953, 19. 1. Prof. Hermann Abendroth, Dirigent; 1958, 15. 9. Henri gen. Frédéric Manhés, französischer Colonel; 1959, 23. 5. Louis Fürnberg, Schriftsteller, posthum; 1961, 9. 9. Bruno Apitz, Schriftsteller; 1965, 12. 4. Iwan Sosonowitsch Kolesnitschenko, sowjetischer Gardegeneralmajor; 1973, 15. 3. Luitpold Steidle, Oberbürgermeister; 1979, 7. 10. Prof. Dr. Walter Bartel, Historiker; 1991, 3. 10. Erich Kranz, Pfarrer; 1994, 12. 10. Dr. Jutta Hecker, Schriftstellerin.

Literatur- und Kunstpreis der Stadt Weimar: 1958 Prof. Walter Arnold, Prof. Otto Englberger, Prof. Siegfried Tschierschky; 1959 Louis Fürnberg; 1960 Armin Müller; 1961 Prof. Bruno Hinze-Reinhold, Prof. Fritz Ehlers; 1962 Harry Thürk, Dr. Wolfgang Vulpius; 1963 Otto Paetz, Prof. Alexander von Szpinger; 1964 Günter Fredrich, Schauspielensemble des DNT unter Leitung von Prof. Fritz Bennewitz; 1965 Nationale Forschungs- und Gedenkstätten der klassischen deutschen Literatur unter Leitung von Prof. Helmut Holtzhauer; 1966 Walther Victor; 1967 Nohra-Ensemble der sowjetischen Streitkräfte; 1968 Engelbert Schoner, Weimarer Singakademie an der Hochschule für Musik »Franz Liszt« unter Leitung von Günter Fredrich; 1969 Ilse Englberger; 1970 Walter Draeger, Pionierchor Weimar unter Leitung von Hans-Joachim Quasner; 1971 Johannes Ernst Köhler, Brigade »Ottmar Gerster« im Weimar-Werk; 1972 Kunstsammlungen zu Weimar unter Leitung von Gerhard Pommeranz-Liedtke; 1973 Prof. Otto Lang, Tina Bauer-Pezellen; 1974 Zirkel schreibender Arbeiter des Weimar-Werk unter Leitung von Walter Stranka; 1975 Arbeitsgemeinschaft »Geschichte der Stadt Weimar« unter Leitung von Dr. Lothar Wallraf, Pionierkabarett »Ehringsdorfer Trümpfe« unter Leitung von Heinz Angrabeit, Pionier- und Jugendblasorchester unter Leitung von Hans Gärtner, Bauschaffende und Persönlichkeiten des kulturellen Lebens; 1976 Wolfgang Held, Jürgen Jäger; 1977 Siegfried Terber, Opernensemble des DNT unter Leitung von Ehrhard Warnecke; 1978 Inge von Wangenheim, Brahms-Trio; 1979 Prof. Dr. Karl-Heinz Hahn, Jens-Uwe Günther; 1980 Prof. Dr. Walter Dietze, Kammerorchester des Deutschen Nationaltheaters Weimar; 1981 Horst Hausotte, Redaktion »Tradition und Gegenwart«; 1982 Werner Wagner, Gestaltergruppe des Goethe-Nationalmuseums; 1983 Karl Dietrich, Wulf Kirsten, Dr. Hannes Bosse; 1984 Dr. Lieselotte Honigmann-Zinserling, Arbeitertheater des Weimar-Werk, Chorensemble des DNT; 1985 Klaus Trostorff, Kammerchor der Hochschule für Musik »Franz Liszt«; 1986 Prof. Fritz Bennewitz; 1987 Prof. Gerhard Pflüger, Herbert Greiner-Mai; 1988 Andrea Römer, Dr. med. Franz Robiller, Kasseturm-Jazzband; 1989 Volkskunstensemble, Arbeitsgruppe »Rekonstruktion Schillerhaus«, Organisationskomitee »Internationales Musikseminar« und Prof. Joachim Thurm; 1990 Dr. Jutta Hecker. Preisverleihung erfolgte zum 7. Oktober.

Weimar-Preis: 1991 Dr. Renate Müller-Krumbach; 1992 Hans Winkler; 1993 Prof. Dr. Eberhard Haufe; 1994 Wulf Kirsten; 1995 Jorge Semprun. Preisverleihung erfolgt am 3. Oktober.

* im turnusmäßigen Wechsel

Abbildungsverzeichnis/Rechtenachweis:

Dreßler, Roland   Titelbild, 11, 27, 33–36, 38–40, 90, 91, 93, 96, 98–100, 102–104, 141, 152–156, 187
Held, Louis   122, 130, 135
Hucke, Jochen   160
Marohn, Gerhard   158
Schneider, Anita   92, 168
Für die Bereitstellung aller übrigen Abbildungen danken wir dem Stadtarchiv Weimar

Personenregister